OS ÍNDIOS
E O BRASIL
PASSADO, PRESENTE E FUTURO

Conselho Acadêmico
Ataliba Teixeira de Castilho
Carlos Eduardo Lins da Silva
Carlos Fico
Jaime Cordeiro
José Luiz Fiorin
Magda Soares
Tania Regina de Luca

Proibida a reprodução total ou parcial em qualquer mídia
sem a autorização escrita da editora.
Os infratores estão sujeitos às penas da lei.

A Editora não é responsável pelo conteúdo deste livro.
O Autor conhece os fatos narrados, pelos quais é responsável,
assim como se responsabiliza pelos juízos emitidos.

Consulte nosso catálogo completo e últimos lançamentos em **www.editoracontexto.com.br**.

MÉRCIO PEREIRA GOMES

OS ÍNDIOS
E O BRASIL
PASSADO, PRESENTE E FUTURO

editora**contexto**

Copyright © 2012 do Autor

Todos os direitos desta edição reservados à
Editora Contexto (Editora Pinsky Ltda.)

Foto de capa
Adelino Mendes

Montagem de capa e diagramação
Gustavo S. Vilas Boas

Preparação de textos
Fernanda Guerriero Antunes

Revisão
Lilian Aquino

Dados Internacionais de Catalogação na Publicação (CIP)
(Câmara Brasileira do Livro, SP, Brasil)

Gomes, Mércio Pereira
Os índios e o Brasil : passado, presente e futuro / Mércio Pereira Gomes. – 1. ed., 2ª reimpressão. – São Paulo : Contexto, 2022.

Bibliografia.
ISBN 978-85-7244-742-3

1. Índios da América do Sul – Brasil 2. Índios da América do Sul – Brasil – História 3. Índios da América do Sul – Brasil – Relações com o governo I. Título.

12-12173   CDD-980.41

Índice para catálogo sistemático:
1. Brasil : Índios da América do Sul : História 980.41

2022

Editora Contexto
Diretor editorial: *Jaime Pinsky*

Rua Dr. José Elias, 520 – Alto da Lapa
05083-030 – São Paulo – SP
PABX: (11) 3832 5838
contexto@editoracontexto.com.br
www.editoracontexto.com.br

Em memória

*do meu pai, Sinval Gomes de Assis,
que teria gostado de ler este livro;*

*dos meus mestres e amigos antropólogos,
companheiros da aventura de viver com os índios brasileiros,
Charles Wagley, Eduardo Galvão, Carlos Moreira Neto e Darcy Ribeiro;*

*dos meus amigos indigenistas, por sua fé e dedicação aos índios,
Ezequias Heringer Filho, o Xará, Apoena Meirelles e Dinarte Madeiro;*

*E do cacique Xavante Mário Juruna, deputado federal eleito pelo povo do
Rio de Janeiro, através de quem este livro estende a homenagem aos índios do Brasil.*

Sumário

Prefácio ... 9
    Nota de esclarecimento ... 14

Introdução ... 16
    A amplitude da questão indígena ... 21
    Uma questão ideológica ... 23
    Atualidade da questão indígena ... 26
    Nota metodológica e bibliográfica ... 28

Do ponto de vista do índio ... 45
    O paraíso que era ... 45
    As experiências de convivência ... 52
    As guerras de extermínio ... 56
    Morte por epidemias ... 59
    Escravidão e servilismo ... 60
    A experiência religiosa ... 62
    O índio vira caboclo ... 67
    O índio se desvira caboclo ... 69

Políticas indigenistas ... 75
    A colonização do Brasil ... 75
    O Império ... 86
    A República ... 89
    Funai, da ditadura à democracia ... 100
    A política indigenista na democracia, de 1985 a 2012 ... 108
        A nova Constituição Federal de 1988 ... 110
        Demarcação de terras indígenas ... 112
        Saúde indígena ... 115
        Educação: integração ou autonomia? ... 117
        Desenvolvimento etnoeconômico ... 118
        O reconhecimento da capacidade política do índio ... 121
    Novas políticas para novos tempos ... 122

O QUE SE PENSA DO ÍNDIO 140
    A humanidade dos índios 144
    A integração do índio na nação 149
    O índio republicano é uma criança 155
    A busca de uma identidade maior 166

QUEM SÃO OS POVOS INDÍGENAS 171
    Formações socioculturais 171
    Diante da realidade social 183
    Quantos são os índios no Brasil 185
    Onde estão os povos indígenas 188

A SITUAÇÃO ATUAL DOS ÍNDIOS 204
    Os interesses econômicos 207
        Garimpos 208
        Floresta e madeireiros 214
        Fazendeiros, posseiros, lavradores sem-terra
        e a nova devastação da Amazônia 219
        Os grandes projetos econômicos 223
        Transamazônica, BR-163, Projeto Carajás, Polonoroeste, BR-364 224
        Hidrelétricas 234
    Os militares 243
    A Igreja 249
    A sociedade civil 255

O FUTURO DOS ÍNDIOS 269
    A reversão do processo histórico 269
    O movimento indígena 271
    O fenômeno Juruna e outras lideranças indígenas 276
    Desafio ou acomodação à expansão capitalista 281
    O pensamento ambientalista 284
    O pensamento nacionalista 285
    Os percalços da sobrevivência 286
    Conclusão: a tensão do possível 289

ANEXO 295

SUGESTÕES BIBLIOGRÁFICAS 301

O AUTOR 303

Prefácio

Qual é a definição do termo *índio*? Quem é índio no Brasil? Quantos povos ou etnias indígenas há no país? Onde estão localizados? Como vivem? Quais são suas terras? O índio protege o meio ambiente? Os índios também vivem nas cidades? O índio é preguiçoso? O índio é brasileiro? Há preconceito contra o índio? Quantos eram e como viviam os índios no Brasil em 1500? O que aconteceu com eles? Por que os índios são contra as hidrelétricas? Que futuro existe para os índios?

Tais questionamentos são feitos todos os dias, sempre quando o tema *índio* é foco de alguma discussão. Interesse e curiosidade são inerentes ao brasileiro a respeito dos nossos índios, mas há também, evidentemente, um largo desconhecimento sobre o assunto, ainda que muita gente fale dos índios como se soubesse muito bem quem eles são.

O presente livro vai tentar responder a essas perguntas de modo que o leitor possa não somente obter e elaborar uma ideia certa acerca dos índios – quem são e como vivem no Brasil –, mas também se abra para o fato de que estes (que aqui estavam antes da chegada dos portugueses e em cujo território o sistema socioeconômico de Portugal foi implantado) são os habitantes originários desta terra e hoje são parte includente da nação para onde migraram europeus, africanos e depois asiáticos – o Brasil.

Que fique claro desde já: os índios, isto é, uma boa parte dos povos indígenas que aqui viviam em 1500, sobreviveram e hoje estão no Brasil como parte do Brasil – e para ficar – para todo o sempre (enquanto o país existir como nação, por suposto).

Há 25 anos escrevi um livro a respeito dos índios, sua história e sobre o fato, até então não perceptível, de que muitos povos indígenas haviam sobrevivido aos 500 anos de destruição, massacres, doenças e opressão por parte do segmento populacional dominante. Na obra, denominada *Os índios e o Brasil*, uma avaliação histórica e contemporânea é feita no tocante à situação dos índios, sendo a primeira a demonstrar a sobrevivência desses povos. Durante aqueles anos todos, pensava-se que os índios estavam em declínio contínuo, "se acabando", vivendo seus últimos dias. Não só os velhos livros tratavam disso, mas também os jornais, os visitantes ocasionais das tribos, os missionários e os antropólogos. Estes últimos, assim como os indigenistas (que são as pessoas que mais contato próximo e profundo têm com os índios), também achavam que os índios estavam a caminho do extermínio. Grandes antropólogos, como o brasileiro Darcy Ribeiro e o francês Claude Lévi-Strauss, que haviam estudado de perto diversos povos indígenas nas décadas de 1930 a 1950, constataram e anunciaram a extinção física e cultural dos povos indígenas, sua *dénouement finale*.

Aquém e além de desgraças, como assassinatos, massacres, epidemias ou expulsão das terras, ao entrar em contato e conviver com a sociedade brasileira (a qual, por extensão, faz parte da cultura ocidental, europeia), os índios, considerados a parte mais vulnerável dessa convivência, iriam eventualmente mudar seus modos de viver, suas culturas, além de adotar costumes, hábitos, comportamentos e atitudes cada vez mais diferentes de seus costumes originais e cada vez mais parecidos com os costumes brasileiros. Por fim, perderiam de todo seus hábitos, abandonariam as bases de suas culturas e se assimilariam completamente ao modo de ser brasileiro. Virariam todos brasileiros – se quisessem se salvar como indivíduos.

Para a grande maioria dos povos indígenas originários de 1500, tudo isso quase aconteceu. Porém, não com todos, nem completamente para muitos. Eis a razão de, por volta de 1987, terem sobrevivido mais de 220 povos, os quais continuavam a se ver como índios, diferentes do restante da população brasileira.

Por que houve tais exceções? Essa é uma das perguntas levantadas em *Os índios e o Brasil* e que foi respondida extensamente pela análise que fiz da história do nosso país – não só das conquistas, dos extermínios, dos massacres, das epidemias que dizimaram tantos índios, destroçaram tantos povos e diluíram tantas culturas, mas também das ambiguidades da colonização luso-brasileira, das dúvidas sobre a legitimidade do poder real português sobre os povos indígenas e das políticas portuguesas claudicantes para com os índios e os negros escravos. A história do modo como se desenvolveu o catolicismo implantado no Brasil, da Igreja conservadora e oficial e da Igreja salvacionista dos missionários; do malemolente Império brasileiro, da República positivista brasileira e, sobretudo, do posicionamento de alguns nobres pensadores e homens de ação brasileiros que fizeram a diferença nessa atitude mais ou menos generalizada de se posicionar contra o índio. Nas entrelinhas da história e nas brechas dos acontecimentos mais evidentes é que se acham os motivos pelos quais os índios sobreviveram. E eles resistiram!

Este livro vai recontar essa história e analisar seus fundamentos sociais de um modo diferente do que está costumeiramente registrado na historiografia brasileira. Desde que sua primeira versão foi publicada, muita coisa continua e muita coisa se passou. Uma delas é que o sentimento original da primeira edição se realizou. Antes, eu apenas timidamente sugeria que havia algo de bom nessa história do Brasil, a qual auxiliara a população de índios a crescer e ter condições de sobreviver. Agora, nos últimos anos, ficou evidente que esse sentimento e previsão tinham boas razões de ser. Com efeito, os índios que sobreviveram ao que chamei de "holocausto" – palavra forte muito ligada ao morticínio em massa de judeus durante a era nazista, mas que podia ser transplantada, com o devido respeito, para a compreensão do caso indígena – cresceram, consolidaram sua sobrevivência, tiveram suas terras demarcadas (a maioria delas, pelo menos, pois ainda há falhas imensas que serão discutidas aqui) e estão aí, procurando seu espaço na sociedade brasileira.

Os índios que vivem no Brasil são brasileiros, esta é a primeira resposta que tenho para dar neste livro. Brasileiros natos e originários. Isso todos sabem, ou sentem que sabem, ou duvidam pouco – mesmo aqueles cuja crença é de que os índios são preguiçosos, traiçoeiros, mal-agradecidos, privilegiados ou que têm terra demais. Enfim, quase ninguém duvida de que os índios são brasileiros, originários, de raiz.

Mas o que será dessa porção de sociedades, culturas e povos indígenas tão diferentes entre si e da maioria dos brasileiros, em um país onde os cidadãos praticam majoritariamente uma cultura única, com poucas diferenças regionais? O Brasil é capaz de aceitar e viver com diferenças tão grandes entre seus habitantes?

A resposta para essa questão será construída aqui, devagarzinho, à medida que os dados forem sendo analisados. Não há como responder de pronto. Eu mesmo não sei dizer tão claramente se isso é possível. Muitos brasileiros, intelectuais ou não, falando seriamente ou em conversa de botequim, acreditam que a cultura brasileira, embora com diferenças regionais, é tão forte, tão determinante, tão homogeneizadora, tão antropofágica (no dizer de Oswald de Andrade), que não deixa espaço para o florescimento de culturas diferentes que aqui aportam. Basta relembrar o que foi feito com as culturas dos imigrantes desde o século XIX! Dos espanhóis, árabes e italianos praticamente só restaram as comidas preferidas, algumas expressões linguísticas e uma coisinha aqui e outra acolá. Os alemães, ucranianos e poloneses, exceto por suas bucólicas casas no Paraná, em Santa Catarina e na serra gaúcha, pouco se diferenciam no burburinho das cidades. Mesmo os japoneses, tão asiáticos, exceto pela consolidação de um certo estilo urbano de viver no bairro da Liberdade, em São Paulo, já misturam feijão com *sushi* (prato que, aliás, todo mundo aprendeu a comer e apreciar), e seus descendentes estão se casando com não nisseis, vivendo como brasileiros quaisquer, conforme as cidades, os bairros e as classes sociais a que pertencem. Coreanos, chineses e novos imigrantes da América do Sul e da África estão a caminho de serem triturados pela mó homogeneizadora da cultura brasileira. Assim pensamos muitos de nós, apesar das loas que se tecem sobre as virtudes do multiculturalismo brasileiro!

E, então, será que os índios aguentarão manter suas culturas com tanta distinção?

Convenhamos que será difícil. Mas, até agora, muitos as têm mantido, mesmo após anos de convivência com segmentos da sociedade brasileira. Povos indígenas contatados por sertanistas do antigo Serviço de Proteção aos Índios (SPI) ou pela Fundação Nacional do Índio (Funai), a qual substituiu aquele órgão em 1967, há mais de 50, 60 e 70 anos, ainda mantêm suas culturas com todo vigor. Exemplos deles são os Xinguanos em geral (Kamayurá, Yawalapiti, Waurá etc.), os Karajá, Kayapó, Xavante, Urubu-Kaapor, Canela, Tapirapé e tantos outros que vivem nas mais diferentes condições de vida na floresta, no cerrado ou na beira dos rios. Os Guarani, seja os subgrupos Mbyá, Kaiowá e Ñandeva, que vêm dos tempos das missões jesuíticas (séculos XVII e XVIII), vivem uma cultura com tradição rígida e professam uma religião exemplarmente singular, mesmo após terem absorvido elementos da religião católica.

Em contrapartida, há povos indígenas que mudaram muito rapidamente, até em menos tempo. Aprenderam o português com rapidez e fluidez, adotaram elementos da sociedade brasileira e, embora a maioria habitando em suas terras, muitos dos seus líderes já vivem em cidades, se relacionam com segmentos políticos e culturais da sociedade brasileira e se posicionam como representantes de seus povos para fins de adaptar elementos da sociedade nacional em suas culturas. É o exemplo de povos como os Suruí e Kaxarari, de Rondônia, os Terena, de Mato Grosso do Sul, os Apurinã e diversos outros do Acre, os Makuxi e Wapixana, de Roraima, os Tikuna e até os Marubo, do Amazonas, e outros tantos, especialmente da região nordestina.

Como se vê, são tantas as possibilidades de ser indígena no Brasil que só trabalhando a história das relações interétnicas no país, junto com a descrição das variadas culturas e a análise de suas adaptações à convivência amistosa, bem como suas reações e resistência aos momentos de opressão, é que poderemos formar uma ideia mais clara sobre quem são os índios, como vivem na atualidade e qual seu futuro.

Precisamos reconhecer que as situações pelas quais os índios brasileiros passam são específicas. Eles estão majoritariamente instalados em suas terras, vivendo da agricultura, da caça, da pesca e da coleta, da venda de alguns produtos naturais (castanha, óleo de copaíba, peixe) ou fabricados ou catados (artesanato, farinha, ouro e pedras preciosas). Muitos já se instalaram nas cidades e vivem em condições de pobreza – alguns, porém, empregados –, criam seus filhos no sistema cultural dominante da sociedade brasileira, mas tentam manter sua identidade e transmiti-la com dignidade para seus filhos e descendentes.

Os índios estão por quase todas as partes do Brasil, em todos os estados. No Piauí e no Rio Grande do Norte, só nesta última década, surgiram grupos de indivíduos que se autoidentificaram como índios, constituindo-se como etnias distintas. Segundo o Censo 2010, do IBGE (o qual discutiremos mais adiante, com certo espírito crítico), somam cerca de 897 mil pessoas, sendo que 520 mil vivem em suas terras e 357 mil estão nas cidades. O mesmo Censo aponta 305 etnias específicas (embora aqui também tenhamos dúvidas sobre em que consiste uma etnia específica) e ao menos 274 línguas distintas (100 a mais do que sabia a Funai) são faladas na Babel indígena (mesmo que, em uns 20 casos, são pouquíssimos os falantes nativos, e em diversos outros as línguas estejam extintas – algumas muito recentemente.)

Em suas aldeias, em suas terras, os índios exercem sua vida social e política. Suas celeumas, suas divergências e disputas são resolvidas pelas regras e normas de conduta, pelas armas e pelos símbolos de poder tradicionais. O mais importante é defender suas terras, tanto as reconhecidas pelo Estado brasileiro quanto as que há por reconhecer. Quem tem mais parentes, quem tem melhor oratória, quem vem de linhagens e clãs com legado de poder têm mais vantagens políticas. Velhos têm precedência sobre jovens, homens sobre mulheres; guerreiros têm seu quinhão de comando; chefes cerimoniais, sacerdotes, xamãs e pajés falam com voz de sabedoria. O poder é normalmente exercido com base nas tradições, ainda que novos símbolos de poder, como o dinheiro obtido por salários ou pela venda de produtos, ou a nova oratória de relacionamento com os demais brasileiros, interfiram e, às vezes, provoquem distúrbios e desavenças internas terríveis. Já nas cidades, os instrumentos e os símbolos do poder são outros. Salários fixos, empregos seguros, participação em instituições de prestígio valem mais. Aqui, jovens com discursos de protesto, com práticas de disputas, com manejo de linguagens de pressão valem mais. Nas cidades, os anciãos indígenas, com raras exceções, como Raoni, o famoso cacique Kayapó, vêm perdendo prevalência na expressão das demandas de seus povos. Porém, quem é jovem um dia fica velho, e certamente a roda da vida virará.

São os jovens indígenas, em sua maioria, que vivem nas cidades, que hoje comandam o movimento indígena com forte teor político, aos moldes das organizações políticas e não governamentais brasileiras, com demandas por recursos, empregos e oportunidades educacionais, por novos espaços na sociedade brasileira, por mais respeito pessoal, pela garantia de direitos já rezados na nossa Constituição e por novos direitos.

É um mundo novo, esse mundo indígena, e ele não está de cabeça para baixo, mesmo porque, na sociedade mais ampla, essas mudanças vêm ocorrendo com igual intensidade. É um mundo muito diferente daquele do passado, mesmo do passado recente.

Este livro, portanto, trata do presente dos povos indígenas brasileiros, porém com revisão de seu passado (de 1500 até os dias atuais) e com vistas ao seu futuro. Tentarei demonstrar isso no texto que se segue, bem como em mapas e fotos ilustrativas.

No Anexo apresento um resumo de dados gerais e concretos de quantos são os povos indígenas, suas populações e suas línguas faladas.

NOTA DE ESCLARECIMENTO

Informações sobre os índios, suas terras, suas culturas, sua participação no mundo atual deixaram de ser exclusivas de antropólogos, jornalistas e estudiosos. Elas se encontram facilmente na internet, em *sites*, *blogs*, ao toque de chamada no Google ou no Yahoo. No Facebook, centenas de jovens índios participam inserindo fotos de suas aldeias, discutindo assuntos políticos, compartilhando ideias, ou simplesmente

fofocando. O *site* da Funai (www.funai.gov.br) contém mapas de todas as terras indígenas plotados no Google Earth e alguns *sites* especializados, como o do Instituto Socioambiental (www.socioambiental.org), traz informações atualizadas sobre a maioria dos povos indígenas e as notícias mais atuais. As únicas falhas ou o que fazem falta nessa massa de informações são análises dos dados e sínteses interpretativas dos temas. Eis por que livros ainda são necessários para se compreender o mundo indígena.

Por sua vez, apelo para a boa vontade do leitor em duas instâncias. A primeira é pelos nomes dos povos indígenas, que variam muito no tempo, nas grafias e em função de autodenominações diferentes dos nomes mais conhecidos ou usados na literatura antropológica. A segunda é pelos momentos em que alguns temas são trazidos à discussão repetidamente, em capítulos diferentes, porém sempre em contextos de explicações distintos e com o intuito de esclarecimentos mais amplos.

Introdução

O Brasil e os índios, desde 1500, formam uma dupla incombinável. A relação entre ambas as histórias é claramente inversa: à medida que o primeiro cresce, o outro decresce. Independentemente do período histórico – seja colônia, monarquia, república, ditadura ou democracia –, nota-se sempre a má sina dos índios: pressões sobre suas terras, desleixo com sua saúde e sua educação, desrespeito, injustiça e perseguições que sofrem, vindas de todos os quadrantes da nação (inclusive, suspeitamos, do nosso próprio íntimo derrotista). Poderíamos facilmente chegar à conclusão de que não há lugar no Brasil para os índios. Não no Brasil de hoje.

A bem da verdade, a relação que os índios têm com o Brasil, sob tantos aspectos, não é pior nem melhor do que trinta ou oitenta anos atrás. Os mesmos problemas de séculos passados permanecem: má vontade e desleixo das autoridades para com os habitantes autóctones deste país, política indigenista dúbia, ambição por parte das elites político-econômicas e falta de solidariedade humana. Um número expressivo da população no Brasil insiste em condenar os índios à margem da história, considerando-os sociedades inviáveis e um empecilho à consolidação da civilização brasileira. Em contrapartida, vem aumentando o número de brasileiros que simpatizam com os índios e que os reconhecem senhores originários dos territórios nos quais habitam, para quem a nação como um todo tem um gigantesco débito a resgatar. Podemos nos regozijar de que tal simpatia não é apenas comiseração, mas, sim, o início de uma conscientização comprometida que vê os índios como parceiros e aliados do potencial cultural brasileiro.

Não resta dúvida: o povo brasileiro conhece mais o índio[1] agora do que há alguns anos. Esse fator foi determinante para aumentar o seu nível de consciência política ao ver a luta pela sobrevivência indígena como paralela à sua pela ampliação dos seus direitos fundamentais de ser humano e cidadão de uma nação moderna.

A reversão histórica na demografia indígena é o que há de mais surpreendente e extraordinário na relação entre os índios e o Brasil. Não é mais temerário afirmar, como o fizemos em primeira mão há 25 anos, que os índios, afinal, sobreviveram, e que esta é uma realidade concreta e permanente. É um tanto impiedoso valorizar em demasia o termo *sobrevivência* para um quadro histórico em que 90% da população indígena originária desapareceu num período de pouco mais de 500 anos, se comparado com o ano de 1500, quando havia cerca de cinco milhões de índios no território em que é hoje o Brasil. Não se pode falar nessa sobrevivência sem se dar conta do quanto foi perdido durante esse período. Hoje são cerca de 530 mil índios que vivem em terras indígenas no país, e por volta de 360 mil que estão nas cidades, de acordo com o Censo 2010 do IBGE. Porém, em meados da década de 1950, segundo um conhecido estudo de Darcy Ribeiro, os índios somavam cerca de 100 mil indivíduos e estavam em permanente declínio. Não somente morreram e foram mortos milhões de seres humanos, como se extinguiram para sempre, calcula-se, mais de cinco centenas de povos específicos, de etnias e culturas humanas produto de milhares de anos de evolução e adaptação ao meio ambiente físico e social em que viviam. A humanidade perdeu com isso não só os valores e conhecimentos que, definitivamente, deixaram de fazer parte de seu acervo, como se ressente pela diminuição da diversidade biológica que possibilita mais chances de sobrevivência ao *Homo sapiens*.[2]

O fato é que há fortes indícios de que as populações indígenas atuais vêm crescendo nas últimas cinco décadas, surpreendendo as expectativas alarmantes e as consideradas mais realistas de antropólogos, historiadores e indigenistas de tempos atrás. Alguns povos indígenas, como os Guarani,[3] os Terena, os Guajajara, os Tikuna, os Makuxi e os Mura, que têm mais de duzentos anos de contato com o mundo luso-brasileiro, parecem ter adquirido reforço biológico e cultural para defender-se das adversidades mais brutais que lhes foram impostas até agora, além de já terem alcançado populações de mais de vinte mil indivíduos. Muitos que haviam sofrido quedas expressivas, de mais de 50% de suas populações originais, deram um salto de crescimento, a exemplo dos seguintes povos: Karajá, Munduruku, Canela, Kayapó, Xavante etc. Outros mais,

Terras indígenas no Brasil

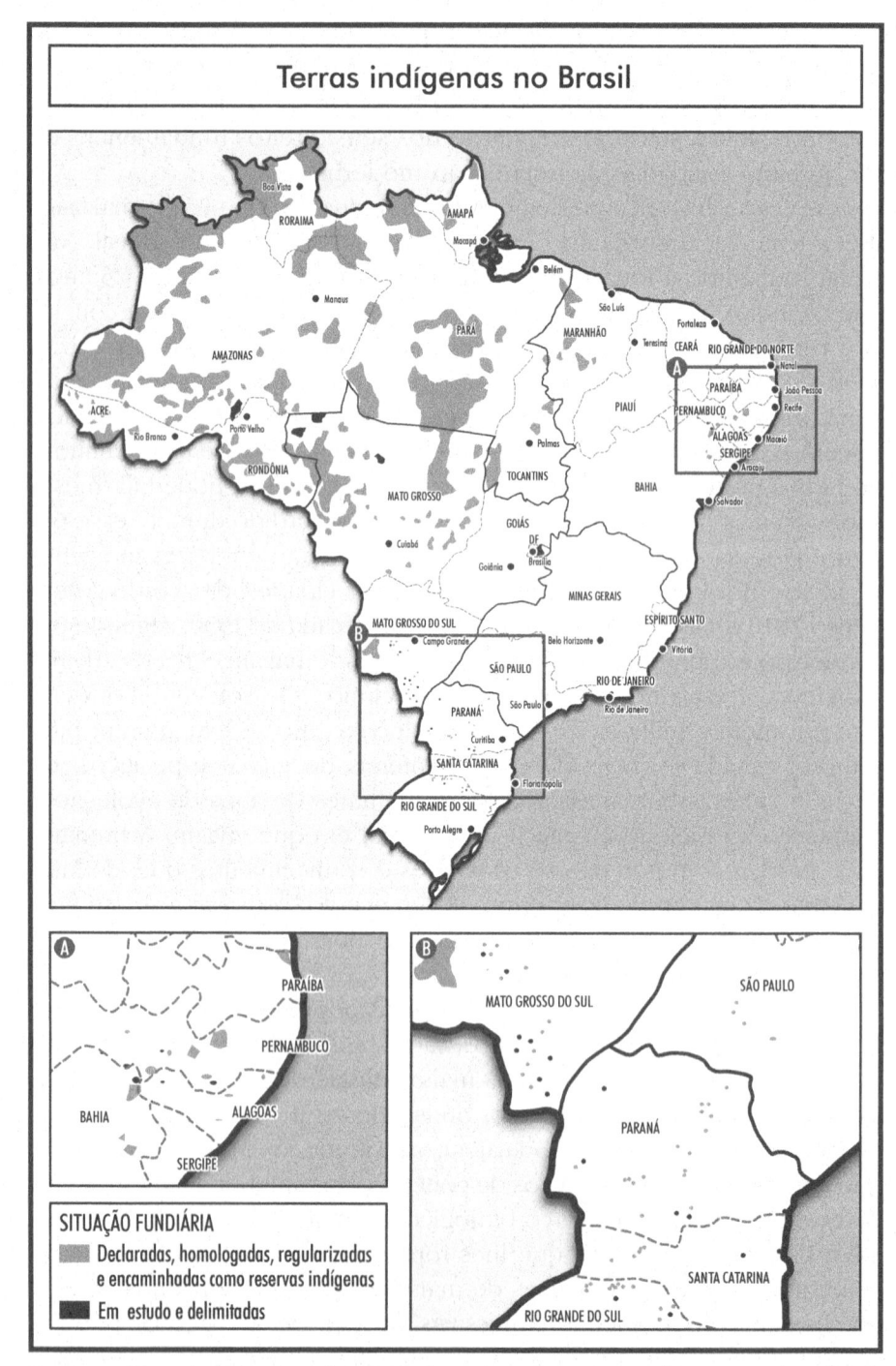

SITUAÇÃO FUNDIÁRIA
- Declaradas, homologadas, regularizadas e encaminhadas como reservas indígenas
- Em estudo e delimitadas

Fonte: IBGE. Disponível em: <www.ibge.gov.br/home/presidencia/noticias/noticia_visualiza.php?id_noticia=2194&id_pagina=1>. Acesso em: 1º set. 2012.

como os Urubu-Kaapor, Gaviões-Parkatejé, Kayabi, Juruna, Yawalapiti, Nambiquara, Tapirapé etc., que estiveram próximos de ser extintos, se recuperam e se estabelecem biológica e culturalmente.

Quadro 1 – Relação das 15 maiores populações indígenas em 2010

Número de ordem	População indígena com indicação das 15 etnias com maior número de indígenas, por localização do domicílio – Brasil – 2010					
	Total		Nas terras indígenas		Fora das terras indígenas	
	Nome da etnia	População	Nome da etnia	População	Nome da etnia	População
1	Tikuna	46045	Tikuna	39349	Terena	9626
2	Guarani Kaiowá	43401	Guarani Kaiowá	35276	Baré	9016
3	Kaingang	37470	Kaingang	31814	Guarani Kaiowá	8125
4	Makuxi	28912	Makuxi	22568	Mura	7769
5	Terena	28845	Yanomami	20604	Guarani	6937
6	Tenetehara	24428	Tenetehara	19955	Tikuna	6696
7	Yanomami	21982	Terena	19219	Pataxó	6381
8	Potiguara	20554	Xavante	15953	Makuxi	6344
9	Xavante	19259	Potiguara	15240	Kokama	5976
10	Pataxó	13588	Sateré-Mawé	11060	Tupinambá	5715
11	Sateré-Mawé	13310	Munduruku	8845	Kaingang	5656
12	Munduruku	13103	Kayapó	8580	Potiguara	5314
13	Mura	12479	Wapixana	8133	Xukuru	4963
14	Xukuru	12471	Xakriabá	7760	Tenetehara	4473
15	Baré	11990	Xukuru	7508	Atikum	4273

Fonte: IBGE, Censo Demográfico 2010.

Porém, há ainda o risco de muitos povos indígenas continuarem a sofrer reduções populacionais e chegarem a pontos sem retorno, como já aconteceu nos últimos 100 anos com os Xetá, do Paraná, os Krêjé, do Maranhão, os Kayapó do Pau d'Arco, do Pará, os Baenan, do sul da Bahia, e muitos mais que, para sobreviverem individualmente, tiveram de se mesclar física e culturalmente com outras etnias mais numerosas. Os casos mais dramáticos são: os Avá-Canoeiro, do Tocantins, que somam menos de 12 pessoas; os Juma, apenas 5 deles, todos vivendo entre os Uru-eu-wau-wau, em Rondônia; os 2 irmãos, chamados pela Funai de Auré e Aurá, encontrados no Pará, que hoje vivem no Maranhão, sem se saber a que povo pertenceram; e o chamado "índio do buraco", um único sobrevivente de um povo atacado já na década de 1970, no sudoeste de Rondônia, por capangas de fazendeiros, que, de tanto pavor, não quer falar com ninguém e vive escondido numa palhoça dentro da qual cavou um buraco na terra. Há, pelo inverso, aquelas etnias que estavam praticamente desaparecidas, de quem não se ouvia mais falar havia muitos anos, como os Guató, do alto rio Paraguai, os Puruborá, de Rondônia, que de repente reapareceram, os mais velhos ainda falando suas línguas, a exigir um lugar ao sol. Há também comunidades de lavradores no sertão nordestino e ribeirinhos da Amazônia, antes vivendo como "caboclos", que, por motivos diversos, "ressurgem", assumem uma identidade indígena na base da convivência comum e na lembrança de terem sido índios no passado, de partilharem de rituais ou hábitos diferenciados dos seus vizinhos. São muitos esses casos e seu ressurgimento é explicado por uma teoria conhecida como "etnogênese", originalmente aplicada a casos de populações urbanas em cidades africanas que recriam sua antiga identidade tribal. As adaptações dessa teoria no Brasil se dão pela especificidade dos casos brasileiros. Nos últimos 15 anos surgiram povos como os Tupinambá, no sul da Bahia, os Tumbalalá, no médio rio São Francisco, os Tabajara, na Paraíba, os Anacé e mais dez grupos diferentes no Ceará, e até os Apicuns e Borari, na foz do rio Tapajós. Por fim, há de se mencionar aqueles povos indígenas que continuam a viver como sempre viveram, antes da chegada de portugueses ou brasileiros, nas suas florestas ermas, muitas vezes fugindo do contato com outros índios e, acima de tudo, de brasileiros. A eles dei o cognome de índios autônomos, por viverem autonomamente; mas, na literatura indigenista e antropológica ainda são chamados de isolados ou até de arredios, o que consiste numa atitude brasilo-cêntrica, com permissão da má expressão.

Na amplitude de situações de inter-relacionamento, que vai desde os índios ressurgentes do Nordeste – quase todos fazendo parte de sistemas socioeconômicos regionais – até os índios *autônomos*, que permanecem à margem ou nos interstícios da expansão econômica brasileira, os índios brasileiros, ou os índios que habitam o Brasil, lutam à sua maneira por um lugar na comunidade dos homens, sem ter tanta clareza de qual seria esse lugar.

Nem nós, que, do outro lado (do mais seguro), tentamos compreender o sentido e a marcha da história da humanidade, especialmente do Brasil, sabemos o que poderá vir a acontecer. Somente que o quadro étnico brasileiro não é terminal, como se postulava antes (e muitos assim o queriam). O delineamento de uma visão e de uma estratégia para se estabelecer a continuidade e a permanência segura dos povos indígenas no Brasil é complexo e ardiloso – pois a questão indígena se movimenta por forças adversas de grande poder de destruição –, sustentado por forças menores de defesa, influenciado por acontecimentos indecifráveis no tempo imediato de uma decisão a ser tomada. Por exemplo, o que significaria para uma população indígena relativamente pequena o aporte de recursos monetários advindos de *royalties* pela exploração de minérios em suas terras, como querem alguns? A sua capitalização ou o seu aniquilamento cultural? O que significará a presente atitude do governo Dilma Rousseff, através do Decreto 303, publicado pela Advocacia-Geral da União, de aceitar as ressalvas determinadas pelo Supremo Tribunal Federal (STF) – no sentido de não ter de consultar os índios ao se determinar a construção, em terras indígenas, de estradas, linhões de transmissão de eletricidade, ou a instalação de unidades militares?

O presente indígena está diante de nós, como um fenômeno social real, porém difícil de compreender e cheio de ações e motivações inesperadas. Assim, voltar-se para o seu passado é imprescindível a fim de se cotejar com o presente e compreendê-lo melhor. Mas também só faz sentido se projetado num futuro próximo ou vislumbrável, pois está condicionado a tantos outros acontecimentos e forças sociais que o exercício da prospectivização se torna inevitável para se propor ideias e soluções possíveis à sua existência. A dinâmica de seu relacionamento, que se dá com quase todos os segmentos da nação, e o presente que se constituiu a seu respeito deixam claro que os índios são uma questão de âmbito e interesse nacionais. Não se pode fugir ao índio, nem que o Brasil vire potência mundial. Propomo-nos a compreendê-lo em sua problemática mais ampla e discutir caminhos para a sua permanência no seio da nação brasileira, como parte essencial e integrante do seu povo.

A AMPLITUDE DA QUESTÃO INDÍGENA

A questão indígena nasceu com o descobrimento do Brasil, da América em geral, e continuará a existir enquanto houver povos indígenas. Diz respeito ao índio e suas relações com o mundo que se criou ao seu redor e à sua revelia, compungindo-o à condição de estranho na sua própria terra, forçando-o até à morte ou ao desaparecimento cultural. O índio é o centro da questão, mas a sua composição abrange quase todos os segmentos nacionais, seja por contraposição, seja em complementaridade ou até por ascendência. Suas transformações se dão desde o tempo em que os índios eram uma ameaça real ao estabelecimento colonial português e, por isso, combatidos em guerra, passando pelas relações de escravidão e servilismo, pela instituição do paternalismo (que nasce no Império e se consolida na República), até a crise de libertação que caracteriza os tempos mais recentes. A questão caminha com o desenvolvimento do país, quase sempre em relação inversa – eis o sentido da sua tragédia. Que isso seja considerado um fato normal e inexorável – eis a sua racionalização, tão entranhada no pensamento científico quanto no popular. Para compreendê-la melhor, é preciso recolocá-la na história, seguir os seus passos e os seus percalços, observar a sua dinâmica e os seus pontos de equilíbrio – nunca, porém, de harmonia entre as partes –, e daí retirar as lições que apontem outras possibilidades no presente e para o futuro.

A questão indígena se processa numa dimensão histórica mais ampla do que aquela que define a história brasileira ou mesmo a americana em geral. Ela é a representação concreta de um intercruzamento que infelizmente se dá como embate entre dois tipos de civilização, dois grandes complexos de possibilidades do ser humano.

Por um lado, a civilização europeia, síntese e fulcro dispersor das experiências culturais de 10 mil anos de existência de centenas de povos que, de uma forma ou de outra (quase sempre pelas guerras e pela opressão, mas também pelo diálogo e pela difusão do conhecimento), produziram um complexo dinâmico que estava em expansão incontida a partir do século xv. Essa civilização não se restringe ao continente europeu propriamente dito, mas engloba elementos de todo o Velho Mundo, a Ásia, o Oriente Médio e o Mediterrâneo africano. Isso fica muito claro não somente porque essa civilização é formada pelo acervo de todos esses recantos, mas também porque o seu povo, o seu material humano, fez evoluir um sistema imunológico como um todo. Essa unidade biológica foi fundamental quando do confronto com a civilização do Novo Mundo.

Do outro lado, a civilização das Américas, também com um período de desenvolvimento idêntico, mas sem uma integração completa entre os seus fulcros de criatividade e poder. Os grandes complexos culturais mexicano, guatemalteco e andino não se expandiram além de suas fronteiras, nem interligaram os complexos intermediários, como as culturas do deserto norte-americano e os cacicatos da América Central e dos Andes setentrionais.

No século xv as civilizações dos Astecas e dos Incas buscavam expandir-se e alcançar novas fronteiras, mas sem grandes resultados. A tentativa incaica de penetrar na Amazônia fora frustrada e só a custo de muita força militar é que asseguraram algumas posições no planalto boliviano e nas encostas dos formadores do grande rio. Na verdade, duzentos ou trezentos anos antes, essas civilizações haviam alcançado maior expansão e esplendor. Os demais povos viviam em sistemas políticos mais simples e defendiam a sua liberdade de qualquer jeito.

Às Américas faltaram o cavalo (que aqui se havia extinto 10 mil anos antes), a descoberta do ferro, a aplicação das utilidades técnicas da roda e, sobretudo, o contato com o desenvolvimento do Velho Mundo, especialmente com suas doenças. O sistema imunológico dos povos americanos não conhecia as terríveis bactérias, vírus e parasitas que durante anos haviam sido o flagelo dos povos de lá, mas que por isso mesmo adquiriram as defesas naturais para o seu combate e a sua sobrevivência. Ao trazer esses flagelos para o Novo Mundo, transportaram a sua maior arma.[4]

Esse aspecto universal da questão indígena parece a todos como em vias de conclusão. Talvez uma nova civilização, um novo complexo cultural, juntando os potenciais de todas as suas culturas constituintes, esteja em formação no nosso continente, certamente com influência preponderante do seu vencedor. Essa é, sem modéstia, a grande visão utópica de Darcy Ribeiro. Restam, no entanto, alguns enclaves da civilização originária, nos Andes, no México, no deserto americano, enfim, no Brasil. Quem vê a força inerte que se contém nos rostos dos Quéchua e dos Aymara, do Peru, da Bolívia e do Equador, sente que talvez nem todas as fichas estejam contadas. Mas não se liga muito a isso, embora a experimentação que ocorre na Bolívia venha a ser prenúncio de novas formações sintéticas de civilização.

Quanto ao Brasil, os 230 a 240 povos que aqui estão têm um peso menor no cômputo geral. Parece que poucos acreditam neles como possibilidade de continuidade histórica ou renovação cultural. São sobreviventes de uma tragédia universal que se realizou na forma de um holocausto, dentro de um território e a propósito da formação de uma nação. Seu peso atual, como de há muitos anos, não se pondera pelos seus números, mas pela qualidade que empresta ao sentimento da nacionalidade brasileira.

UMA QUESTÃO IDEOLÓGICA

A permanência da questão indígena deve se não somente à lembrança histórica, à presença dos sobreviventes e à continuidade de sua estrutura, mas também à sua influência ideológica e na formação da nacionalidade brasileira. A despeito da magnitude da violência que foi usada contra os povos indígenas, essa realidade inquestionável se deu de uma forma não totalmente consensual. É mais do que interessante notarmos que dúvidas morais e forte sentimento de culpa pelo que faziam ou viam fazer acometiam muitos segmentos da civilização europeia ou, especificamente, da nação portuguesa, ao destroçar aldeias e reduzir os índios à condição de seres inferiores. Não somente as forças da Igreja Católica (que, sob o ponto de vista histórico, fazia parte do projeto português, acatava-o e promovia-o à sua maneira), mas a própria Coroa portuguesa – isto é, o rei e a burocracia estatal e, até em algumas ocasiões, os próprios colonos (sobretudo depois que sentiram o perigo já controlado) – demonstrou um interesse especial pelos índios: olhavam-nos de uma forma sutil e mais respeitosa do que o faziam com os negros, por exemplo, reconhecendo naqueles algumas qualidades e alguns direitos. Certamente, não é por outro motivo que o primeiro conjunto de leis portuguesas em relação aos índios, contidas no Regimento de 1548, de Tomé de Souza, recomenda explicitamente que os índios devam ser tratados com respeito e amistosidade.[5] Veremos mais adiante que a principal característica da política indigenista da Coroa é uma atitude de má-fé quanto à posição que o índio deveria ter no projeto colonial – se escravo, se livre, conquanto que fosse súdito. Essa característica atinge a Igreja, secular e monástica, ora de braços dados com os inimigos dos índios, ora defendendo-os sob perigo de desacato, punição e expulsão, pela desobediência às ordens da Coroa e pela rebeldia aos poderes coloniais. Os colonizadores queriam ganhar seu espaço econômico e político, achavam os índios infensos ao trabalho rotineiro e forçado – portanto, um empecilho à sua expansão –, mas reconheciam a sua existência livre. Reduziam-nos à natureza, à animalidade para destroçá-los quando precisavam de seus bens patrimoniais; depois, criavam leis para integrá-los.

Essa perniciosa atitude adquire contornos mais delineáveis quando o Brasil se torna independente e urge se criar uma identidade própria e dar à nação um projeto. José Bonifácio de Andrade e Silva, o Patriarca da Independência, com seus "Apontamentos para a Civilização dos Índios Bárbaros do Brasil", escrito em 1819 e apresentado à Assembleia Constituinte de 1823, inaugura a preocupação brasileira em encontrar o lugar adequado para os índios, tanto no sentimento nacional quanto no próprio território. Liberais e conservadores, senhores de terra e a pequena classe média que se formava passaram a travar uma batalha de palavras e conceitos que terminou se concretizando em leis, preconceitos e idealizações, algumas das quais ainda hoje têm repercussão.[6] No início, as discussões e as propostas são centradas no Instituto Histórico e Geográfico Brasileiro, fundado em 1838, apresentadas por literatos brasileiros e estrangeiros, como o naturalista alemão Carl von Martius, que aqui estivera entre 1817 e 1821, e que sugeriu, para a formação étnica do Brasil, a imagem de um grande rio, no qual o índio representaria um dos três afluentes, junto com o branco e o negro.[7] Daí por diante, essa imagem e suas variações se mantêm na consciência nacional de uma forma indelével, mesmo entre aqueles que são declaradamente anti-indígenas, como o historiador Francisco Adolpho de Varnhagen, o cientista Hermann von Ihering e tantos mais que se juntam na crença da inviabilidade histórica do índio no Brasil. Liberais, românticos, positivistas, militares, a Igreja e a chamada sociedade civil, bem como o próprio Estado, em um momento ou outro, já foram grandes defensores dos interesses indígenas. Hoje amigos, amanhã inimigos.

Em comparação com países como a Argentina, a Venezuela, a Colômbia e os Estados Unidos, o Brasil se apresenta vantajosamente com um padrão de ideologia e de políticas indigenistas ambíguo e instável, o que demonstra a sua busca por um equacionamento da questão, que reflete a sua própria busca de identidade. (A comparação com outros países, como Paraguai, Bolívia, Peru, Equador, México etc. é mais difícil devido à composição e densidade étnicas muito diversas do caso brasileiro.) Desde a independência, não há no Brasil uma política de extermínio, assim como ocorreu na Argentina e nos Estados Unidos. É verdade que em algumas províncias brasileiras já se extinguiram grupos indígenas simplesmente por decreto, como o fez o presidente da província do Ceará na década de 1860. Também é fato que a Lei de Terras de 1850 foi mais fundamental nesse processo de se esbulhar o índio de suas terras, ao não registrá-las e, assim, inviabilizar ou destruir dezenas de aldeias por todo o país. Por sua vez, a própria lei indigenista do Império, que criou as Diretorias dos Índios e manda proteger as aldeias, civilizar e catequizar os índios, a partir de 1845, também falhou em garantir terras aos índios que já estavam no processo de integração na nação. Nesse sentido, o Brasil é mais sutil que a Argentina, país que, em 1879, simplesmente enviou tropas para destruir os índios ao sul do rio Colorado, ou que os estadunidenses, os quais os expulsam de toda a região leste do Mississipi.[8]

Os efeitos e as consequências das atitudes políticas brasileiras são diferentes mesmo assim. A influência do positivismo sobre os militares e republicanos os levou à criação do Serviço de Proteção aos Índios (SPI), já na República, em 1910, cuja máxima "Morrer se preciso for, matar nunca", adotada pelos sertanistas e indigenistas em relação aos índios arredios ao contato, constitui uma das poucas contribuições brasileiras a uma filosofia humanista ou a uma forma de cristianismo tupiniquim. Assim, a dimensão ideológica do indigenismo nacional é fundamental para se entender os problemas atuais da questão indígena. O índio está no cerne da consciência nacional – eis a sua força maior de sobrevivência, bem como a sua instabilidade, pois essa consciência nem sempre se coaduna com a realidade.[9]

ATUALIDADE DA QUESTÃO INDÍGENA

A questão indígena se desenrola na história brasileira com um saldo obviamente negativo para os índios. A nação brasileira se constrói sobre o patrimônio territorial dos cinco milhões de índios que aqui havia, suga o seu sangue e o transforma em "ouro vermelho" (na expressão do Padre Antônio Vieira), e recebe de doação e por osmose algumas das suas principais características culturais. Em troca, não os integra com autonomia e liberdade nem resolve seus principais e atuais problemas de sobrevivência: não somente falta um certo número de terras a ser demarcadas, como aquelas já homologadas e registradas como Patrimônio da União ainda são ameaçadas de serem revogadas por mudanças na legislação e invadidas ou assediadas por interesses econômicos. Embora suas condições de saúde tenham melhorado substancialmente, que se percebe no seu crescimento demográfico, muitas condições básicas de saúde continuam infinitamente inferiores em relação ao atendimento dos demais brasileiros, a exemplo do índice de mortalidade infantil que ainda se mantém o dobro da média brasileira (25% para 52%). No item educação escolar e oportunidades de desenvolvimento pessoal, a defasagem entre índios e não índios é assustadora!

Uma estrutura dinâmica de poder infinitamente desigual é formada por muitos e variados elementos que constituem a questão indígena no presente, tais como os povos indígenas, o Estado, a Igreja, a situação de desenvolvimento socioeconômico e suas forças de enfrentamento, os militares, os intelectuais (antropólogos, jornalistas, literatos, advogados etc.), a classe média urbana, os fazendeiros, os posseiros. O que motiva essa estrutura varia no tempo: a mão de obra, a expansão agrícola, o valor da terra, os minerais. Está mais do que claro para todos que a terra e suas riquezas, como mercadoria e como reserva de valor, atualmente, são a grande propulsora da dinâmica da questão indígena. Os povos indígenas retêm em seus direitos a posse efetiva, reconhecida oficialmente ou em potencial de aproximadamente 13% do território nacional. Desafiam, assim, políticas desenvolvimentistas autoritárias, interesses mineradores e madeireiros, empresas agropecuárias sustentadas por benefícios fiscais e financeiros, o capital nacional e o multinacional. Esses interesses dominantes, de maneira direta ou por intervenção política, corroem qualquer tentativa que parte do governo ou fora dele para estabelecer os parâmetros da questão indígena a partir da definição final da demarcação de todas as terras indígenas. A expectativa é, sem dúvida, de que, assim permanecendo, as terras indígenas da Amazônia, ou onde houver interesse econômico de peso, possam vir a ser utilizadas à revelia de seus legítimos senhores. As hidrelétricas, a política de segurança nacional, a abertura de terras ao capital beneficiado e aos despossuídos de outras regiões também integram o quadro da problemática atual.

A Fundação Nacional do Índio (Funai), órgão do governo encarregado da questão indígena, criada, entre outros motivos, com a expressa função de demarcar todas as terras até 1978 (cinco anos após a lei do Estatuto do Índio), depois até 1993 (cinco anos depois da promulgação da Constituição Federal brasileira), obviamente não cumpriu sua missão. Por quê? Primeiro, porque não é fácil, tantos são os problemas. Depois, em razão da proverbial incompetência burocrática brasileira, por grandes dificuldades de retirar invasores, por interpretações jurídicas sobre o que é terra indígena, mas também por um motivo muito próprio da questão indígena. Qual seja, uma boa parte das terras indígenas até agora ainda não demarcadas somente foram assim reconhecidas pouco tempo antes (e até depois) dos referidos documentos legais. Em anos recentes, como detalharemos mais adiante, o judiciário brasileiro tem expedido interpretações sobre o que é terra indígena que vão contra o entendimento previsto nas normas estabelecidas pela Constituição Federal e pelas interpretações da Funai. O auge dessas intervenções se deu em 19 de março de 2009, quando o Supremo Tribunal Federal (STF) pronunciou-se sobre uma série de pontos relativos à demarcação, aparentemente com algum nível de flexibilidade de interpretação, já que os tribunais regionais passaram a hesitar na emissão de suas decisões, sempre sujeitas a novos reclamos. Dessa forma, a Funai, e por extensão o Estado brasileiro, não consegue concretizar uma política indigenista estável, com regras e normas que assegurem um novo lugar e um novo papel para os índios no panorama político-cultural nacional. Por outro lado, permanece uma estranha ambiguidade, para não dizer dubiedade, a respeito do caráter jurídico do índio brasileiro. Se a Constituição Federal garante todos os direitos de cidadania aos grupos indígenas e ainda os admite como culturas diferenciadas e com direitos específicos – por exemplo, o direito da posse coletiva e o usufruto exclusivo da terra –, em contrapartida, o novo Código Civil, de 2000, que retirou o estatuto de "capacidade jurídica relativa" (e, portanto, da minoridade legal do índio e da tutela do Estado), deixou para o legislativo a determinação sobre a nova condição jurídica do índio. Consequentemente, nunca se sabe se uma decisão ou ato político ou econômico indígena tem valor absoluto ou relativo. Enquanto isso, os ganhos obtidos pelos índios no conceito da opinião pública nacional, através da luta consciente por seus direitos às terras, à saúde e à educação se confundem com a desestruturação administrativa, funcional e ética da Funai e as propostas diversionistas de outros segmentos do Estado por franquias simbólicas que pouco valor têm para a solução dos problemas reais dos índios. A visão nacional, a simpatia pelo índio e a própria política indigenista perdem com isso. Veremos mais adiante que este é um momento histórico especial na questão indígena que traz esperanças e perigos, uma época de transição sobre cujos resultados finais não temos ainda clarividência.

NOTA METODOLÓGICA E BIBLIOGRÁFICA

Este livro busca cumprir a tarefa de interpretar as relações entre os índios e a nação brasileira à luz do dado histórico mais importante dos últimos tempos – o crescimento demográfico das populações indígenas – e do surgimento de uma nova autoconsciência indígena em relação à sua posição no Brasil e no mundo. Ele pretende analisar, anunciar cientificamente e avaliar as consequências desses acontecimentos de grande significado para os índios e para o Brasil.

Estamos fazendo uma revisão cautelosa da história indígena brasileira, aprofundando-a por uma nova visão estratégica da formação do Brasil, para dela extrair os fundamentos sociológicos e antropológicos que nos permitam demonstrar como e por que a grande maioria dos povos indígenas se extinguiu, e como e por que uma pequena minoria sobreviveu e aos poucos vem se recuperando, lutando para traçar o seu futuro.

A partir dessa visão metodológica que enfoca a história pela perspectiva do índio que sobrevive (que é, de fato, o que nos interessa), percorremos o caminho desde a descoberta do Brasil, com os olhos de quem vive entre dois mundos: o seu, propriamente dito – de brasileiro comum e de brasileiro intelectual e político – e o do índio, ou pelo que dele lhe é dado saber por intermédio de pesquisas de campo e em arquivos, de contatos pessoais, de reuniões e de trabalhos políticos com muitos índios e diversos povos específicos, especialmente como presidente da Funai (2003-2007), tudo isso ao longo de quase 40 anos ininterruptos. Para o antropólogo que viveu meses a fio em aldeias dos índios Guajajara (que têm mais de 400 anos de convivência com a civilização luso-brasileira), dos Urubu-Kaapor ("pacificados" em 1928), e entre vários subgrupos Guajá (alguns dos quais ainda permanecem autônomos, isto é, fora do relacionamento com a Funai, ou mesmo com outros segmentos indigenistas, como o Conselho Indigenista Missionário – Cimi – da Igreja Católica), a leitura da história brasileira, no que concerne aos índios, ganha uma coloração mais íntima, e mesmo as informações e os dados mais recônditos, as invencionices de cronistas e a má-fé interpretativa de historiadores oficiosos podem ser compreendidos e interpretados com mais segurança quanto ao conteúdo e ao sentido da presença indígena nessa história.

É claro que o historiador sensível é capaz de discernir o significado da história indígena, mesmo sem ter tido conhecimento pessoal direto de culturas indígenas – e alguns o fizeram, como Capistrano de Abreu e João Francisco Lisboa. Mas a visão histórica se torna muito mais rica e densa se você experimenta a vivência prolongada numa aldeia; acompanha durante semanas a marcha forçada de um povo pela floresta, sendo transferido de um território para outro; administra sem recursos médicos uma epidemia de gripe que abate e arrasa um punhado de homens, mulheres e crianças; presencia o trabalho de um velho missionário capuchinho no seu mister de catequese de 'desobriga'; compartilha do pavor coletivo de um povo diante do perigo de um ataque de invasores; discute com fazendeiros e comerciantes de pequenas cidades e povoados que têm desavenças com índios, com quem vivem em relação de exploração econômica, repúdio social e, ao mesmo tempo, de compadrio condescendente; se esforça para convencer autoridades e burocratas de uma ação necessária para a sobrevivência de um povo, e não logra resultados positivos; vê o relacionamento tenso e ambíguo entre índios e lavradores sem terra; e exerce por quase quatro anos a presidência do órgão oficial indigenista, sentindo na pele as agruras da ineficácia do Estado brasileiro e as pressões de todos os lados. Enfim, tudo isso faz a sua compreensão do que foi um "descimento" se enquadrar numa realidade concreta, tangível, não só imaginada, aguçando desse modo a sua interpretação histórica daqueles momentos e do momento atual. Entende-se por descimento a transferência forçada de mais de 1.500 índios, de uma só vez (amarrados alguns, seguindo cabisbaixos a maioria), de seus territórios para vilas portuguesas – como aconteceu tantas vezes nos três primeiros séculos de colonização: as missões, os ataques de bandeirantes paulistas e de bugreiros, mais recentemente, as guerras de extermínio, as epidemias devastadoras, as quedas populacionais abruptas e irreversíveis, a formação do mundo rural brasileiro por cima dos índios e de suas terras, e outros fatos históricos mais.

Visita do autor aos Xavante da aldeia São Marcos, Barra do Garças, MT.

Essa "vantagem" do antropólogo é em tese, claro. O olhar pessoal e as carências intelectuais também fazem molecagens no pensamento de qualquer autor. Esta é uma condição possível do trabalho do antropólogo brasileiro da atualidade e um privilégio cultural que muitos brasileiros podem viver, e a partir dela avançar no conhecimento da sua realidade social. Muitas vezes não nos damos conta de que tal vantagem é um fator metodológico de importância transcendental, porque insere o pesquisador numa realidade histórica que pode ser vivida e observada por todas as perspectivas possíveis, no meu modo de ver teórico, hiperdialeticamente.[10] Embora as nossas academias insistam em seguir o modelo exterior, não é mais necessário que o trabalho antropológico consista num esforço temporário de pesquisa, seguido pela elaboração de uma tese, a partir da qual se vai extrair por muitos anos o material empírico para se elaborar ideias e teorias dos mais diversos matizes e satisfazer todos os gostos de moda. No Brasil, o material empírico está a algumas horas de voo, no máximo a poucos dias de barco; está nos arrabaldes das cidades, nos hospitais e casas de saúde, nas faculdades públicas e mais frequentemente nas privadas, viajando para reuniões em Brasília e no exterior, e nos corredores do Congresso Nacional. Está hoje, como esteve ontem, nos escritos e nos relatos de muitos indigenistas, antropólogos e índios – e estará amanhã. Tal realidade se sobrepõe com muito dinamismo à estratégia de pesquisa de estudiosos de outros países. Quantos não têm sido os antropólogos que já vêm ao Brasil sonhando em ser os primeiros a estudar um determinado povo, desprezando o conhecimento anterior, mesmo que fosse elaborado pelos cânones da metodologia oficial, e voltaram aos seus países pensando e aspirando que fossem os últimos, por bem ou por azar? Depois, os seus pesquisados vêm à luz da realidade brasileira e queixam-se: o que falaram deles não é exatamente assim ou não tem sido mais por muito tempo. O conhecimento sobre a estrutura de uma sociedade se refaz em virtude tanto do tempo mutável em que foi adquirido, quanto da própria mutabilidade desta estrutura. A estratégia hiperdialética do conhecimento é, portanto, um princípio metodológico, o conhecimento de uma realidade e a realidade do conhecimento.

Nesses tempos sentimo-nos seguros de anunciar que a antropologia indígena brasileira pode ousar mais no conhecimento e na ação sobre a realidade brasileira, sem sentir-se compungida a buscar fórmulas de conhecimento em outras plagas. Não, quiçá, por virtudes próprias, mas pela realidade cultural e política que se lhe impõe.

Mas isso não vem de agora, como uma mutação. Existe uma tradição na antropologia brasileira que dá raízes e mantém uma linha de continuidade. O pioneiro inigualável dessa tradição é o alemão naturalizado brasileiro, Curt Nimuendajú (1883-1945), que viveu 40 anos de sua vida percorrendo praticamente todo o território brasileiro, conhecendo pessoalmente quase todos os povos indígenas da época, lendo e pesquisando com rigor livros etnográficos e históricos, perscrutando os arquivos brasileiros, batalhando incessantemente pela causa indígena que abraçara com tanto ardor e comprometimento, a ponto de quase virar índio, de se naturalizar brasileiro com sobrenome indígena, sem, no entanto, deixar de registrar as mais preciosas informações sobre esses povos e suas histórias, de elaborar análises e interpretações das mais férteis que existem na historiografia indígena. Quando morreu, em 1945, numa aldeia dos índios Tikuna, no alto Solimões, Nimuendajú deixava um rico e precioso acervo de obras, a maioria das quais permanece inédita no Brasil, sob a guarda, há tanto tempo, do Museu Nacional. Suas monografias sobre os índios Guarani, Xerente, Timbiras, Apinajé e Tikuna e o seu Mapa Etno-Histórico do Brasil e Adjacências[11] constituem alicerces do conhecimento antropológico sobre os povos indígenas, fundamentam uma metodologia especial e representam a figura excepcional de um intelectual engajado.¹²

O outro pilar da antropologia indígena é também teuto-brasileiro. Trata-se do professor Herbert Baldus. Embora Nimuendajú tenha pesquisado com afinco a história indígena, foi Baldus, no Museu Paulista, quem se dedicou à tarefa de agregar e sistematizar as fontes da etno-história indígena, produzindo uma obra de grande vulto: *Bibliografia crítica da etnologia brasileira* (1954-1968).¹³ Praticamente tudo que está publicado sobre índios até então se encontra nessa obra, comentada e indexada. Tanto Baldus quanto Nimuendajú são pioneiros em inserir o índio nos contextos históricos que o envolvem não de uma forma ilustrativa, como se fazia na antropologia praticada na época, mas como parte integrante, perdendo e reagindo, se extinguindo, fugindo ou transformando-se em função de uma dinâmica cultural própria e por força das compulsões que sofria.

Essa forma de pensar a antropologia tem um exemplo notável no trabalho de Florestan Fernandes sobre os índios Tupinambá, realizado em duas etapas entre 1949 e 1952. Nos livros *A organização social dos índios Tupinambá* e *Função social da guerra na sociedade Tupinambá*, e em outros artigos, os Tupinambá são interpretados academicamente pelo viés funcionalista, porém, de fato, por uma metodologia histórica de grande força dinâmica, na qual as diversas instituições sociais desses índios são analisadas por suas estruturas próprias e pela totalidade que formam em si e em confronto com outras totalidades sociais externas, inclusive a vinda dos portugueses e franceses. Por outro lado, essas obras provam cabalmente que os Tupinambá não foram passivos à chegada dos invasores, mas reagiram valorosamente, sendo derrotados por motivos que veremos mais adiante.¹⁴

Darcy Ribeiro e Eduardo Galvão são os dois grandes antropólogos que consolidam essa tradição Nimuendajú/Baldus nas suas pesquisas e na sua dedicação à causa indígena. Ambos trabalharam no Serviço de Proteção aos Índios, ao lado do venerando Marechal Rondon, organizando e fomentando o estudo empírico, a documentação histórica e cinematográfica e o conhecimento sistemático sobre os índios, e sugerindo novos modos e práticas indigenistas. Darcy Ribeiro passou dez anos no SPI (1948-57), pesquisou as culturas e os relacionamentos interétnicos dos índios Xokleng, Kadiwéu, Bororo, Urubu-Kaapor e outros mais, fundou o Museu do Índio, dedicado à luta contra o preconceito indígena no Brasil, e elaborou os argumentos para a criação do Parque Indígena (antes Nacional) do Xingu, marco do indigenismo brasileiro da década de 1950, colocando a defesa do índio em aliança com a preservação da natureza e do patrimônio ambiental da nação como um todo. O seu trabalho no SPI, como o de outros intelectuais, aglutinava os esforços do intelectual e do político, do pensador e do administrador, não fazendo distinção valorativa entre o antropólogo e o indigenista. Eis a razão da fertilidade do indigenismo *lato sensu* àquela época, ganhando o reconhecimento da Unesco, da Organização Internacional do Trabalho (OIT), inclusive pela segunda indicação de Rondon ao prêmio Nobel da Paz e a utilização de muitos conceitos do indigenismo brasileiro nos seus dois principais documentos sobre direitos dos povos indígenas, as convenções 107 e 169. A Convenção 169, de 1989,[15] dá um grande salto de valorização dos povos indígenas no panorama mundial, acompanhando a consciência universal da sobrevivência e da consequente permanência do índio no mundo. Incorpora as experiências de autonomia indígena em muitas partes do mundo e, na minha visão, toma emprestado, sem reconhecê-lo, muito da atitude pró-indígena contida no Estatuto do Índio, de 1973, promulgado pelo governo Médici (1969-1974), porém influenciado direta e indiretamente por antropólogos e indigenistas comprometidos com a questão indígena, e por juristas partidários da visão do indigenato[16] na história do Brasil.[17] Com a Funai (criada para substituir o SPI em 1967), a unidade do pensador com o ativista vai ser quebrada propositadamente pelos militares, como tática de manipulação da opinião pública e das forças pró-indígenas no país, para ser recuperada ao fim do período ditatorial brasileiro, redimindo o papel da Funai.

A principal obra antropológica de Darcy Ribeiro, *Os índios e a civilização*, concebida e parcialmente escrita na década de 1950, mas publicada em 1970, constitui a mais importante síntese interpretativa do conhecimento até então sobre os povos indígenas e suas relações com a história do desenvolvimento do Brasil no século XX. Sua tese principal é a de que as culturas indígenas, que podem ser analisadas como parte de um processo evolutivo das sociedades humanas, são autossuficientes e integradas numa lógica própria, e não se diluem em outras culturas, consideradas, sob o ponto de vista produtivo, superiores, embora possam adaptar-se às circunstâncias exógenas e desenvolver instituições que as integrem social e economicamente àquelas culturas e sociedades. Nesse processo, que pode ser concebido como um diálogo, mas que, em geral, é caracterizado por uma dominação política, as culturas mudam e se transfiguram, criam novas modalidades de ser, mas nunca se assimilam, não se autodestroem. Mas podem ser destruídas.[18]

A concepção intelectual e a metodologia usada neste livro de grande visão integrativa se situa no âmbito de pensamento daquilo que podemos chamar de *paradigma da aculturação*, seguindo a concepção do filósofo da ciência Thomas Kuhn. O paradigma da aculturação é um conjunto variado de ideias, proposições, preconceitos, intuições, análises, teorias, sentimentos e atitudes, que remontam ao Iluminismo, passando pela teoria da evolução, por Darwin, Marx, Durkheim e Malinowski, pelo positivismo e por quase todas as escolas antropológicas, até recentemente, que declara a eventual e inevitável extinção das culturas e sociedades indígenas diante da inexorável força de expansão da civilização ocidental. As análises e interpretações daquele livro, portanto, pautam-se por esse espírito, como o fazem todos os estudos da época. Entretanto, antes de ser frio ou indiferente, permeia no livro um sentimento de indignação e pesar, de horror e desesperança, que projeta, nas conclusões de cada interpretação elaborada, uma visão de rigor científico mesclado pela insatisfação humanista do autor.

Nesse contexto, pode-se compreender a formulação do conceito de transfiguração étnica, isto é, de que as sociedades indígenas não se assimilam nem se acultvram, mas se recriam em novas sínteses culturais, como uma tentativa do autor de transcender à camisa de força do paradigma da aculturação. Por ele, é refutada a inevitabilidade da extinção, são sugeridas formas de acomodação e denominação política, econômica e cultural da sociedade dominante (brasileira) sobre a dominada (indígena), e espera-se uma melhor sorte, de algum modo, para os índios. O livro, ao usar esse conceito como espinha dorsal, ganha um sentido de prospectiva de grande alcance, sinal de que captava indícios da reversibilidade histórica na demografia indígena. Porém, o conceito de transfiguração étnica não chegou a ser utilizado por outros antropólogos da época. Outras correntes teóricas, outras temáticas que também se enquadram na tentativa de explicar as novas condições de sobrevivência étnica iriam dominar as últimas décadas do século passado e a primeira deste século.

Eduardo Galvão foi um grande pesquisador de campo, um apaixonado pelo seu ofício, tendo começado a fazer pesquisas aos 17 anos, em 1939, quando esteve entre os índios Tapirapé, no rio Araguaia, até praticamente a sua morte, em 1976. Conheceu e estudou dezenas de povos e situações interétnicas, por toda a bacia amazônica, por Mato Grosso e no Maranhão. Escreveu artigos sobre aculturação e mudança cultural, sobre a integração endógena dos índios do alto rio Negro e do alto Xingu, criando a noção de "compressão cultural" para caracterizar esse processo, e dedicou-se ao estudo da produção e difusão de elementos da cultura material, como o propulsor de flechas, a cerâmica e alguns dos principais cultígenos sul-americanos. Pesquisou e engajou-se com o caboclo amazônico, descobrindo no seu sistema cultural e nas suas crenças religiosas uma ligação direta com os povos indígenas de quem descendem. Foi, verdadeiramente, um seguidor de Nimuendajú, temperando sua carreira com uma visão política de larga amplitude e generosidade. Alguns dos seus artigos foram editados postumamente com o título *Encontro de sociedades: índios e brancos no Brasil*. Um dos mais influentes é o que classifica os povos indígenas brasileiros por áreas culturais, um conceito criado pela antropologia norte-americana que buscava compreender a similitude de culturas que têm histórias e gêneses linguísticas diferentes. Propôs 11 áreas culturais para o Brasil, utilizando-se de critérios diversos, como tipo de cultura, relacionamento intraétnico, compressão cultural, adaptação ecológica e contato externo. Publicou o seu estudo sobre o caboclo amazônico em *Santos e Visagens* e, junto com Charles Wagley, uma monografia sobre os índios Tenetehara (regionalmente conhecidos como Guajajara) intitulada *Os índios Tenetehara: uma cultura em transição*. Galvão foi também pesquisador do Museu Nacional, onde iniciou sua carreira, e do Museu Paraense Emílio Goeldi; ajudou a implantar, com Darcy Ribeiro, no Museu do Índio, o primeiro curso de pós-graduação em antropologia no Brasil, e depois fundou e foi diretor do Instituto de Ciências Humanas da recém-criada Universidade de Brasília, de onde saiu cassado em 1965.[19]

Para os nossos propósitos aqui, reconhecemos a importância de Galvão, sobretudo porque foi ele o primeiro antropólogo brasileiro e certamente um dos primeiros no mundo, a pôr em dúvida a inexorabilidade do processo de extinção dos povos indígenas, ao repensar a conclusão que fizera, com Charles Wagley, sobre o destino dos índios Tenetehara. Eis como analisa a questão, em 1955, na introdução brasileira ao livro originalmente publicado em inglês em 1949, baseado em pesquisas feitas entre 1941 e 1945.

> Concluímos com a afirmação de que dentro do espaço de vida de uma geração, ou pouco mais, o processo de mudança dessa cultura tribal indígena para uma regional, brasileira, estaria em vias de se completar. Afirmação esta que tem valido algumas críticas. Umas que a consideram otimista, outras que põem sérias dúvidas sobre a possibilidade de realizar-se o processo assimilativo. As dúvidas têm fundamento. Muitas tribos indígenas existem, até o presente, que têm resistido, e nada indica que não resistirão no futuro, ao processo de integração à comunidade brasileira. Em muitas situações de contato, a resultante não se traduz

em assimilação do tipo que descrevemos para os Tenetehara, mas em despovoamento, em desmoralização da sociedade indígena que, não resistindo ao traumatismo de uma situação adversa, se decompõe. A brutal diminuição da população indígena, hoje reduzida a cerca de 100.000 indivíduos, é um exemplo. Outras tribos, graças a um mínimo de condições favoráveis, mantêm cultura e organização próprias, embora com muitos elementos modificados pela influência de brasileiros. É preciso estudar os casos especiais de resistência e os de assimilação.[20]

À sua brilhante intuição, Galvão logo adiciona uma proposta de temáticas de estudos: assimilação e resistência. Até a década de 1970, a maioria dos estudos de relacionamento interétnico seria sobre assimilação ou aculturação, embora sob perspectivas mais críticas, com conteúdo histórico e sociológico de maior densidade do que os clássicos estudos sobre aculturação e mudança social da antropologia anglo-americana. Depois viriam a ser sobre os processos de resistência e sobrevivência étnica, em que os índios são vistos em princípio como vitoriosos, ou, pelo menos, não como perdedores indefectíveis.

Roberto Cardoso de Oliveira, um dos primeiros estudantes do curso de antropologia do Museu do Índio, foi um dos principais responsáveis pelo desenvolvimento de estudos, pessoais ou por influência como professor, tanto dos temas de assimilação e acaboclamento – os quais denominou "estudos de fricção interétnica" –, como, após 1972, pelo tema da resistência, através da introdução, no país, da discussão sobre o conceito de identidade étnica, como fator de resistência e sobrevivência dos povos indígenas.[21] Esse conceito serviu de fundamento básico para diversos estudos sobre sociedades indígenas e mesmo sobre outras minorias no país, como comunidades rurais, negras ou caboclas, minorias culturais e sexuais urbanas, movimentos sociais e políticos etc.[22] Cardoso de Oliveira prosseguiu em sua carreira trazendo temas diversificados que estavam na moda nos países centrais da antropologia, tais com a análise de identidade étnica por ênfase metodológica nas interações sociais (não mais cultural) e o multiculturalismo, ambos com pertinência à temática indígena. Um dos seus estudantes, João Pacheco de Oliveira, depois de fazer uma revisão do estudo de seu mestre sobre a integração dos índios Tikuna à sociedade de classes, e vendo que aqueles índios continuavam a ser índios, embora com mudanças culturais, abre uma nova senda de pesquisas sobre a situação étnica e social dos índios do Nordeste, precisamente aqueles que mais tinham sofrido a opressão luso-brasileira e ainda mantinham teimosamente sua identidade indígena. Sua grande contribuição aos estudos sobre populações indígenas, com consequências políticas positivas ao indigenismo brasileiro, foi a aplicação da noção de "etnogênese", trazida da antropologia inglesa sobre a urbanização de populações tribais na África. Expungindo a verborragia do filósofo Gilles Deleuze, utilizada por Pacheco, que aplica o termo "territorialização" para significar os modos de formação de identidades, entende-se por etnogênese o processo de reaglutinação de comunidades de pessoas que vivem um destino comum em torno de uma visão de identidade própria, separada da identidade cultural corriqueira das pessoas antes vizinhas, a partir de então caracterizadas como fora do novo grupo autorreconhecido. Uma nova identidade se forma a partir da memória de um passado, em geral com aspectos históricos, mas também religiosos e míticos, que relembra aos novos membros uma visão mais generosa de sua vida pregressa e uma promessa de uma vida melhor a partir da nova identidade. Com essa atitude, e ajudados por associações de indigenistas e de religiosos católicos, com suporte do órgão indigenista e do Ministério Público Federal (MPF), diversos grupos de caboclos nordestinos e de ribeirinhos amazônidas alçaram-se em movimentos de constituição de novas identidades e, ademais, de reconhecimento por parte das autoridades, tais como os órgãos indigenista, de saúde e educação indígenas, o MPF e outros, dessa identidade. O que os motiva é, em essência, a vontade de uma nova identidade fora da corriqueira identidade de gente rural pobre e destituída, mas é, complementarmente, a segurança de uma maior proteção econômica e oportunidades sociais que a identidade indígena bem ou mal lhes proporciona.

Com uma ênfase maior no aprofundamento da análise histórica, em que os povos indígenas são interpretados como totalidades histórico-político-culturais, agindo e reagindo ao contato externo por compulsionamento e por consciência parcial da sua realidade, foram desenvolvidos estudos que demonstram a qualidade da fusão que deve haver entre a sensibilidade histórica, o senso do real e a ansiedade do imaginado, isto é, entre o historiador, o político e o cientista. O livro *Índios da Amazônia: de maioria a minoria*, e seu livro sobre a política indigenista do Império, *Os índios e a ordem imperial*, de Carlos de Araújo Moreira Neto, são exemplos dessa contínua busca de adaptação metodológica e criação teórica para explicar o universo empírico da antropologia brasileira atual.[23] Antes de ser publicado, esse texto foi passado de mão em mão em caderno mimeografado como estudo exemplar e pioneiro da história do Brasil focada na questão indígena. Nele constam análises eruditas dos dados encontrados nos relatórios dos presidentes de província de todo o Brasil, demonstrando não somente os meios e políticas abertos e escusos que levavam a elite imperial e os novos "bandeirantes", criadores de gado, comerciantes das novas cidades a açambarcar as terras indígenas, como explicita a cooperação e a conivência dos novos missionários nesse mister. Ao longo de quase setenta anos de independência, o Brasil arrefeceu pouco o legado que recebera dos portugueses.

Nessa linha de abordagem, mas com uma perspectiva localizada e menos pessimista, situo o meu livro sobre a etno-história dos índios Tenetehara, *O índio na história: a saga do povo Tenetehara em busca da liberdade*. Fruto da minha primeira pesquisa com esses índios, que redundara numa tese de doutorado, esse livro me levou 23 anos para ser concluído, durante qual tempo voltei diversas vezes a aldeias teneteharas e pesquisei em arquivos os mais evidentes como a Biblioteca Nacional do Rio de Janeiro, o Arquivo Público do Pará, o Instituto Histórico e Geográfico Brasileiro, até os arquivos paroquiais de pequenas cidades do Maranhão, como Viana, Pindaré-mirim e Godofredo Viana. Esse livro procura demonstrar que a história indígena não é tão linear quanto pareceria, tão inexoravelmente declinante, havendo momentos de relacionamento mais fluido e outros mais agressivos, momentos de opressão e momentos de cooperação; que há fissuras no controle social sobre os índios, e, sobretudo, que os índios reagiram à opressão, às vezes pela rebelião e fugas, outras pela estratégia da convivência próxima ou distanciada. Os índios, concluo, buscam a volta ao seu *status quo ante*, sonham e fantasiam com a época em que reinavam soberanos, com os tempos da liberdade e igualdade de condições com seus adversários. Nas décadas de 1980 e 1990, deu-se um florescer de estudos etno-históricos por antropólogos e historiadores, aqui destacados no livro editado pela antropóloga Manuela Carneiro da Cunha, *História dos índios no Brasil*.[24]

Não restam dúvidas de que a antropologia brasileira, no que concerne ao estudo das relações interétnicas, alcançou um nível de descrição, análise e interpretação bastante rigoroso. Nos últimos quarenta anos foram produzidas dezenas de teses com temática indígena, largamente baseadas em pesquisa de campo, algumas demonstrando conhecimento da língua indígena, alcançando um excelente nível de qualidade etnográfica. Ressalvadas as proporções nas grandezas étnicas, a antropologia brasileira se compara com a antropologia mexicana, até pelo seu aspecto do compromisso político com o seu objeto de estudo. Se ainda nos falta uma gama mais extensa de etnografias, cobrindo o espectro das culturas indígenas, isso se deve aos seguintes aspectos: preocupação do antropólogo-cidadão brasileiro com os estudos que valorizem o conhecimento das possibilidades de sobrevivência dos índios; deficiência acadêmica ao não enfatizar estudos linguísticos como base para a compreensão das culturas indígenas; falta de estímulos institucionais e financeiros dos centros de pesquisa; contradições políticas e tensões culturais surgidas nos últimos quarenta anos que dificultam a permanência mais prolongada de antropólogos entre os índios. As pesquisas etnográficas acontecem muitas vezes motivadas por temas teóricos de curto fôlego, mas que viram uma espécie de moda. Dezenas de teses e artigos foram produzidos sob inspiração de uma temática menor proposta por Lévi-Strauss no seu portentoso livro sobre o parentesco, *As estruturas elementares do parentesco*, por sua vez um recorte reducionista desse grande tema antropológico inventado ainda no século XIX, pelo pioneiro da antropologia Lewis Henry Morgan. Tratava-se de demonstrar que os sistemas sociais dos povos indígenas das chamadas terras baixas da América do Sul – que incluem todo o Brasil e mais as vertentes orientais dos países andinos – se baseiam na rivalidade entre primos cruzados, isto é, entre os primos que são filhos de uma irmã e de um irmão, potencialmente parceiros casadoiros, ao contrário dos filhos de dois irmãos do mesmo sexo (neste caso, chamados de primos paralelos e que se consideram irmãos entre si). Com tal foco e com um malabarismo intelectual digno de admiração, esses trabalhos terminavam relevando todo o mais do sistema de parentesco, da liturgia do poder, da relação do sistema sociopolítico indígena com o mundo de fora, e da sociabilidade dessas sociedades.

Em contrapartida, a maior carência da antropologia brasileira em relação a estudos sobre sociedades indígenas diz respeito às economias indígenas e à relação delas com o mundo circundante. Todo mundo que trabalha com índios sabe que raros são os casos de economias indígenas autossuficientes. Naturalmente, quando viviam para si, autônomas, essas sociedades produziam o suficiente para sobreviver, sempre com algum excedente para os momentos de carência, como uma safra perdida por falta de chuvas no tempo certo ou destroçada por uma vara de porcos queixada. Porém, o convívio com a sociedade brasileira produz novas necessidades, desde o simples sal, passando por panelas, facões, roupas, calçados, chegando a rádios, fogões, geladeira, televisão, e, agora, computadores e objetos de adorno, todos os quais custam dinheiro. Como obter esses objetos? Nos casos mais simples, há doações por parte da Funai ou de outras instituições. Mas o limite de doações logo é alcançado, enquanto o desejo de ter mais e mais variado é bastante elástico. Cabe saber como as economias podem se desenvolver de dentro para fora, encontrar bens e produtos que podem ser vendidos e aumentar sua produtividade, sem transformar suas sociedades em sistema de produção. Nessa carência de conhecimento há uma imensa falha da antropologia brasileira.[25] Por fim, compele reconhecer que uma parte de nossa lacuna etnológica é preenchida pelas teses de pesquisadores estrangeiros, cuja preocupação maior se focaliza em temas como cultura, organização política, relação com meio ambiente etc., não no seu relacionamento interétnico, devido, certamente, à sua própria condição de estrangeiro e de necessidade de voltar a seus países para seguir suas carreiras.

Não podemos deixar de mencionar aqui, ainda que brevemente, os estudos de arqueologia brasileira. Há efetivamente uma tradição arqueológica brasileira que discute grandes temas relacionados à presença do homem nas Américas, e no Brasil em particular, com adaptações culturais a todos os meios ambientes do nosso território, com as mudanças de sistemas econômicos e sociais entre sociedades indígenas. Inclusive, há demonstrações de que no passado já houve sociedades mais densas demograficamente e poderosas politicamente. Em sua grande maioria, o interesse antropológico cientificamente relevante trata de conhecer o passado pré-colombiano das sociedades indígenas, ainda que haja bons estudos sobre como os índios viveram nas missões ou em terras de onde foram expulsos já em tempos recentes.

Enfim, há dezenas de povos indígenas brasileiros que precisam ser conhecidos mais intimamente, pelo que pensam do seu mundo, pelo que produzem de conhecimento, por seus modos de viver e, sem dúvida, pelas suas perspectivas de continuidade étnica. O trabalho de produzir monografias (que é um dos polos fundamentais do conhecimento antropológico) não tem necessariamente de ser feito nos moldes tradicionais concebidos e estilizados no início do século xx. Faz-se necessário que se incorporem na própria metodologia do trabalho as condições políticas e culturais do Brasil e da tradição antropológica brasileira, e que essa metodologia se conceba como um instrumento integrativo da história e da estrutura, tanto nas análises sobre as relações interétnicas que determinado povo tem com o mundo envolvente, quanto nas análises e teorizações sobre a própria cultura estudada. Uma monografia não precisa ser descritiva e estática, nem se pautar pela busca obsessiva de novidades etnográficas – uma verdadeira mania da antropologia enquanto disciplina acadêmica, a qual, muitas vezes, resulta na impossibilidade de aferição dos dados pelo que eles vêm a ter de exótico e esdrúxulo.

A singularidade de culturas e povos deve ser compreendida como parte da diversidade humana, o que implica também o tema da comparação e de sua universalidade. Se concebermos a cultura como uma relação humana tanto consciente quanto inconsciente, regida pelo social e pelo individual, e se localizarmos essa dialética numa perspectiva histórico-estrutural, de envergadura hiperdialética, com um sentido de continuidade cultural, transcenderemos as teorias que reduzem os povos indígenas, necessariamente, a seres inferiores, dominados por formas de pensamento baseado em preceitos imutáveis e sem história.

O presente livro não trata de expor as bases teóricas da antropologia hiperperdialética, já abordada no meu livro homônimo. A exposição e discussão da temática indígena, tratada como uma questão de interesse mais amplo do que normalmente se concebe na antropologia tradicional, é orientada pela visão hiperdialética. Por ela, o índio – ou as sociedades, culturas e povos indígenas – é concebido um ser único, em si e para si, que se opõe a outras entidades semelhantes, formando relações de convivência ora amistosas ora confrontantes, em círculos e contextos cada vez mais amplos. É dizer, os índios são seres que estão na história, pois mantêm suas culturas por decisão própria, semelhantemente a outros povos e culturas. São parcialmente tanto conscientes quanto inconscientes de suas potencialidades, virtudes, carências, desequilíbrios e destino. Em relação direta com a sociedade brasileira forma-se uma temática própria, de cunho político, uma questão. Definimos essa questão como o conjunto dos povos indígenas e das forças que os envolvem, formando uma estrutura de relações num eixo temporal, e obtendo o seu sentido pela luta interna, pela reflexão consciente e por suas conexões com a amplitude dos povos e culturas de todo o mundo. O índio, assim, é compreendido por si e em relação com o todo. A explicação para a sua sobrevivência ou o seu extermínio advém desse princípio metodológico. Na relação com o mundo, o índio toma autoconsciência de sua existência mais ampla e age, ao modo possível que lhe é dado, para se entender com a nova realidade. Perder ou ganhar, não se pode saber; importa é que vive na luta por sua continuidade e ascensão político-cultural.

O escopo de meu trabalho é a história indígena, suas derrotas e perdas, mas também suas pequenas, porém significativas, vitórias e ganhos. Abordo essa história a partir de dois pontos de vista – do índio e da civilização brasileira –, com enfoque para a opinião que temos a respeito do índio, o que este pensa sobre o Brasil, seu presente e sobre suas perspectivas futuras. Este livro é impregnado, necessariamente, pelos sentimentos da indignação e do inconformismo. Mas quer alentar também um rasgo de esperança, justificado pelos acontecimentos mais recentes e por novas interpretações históricas que mostram não somente a face negativa, mas também a positiva do tempo presente, e nos auxiliam a divisar as possibilidades do futuro.

NOTAS

[1] A palavra *índio* é às vezes refutada em discussões acadêmicas, porque parece generalizar e, consequentemente, ofuscar a diversidade das identidades e culturas indígenas. Essa cautela me parece exagerada. É evidente que os índios são diversos, mas, na história da formação brasileira, essa categoria social é fundamental para a sua compreensão. Os índios se veem diferentes uns dos outros, mas semelhantes em confronto ou contraste com a sociedade brasileira em geral. Por outro lado, não se incomodam de serem chamados de índios, mesmo sabendo que esse termo nasceu de um engano de Cristóvão Colombo.

[2] A demografia indígena em 1500 é motivo de diversos estudos, cálculos e especulações. Um resumo pode ser encontrado em John Hemming, *Red Gold: The Conquest of the Brazilian Indians, 1500-1760*, Cambridge, Mass., Harvard University Press, 1978. O próprio Hemming considera especulativo o número que propõe: 2.400.000. O número arredondado de cinco milhões é produto de várias suposições. No capítulo "Do ponto de vista do índio" explicamos como chegamos a ele. Outros autores já propuseram números que vão de 800 mil (ver a análise de Julian Steward, *Native Peoples of South America*, New York, McGraw-Hill, 1959, pp. 51-60) a um número projetado que certamente excederia os dez milhões (Pierre Clastres, "Elementos da demografia ameríndia", em *A sociedade contra o Estado*, Rio de Janeiro, Francisco Alves, 1978). O menor número é subestimado por desconhecimento e descrença quanto às descrições e cifras apresentadas pelos cronistas e missionários dos séculos XVI e XVII. Hoje em dia, essas descrições são mais acatadas e levadas em consideração. A dificuldade maior está em saber quantos povos, quantas unidades político-culturais existiam. No capítulo "O que se pensa do índio" discutiremos os diversos critérios de se avaliar essa questão. Se correlacionarmos língua específica com unidade política, o número pode variar em torno de 2.500 a cerca de 340. Ver J. Alden Mason, "The Languages of South American Indians", em *Handbook of South American Indians*, New York, Cooper Square Publishers, 1963, v. VI, p. 163, que calcula um número de 5 mil línguas/povos para toda a América do Sul. Curt Nimuendajú no seu *Mapa Etno-Histórico* (Rio: IBGE, 1982), soma 1.400 povos; Chestimir Loukotka, "Línguas Indígenas do Brasil", em *Revista do Arquivo Municipal*, v. 54, 1939, São Paulo, soma 237 línguas para o Brasil. Aryon Dall'Igna Rodrigues, em *Línguas brasileiras*, São Paulo, Loyola, 1986, identifica 170 línguas atuais e projeta o dobro como um número mínimo de línguas indígenas em 1500. O número atual de 890 mil índios advém do Censo 2010, do IBGE. Desses, 510 mil estariam vivendo em terras indígenas ou em zona rural, enquanto 370 mil morariam nas cidades. O número e os nomes das etnias a que essas populações se filiariam ainda não foram publicados. O IBGE publicou intempestivamente que seriam mais de 305 nomes étnicos, muito acima dos nomes de etnias reconhecidos pela Funai. Na primeira edição deste livro, dados do Cimi, de 1987, somavam 230 mil índios distribuídos em 220 etnias, com a população crescendo cerca de 4,5% para os anos de 1986 e 1987. Já o Centro Ecumênico de Documentação e Informação (Cedi) dava, em publicação sobre terras indígenas, um total de 213 mil índios. Ver Cimi, Mapa "Povos Indígenas no Brasil e Presença Missionária", 1985; Cedi/Museu Nacional, Terras Indígenas no Brasil. São Paulo: Tempo e Presença, 1987. Ver, também, Funai, *Situação das Terras Indígenas do Brasil: Dados Estimativos*. Brasília, 1984, que apresenta um número incompleto de 166.417.

[3] Por convenção estabelecida pelos antropólogos e linguistas brasileiros, desde 1953, os gentílicos dos povos indígenas sempre escrevem-se em letras maiúsculas. São grafados no singular, a não ser que sejam palavras portuguesas. O único caso em que ficam em letras minúsculas é quando são usados como adjetivos. Assim, escreve-se "os Munduruku", mas "as vestimentas mundurukus"; "os índios Cintas-Largas", e "os arcos cintas-largas". Ver *Revista de Antropologia*, v. 2, n. 2, pp. 150-152, 1954.

[4] Há uma extensa bibliografia sobre essas questões, da parte de mexicanos, peruanos, norte-americanos e europeus. De fácil acesso a brasileiros e de grande influência na América Latina, ver o livro de Darcy Ribeiro, *As Américas e a civilização*, Petrópolis, Vozes, 1977. Ver também Leopoldo Zea, *América en la História*, México, Fondo de Cultura Económica, 1957.

[5] Esse regimento continha os planos e as recomendações do rei D. João III para a colonização do Brasil. Uma seleção de trechos pertinentes aos índios pode ser encontrada no livro de Georg Thomas, *A política indigenista dos portugueses no Brasil, 1500-1640*, São Paulo, Loyola, 1982. A nossa discussão desse regimento e das outras leis e regulamentações indigenistas encontra-se no capítulo "Políticas indigenistas".

[6] As propostas contidas nesse texto foram primeiramente apresentadas nas Cortes Gerais de Lisboa. Em 1821, junto com algumas outras de representantes brasileiros – como Francisco Muniz Tavares, de Pernambuco; Francisco Ricardo Zane, do Pará; e Domingos Borges de Barros, da Bahia –, visavam equacionar o problema indígena com o Estado luso-brasileiro. Muniz Tavares e Borges

de Barros tinham, assim como José Bonifácio, propostas de "civilizar" os índios. Já Francisco Ricardo Zane, que havia sido um ano antes o guia administrativo dos cientistas alemães Carl von Martius e Johann Baptist von Spix, pelo rio Amazonas e seus afluentes, e representava os interesses mercantis da região, propunha métodos de escravização ou de erradicação dos índios. A Assembleia Constituinte de 1823 rejeitou as propostas de José Bonifácio, as quais, de qualquer modo, foram anuladas pela revogação dessa Assembleia e pela imposição de uma Constituição pelo novo imperador. Seja como for, as ideias de integração dos índios como parte da nação brasileira permaneceram na consciência liberal nacional e foram posteriormente de grande importância para a consolidação de uma atitude positiva em relação a eles. Compare esse fato, por exemplo, com a situação indígena nos Estados Unidos da América nessa mesma época, que decretara, em 1828, a exclusão de todos os povos indígenas que viviam na costa leste para além do rio Mississipi. Ver Carlos de Araújo Moreira Neto, "A Política Indigenista Brasileira durante o século XIX", Tese de Doutorado, Faculdade de Filosofia, Ciências e Letras de Rio Claro, São Paulo, 1971. Essa tese é fundamental para se compreender a política indigenista do Império e contém muitas informações sobre os períodos históricos imediatamente anteriores e posteriores.

[7] Ver Carl F. von Martius, "Como se deve escrever a História do Brasil", em *Revista do Instituto Histórico e Geográfico Brasileiro*, ano VII, n. 24, janeiro de 1845. Ver, do mesmo autor, em publicação mais recente, *O estado do direito entre os autóctones do Brasil*, Coleção Reconquista do Brasil, Nova série, v. 58, Belo Horizonte, Itatiaia, São Paulo, Edusp, 1982. Sobre os textos de Varnhagen e Von Ihering, ver os capítulos "Políticas indigenistas" e "O que se pensa do índio".

[8] Sobre a Argentina, ver Guillermo R. Ruben, "Les Mapuches: l'Illusion de l'Indianité", Tese de Doctorat D'Etat, Universidade de Paris, 1980. Os números estimados de índios massacrados nessa expedição e na seguinte, de 1880, totalizam 23 mil guerreiros. Sobre os Estados Unidos da América, ver, por exemplo, Wilbur Jacobs, *Dispossessing the American Indian: Indians and Whites on the Colonial Frontier*, New York, Charles Scribner's Sons, 1972; Harold E. Driver, *Indians of North America*, Chicago e London, The University of Chicago Press, 1969. Sobre a Colômbia, ver Marino Baleazar Pardo, *Disposiciones sobre Indigenas Baldios y Estados Antisociales (vagos, maleantes y rateros)*, Popayán, Universidad Popayán, 1954. Ver também Alfonso Uribe, *Misas, Las Misiones Catolicas ante la Legislación Colombiana y el Derecho Internacional Público*, Bogotá, Lumen Christi, a/d. Sobre a Venezuela, ver Nelly Arvelo de Jimenez, "Análisis del Indigenismo oficial en Venezuela" e Esteban E. Mosonyi, "La Situación del Indígena en Venezuela: Perspectivas y Soluciones", respectivamente, pp. 31-42 e 43-63, em Georg Grünberg (coord.), *La Situación del Indígena en América del Sur*, Montevideo, Tierra Nuova, 1971.

[9] Estar no cerne não significa estar na vontade nem no discurso oficiais. Nem é necessariamente um sentimento positivo. Quer dizer apenas que é motivo constante e atual de reconhecimento, mesmo que seja negativo.

[10] Sobre a visão hiperdialética em antropologia, ver meu livro *Antropologia hiperdialética*, São Paulo, Contexto, 2011.

[11] Para visualizar melhor esse mapa, ver: http://biblio.wdfiles.com/local--files/nimuendaju-1981-mapa/nimuendaju_1981_mapa.jpg. Acesso em: 24 set 2012.

[12] A vida e obra de Curt Nimuendajú, inclusive a sua bibliografia publicada, estão resumidas no livro *Textos indigenistas*, São Paulo, Loyola, 1982, editado por Paulo Suess e com prefácio de Carlos de Araújo Moreira Neto.

[13] O primeiro volume foi editado em São Paulo pela Comissão do IV Centenário da Cidade de São Paulo, 1954. O segundo, que engloba o primeiro, foi editado na Alemanha pela Kommissionsverlag Münstermann Druck GMBH, Hannover, 1968. O terceiro volume foi compilado pela antropóloga Thekla Hartmann e publicado em Berlim por Dietrich Reimer Verlag, 1984.

[14] Florestan Fernandes, *A organização social dos índios Tupinambá*, São Paulo, Instituto Editorial Progresso, 1949 (2. ed. Difusão Europeia do Livro, 1963); *A função social da guerra na sociedade tupinambá*, São Paulo, Editora Revista do Museu Paulista, 1952 (2. ed., São Paulo, Livraria Pioneira, 1970); *Investigação etnológica no Brasil e outros ensaios*, Petrópolis, Vozes, 1975.

[15] A Convenção 107 se chama *Convenção sobre Populações Indígenas e Tribais*, enquanto a Convenção 169, refletindo o novo caráter de reconhecimento dos povos indígenas, chama-se *Convenção sobre os Povos Indígenas e Tribais*. Uma compilação de grande parte da legislação sobre os índios brasileiros ou sobre temas que lhes dizem respeito, dos últimos 70 anos, pode ser encontrada no livro organizado por Edvar Magalhães, *Legislação indigenista brasileira e normas correlatas*, 2. ed., Brasília, Funai/CGDOC, 2003.

[16] Por indigenato compreende-se a visão jurídica segundo a qual a legislação colonial portuguesa reconhece o caráter originário da presença indígena no território brasileiro, cujos direitos sobre as terras que ocupam antecedem quaisquer outros direitos posteriores.

[17] Vale aqui comentar brevemente que uma parte expressiva dos antropólogos brasileiros foi influenciada pela visão pós-moderna do filósofo Michel Foucault em relação ao poder como entidade onipresente e onisciente nas relações humanas. Na aplicação dessa teoria do poder, a política indigenista de Rondon é interpretada como tendo por propósito fundamental ganhar poder sobre os índios, controlá-los e diminuir seus territórios, circundá-los num "cerco da paz", mudar suas culturas – tudo para abrir caminho à expansão econômica do Brasil. A história brasileira, vista sob essa ótica, congela o sentido das relações humanas na atualidade e assim é interpretada no contexto do presente. Aqueles que não fizeram no passado o que é exigido que seja feito no presente viraram motivos de opróbrio e condenação. Assim, toda a história do Brasil se torna um desenrolar de acontecimentos vis, realizados por pessoas vis e indignas do presente. Desafortunadamente essa visão da história do Brasil, e particularmente da extraordinária saga rondoniana, inclusive de seus seguidores – como os irmãos Villas-Boas, Francisco Meirelles, Cícero Cavalcanti e tantos outros sertanistas e indigenistas heroicos que fizeram diferença e hoje se tornaram anônimos da nossa história –, prevaleceu pelas últimas duas décadas, influenciando toda uma geração de jovens antropólogos, jornalistas, membros do Ministério Público e outros paladinos da moralidade nacional, embora já se vejam sinais de seu descrédito. O livro *O cerco da paz*, de Antônio Carlos de Souza Lima, é o mais citado por aderentes dessa visão descontextualizada da história.

[18] Darcy Ribeiro, *Os índios e a civilização*, 2. ed., Petrópolis, Vozes, 1977 (1. ed., Rio de Janeiro: Civilização Brasileira, 1970).

[19] Eduardo Galvão, *Encontro de sociedades: índios e brancos no Brasil*, Rio de Janeiro, Paz e Terra, 1979; *Santos e visagens*, São Paulo, Cia. Editora Nacional, 1955; com Charles Wagley, *Os índios Tenetehara: uma cultura em transição*, Rio de Janeiro, Ministério da Educação e Cultura, 1961; ver a versão inicial inglesa *The Tenetehara Indians: a culture in transition*, New York, Columbia University Press, 1949. Sobre Galvão, pessoalmente, ver o prefácio no seu livro de artigos feito por Darcy Ribeiro. Ver também a análise da obra de Galvão por Orlando Sampaio Silva, *Eduardo Galvão: índios e caboclos*, São Paulo, Annablume, 2007.

[20] Eduardo Galvão e Charles Wagley, *Os índios Tenetehara: uma cultura em transição*, Rio de Janeiro, Ministério da Educação e Cultura, 1961, p. 10.

[21] Roberto Cardoso de Oliveira, *O processo de assimilação dos Terena*, Rio de Janeiro, Publicação do Museu Nacional, 1960; "Estudo de áreas de fricção interétnica no Brasil", em America Latina v. v, n. 3, pp. 85-90; "Aculturação e Fricção Interétnica", em *América Latina*, v. vi, n. 3, pp. 33-45; *O índio e o mundo dos brancos: a situação dos Tikuna do alto Solimões*, São Paulo, Difel, 1967; *Urbanização e tribalismo: a integração dos índios Terena numa sociedade de classes,* Rio de Janeiro, Zahar, 1968; *Identidade, Etnia e Estrutura Social*, São Paulo, Pioneira, 1976.

[22] Ver Carlos Rodrigues Brandão, *Etnia e Identidade*, São Paulo, Brasiliense, 1985, para um balanço desse conceito.

[23] Carlos de Araújo Moreira Neto, *Índios da Amazônia: de maioria a minoria*, Petrópolis, Vozes, 1988. *Os índios e a ordem imperial*, Brasília, Editora Funai, 2005.

[24] Manuela Carneiro da Cunha (Org.), *História dos índios no Brasil*, São Paulo, Companhia das Letras/Fapesp/Secretaria Municipal de Cultura, 1992.

[25] Um excelente exemplo de estudo sobre a relação entre a economia indígena, os impactos da entrada de dinheiro e as interpretações indígenas sobre essa relação é o livro de Cesar Gordon, *Economia selvagem: ritual e mercadoria entre os índios Xikrin-Mebêngôkre*, São Paulo, Editora Unesp; isa; Rio de Janeiro, Nuti, 2006.

Do ponto de vista do índio

O PARAÍSO QUE ERA

Para quem vivia no mundo europeu do século XVI, recém-liberto da hegemonia católica e já se engalfinhando em novas lutas religiosas que representavam mais constrangimentos e menos liberdades, a visão deslumbrada nas praias da costa brasileira foi realmente extasiante. O escrivão da armada cabralina, Pero Vaz de Caminha (assim como outros visitantes mais tarde), não se conteve com o que viu à sua frente: as praias, o arvoredo, as barras dos ribeirões, a luxúria da terra, índios andando em sua nudez natural, rindo e propondo abertamente um diálogo.[1] Esse encantamento durou pouco, precisamente até o momento em que as visitas viraram empresas, mas foi suficiente para provocar entre os europeus o renascer dos seus sonhos subliminares de contentamento e felicidade. Navegantes e aventureiros normandos, ingleses, irlandeses e até alemães trouxeram de volta às suas pátrias as histórias impressionantes desse paraíso sem maldades nem desonras, cheio de bonança e abundância, com igualdade e generosidade de e para todos. E com uma brutalidade que lhes parecia ingênua e insensata, como de crianças.

Thomas Morus, em sua obra *Utopia,*[2] publicada em 1518, foi o primeiro a espelhar a felicidade social num ideal perdido em alguma ilha ao sul do Atlântico, com um sistema de vida semelhante ao que descreviam dos povos que viviam no litoral brasileiro. Com efeito, Thomas Morus relata no começo do livro que conversara com marinheiros irlandeses que haviam estado na feitoria estabelecida em Cabo Frio, no litoral do Rio de Janeiro. Estes lhe disseram como era a vida entre os índios da região, precisamente os Tupinambá. A ilha da Utopia que descreve tem a forma de meia-lua, abrigando uma baía, tendo ao fundo uma cadeia de montanhas. Alguém pode pensar que um marinheiro irlandês adentrou a baía de Guanabara muito mais cedo do que se imagina! O mundo mudou e mudaria muito mais com a *Utopia*. No decorrer dos anos, muitos outros pensadores iriam refletir com admiração, às vezes com espanto, ojeriza e incredulidade, pelo que viram ou pelo que lhes disseram daquele mundo ao sul do Equador, e comparariam essa visão com suas vidas, projetando-as afinal como seu passado remoto ou como seu futuro desejado. O encantador ensaio de Michel de Montaigne intitulado *Os canibais*,[3] produzido em 1574, é talvez a mais influente análise filosófica sobre os índios Tupinambá jamais escrita. Nele, Montaigne conta que conhecera em Paris alguns índios Tupinambá trazidos do Rio de Janeiro, onde havia pouco tempo houvera uma colônia francesa, e deles extraíra três reflexões importantes, das quais esquecera uma! Oh, homem esquecido! Uma delas questionava por que os franceses eram governados por um simples menino, o então delfim que mais tarde seria o rei Luís XIII, e não por um líder guerreiro, como era o costume deles; o segundo comentário indígena é sobre o fato de na França existirem homens riquíssimos e homens paupérrimos, muita desigualdade, e os pobres não se rebelarem contra os ricos. Com esses dados, e outros mais, certamente, Montaigne traça um perfil fascinante sobre os Tupinambá e sua sociedade, cuidando na descrição de seus hábitos e costumes, comparando a sua antropofagia com os massacres e torturas das guerras religiosas na Europa e chegando a conclusões singelas e tolerantes ao costume tupinambá, tão odiento quanto repugnante aos olhos europeus, que lentamente começavam a focalizar o resto do mundo à sua imagem e semelhança. O ensaio de Montaigne fez escola e permaneceu, tendo influenciado uma corrente mais ou menos contínua de pensadores – dentre os quais os iluministas franceses –, mantendo os ideais de libertação, o espírito de tolerância e a curiosidade intelectual, acréscimos temporais às tradições milenaristas do Velho Mundo.[4]

Mas, para os índios, até então, o paraíso não estava perdido.

Era uma realidade física e cultural, criada por centenas de práticas diversas, mas assemelhadas entre alguns milhões de pessoas. Uma ebulição social e política que levara vários milhares de anos para se formar, que já fora mais complexa anteriormente e vivia em constante intercâmbio mútuo, com uma determinação própria e um fulcro dinâmico que até hoje nos escapam. Nas costas brasileiras, da foz do Amazonas à Lagoa dos Patos, com exceções aqui e acolá, habitavam cerca de um milhão de índios Tupinambá,[5] localizados em aldeias que continham de 300 a 1000 pessoas, aldeias autossuficientes economicamente e coligadas entre si de acordo com circunstâncias totalmente mutáveis, como o inefável sentimento de tradição e fidelidade, um conjunto de regras sociais de parentesco e os interesses imediatos de defesa mútua. Acima de tudo, muitas coisas mais trabalhavam contra a formação de alianças e a favor da dispersão e da anarquia. A autossuficiência econômica, a uniformidade ecológica que desencorajava a especialização e a falta de inimigos verdadeiramente ameaçadores mantiveram os Tupinambá nessa enorme expansão geográfica e com uma grande população, sem necessidade de se organizar em formas mais complexas e arregimentadas de vida social. As alianças entre aldeias duravam pouco tempo; logo se rompiam para se recompor em outras linhas, entre outros parceiros. Disso souberam muito bem se aproveitar portugueses, franceses e holandeses, e esse foi certamente o ponto mais vulnerável dos índios Tupinambá.

Três estilos de casa diferentes. Aldeia Waiwai, Terra Indígena Mapuera, Pará.

A luta intestina dos Tupinambá, que não perdoava nem parentes nem aderentes, resultara na antropofagia, uma espécie de "endocídio" requintado, já que as vítimas preferenciais eram os seus próprios patrícios. A prática da antropofagia ou canibalismo entre os Tupinambá estava associada diretamente com a intensificação da guerra intestina e fratricida. O motivo, todos explicitavam, era a vingança pela morte dos seus parentes queridos. Obtinham-se os prisioneiros em batalhas, com todo o aparato de guerra, ou em furtivos ataques de surpresa, pelo simples gesto do captor de tocar-lhes o ombro com a mão. Com esse ritual, o guerreiro virava prisioneiro e era levado para a aldeia do seu captor, o qual virava seu senhor – e, tempos depois (até anos), seu algoz, num ritual de duelo estilizado em que a vítima era amarrada e segurada por uma corda, mas tinha o direito a insultar os presentes prometendo-lhes vingança de seus parentes e atirando pedras e areia sobre o seu atacante. Quando enfraquecia, uma bordunada era desferida em sua cabeça, bem como os golpes finais de misericórdia. Em seguida, o prisioneiro era lavado, esquartejado, despedaçado, desentranhado, tal qual uma peça de caça, e posto para assar em moquém. Sua carne era comida com muito gosto e glutonia, sobretudo pelas anciãs. Mas enquanto vivesse na aldeia, antes de chegar o seu dia de suplício (ou melhor, de honra suprema, como viam a ocasião), o prisioneiro era tratado como um cunhado, um parente afim: recebia uma mulher que compartilhava de seus afazeres e do seu leito, podendo até se apaixonar e gerar nela um filho. À vontade, ele não fugia para a sua aldeia de origem – e, caso o fizesse, seria mal recebido por seus parentes, como um poltrão e indigno da fibra tupinambá. Ora, tal costume só poderia funcionar se o prisioneiro concordasse com essas regras. Assim, fica claro que o canibalismo tupinambá se destinava quase que exclusivamente aos próprios Tupinambá. Qualquer outro povo indígena que não compartilhasse das mesmas ideias e sentimentos não teria o menor problema em abrir mão dessa boa vida temporária e voltar para casa como herói. Com os portugueses e outros europeus, o ritual de canibalismo virava praticamente uma farsa, tamanho era o desprezo com que os Tupinambá davam cabo desses homens choramingas, ajoelhados e suplicantes.

O paraíso dos Tupinambá dava-lhes com desprendimento o sustento para o seu crescimento e sua alegria de viver; para se rir dos franceses que vinham de tão longe só para buscar madeira e fazer tinta vermelha. Subitamente, podiam abandonar aldeia, roças, locais de caça e pesca e tomar os caminhos do Ocidente, em busca da *Terra sem males*. O paraíso social, constituído por um sistema de igualdades econômicas, de liberdades pessoais amplas e de um controle do poder que permitia a todos, por idade ou por mérito, alcançar os seus graus mais elevados, continha, no entanto, a sua própria negação: a falta de um mecanismo de contenção que fosse capaz de aglutinar forças dispersas, dar um sentido mais forte de nacionalidade e criar um sistema social e político mais coeso, menos fragmentado. Os Tupinambá não conseguiram fazer o que outros povos com menos população chegaram a obter. A intensificação de suas guerras intestinas e do canibalismo, com a chegada dos portugueses, só era contrabalançada pela presença dos famosos *caraí-*

bas ou *pajés-guaçu*, os seus grandes sacerdotes ou profetas, cujo papel político na sociedade tupinambá ainda é motivo de controvérsia. De qualquer forma, os *caraíbas* profetizavam uma vida melhor em algum lugar a oeste (talvez no céu), acima do horizonte, e exortavam a todos para se unir e tomar o seu rumo imediatamente, dançando, cantando e jejuando. De fato, tem-se notícia de vários desses êxodos, e muitos mais devem ter acontecido sem conhecimento, registrado na História. Um deles chegou a atravessar todo o Brasil, partindo dos lados de Pernambuco e alcançando os Andes, em Chachapoya, em 1549, onde haviam chegado fazia pouco os espanhóis, que iriam conquistar o Império Inca.

A busca pelo paraíso, sempre alhures, significa que o terrestre tinha algo de errado, que era certamente o problema político. Não obstante, pode-se dizer que a vida dos índios Tupinambá era qualitativamente superior à dos portugueses. (Este é um julgamento de valor que o presente autor faz ciente das consequências morais e científicas, e certo de que seria contestado ao se usar critérios de comparação tecnológicos, militares e políticos.) Era, de qualquer forma, uma vida de abundância alimentar e plena de liberdade pessoal. Os seus velhos chegavam a idades provectas (até 100, 120, diziam ingenuamente os cronistas), os homens tinham o direito de palavra nas assembleias e conselhos; tal era a igualdade imperante que a maior honra do chefe guerreiro era simplesmente "caminhar na frente dos seus homens" e ter várias mulheres – privilégio não exclusivo. E a sua baixa produção econômica se reproduzia sem danificar a qualidade do seu meio ambiente.

A dispersão Tupinambá foi reconhecida por todos que os visitaram, de norte a sul. Sua cultura era incrivelmente homogênea, bem como sua língua. Nomes como Carijó, Tamoio, Tupiniquim, Temiminó, Caeté, Potiguara, Tobajara ou Tabajara etc. eram quase todos patronímicos ou termos genéricos de parentesco (tamoio: avó; temiminó: neto). Não representam nações ou povos separados, nem mesmo subdivisões geográficas ou unidades políticas. Em alguns momentos, unidades políticas mais ou menos estáveis foram configuradas, como a famosa Confederação dos Tamoios ou a união das aldeias da baía de São Marcos, na ilha de São Luís do Maranhão. Possíveis formações políticas mais hierarquizadas, mas que não tiveram continuidade. Esse último caso revela a composição heterogênea dos grupos federados, alguns vindo do Potengi, no Rio Grande do Norte, outros de Itamaracá, em Pernambuco. E a sua instabilidade: após a derrota dos franceses, que os mantinham unidos, eles se dispersaram pelas matas do Pará.

Por outro lado, nomes como Aimorés, Goitacazes, Guaianases, Janduís, Cariris e, mais tarde, Puris, Coroados, Botocudos, Kayapós etc., não representavam subgrupos tupinambás. Suas populações, em primeiro lugar, eram muito menores, o que os colocava em desvantagem em relação aos Tupinambá. Na verdade, segundo o conhecimento memorial da época, vários desses povos eram antigos habitantes do litoral e haviam sido expulsos dessas plagas pelos invasores Tupinambá. Assim, poucos tiveram um contato mais íntimo com os europeus. No Amazonas, vários povos não Tupinambá mantiveram alianças com ingleses, irlandeses e holandeses, até o terceiro quartel do século XVII, quando os portugueses e espanhóis os desbarataram, mas são raros os escritos a respeito deles. No Nordeste, os holandeses fortaleceram suas posições em aliança com os Janduís e outros povos genericamente chamados de Tapuias. Porém, são pobres os depoimentos e as análises de cunho etnográfico. Assim, sabemos pouco sobre todos esses povos Tapuias – até praticamente o século XIX, quando se inicia o tempo dos naturalistas e retoma-se a curiosidade etnográfica dos europeus e brasileiros.

Sem sabermos tanto, no entanto, pode-se dizer que, social e politicamente, os Tapuias diferiam culturalmente, mas não tanto em composição político-social dos Tupinambá. Não eram páreo de guerra, mas se defendiam como podiam e permitiam os seus contingentes populacionais. Pelas relações de cronistas como Gabriel Soares de Souza (1584), André Thevet (1560), Fernão Cardim (1584) e outros mais, eram numerosos como povos independentes, mas de densidade demográfica não muito expressiva. Soares de Souza enumera mais de 150 povos, a grande maioria de Tapuias, apenas nas regiões que ele conhecia, como o interior da Bahia, Pernambuco, Ceará e Piauí e partes do Sudeste brasileiro, Rio de Janeiro, São Paulo. Ao incluirmos todas as outras regiões do Brasil, excetuando a Amazônia, poderemos calcular, hipoteticamente, essa população em mais de um milhão de pessoas. Já a grande Amazônia (atualmente brasileira), pelos relatos dos navegantes do grande rio, a partir de Francisco de Orellana, era muito densamente povoada. Três milhões de pessoas não é um número exagerado. No total, portanto, na minha estimativa, devia haver aproximadamente cinco milhões de índios no território que é o Brasil atualmente.[6]

No Amazonas, na ilha de Marajó e na foz do Tapajós, os povos que lá se achavam eram descendentes de outros povos que haviam tido culturas mais complexas e materialmente mais bem elaboradas do que as existentes nos séculos XVI e XVII. Sua cerâmica e suas construções habitacionais, que sobreviveram às intempéries de cinco a dez séculos, eram sofisticadas e expressivas, reflexo talvez de uma organização política coesa e hierarquizada. Mas não se sustentaram por tanto tempo, o que é motivo de diferentes deduções arqueológicas e até de especulações escabrosas. Na chegada dos europeus, suas populações, bem como a de outros povos nos Solimões, ainda eram altas, usufruindo da riqueza das várzeas, da proteína do peixe e até de uma semidomesticação de tartarugas.[7]

Dos índios chamados Tapajós e dos Omáguas, quase em sistema político pós-tribal, aos classicamente tribais Tupinambá e aos bandos Aimorés e Puris, de parca agricultura e forte dependência na caça e coleta, havia diferenças suficientes para se notar, mesmo por administradores e missionários pouco interessados em etnografia, depois do século XVII. As diferenças entre si também eram reconhecidas mutuamente (até então, únicas entre eles e a natureza). A vinda dos europeus, como inversamente para os próprios europeus, abriu-lhes um mundo novo, cheio de magia e encantos, potência, riqueza e inesgotabilidade, e sofrimentos indizíveis. A peregrinação de índios Tupinambá até os Andes, o contato da civilização incaica com os povos tropicais através do Chaco boliviano e dos afluentes do Amazonas demonstram que a dinâmica política no continente sul-americano era, provavelmente, mais intensa do que nos parece hoje em dia. Os índios da costa brasileira certamente sabiam da civilização incaica e de outras formas de organização política intermediárias. Seria inútil especular se, deixados por sua conta, eles desenvolveriam formas sociopolíticas mais complexas. O que é certo é que ser agricultor tribal ou caçador nômade dependia de muitos fatores altamente dinâmicos e dependentes entre si. O aumento demográfico, a competição por território, as inovações e adaptações tecnológicas, a vastidão e generosidade da terra e outros fatores se mesclavam com as formas sociais que valorizavam a independência e autonomia dos grupos locais, coagidos apenas por regras de parentesco mais ou menos flexíveis e pela necessidade de autodefesa. Dessa forma, podemos concluir que a liberdade e a guerra eram os dois polos formadores da filosofia tribal, tão tenaz e resiliente às investidas de transformação que, podemos quase dizer, seguindo o antropólogo francês Pierre Clastres, ela produz a "sociedade contra o Estado" – isto é, a liberdade social contra o poder coercitivo.[8] Podemos concluir que o paraíso da liberdade e da igualdade é uma produção autoconsciente do homem, autossuficiente e autossustentável, mas, infelizmente, frágil diante do poder hierarquizante. Os índios do Brasil perderam a guerra em pouco mais de um século. Sua última grande chance, já com forma sincrética, se foi com a derrocada da Cabanagem, a grande rebelião que ocorreu no Pará entre 1838 e 1840. O paraíso se esvaiu; restou-lhes sobreviver na beirada do purgatório.

AS EXPERIÊNCIAS DE CONVIVÊNCIA

O machado de ferro chegou aqui como um milagre da tecnologia dos encantados estrangeiros. Um mito muito divulgado entre vários povos indígenas coloca o seu herói civilizador, o seu demiurgo, como controlador do trabalho agrícola, mais precisamente como o dono dos machados, os quais obedecem à sua ordem de derrubar as árvores e capinar as roças automaticamente, sem o trabalho humano. Outro mito conta que aos índios foi oferecida pelo demiurgo a escolha entre os objetos de ferro e os de pedra e madeira, e os índios preferiram o machado de pedra e o arco de madeira; já os brancos, o machado de ferro e a espingarda. Vários estudos ergológicos atestam que o uso do machado de ferro diminui em mais de dois terços o tempo de trabalho efetuado pelo machado de pedra para se fazer uma roça, por exemplo.[9] Sua utilidade e eficiência sempre foram óbvias para os índios.

O ferro chamou a atenção do índio ao contato, ao convívio e à dependência. Com o ferro, as miçangas coloridas de vidro, e daí por diante. Nada escapa ao interesse, à curiosidade e ao desejo do índio, à medida que o novo vai sendo incorporado ao seu universo de conhecimento e a sede de saber se expande pela curiosidade e pela necessidade de sistematização.

Os europeus sempre colocaram em segundo e terceiro planos esses motivos indígenas. Fundamentalmente, eles abriram essa frente de relacionamento por motivos estritamente econômicos. O pau-brasil foi, durante os primeiros cinquenta anos, a principal fonte de riqueza desses aventureiros. A coleta era feita pelos próprios índios, que derrubavam as árvores, cortavam-nas e aparavam-nas em toras de um a três metros e as transportavam para os navios ancorados nas baías e enseadas. Em troca claramente desigual, recebiam objetos de ferro e quinquilharias, como espelhos, chapéus, roupas, contas etc. A convivência era amistosa, porém com tensões. De vez em quando estouravam desavenças, e o melhor para os aventureiros era levantar âncora e zarpar fora. Desde cedo se obteve mão de obra indígena pela escravidão. Prisioneiros obtidos em guerras intestinas dos próprios Tupinambá eram comprados e levados para a Europa. Em 1512, por exemplo, o navio Bretoa, capitaneado por Cristóvão Pires, relaciona, entre suas mercadorias para levar para Lisboa, 35 índios escravos. As expedições de outros europeus não atestam a obtenção de escravos, pelo menos como mercadoria a ser exportada. É possível que eles fizessem escravos aos prisioneiros de guerra, mas é mais provável que a insegurança das feitorias comerciais não avalizaria esse tipo de relação de produção.[10]

Mesmo antes da instalação do Governo Geral, na Bahia, em 1549, os portugueses já haviam tentado, com pouco sucesso, o estabelecimento de colonizações permanentes, por meio do sistema das *capitanias hereditárias*. Constituíam as capitanias em 15 grandes glebas de terra recortadas em faixas paralelas, com tamanhos diferentes, de norte a sul, respeitando o limite interiorano da linha do Tratado de Tordesilhas. Foram doadas a 12 nobres e homens de cabedal com o intuito de assegurar as terras descobertas e implantar colônias. Os capitães-gerais, os donos das capitanias, tinham direitos semelhantes aos direitos de feudos medievais: alocavam terras para quem quisesse, mandavam estabelecer fazendas, engenhos, vilas e fortes; ordenavam guerras aos índios; dirimiam disputas e desavenças e podiam inclusive julgar e condenar acusados de delitos e crimes até com a morte. Eram senhores feudais – essa é a razão de se dizer que o Brasil nasceu sob a égide de um retrocesso político-cultural, quando comparado com algumas colônias na América do Norte, embora concessões parecidas também tenham sido feitas pelas Coroas inglesa e francesa às suas possessões americanas. De qualquer modo, poucas capitanias deram certo – como as de Duarte Coelho, em Pernambuco, e Martim Afonso de Souza, em São Vicente – por conta do sucesso de suas políticas em relação aos índios. Em São Vicente, fizeram aliança com os chamados Tupiniquim, um ramo dos Tupinambá, através do degredado português João Ramalho. Em Pernambuco, onde havia um grande contingente de índios Tupinambá – chamados na região de Tabajara, Potiguar e Caeté –, uma parte dos índios se rebelou, mas foi batida e fugiu em grande quantidade para o interior do país, em direção ao rio Amazonas, num movimento de caráter messiânico, de fuga em busca da Terra sem Males; outra parte se aliou ao capitão e seus auxiliares e apaniguados, inclusive pelo casamento e mestiçagem livre. Nessas duas capitanias foram estabelecidos os primeiros engenhos de açúcar, que iriam ser a principal fonte de riqueza exportável pelos próximos duzentos anos. As demais capitanias não vingaram, a exemplo da capitania de Porto Seguro, exatamente por não ter resolvido, em definitivo, o dilema indígena. Durante anos, a capitania se entrincheirou em combate aos também chamados Tupiniquim, para depois vir a ser periodicamente atacada pelos Aimorés, que ousaram incursionar de seus territórios no interior para aquelas praias, depois do vazio deixado pelos Tupiniquim que haviam se retirado para o Espírito Santo.[11]

Os franceses, principalmente bretões e normandos, e outros, pelo contrário, mantiveram durante mais de um século um relacionamento comercial chamado "escambo", isto é, a troca imediata de mercadorias.[12]

De um lado, os índios contribuíam com toras de pau-brasil e de tatajuba (da qual se obtém um corante amarelo), algodão e pássaros domesticados, como papagaios e araras. Em troca recebiam machados, facas, tesouras, miçangas, espelhos e pentes – um conjunto de quinquilharias que, por muitos anos (e ainda hoje, se necessário for), tem sido usado pelos sertanistas do SPI e da Funai, prova irrefutável do seu fascínio para os índios e da falta de mudança nas relações de contato com índios autônomos.

Muitos já pensaram que se o Brasil tivesse sido colonizado por franceses, as relações com os índios teriam sido menos violentas, como atestam aqueles primeiros tempos. Além de várias feitorias passageiras, os franceses instalaram dois projetos de colonização: a "França Antártica", na Baía da Guanabara, e a "França Equinocial", na ilha de São Luís do Maranhão. Com uma diferença de quase 60 anos entre uma e outra (1555 e 1612, respectivamente), suas administrações foram muito semelhantes quanto às relações com os índios. Os franceses se comportavam com cordialidade e respeito; os Tupinambá com reverência e obediência. Tudo parecia bem. Sem preconceitos, os franceses adaptavam-se à cultura tupinambá, tomando esposas entre as jovens e participando diretamente em suas vidas. Os Tupinambá trabalhavam para os franceses, defendiam-nos dos portugueses, eram levados à França e recebidos nas Cortes europeias, dando os primeiros sinais de que estavam encantados com esses rapapés, conforme se pode ver nos desenhos do livro de Léry. Porém, nos vários relatos que nos transmitiram os cronistas dessas colônias, transparece certo nível de tensão, pelo qual os Tupinambá se sentiam coagidos e encurralados, e os franceses nervosos e frustrados. É possível, portanto, que, com o tempo, o equilíbrio viesse a ser perdido. Certamente, nesse aspecto, não é invejável a herança francesa em suas colônias permanentes no Caribe.[13]

Os holandeses que dominaram e se instalaram no Nordeste, a partir de 1630, tiveram uma experiência mais estável com os índios. Como a região costeira já havia sido varrida da rebeldia dos seus habitantes originais, o problema indígena ficou mais fácil para eles. Por exemplo, em 1631, só havia 4 mil índios do sexo masculino na costa, de Alagoas ao Rio Grande do Norte.[14] Os Potiguares e Caetés, que em 1500 deveriam somar cerca de 150 mil, haviam migrado em levas diferentes rumo a oeste, uma parte para o Amazonas e outros grupos para o Maranhão e Pará, ou estavam dominados, vivendo agregados às novas vilas e a fazendas de cana-de-açúcar. Por essa época havia escravos índios que os portugueses haviam importado do Maranhão e do Pará, onde foram aprisionados nas guerras perpetradas na conquista daquelas terras, alguns anos antes.[15] Só no sertão permaneciam os Tapuias, e os holandeses os trataram com cautela e certo respeito. Quase no final de sua administração como governador holandês de Pernambuco e partes do Nordeste, o príncipe Maurício de Nassau convocou uma espécie de assembleia indígena, na vila de Itapecerica, perto de Recife, para consolidar pelo método parlamentar o apoio dos Tapuias aos holandeses.[16] A experiência parlamentar indígena num nível nacional só seria repetida no Brasil 350 anos depois, em 1982, com a eleição do deputado indígena Mário Juruna ao Congresso Nacional. Em ambos os casos, a experiência foi, infelizmente, de curta duração.

Ao contrário dos ingleses na América do Norte, os portugueses nunca trataram os índios como nações (embora o termo fosse corrente na época), e seus habitantes como cidadãos, mas como vassalos, habitantes submetidos a uma autoridade maior, com direitos tão somente outorgados caso a caso. Assim, apenas em duas ocasiões se tem notícias de acordos formais entre a Coroa portuguesa e os índios. A primeira foi quando uma das aldeias dos índios Janduís, que habitavam os sertões do Rio Grande do Norte, Paraíba e Ceará, decidiu enviar uma delegação à cidade de São Salvador da Bahia, capital do Brasil, para firmar um acordo de paz que desse fim ao que mais tarde foi chamada de Guerra dos Bárbaros. Essa foi a mais prolongada e constante perseguição feita a povos indígenas, durando do fim da expulsão dos holandeses em 1654, até 1714, quando as últimas resistências foram batidas e os índios resistentes foram mortos, escravizados ou reduzidos a missões ou aldeias controladas pelas autoridades locais. A delegação foi a Salvador, em 1691 e firmou acordo, com garantias à manutenção do que lhes sobrara de suas terras, que não foi cumprido.[17]

A segunda ocasião de acordo se deu um século depois, em 1791. Dessa vez foi com os chamados "índios Cavaleiros" (os Guaicuru ou Kadiwéu do presente) e o governador-geral do Brasil, no Rio de Janeiro.[18] O interesse dos portugueses era manter o território guaicuru dentro das fronteiras brasileiras, no atual estado de Mato Grosso do Sul, diante das indefinições provenientes do Tratado de Madri, de 1750, que serviu de fronteira entre os reinos de Espanha e Portugal. Os índios Cavaleiros, à maneira dos Peles-Vermelhas das planícies da América do Norte, tinham adotado o cavalo como meio de transporte e de guerra, e com isso haviam se tornado senhores absolutos e imbatíveis da região do Pantanal. Os demais índios da região lhes prestavam obediência e pagavam-lhes tributo. O acordo firmado no Rio de Janeiro foi bom para Portugal, e eventualmente para o Brasil, mas não consolidou a soberania desses índios sobre as terras confirmadas; paulatinamente, foram perdendo terreno para a entrada de novos colonos. Os Kadiweu não perderam de todo. Hoje mantêm uma parte do seu território garantido uma vez mais pelo seu papel desempenhado na Guerra do Paraguai, a favor do Brasil, como recompensa e prêmio. O Marechal Rondon, como supervisor do SPI, confirmou mais uma vez os direitos dos Kadiweu a um território que soma 530 mil hectares, o maior território indígena fora da região amazônica. Porém, uma parte substantiva dessas terras, cerca de 120 mil hectares, foi ocupada por fazendeiros alegando possuírem títulos doados pelo governo do Estado, ainda na década de 1960. Este é um dos casos de disputa jurídica que está há uns bons 40 anos no Supremo Tribunal Federal, meio engavetado. Neste ano de 2012, mais de 100 guerreiros Kadiweu entraram em uma das fazendas invasoras exigindo a retirada dos demais fazendeiros e no aguardo de uma tomada de decisão por parte do STF.

Quanto aos Janduís, não existem mais.

AS GUERRAS DE EXTERMÍNIO

Já citamos a prolongada Guerra dos Bárbaros, cuja motivação maior era dominar os povos indígenas que haviam se aliado aos holandeses ou poderiam se aliar, caso estes voltassem – receio ou paranoia que a Coroa não conseguia superar. Havia também uma motivação econômica: com o declínio do preço do açúcar, muitos plantadores de cana haviam abraçado a criação de gado e estavam penetrando pelos sertões do rio São Francisco, ao sul, e os sertões e caatingas nordestinas ao norte e oeste. Os povos indígenas, de origem Tapuia – que significava falantes de línguas das famílias Kariri, Jê e outras não conhecidas –, precisavam das várzeas dos parcos rios de águas sazonais e largos tratos de terra para caçar animais pouco abundantes, precisamente os lugares bons para criar gado extensivamente. Os índios resistiam com determinação a tal ponto que o governador de Pernambuco fez por bem convocar o bandeirante Domingos Jorge Velho para ser o capitão-mor dessa guerra. Domingos Jorge Velho era um paulista rude que falava mal o português, e saíra de São Paulo como bandeirante, à procura de índios para aprisionar e vender. Formou um verdadeiro exército de índios e mamelucos de origem Tupinambá e com ele conquistou uma parte substancial do Piauí. Arrasou muitas aldeias e povos indígenas e submeteu mais outro tanto ao seu comando. A cada submissão de índios requeria da Coroa uma sesmaria para consolidar seu poder.[19] O devassamento do Piauí foi iniciado por Jorge Velho, mas a responsabilidade pelo vazio indígena naquele estado não pode ser imputada exclusivamente ao velho bandeirante. Durante todo o século seguinte foram muitas as guerras de extermínio perpetradas naquele território, então pertencente ao governo do Maranhão, a mando de governadores e sob o comando pessoal de capitães-mores. Gueguê, Acroá, Pimenteira, Gamela – e até Xavante – passaram por essas guerras. Os sobreviventes eram distribuídos entre as fazendas de gado, inclusive as dos próprios jesuítas que haviam herdado todo o patrimônio da famosa Casa de Torre, o que constituía então grande parte do território piauiense.[20] Até poucos anos não havia índios reconhecidos nem autoidentificados no Piauí, e os poucos descendentes que haviam sobrevivido se recusavam a admitir a sua ascendência. Entretanto, uma comunidade de descendentes dos Gueguê, que havia sido transferida da vila de Oeiras para a beira do rio Parnaíba, tem dado sinais de querer entrar no processo de etnogênese e se apresentar ao mundo como índios.

Na consolidação do domínio português no Brasil, a cada novo território conhecido e a ser colonizado vinham as guerras de extermínio. A incompatibilidade entre colonizadores e índios parecia inevitável. A começar pela Bahia, em 1558, quando Mem de Sá arrasou a resistência e rebeldia tupinambá, matando entre 15 mil e 30 mil índios, com a complacência e encorajamento de todos.[21] Após a expulsão dos franceses, segue-se uma guerra de extermínio aos Tupinambá de Cabo Frio e do Vale do Paraíba.[22] A conquista da Paraíba (do Norte), a partir de 1585, necessitou do acirramento das rivalidades tupinambás (potiguares), e, ao final, da perseguição e mortandade da facção adversária, anteriormente aliada a aventureiros franceses.[23] A conquista do Maranhão, a partir de 1614, resultou, alguns anos depois, na destruição de cerca de 30 mil índios Tupinambá que viviam entre a ilha de São Luís e a região atual de Belém. No dizer de um cronista oficial, com essa mortandade, o capitão Bento Maciel Parente havia "extinguido as últimas relíquias desse povo".[24]

Para a conquista do baixo Amazonas, que começa após a retomada do Maranhão aos franceses, em 1614, e a fundação de Belém, em 1616, necessitou-se de todo o conhecimento já adquirido durante o século anterior no que diz respeito às técnicas de guerra, aprisionamentos e instigação de rivalidades indígenas. Com efeito, a lição foi bem aprendida, e o morticínio ultrapassou os limites da necessidade de conquista. Tanto que, por verdadeiro ou por exagero, o jesuíta Padre Antônio Vieira, ao ouvir a confissão de um velho colonizador no seu leito de morte, acusou e denunciou os portugueses de terem aniquilado não menos que dois milhões de índios em quatrocentas aldeias, entre São Luís e Belém, no período entre 1616 a 1656.[25] Na minha visão, não poderia ter havido tantos índios apenas na região pretendida por Vieira, mas um quarto desse número é possível, se aceitarmos o relato de Orellana, datado de 1547, e outros que visitaram o rio Amazonas cem anos antes. Apenas na ilha de Marajó ainda havia cerca de quarenta mil índios quando Vieira promoveu a paz na década de 1650, quando viveu naquela região. E já eram muitos os mortos, pois aqueles índios serviam antes de escudo às pretensões dos irlandeses e escoceses de criar colônias com estabelecimentos de troca na região.[26] A tragédia do baixo rio Amazonas e do baixo rio Negro se completa com a Cabanagem, em 1840, cuja derrocada promoveu um dos maiores banhos de sangue da história brasileira. Ao final, não restou um único povo indígena vivendo ao longo do baixo Amazonas, situação só comparável aos estados devastados pela Guerra dos Bárbaros.[27]

Guerras de extermínio caracterizaram a colonização portuguesa do começo ao fim. No seu ocaso, com a chegada de D. João VI ao Brasil, promoveu-se a Guerra aos Botocudos dos vales dos rios Doce e Mucuri – com direito à usurpação das terras e à escravização dos sobreviventes. Por extensão, foram incluídos nos alvarás do início do século XIX os Timbiras, do Maranhão, e os chamados Coroados, de São Paulo e do Paraná.[28]

No Brasil independente, os extermínios se deram em promoções privadas, de caráter empresarial, tanto no Norte como no Sul do país. Os Coroados – atuais Kaingang e Xokleng – sofreram ataques constantes dos "bugreiros", espécie de "esquadrões da morte" especializados em índios.[29] Os índios que viviam nas áreas de caucho, borracha, castanha e outros produtos extrativos eram atacados por grupos semelhantes – em ambos os casos, financiados por empresas e particulares.[30] Nas zonas pastoris, como o cerrado goiano e maranhense, expedições de fazendeiros foram frequentes e arrasadoras, durante todo o século XIX e chegando ao século XX. Em 1913, na região centrada na cidade de Barra do Corda, MA, de uma aldeia formada por 180 índios Canela, cerca de 130 foram assassinados a tiros e facadas, depois de embriagados.[31] Por quase duzentos anos, os Avá-Canoeiro, que viviam ao longo do alto rio Tocantins, foram vítimas de grupos de extermínio. Por volta do terceiro quartel do século XVIII eles somavam um contingente de 1.500 pessoas. Em 1968, sua última aldeia foi atacada por jagunços a mando dos fazendeiros que estavam se implantando no município de Minaçu, em Goiás, de onde só sobreviveram quatro índios, que somam apenas seis hoje em dia, vivendo numa terra demarcada ao lado da usina hidrelétrica UHE Serra da Mesa.

Não pretendemos contar todos os casos, nem falar das tentativas frustradas ou só parcialmente sucedidas, como a que se deu em 1963, quando um bando de jagunços, guiado por um ex-servidor do SPI, foi contratado por madeireiros de Mato Grosso para completar o trabalho de extermínio de uma aldeia dos índios Cintas-Largas, o qual havia sido iniciado pelo seu bombardeamento aéreo.³² Atualmente, todas essas práticas são apropriadamente chamadas de genocídio e etnocídio, porque implicam não só a destruição do homem, como das bases culturais que o constituem e lhe dão sentido.

MORTE POR EPIDEMIAS

Mais devastador ainda, segundo as avaliações dos historiadores e etno-historiadores, foram as epidemias de doenças trazidas pelos europeus e africanos. Varíola, sarampo, catapora – as famigeradas bexigas –, febre amarela, tuberculose e as gripes e pneumonias arrasaram aldeias inteiras, aniquilaram povos inteiros. Muitas vezes foram aldeias que nem contato com as fontes irradiadoras tinham, mas que recebiam a doença por transmissão de outros índios em contatos até fortuitos.

Os povos americanos, originários de migrações que vieram da Ásia através do Estreito de Bering, provavelmente num período entre 15 mil a 20 mil anos atrás, evoluíram o seu sistema imunológico diferentemente dos habitantes dos outros continentes, que mantiveram contatos entre si. A América foi o último continente a ser povoado pelo homem, e manteve-se praticamente isolado até 1492. Assim, seus habitantes não desenvolveram resistências às doenças surgidas em outras partes do mundo. Daí a sua fragilidade tão trágica.³³

Mas é preciso ligar esse fator biológico com o social.

As epidemias se deram num quadro de convulsões históricas que intensificaram, sem sombra de dúvidas, o seu poder de destruição. Elas eram mais destrutivas quando ocorriam associadas a guerras de extermínio ou de escravização perpetradas contra essas populações. Por exemplo, durante o tempo em que os franceses viveram na Baía da Guanabara – dez anos ou mais –, apenas uma epidemia chegou a causar danos. Após a guerra de expulsão e de extermínio dos seus aliados, elas pipocaram com grande virulência. As grandes epidemias ocorridas na Bahia foram mais devastadoras após a guerra de extermínio realizada por Mem de Sá. O mesmo ocorreu com as primeiras epidemias em São Paulo, no Maranhão e no Pará.³⁴

Mesmo sem guerras, as epidemias espocavam com frequência e duravam bastante tempo (uma delas, de 1743 a 1750, em todo o Amazonas).[35] O poder das epidemias é ainda maior quando elas surgem em ocasiões de escassez em que aumentam as dificuldades para se obter alimentos, apressando a morte dos doentes por inanição aguda. Darcy Ribeiro nos dá um testemunho desse processo, ao presenciar uma epidemia de sarampo entre os índios Urubu-Kaapor, em 1949.[36]

Quando foi descoberta a etiologia das epidemias e sua contaminação, portugueses e brasileiros não sentiram nenhum escrúpulo em utilizar-se desse conhecimento para promover o extermínio de aldeias e povos indígenas que estavam no seu caminho. Esta mistura mais cruel de guerra e epidemia é o que se chama hoje de guerra bacteriológica. Sua primeira utilização conhecida no Brasil se deu em 1815, em Caxias, no estado do Maranhão, terra de Gonçalves Dias. Lá grassava uma epidemia de varíola quando um bando de índios Canelas Finas apareceu de visita. As autoridades os receberam com tal hospitalidade que lhes distribuíram brindes e roupas previamente contaminadas por doentes. Os índios pegaram a doença e, dando-se conta do caráter do contágio, fugiram desesperadamente de volta para suas terras, muitos morrendo pelo caminho. Os sobreviventes contaminaram outros mais, e meses depois essa epidemia alcançava os índios já em Goiás.[37]

No fim do século passado, os bugreiros de Santa Catarina e Paraná, sob soldo das companhias de imigração, deixavam nos pontos de trocas de presentes já estabelecidos com os índios de área ainda sem contato cobertores infectados de sarampo e varíola.[38]

Epidemias programadas, realmente, representam o fino de um espírito perverso de extermínio e genocídio. Poucas vezes na história foi utilizada dessa forma. Que o tenha sido no Brasil contra os seus habitantes originais é exemplo vergonhoso da constituição moral de segmentos de sua população.

ESCRAVIDÃO E SERVILISMO

Aos sobreviventes aprisionados das guerras não restava destino honroso. A escravidão pessoal ou uma servidão compulsória eram mais a regra do que a exceção, sobretudo nos tempos iniciais da colonização e antes da utilização em massa da escravização dos negros africanos. Contra isso protestaram os missionários em várias épocas e, às vezes, por sua pressão, conseguiram modificar leis de escravatura, revogando-as por algum tempo ou reduzindo-as parcialmente. Em última instância, até meados do século XVIII, havia sempre a justificativa das chamadas "guerras justas" que podiam ser perpetradas contra povos indígenas que ameaçavam a expansão colonialista em determinadas áreas. Dessas guerras, os colonos, e mesmo a Coroa e os missionários, obtinham mão de obra para suas tarefas domésticas e para o trabalho nos canaviais, tabacais e fazendas de gado. Padre Antônio Vieira, que lutou bravamente contra as forças que se determinavam a escravizar os índios, relata sua experiência de participação em uma expedição de descimento de índios livres para os centros colonizadores, como Belém, em 1653, de onde eram distribuídos para as aldeias de missões, aldeias do reino e fazendas particulares. As "juntas de missões", espécie de tribunal que dirimia as questões indígenas, formadas por representantes do clero, da Coroa e dos colonos, determinavam a legalidade do processo e a distribuição da mão de obra e quase sempre aceitavam a condição de escravidão dos índios proposta por seus captores.[39]

As leis que compõem o chamado Diretório de Pombal, promulgado em 1757, extinguiram a escravidão indígena, decretando a liberdade incondicional aos índios. Mas em 1808 foi o próprio regente D. João VI que, em sua chegada ao Brasil, promulgou uma série de alvarás incentivando particulares a formarem "bandos" ou "bandeiras" para promover ataques aos índios Botocudos, Coroados, Canoeiros e Timbiras, de várias partes do país, com o incentivo extra de usurpar as terras e escravizar os índios aprisionados por períodos de 10 a 20 anos (variando de acordo com a idade e o sexo dos cativos).[40]

A servidão, instalada nas aldeias do reino, onde grupos indígenas eram alocados para servir às câmaras municipais ou aos oficiais do rei em serviços de construção de estradas, pontes, edifícios públicos e igrejas, produção de alimentos para serem transformados em renda, ou como guerreiros, foi uma forma muito corrente em todo o Brasil Colônia. Pode-se até argumentar que a forma de relação social existente nas missões estava mais para a servidão do que para a escravidão, ou muito menos para a liberdade. Os índios sob esse regime eram vistos como servos de um feudo. Podiam trabalhar suas próprias roças, contanto que prestassem serviços para seus senhores quando convocados.[41] Por essa forma de trabalho muitas aldeias indígenas foram estabelecidas próximas a vilas e povoados de portugueses, e sobreviveram por muito tempo, chegando algumas até o século XX, quando foram engolidas pela expansão demográfica do país. São Miguel Paulista e Pinheiros – hoje bairros da cidade de São Paulo –, São Lourenço, em Niterói, Vinhaes, em São Luís, Aldeota, em Fortaleza etc., foram antigas aldeias que mantinham esse tipo de relação com os luso-brasileiros dominantes.

Do ponto de vista do índio, a servidão era uma relação imposta pelos portugueses como uma espécie de domínio sobre si, como povo. A escravidão não reconhecia esse caráter e reduzia-o à condição de mercadoria. Pelo lado dos colonizadores, a servidão lhes parecia uma vantagem aos índios, uma forma de "se civilizarem". Também aliviava ao patrão-colonizador sua responsabilidade de alimentar e cuidar da saúde do índio quando estava a trabalho e, muito menos, quando voltava à sua aldeia. No entender do colonizador, a obrigação ao trabalho impunha aos índios alguma disciplina, probidade e respeito pela ordem vigente. Como veremos mais adiante, essa é a raiz ideológica do paternalismo que surge no Império e vai continuar pelos anos adiante, até o presente.[42]

A EXPERIÊNCIA RELIGIOSA

Os índios do Brasil não têm fé, nem lei, nem rei, diziam os portugueses do século XVI. Na verdade, com certeza não tinham rei, mas possuíam lei e fé, como todos os outros povos do mundo. Já vimos como se caracterizava o seu sistema social, isto é, a sua lei, e agora veremos como a sua religião, a sua fé, se apresentou aos olhos dos invasores e como, posteriormente, foi moldada pela doutrinação cristã ao longo dos séculos.

Não passou despercebido aos cronistas dos Tupinambá que estes elaboravam um sistema religioso mais ou menos coerente, se bem que carecessem de uma figura suprapaternal e onipotente como a majestade do Deus cristão. Ao escolherem o termo *tupã* para designar o Deus cristão, os jesuítas e capuchinhos franceses que conviveram com os Tupinambá sabiam que estavam arriscando uma conceituação apenas aproximada. De fato, tupã não era mais do que o termo usado para "trovão", e incluía um personagem mitológico que, ao perambular pelos céus, provocava o ribombar característico e sinalizador de chuvas. Nada mais. Não acreditar num Deus todo-poderoso, portanto, era significativo de um povo que não tinha fé. O "Diálogo sobre a conversão do gentio", do Padre Manuel da Nóbrega, primeiro escrito com temática genuinamente brasileira, confere essa dúvida dos portugueses e esse preconceito cristão que ainda hoje permanecem no pensamento de muitas pessoas.[43]

O que sabemos sobre a religião dos Tupinambá, compilado em um livro de igual expressão pelo antropólogo Alfred Métraux, deixa claro que o sentimento religioso desses índios e, por extensão, dos outros povos indígenas no Brasil, era sociológica e tecnologicamente completo. Tinham crenças e rituais como em outras religiões, buscavam explicações especiais para os fenômenos incontroláveis da natureza, temiam elementos sobrenaturais e usavam de mecanismos mágicos para interceder pela ajuda às suas dúvidas e sofrimentos. Tinham um sistema mitológico complexo e antropomórfico que pretendia explicar o mundo e a sua cultura de uma forma simbólica, alegórica e pedagógica. Tal sistema religioso percolou no processo de miscigenação cultural para as muitas crenças regionais e nos sincretismos religiosos constituídos entre o cristianismo e as religiões africanas importadas. A sua influência se percebe, acima de tudo, na figura do pajé e na sua liturgia característica de fumar charutões, defumar os pacientes, incorporar espíritos de animais, transes e uso de remédios farmacopaicos retirados de ervas e plantas do conhecimento popular e tradicional.[44]

As pesquisas antropológicas conduzidas no espírito científico comprovam as descrições dos cronistas quinhentistas quanto às religiões indígenas e adicionam uma abordagem integradora dessas crenças e rituais. Todos os povos indígenas concebem a morte como o corte abrupto da vida e o início de uma outra vida, desta feita sem padecimentos carnais e repleta de alegria tranquilizadora – enfim, de um paraíso. Alguns dividem a alma em duas forças, uma das quais permanece na Terra em situação de perigo para os seres viventes, a outra se transpondo para o paraíso. Entendem que é possível a intercessão sobre os vivos através dos sacerdotes, das almas dos que já morreram ou dos espíritos de outros seres da natureza, como os animais e as plantas. O seu mundo mítico da criação transcorre num limiar em que homens e animais se integram com características típicas e imutáveis, prototípicas ou paradigmáticas. É nesse mundo que habitam os seus heróis civilizadores e demiurgos que dão sentido ao universo e às suas culturas em particular. Mas não são heróis capazes de interceder pelos vivos, pois, ao concluírem suas obras e gestos sobre-humanos, abandonam a vida terrestre e permanecem apenas no pensamento e na memória dos vivos. Não são deuses nem no sentido da mitologia grega dos tempos de Homero – pois não há mais interação entre vivos e demiurgos – nem no sentido cristão dos santos , pois a intercessão não é possível. O único elo que há é entre homens e os espíritos dos animais, ou, em alguns casos, com as almas dos seus mortos. É nesse ambiente que a feitiçaria e a pajelança encontram sua justificativa e seu meio condutor.[45]

O catolicismo quinhentista, monoteísta na teoria e politeísta na sua aplicação social, encontrou dificuldades enormes para converter índios que não tinham deuses, nem hierarquia, nem disciplinamento litúrgico. O primeiro mandamento cristão, que requer uma visão monoteísta do mundo, era, assim, quase impossível de ser compreendido. Adicione-se a isso a relação sociológica entre religião e sociedade e logo compreenderemos por que Manuel da Nóbrega e os outros insignes e dedicados missionários se angustiaram tanto em não conseguir manter a fidelidade dos seus recém-convertidos dentro dos padrões católicos da época. A conversão imediata era fácil, sobretudo depois que os índios eram conquistados em guerra ou ameaçados de escravidão e aprisionamento. O que os missionários lhes falavam soava como os seus próprios mitos pelo que tinham de grandioso e fantástico – e, portanto, perfeitamente crível. Só que não era para ser levado a sério o tempo todo, o que perturbava os padres sobremaneira.[46]

O magistral "Diálogo sobre a conversão do gentio", já referido, coloca todo o dilema do projeto missionário, a correlação da força bruta com a conversão, a desintegração do sistema social para a penetração do novo sistema religioso e o seu arraigamento como explicador dos novos tempos. Entre o Padre Gonçalo Álvares, o intelectual doutrinário, e o irmão e ferreiro Mateus Nogueira, o prático popular, se confrontam as principais opiniões opostas sobre a natureza religiosa e humana dos índios. À rigidez preconceituosa de Gonçalo Álvares, que, apesar do seu conhecimento da língua indígena, não vê mais do que um animal com corpo humano, Mateus Nogueira, do seu convívio pessoal com os índios, ao consertar-lhes as suas ferramentas, vê neles a imagem e semelhança de Deus, seres com alma (isto é, com entendimento, memória e vontade), portanto passíveis de serem convertidos, embora a muito custo e talvez só através do trabalho a se fazer com as suas crianças. Mateus Nogueira dá exemplos de índios conversos e, no final, compara-os aos filósofos, chegando à conclusão de que os índios são mais fáceis de conversão do que estes últimos. Mas o segredo da arte de converter se perde nas explicações de fé, permanecendo, unicamente, um mistério e um desígnio de Deus.

O dilema permanece em nossos dias. Sabemos, por exemplo, que a missão dos padres salesianos entre os índios Bororo, no que tange a resultado de conversão, deveu-se à estratégia dos missionários de modificar fundamentalmente a estrutura arquitetônica da aldeia bororo, base de sua organização social e de sua filosofia, para, assim, desintegrar o seu fulcro cultural e abrir uma brecha para a penetração do novo pensamento religioso.[47] Pode-se dizer que todos os índios convertidos ao cristianismo, hoje em dia, seja na versão católica, seja nas evangélicas, passaram necessariamente por um período de liminaridade em sua fé original motivada pela perplexidade e, consequentemente, incerteza sobre o valor de suas convicções culturais. Na relação entre missionários e índios havia um limite de tolerância que não podia ser ultrapassado. Pressões mais agressivas e desabridamente desrespeitosas sobre esse fulcro cultural resultavam em resistência na mesma altura. Tal foi o caso da missão dos capuchinhos no final do século XIX entre os índios Guajajara, a qual, por ferir descaradamente o âmago cultural guajajara, sofreu as consequências de uma rebelião explosiva e violentíssima, na qual morreram cinco missionários e seis freiras, além de mais de 180 brasileiros da região, de um lado, e cerca de 400 Guajajara, do outro.[48] Ou, como na missão dos frades dominicanos, pelo mesmo período, entre os Kayapó do Tocantins, onde o resultado foi a morte total de todo um grupo desses índios, os chamados Kayapó do Pau d'Arco, em cerca de 40 anos de trabalho missionário.[49] Em todos esses casos, a documentação nos mostra que o sentimentalismo religioso estava acima do sentimento religioso e da preocupação humanitária pela sorte física desses povos. É farta a literatura que descreve o desvelo missionário em ouvir a confissão e dar a extrema-unção a índios moribundos para que, ao menos, suas almas fossem direto conviver "no seio de Deus".

Porém, não resta dúvida de que muitos povos indígenas, sobreviventes aos muitos anos de doutrinação jesuítica, capuchinha, salesiana ou mesmo por clérigos seculares, adquiriram um sentimento religioso que tem muito de cristão, tanto em suas crenças quanto em seus rituais e suas motivações sociais que visam a uma integração ideológica com os segmentos populacionais ao seu redor. A crença em um deus todo-poderoso penetra no âmago dessas culturas sincréticas ou transfiguradas não somente como símbolo de sua subordinação a um sistema de poder centralizado em algum lugar, mas também como fator novo de ajuda e amparo nas necessidades sociais e existenciais por que passam esses povos. Em outros casos, constata-se que permanecem dois sistemas religiosos paralelos preenchendo funções diversas: uma cultural, outra mais social. De qualquer modo, não conhecemos casos de povos indígenas que retenham um alto grau de autonomia política e ideológica que tenha adquirido um sentimento cristão significativo. As técnicas de aprender cientificamente a língua dos índios, usadas por missionários para poder traduzir a Bíblia para os seus idiomas na esperança de que a palavra divina iluminasse de súbito os corações dos índios, já eram conhecidas dos jesuítas e nunca se mostraram suficientes para a conversão integral e permanente. Como se diz no "Diálogo" de Nóbrega, "o ofício de converter almas é o mais grande de quantos há na terra e por isso requer mais alto estado de perfeição que nenhum outro".[50]

Na verdade, a grande experiência que os índios tiveram com a religião católica foi mais de ordem social do que propriamente religiosa. Foi através da religião que os portugueses se viram forçados a acatar a humanidade dos índios e a sofrer um pouco de dor de consciência pela violência e desumanidade que sobre eles praticavam. E foi pelas experiências sociais nos aldeamentos jesuítas que os índios sobreviventes se incorporaram ao universo colonial e, posteriormente, ao sistema social brasileiro. Na Amazônia, em especial, a expulsão dos jesuítas em 1759 levou à extinção uma grande parte das sessenta e tantas aldeias que os jesuítas controlavam em todos os sentidos, isto é, pelo poder temporal.[51] Extinção ou desaparecimento lento de aldeias motivaram o extermínio cultural de muitas das etnias que lá viviam, ou sua incorporação física e social ao novo mundo caboclo da sociedade brasileira. Algumas dessas aldeias se transformaram em vilas e depois cidades, como Óbidos, Santarém, Bragança, Viana, Guimarães, Paço do Lumiar e outros tantos lugares com patronímicos portugueses clássicos que existem por aquela região. Mais dramaticamente, a decisão do Tratado de Madri, de 1750, assinado pelas Coroas portuguesa e espanhola para definir os limites de suas terras na América do Sul, de deslocar as aldeias das Missões dos Sete Povos, localizadas em Santa Catarina e no Rio Grande do Sul, para o lado ocidental do rio Uruguai (onde havia outras 16 aldeias semelhantes – decisão, entretanto, rejeitada pelos jesuítas espanhóis e pelos índios Guarani), resultou no ataque das forças portuguesas e espanholas e ao arrasamento dessas aldeias. Pelo menos 20 mil índios foram dizimados em poucos meses e os sobreviventes ou migraram para as terras espanholas do Paraguai, Missiones e Corrientes, ou permaneceram na região como famílias desgarradas que eventualmente iriam se agregar ao novo modelo econômico de criação de gado na região, como gaúchos. Essas missões, como outras localizadas em Mato Grosso, já haviam sido alvo de repetidos ataques de bandeirantes paulistas durante todo século XVII, de onde traziam centenas de índios aprisionados para suas fazendas de trigo ou para serem vendidos no mercado do Rio de Janeiro. Contudo, os jesuítas espanhóis haviam persistido em seus propósitos e estabelecido novas missões, que sobreviveram e se estabilizaram por quase um século, onde instauraram uma relação social com os índios que já foi chamada de "comunismo primitivo cristão", por seus defensores, e de "feudalismo jesuítico", pelos detratores. Eram aglomerados organizados de índios Guarani (e uns ocasionais Kaingang e Charrua) que obedeciam ao comando dos jesuítas, tanto na sua produção econômica quanto na sua motivação religiosa. Conhecida a eficácia dos jesuítas na organização social e no gerenciamento econômico, esses aldeamentos se transformaram em pontos de grande produção agrícola, pastoril e de erva-mate, provocando nos colonizadores e funcionários dos reinos de Espanha e Portugal a ideia de enriquecimento desmesurado e talvez ilícito. As atividades indígenas se expandiram com a aquisição e o aperfeiçoamento de novas técnicas de produção de artefatos semi-industrializados nas oficinas e carpintarias dos aldeamentos. A grandiosidade das ruínas de igrejas e a beleza das estátuas de santos, como as encontradas em Santo Ângelo e São Miguel, atestam a perícia da arte e da capacidade criativa dos índios e do experimento jesuítico. A sua destruição, se não planejada, porém determinada, comprova a seriedade do desafio e a pequenez do projeto colonial.[52]

O ÍNDIO VIRA CABOCLO

Após a Cabanagem,[53] digamos a partir de 1841, a questão indígena no Brasil deixa efetivamente de ser um problema de controle político-militar, de guerra declarada para extermínio ou de ataques incentivados, e passa a ser de administração de conflitos localizados e querelas. Não existe mais efetivamente um poder militar indígena que desafie o Estado nacional. Aliás, fora da Amazônia a situação já estava definida quase que completamente desde o fim da Guerra dos Bárbaros, no Nordeste, sendo que no Sul terminara com a derrocada final dos Sete Povos das Missões, em 1759.

O índio sobrevivente, morador de aldeias próximas a vilas, nos arrabaldes das cidades, então, vira *caboclo*; é considerado e chamado de caboclo pelas autoridades e pela população local. Uns mais bravos ou rudes, outros mais mansos ou submissos. Todos estão sob o olhar vigilante das autoridades e sob o interesse e controle dos fazendeiros regionais, sempre de olho em suas terras, as quais vão sendo progressivamente invadidas e usurpadas pela força de jagunços e também pela cooptação de lideranças embasbacadas, por mercadorias ou benefícios menores. Mesmo perto de cidades ainda havia terras para onde as aldeias indígenas resistentes podiam se refugiar, como é exemplo disso tantas histórias de comunidades, especialmente no Nordeste e em Minas Gerais, mas também em Mato Grosso do Sul, que hoje estão requerendo o direito de reaver terras perdidas por usurpação de fazendeiros.

Mais distante do controle econômico local estavam aqueles povos indígenas que permaneciam à margem da expansão socioeconômica do país, mantendo-se autônomos cultural e politicamente, ignorados até o momento em que os interesses econômicos se faziam presentes politicamente. Sua contínua existência estava condicionada ao distanciamento das vilas e cidades e das frentes de expansão econômica. Por muito tempo a presença de índios autônomos, "puros", era motivo de indisfarçada vergonha por parte dos ideólogos do Brasil moderno, até o surgimento de uma visão favorável, criada pelos poetas indianistas e consolidada na prática por Rondon e seus correligionários. Hoje, a Funai menciona cerca de 60 indícios de presença de grupos autônomos pela Amazônia, incluindo Maranhão e Goiás, porém, na realidade, os sinais concretos seriam de 20 a 30 casos de povos indígenas autônomos vivendo em condições de continuidade de seu modo de vida tradicional. Contudo, há casos extremos de sobrevivência, como o já mencionado "homem do buraco" e pequenos grupos familiares que fazem parte de povos indígenas já contatados e em relacionamento permanente com a Funai, mas que recusam aproximação ou convívio com seus patrícios.

A grande maioria dos povos indígenas no Brasil conhece, em variados graus de precisão, os principais mecanismos que dinamizam o país. É um conhecimento adquirido por um ponto de vista próprio e por uma vivência comum a todos. A passagem da condição de povo autônomo culturalmente e livre politicamente para uma convivência pacífica, porém submetida à sociedade brasileira, se dá por uma espécie de pacto no qual os índios aceitam as regras derivadas originalmente das relações de servidão, agora em forma de clientelismo. A eles é permitido a manutenção de parte do seu patrimônio histórico e é facultado o conhecimento parcial e a experiência mínima dos desenvolvimentos da sociedade brasileira. Em compensação, é-lhes exigida a submissão aos interesses maiores da nação, e também aos menores.

Esta é a condição de caboclo, cujo significado originalmente é mestiço, filho de índio com branco ou negro. É um termo pejorativo e recusado por todos, constituindo motivo até de proibição de seu uso num dos artigos do Diretório de Pombal. A palavra pegou primeiramente entre os índios que eram dominados pelas guerras e aceitavam as condições da paz imposta, e entre os que sobreviveram aos anos de convivência próxima às cidades e povoados. Só depois, quando a proporção de índios para os outros habitantes rurais diminuiu muito, é que o uso de "caboclo" se estendeu para os não índios pobres, moradores ou agregados nas fazendas. Mas ainda hoje, nas regiões de antiga colonização e baixo desenvolvimento econômico, os índios são chamados de caboclos, ou "índios mansos".

Ser caboclo, no sentido mais abrangente, era o destino mais piedoso reservado aos índios, no entender da política indigenista que se inicia no Império e na própria avaliação de historiadores e antropólogos até pouco tempo atrás. Nem tanto para efeitos de criação de mão de obra, embora essa fosse a argumentação principal de vários indigenistas famosos, de José Bonifácio ao próprio Rondon, mas como forma de sobrevivência física. De fato, muitos grupos indígenas chegaram a tal ponto desse processo que ou desapareceram ou perderam em grande parte o seu patrimônio cultural, como o idioma próprio, a religião, rituais de solidariedade social etc. É claro que essa perda é concomitante com a redução ou esbulho de suas terras e a cooptação pressionada às leis sociais e econômicas do mundo envolvente. Muitos povos indígenas, que hoje tentam recuperar um mínimo operante do seu antigo acervo cultural, estavam decretados à diluição física no cadinho humano brasileiro. Muitos o foram, literalmente, por decreto, como o caso dos índios do Ceará, em 1860, e de muitas aldeias das várias províncias oitocentistas.[54] Nesse caso, o interesse era, precisamente, anular os seus direitos imemoriais, ou até os outorgados pela Coroa, às terras que habitavam. Outros se diluíram num processo social mais constante de invasões de suas terras, por coação econômica, epidemias, casamentos mistos e migrações forçadas.

O ÍNDIO SE DESVIRA CABOCLO

Mais do que por voluntarismo, como supunha o antropólogo Eduardo Galvão ainda na década de 1950:[55] parte do processo social da história contemporânea do país, os índios deixaram de ser caboclos, recusando uma posição de marginalidade ambígua para buscar, num esforço generalizado e absorvente, a afirmação de sua identidade étnica e uma nova posição social na realidade política que os envolve e os impele a novas atitudes e ações. A força propulsora nesse processo é a própria expansão do capitalismo brasileiro e sua lei inexorável de transformar todas as relações sociais em relações de propriedade, valorizando a terra e seus atributos como mercadoria e reserva de lucro. Nesse sentido, os índios se transformam, junto com outras parcialidades camponesas de tradições pré-capitalistas ou tributárias ao capitalismo, em bolsões de resistência, em negação do processo de capitalização da terra e da vida. Do Nordeste ao Sul, regiões colonizadas há muito tempo, até o Centro-Oeste e Norte, cujas frentes pioneiras são subsidiadas pelo Estado brasileiro, numa intensidade quase inusitada na história das relações interétnicas no país, os povos indígenas, em diferentes graus de aculturação ou "caboclamento" ou integração, reagem na defesa de seu patrimônio territorial e cultural.⁵⁶ Em certas regiões, a reação é mesmo de defesa e manutenção do que já obtiveram, como no caso dos Xavante, Kayapó, Munduruku etc. Entre outros – como diversos povos do Nordeste, os Xukuru-Kariri, Tuxá, Truká, Potiguara, no Sul, os Guarani, Kaingang, Terena etc. –, é de recuperação do território parcialmente perdido, inclusive seu acervo cultural, pelos tempos de pactuação com a realidade anterior.⁵⁷

Embora não sejam peças de manipulação da história, os índios, como todos os povos e realidades sociais, vivem na história e percorrem o seu itinerário em função da força da corrente dominante. Essa força atual não é absolutamente onipotente, inexorável e irredutível, mas não se pode subestimar o seu poder e permanência por simples devaneios idealistas. O capitalismo brasileiro existe por força e tradição; assim, os índios criam as suas estratégias de sobrevivência e fortalecimento levando-o em consideração. Os bolsões de anticapitalismo de feição indígena ou cabocla, ou campesina, existem como lagos e água parada nas bordas de um grande rio espraiado. Talvez como reserva, talvez na espera de novos mecanismos para encarar o seu oponente – sobretudo, por não desafiá-lo de fato –, o capitalismo passa ao largo da continuidade dos povos indígenas e, em certo sentido, até a promove. De que outra forma pode-se explicar a ação do Banco Mundial ou de ONGs internacionais que servem a interesses do sistema dominante (até sem querer se dar conta dessa realidade), que, ao financiar projetos de desenvolvimento claramente capitalistas, exige da parte do governo brasileiro a demarcação das terras indígenas e a proteção dos seus habitantes?⁵⁸

A reflexão intelectual indígena que transparece em seus discursos genuínos e a sua própria ação demonstram que os índios estão conscientes do processo histórico que atravessam.⁵⁹ Sabem que este é um momento de agir com determinação pelo fortalecimento de suas bases étnicas e pela busca de uma posição nova no panorama nacional. Veremos mais adiante que existem os seus percalços nessa caminhada de tomada de consciência, que o parto de libertação das formas de relacionamento paternalista é doloroso, e que pode, inclusive, até matar o bebê. Eles sabem, por meio da tradição e de sua história oral, que a história que se lhes impôs os reduziu a uma posição de marginalidade demográfica e social no contexto político em que vivem. Sabem que já tiveram todo o continente para si, que já viveram experiências de convivência muito mais favoráveis e poderiam encontrar formas de relacionamento mais equilibradas e dignificantes. Sabem e lutam por isso.

De outro lado, aquele aparentemente mais confortável, nós temos um papel de nos unirmos na busca dessa nova via, pois aí também está a nossa sobrevivência futura.

NOTAS

1. Ver Sílvio Castro (org.), *A carta de Pero Voz de Caminha*, Porto Alegre, L&PM, 1985; ver também Américo Vespúcio, *Novo Mundo: cartas de viagens e descobertas*, Porto Alegre, L&PM, 1984; Cristóvão Colombo, *Diário da descoberta da América*, Porto Alegre, L&PM, 1984.
2. Thomas Morus, *Utopia*, Lisboa, Publicações Europa-América, 1973.
3. Michel de Montaigne, "Os canibais", em *Ensaios*, cap. XXXI, Coleção "Os Pensadores", São Paulo, Abril Cultural, 1972.
4. Ver Sérgio Buarque de Holanda, *Visão do paraíso*, Brasiliana, São Paulo, Companhia Editora Nacional, 1977, v. 333; Afonso Arinos de Melo Franco, *O índio brasileiro e a Revolução Francesa*. Rio de Janeiro, José Olympio, 1937.
5. A bibliografia sobre os índios Tupinambá é a mais extensa de todas que descrevem e analisam povos indígenas no Brasil. Os livros de Florestan Fernandes, que serão vistos mais adiante, incluem uma boa parte dela, dos cronistas, missionários, viajantes e antropólogos, até 1950. Ver também as seguintes obras de Alfred Métraux, *Les Migrations Historiques des Tupi-Guarani*, Paris, Maison Neuve Frères, 1927; *A religião dos Tupinambá e suas relações com as demais tribos Tupi-Guarani*, Prefácio, tradução e notas de Estevão Pinto, São Paulo, Companhia Editora Nacional, 1950. Os trabalhos mais recentes se apoiam sobre essa bibliografia, já que não existem mais Tupinambá, ou, pelo menos, não existem mais a cultura e a sociedade Tupinambá.
6. Gabriel Soares de Souza, *Tratado descritivo do Brasil em 1587*, Brasiliana, v. 117, São Paulo, Companhia Editora Nacional, 1971; André Thevet, *As singularidades da França Antártica*, Coleção Reconquista do Brasil, v. 45, Belo Horizonte/São Paulo, Editora da USP e Livraria Itatiaia, 1978; Fernão Cardim, *Tratados da terra e gente do Brasil*, Brasiliana, v. 168, São Paulo, Companhia Editora Nacional, 1978; Pero de Magalhães Gandavo, I. *Tratado de terra do Brasil*. II. *História da Província de Santa Cruz*. Nota bibliográfica de Rodolfo Garcia e introdução de Capistrano de Abreu, Rio de Janeiro, Edição Anuário do Brasil, 1924; Simão de Vasconcelos, *Crônica da Companhia de Jesus*, Petrópolis, Vozes, 1977, 2 v.; Frei Vicente do Salvador, *História do Brasil, 1500-1627*, nova edição revista por Capistrano de Abreu, São Paulo/Rio de Janeiro, Editores Weiszflog Irmãos, 1918; Jean de Léry, *Viagem à Terra do Brasil*, 3. ed, São Paulo, Livraria Martins, 1960. Esses cronistas relacionam e localizam os povos indígenas na região conhecida no século XVI. Não se pode confiar inteiramente nem nos nomes que dão nem na sua localização precisa, já que parte da informação que tinham vinha de notícias vagas de outros povos indígenas ou de pessoas que passavam por essas regiões. As informações demográficas sobre os Tupinambá que habitavam a costa brasileira são mais idôneas. As regiões de São Paulo, Rio de Janeiro, Espírito Santo, Recôncavo Baiano, Pernambuco, Maranhão e baixo Amazonas concentravam razoáveis contingentes populacionais. Jean de Léry, por exemplo, relata que presenciou uma batalha com 10 mil índios Tupinambá na baía de Guanabara, em 1557. Isso pode significar uma população de 100 mil índios entre Cabo Frio e Santos, e mais 50 mil no planalto de Piratininga. Mem de Sá é creditado pela morte de cerca de 30 mil no Recôncavo Baiano, em 1558. Ao contarmos as epidemias anteriores e os sobreviventes é possível que a população Tupinambá dessa região ultrapassasse os 100 mil. Deveria haver cerca de 50 mil na região do Espírito Santo e no sul da Bahia. Em Pernambuco, Paraíba, Rio Grande do Norte e baixo São Francisco, calculamos que teria havido de 150 mil a 200 mil. No Maranhão, no início do século XVIII, havia 50 mil Tupinambá. Na região de Belém, outros 50 mil. Os Tupinambá ao sul de Cananeia, São Paulo, chamados de Carijós e mais tarde Guarani, poderiam totalizar 500 mil. Pierre Clastres calcula em 1.500 milhão. Total global de 1 milhão de Tupinambá. As concentrações de índios no interior se localizavam no médio rio São Francisco, nos sertões da Bahia e em Mato Grosso. Mas mesmo nas caatingas do Nordeste havia índios em quantidade. É possível que em nenhuma parte do território brasileiro deixasse de haver povos indígenas. Um milhão não é um número exagerado para expressar essas populações interioranas. Na Amazônia, especialmente no próprio rio, eram grandes e extensas as povoações

de índios, conforme os primeiros cronistas. Ver Cristóbal de Acuña, Gaspar de Carvajal e Alonso Rojas, *Descobrimentos do Rio das Amazonas*, São Paulo, Companhia Editora Nacional, 1941. Padre Antônio Vieira, em 1656, achava que os portugueses já haviam destruído cerca de 2 milhões de índios só no baixo Amazonas, um evidente exagero. De qualquer modo, concentrações de 20 mil a 30 mil pessoas em aldeias ribeirinhas de até 9 quilômetros de extensão não eram incomuns. Três milhões de indivíduos nos parecem uma estimativa razoável.

[7] Esses pontos estão resumidos na obra de Betty Meggers, *Amazônia: a ilusão de um paraíso*, Rio de Janeiro, Civilização Brasileira, 1977.

[8] Ver de Pierre Clastres, *A sociedade contra o Estado*, Rio de Janeiro, Francisco Alves, 1978. *Arqueologia da violência*. São Paulo, Brasiliense, 1982.

[9] Ver, por exemplo, o estudo sobre a introdução do machado de ferro e facões na ilha Nova Guiné, do antropólogo australiano R. F. Salísbury, *From Stone to Steal*, Melbourne, University of Melbourne Press, 1962; Marshall Sahlins, *Stone Age Economics*, Chicago, Aldine, 1972. No Brasil, ver as observações de Robert Carneiro, "Slash-and-Burn Cultivation among the Kuikuru and its Implications for Cultural Development in the Amazon Basin", em Y. Cohen (ed.), *Man in Adaptation: The Cultural Present*, Chicago, Aldine, 1968.

[10] "O Diário do Navio Bretoa" está publicado em F. A. de Varnhagen, *História geral do Brasil*, revisão e notas de Rodolpho Garcia, Rio de Janeiro, Melhoramentos, 1962, 5 v. As expedições dos franceses estão relatadas em Paul Gaffarel, *Histoire du Brésil Français au Seizième Siècle*, Paris, Maisonneuve et Cie, Libraires-Editeurs, 1878. A colônia francesa instalada no Rio de Janeiro manteve escravos índios obtidos de grupos rivais aos seus aliados. Ver Jean de Lery, *Viagem à Terra do Brasil*, op. cit.

[11] Ver F. A. Varnhagen, op. cit., v. 1, seção 12, pp. 192-211.

[12] Alexander Marchant, *Do escambo à escravidão*, Brasiliana, v. 225. Rio de Janeiro, Companhia Editora Nacional, 1943.

[13] Essas tensões estão documentadas em Jean de Lery, *Viagem à Terra do Brasil*, op. cit. e Yves d'Evreux, *Viagem ao Norte do Brasil, feita nos anos de 1613 e 1614*, São Luiz do Maranhão, Typographia do Frias, 1874. Há uma nova tradução revista e aumentada deste último livro, ainda inédita.

[14] Ver José Antônio Gonçalves de Mello (org.), *Fontes para a história do Brasil holandês: A economia açucareira*, Recife, Parque Histórico Nacional dos Guararapes, 1981, pp. 182-6; Gedeon Morris de Jonge, "Relatórios e cartas", em *Revista do Instituto Histórico e Geográfico Brasileiro*, t. 58, 1896, pp. 237-319.

[15] Ver José Antônio Gonçalves de Mello, *Tempo dos flamengos*, Coleção Documentos Brasileiros 54, Rio de Janeiro, José Olympio, 1947.

[16] Ver Pedro Souto Maior, "Fastos pernambucanos", em *Revista do Instituto Histórico e Geográfico Brasileiro*, v. 75, parte 1, 1912, pp. 414-26.

[17] Ver Afonso d'Escragnole Taunay, *A Guerra dos Bárbaros*, Separata da *Revista do Arquivo Municipal de São Paulo*, v. 22, 1936.

[18] Ver Francisco Rodrigues de Prado, "História dos índios Cavaleiros ou da Nação Guaykuru", em *Revista do Instituto Histórico e Geográfico Brasileiro*, t. LXX, 1908, pp. 21-44.

[19] Ver Afonso d'Escragnole Taunay, *História geral das bandeiras paulistas*, São Paulo, 1924-1950, v. 8, pp. 290-95. Ernesto Ennes, *As Guerras dos Palmares*, Brasiliana, 127, São Paulo, Companhia Editora Nacional, 1938.

[20] Sobre o extermínio dos índios do Piauí e o papel dos bandeirantes, a Casa de Torre e a Casa de Ávila, e o domínio dos jesuítas com suas fazendas de gado, ver Francisco Augusto Pereira da Costa, *Cronologia histórica do estado do Piauí*, Recife, 1909; Barbosa Lima Sobrinho, *O devassamento do Piauí*, Rio de Janeiro, Companhia Editora Nacional, 1946; Ennes, *As Guerras dos Palmares*, op. cit. Taunay, *História geral das bandeiras paulistas*, op. cit., v. 8.

[21] Mem de Sá é considerado, "abaixo de Deus, o homem da catequese" pelo Padre Rui Pereira, em 1560. Apud Mecenas Dourado, *A conversão do gentio*, op. cit., p. 85.

[22] Sobre o extermínio dos Tupinambá após a expulsão dos franceses, ver Simão de Vasconcelos, *Crônica da Companhia de Jesus*, op. cit. e as *Cartas dos primeiros jesuítas no Brasil*, editadas por Serafim Leite, 3 v., São Paulo, Comissão de Publicação do 4º Centenário, 1954.

[23] Sobre a conquista da Paraíba, ver J. F. de Almeida Prado, *A conquista da Paraíba (séculos XVI e XVII)*, Brasiliana 321, São Paulo, Companhia Editora Nacional, 1964.

[24] Sobre a destruição dos Tupinambá no Maranhão, ver Bernardo Pereira de Berredo, *Annaes históricos do estado do Maranhão*, 2. ed., São Luiz, Typographia B. de Mattos, 1849. Há uma nova edição fac-similar da primeira edição sendo publicada na Coleção Monumenta Amazônica, pelo Centro de Estudios Amazônicos, em Iquitos, com notas e prefácio de Carlos de Araújo Moreira Neto.

25 O Padre Antônio Vieira utiliza esse número em diversas ocasiões e diz que o ouviu de uma testemunha ocular da conquista do Maranhão, o Cônego Manuel Teixeira, que o jurou em seu leito de morte. Ver "Direcções a respeito da forma que se deve ter no julgamento e liberdade no cativeiro dos índios do Maranhão", em *Obras escolhidas*, v. v, Lisboa, Livraria Sá de Cortes, 1851. Ver também João Lúcio de Azevedo, *História de Antônio Vieira*, 2. ed., Lisboa, Livraria Clássica, 1931, 2 v., especialmente os capítulos "O Missionário" e "O Revoltado". Ver também do mesmo autor, *Cartas do Padre Antônio Vieira*, 3 t., Coimbra, Imprensa da Universidade, 1925-1926.

26 Essas colônias foram destruídas entre 1616 e 1630, quando os portugueses se estabeleceram de vez no baixo Amazonas. Contudo, navios irlandeses continuaram a comerciar com índios da região até bem mais tarde. Ver John Hemming, *Red Gold*, op. cit., pp. 223-28.

27 Ver Carlos de Araújo Moreira Neto, *De maioria a minoria*, op. cit.

28 E até os Timbiras do Maranhão. Ver Francisco de Paula Ribeiro, "Memória sobre as nações gentias que presentemente habitam o continente do Maranhão", em *Revista do Instituto Histórico e Geográfico Brasileiro*, v. III, 1841, pp. 184-197; 297-322; 442-456. Ver, também, Carlos de Araújo Moreira Neto, "A Política Indigenista Brasileira durante o século XIX", op. cit.; "Alguns dados para a história recente dos índios Kaingang", em *La Situación del indígena en América del Sur*, coordenado por Georg Grünberg, Montevidéu, Tierra Nueva, 1971, pp. 381-419.

29 Ver Carlos de Araújo Moreira Neto, "Alguns dados...", op., cit., pp. 395, 399; Sílvio Coelho dos Santos, *Índios e brancos no Sul do Brasil*, Florianópolis, Edeme, 1973.

30 Ver Darcy Ribeiro, *Os índios e a civilização*, op. cit., pp. 42-7; Franz Gaspar, *Tupari*, Londres, G. Bell and Sons Ltda., 1956.

31 Ver Francisco de Paula Ribeiro, op. cit. Ver também Júlio César Melatti, *Índios e criadores*, Rio de Janeiro, Instituto de Ciências Sociais, 1967; Curt Nimuendaju, *The Eastern Timbira*, Berkeley and Los Angeles, The University of California Publication in American Archaeology and Ethnology, v. 41, 1946.

32 Este caso foi filmado ficcionalmente por Zelito Viana, em 1984, com o título *Avaeté*.

33 Ver Gordon R. Willey, *An Introduction to American Archaeology*, v. II, *South America*, Englewood Cliffs, N.J., Prentice-Hall, 1971.

34 Ver John Hemming, *Red Gold*, op. cit., cap. 7, pp. 139-148.

35 Manoel Nunes Dias, "Colonização da Amazônia (1755-1778)", em *Revista de História*, v. 34, 1967, pp. 471-90, cita uma fonte da época que estimou em 40 mil o número de mortes só em Belém. João Lúcio de Azevedo, *Os jesuítas no Grão-Pará*, op. cit., p. 199, diz que a população indígena nas aldeias jesuítas baixou, nesse período, de 50 mil para 30 mil.

36 Darcy Ribeiro, *Uirá vai à procura de Deus*, Rio de Janeiro, Paz e Terra, 1974; *Diários índios*, São Paulo, Companhia das Letras, 1995.

37 Ver Francisco de Paula Ribeiro, "Memórias sobre as nações gentias...", op. cit.; ver, também, do mesmo autor, "Descripção do Território de Pastos Bons, nos sertões do Maranhão", em *Revista do Instituto Histórico Geográfico Brasileiro*, t. XII, 1849, pp. 41-86.

38 Ver L. B. Horta Barbosa, *A pacificação: dos Caingangs Paulistas: hábitos, costumes e instituições desses índios*, Rio de Janeiro, 1913.

39 Ver o capítulo "O que se pensa do índio" para uma análise e definições desses temas e instituições coloniais. Sobre o Padre Antônio Vieira, ver João Lúcio de Azevedo, *História de Antônio Vieira*, op. cit.; e *Os jesuítas no Grão-Pará*, op. cit. Ver também as *Obras escolhidas*, de Vieira, publicadas pela Livraria Sá da Costa Lisboa, especialmente o volume V, que contém diversos documentos sobre os índios da Amazônia, Maranhão e Ceará escritos pelo autor, inclusive suas opiniões sobre escravização, colonos e as juntas de missões.

40 Ver Agostinho Perdigão Malheiro, *A escravidão no Brasil*, Petrópolis, Vozes, 1976, t. II.

41 Há uma controvérsia a respeito do caráter do trabalho indígena em aldeias de administração e nas missões jesuítas. Enquanto Nelson Werneck Sodré considera esse trabalho parte de um sistema "semifeudal", Jacob Gorender acha que fazia parte do escravismo vigente, embora de uma forma "incompleta". Jacob Gorender, *O escravismo colonial*, São Paulo, Ática, 1978, pp. 124-133; 468 e 485.

42 Sobre a servidão praticada com os índios e suas consequências na formação social brasileira, ver a análise realizada em meu livro *O índio na História*, op. cit., cap. XX.

43 Padre Manuel da Nóbrega, "Diálogo sobre a conversão do gentio (1557)", apud Mecenas Dourado, *A conversão do gentio*, Rio de Janeiro, Livraria São José, 1958. Ver também Alfred Métraux, *A religião dos Tupinambá*, op. cit.

44 Ver Eduardo Galvão, *Santos e visagens*, op. cit.

45 Ver, como exemplos consagrados, Alfred Métraux, *A religião dos Tupinambá*, op. cit.; Charles Wagley, "Xamanismo Tapirapé", em *Boletim do Museu Nacional*, nº 3, 1943.

⁴⁶ Ver Mecenas Dourado, *A conversão do gentio,* op. cit. São muito frequentes essas observações nas cartas dos primeiros jesuítas, inclusive Nóbrega, Anchieta e Aspicuelta. Ver *Cartas dos primeiros jesuítas no Brasil,* editadas por Serafim Leite, op. cit.
⁴⁷ Ver análise de Claude Lévi-Strauss em *Tristes trópicos,* São Paulo, Anhembi, 1955, parte VI.
⁴⁸ Ver o capítulo IX do meu livro *O índio na História,* op. cit.
⁴⁹ Ver Fátima Roberto, "Salvemos nossos índios". Tese de Mestrado, 1983, Departamento de Ciências Sociais, Universidade Estadual de Campinas.
⁵⁰ Para uma visão atualíssima sobre o dilema missionário, ver o livro do ex-missionário evangélico e notável linguista, Daniel L. Everett, *Don't Sleep, there are snakes,* Nova York, Vintage Books, 2008, sobre os inefáveis índios Pirahã.
⁵¹ Ver João Lúcio de Azevedo, *Os jesuítas no Grão-Pará,* op. cit.
⁵² Ver C. Lugon, *A República "comunista" cristã dos Guarani, 1610-1768,* Rio de Janeiro, Paz e Terra, 1977.
⁵³ A Cabanagem (1835-1841) foi uma revolta popular na Amazônia que teve a participação efetiva de muitas aldeias indígenas e muitas vilas ex-aldeias jesuíticas. Em relação à repressão que as forças oficiais promoveram contra os índios, ver Carlos de Araújo Moreira Neto, *De maioria a minoria,* op. cit.
⁵⁴ Ver Carlos de Araújo Moreira Neto, "A política indigenista brasileira durante o século XIX", op. cit.
⁵⁵ Ver Eduardo Galvão, "Introdução" ao livro *Os índios Tenetehara,* op. cit.
⁵⁶ Ver Shelton Davies, *Vítimas do milagre,* Rio de Janeiro, Jorge Zahar, 1978; José de Souza Martins, *Não há terra para plantar neste verão,* Petrópolis, Vozes, 1986.
⁵⁷ Até a primeira edição deste livro, os resumos de notícias jornalísticas dessas lutas podem ser encontrados nos documentos publicados pelo Centro Ecumênico de Documentação e Informação (Cedi), *Povos indígenas no Brasil,* anos 1981, 1982, 1983, 1984, 1985/1986, São Paulo, Tempo e Presença. A partir daí, essas compilações jornalísticas e reportagens especiais passaram a ser publicadas com o mesmo nome, quinquenalmente, pelo Instituto Socioambiental, que também tem um valioso *site* de informações sobre povos indígenas na atualidade (www.socioambiental.org).
⁵⁸ É até vergonhoso para o Brasil que assim o seja, já que este é um dever próprio e derivado de lei constitucional. Pior ainda é quando o Banco Mundial ameaça o governo brasileiro de romper acordo e suspender convênios de financiamentos porque não há cumprimento nas cláusulas de demarcação das terras indígenas ou assistência devida.
⁵⁹ Ver Márcio Souza (org.), *Os índios vão à luta,* Rio de Janeiro, Marco Zero, 1981, que trata do alvorecer da consciência política indígena ainda durante o período ditatorial. Nos últimos dez anos, o movimento indígena ficou mais organizado e estruturado para vocalizar seus protestos e propor novas políticas públicas, as quais nem sempre são acatadas pelos governantes. Ver o capítulo "O futuro dos índios" para uma análise detalhada do movimento indígena e da nova autoconsciência indígena sobre sua posição histórica.

POLÍTICAS INDIGENISTAS

A COLONIZAÇÃO DO BRASIL

Levou pouco tempo para que Portugal delineasse suas bases de entendimento com os povos indígenas do Brasil e, assim, pudesse formular e aplicar sua política indigenista. Sua experiência contemporânea na África do Norte e na Ásia, agressiva e inclemente, foi passada para o Brasil sem relevantes modificações – e, muitas vezes, por intermédio dos mesmos gestores. De fato, muitos dos primeiros capitães e governadores que vieram ao Brasil tinham sido antes capitães e conquistadores na Ásia, e os interesses econômicos da ativa burguesia mercantil portuguesa, que impulsionavam o comércio e a colonização, não haveriam de ser diferentes.[1]

O projeto colonial jamais permitiu variações além do que aquelas que fixavam, por princípio, a posição dos povos indígenas como súditos do rei, vassalos em sua própria terra e seres socialmente inferiores aos portugueses. Por resolução do Tratado de Tordesilhas, firmado entre Portugal e Espanha a 7 de junho de 1494, o Novo Mundo, recém-descoberto, fora dividido pelo meio entre esses dois países a partir de uma linha imaginária que se localizaria a 370 léguas a oeste das ilhas de Cabo Verde, em cujo lado oriental, pertencente a Portugal, estava situada boa parte do Brasil. Embora Portugal não tivesse dúvidas quanto à legitimidade de suas pretensões, vale notar que esse tratado foi feito sem a intermediação do papa, caracterizando-o como um ato de autonomia *vis-à-vis* o poder pontifício. Deu também ocasião para que outros países, posteriormente – como a França –, se sentissem no direito de também conquistar e colonizar terras e povos nas Américas.[2]

Porém, Portugal já se achava acautelado por sanção papal desde 1454, quando Nicolau v, pela Bula *Romanus Pontifex*, garantira-lhe o direito de conquistar terras novas, de "bárbaros" ou de "infiéis", e submeter seus povos à servidão pelo uso da guerra. A Espanha também obtivera o seu direito cristão de conquista pela Bula *Inter Coetera*, expedida pelo papa Alexandre vi, em 1493.³

Para não deixar dúvidas, esse direito foi reafirmado aos portugueses em 1529 (portanto, já há algum tempo desde a descoberta, quando se debatia por toda a Europa a legitimidade e a brutalidade da conquista). A Bula *Inter Arcana*, expedida pelo papa Clemente vii a 8 de maio daquele ano, usa de expressões que parecem desconhecer os argumentos do frei Bartolomeu de Las Casas em favor dos direitos naturais dos índios, representando uma indiferença total à sua integridade física e espiritual. Pontifica o seguinte: "[...] que as nações bárbaras venham ao conhecimento de Deus não por meio de editos e admonições como também pela força e pelas armas, se for necessário, para que suas almas possam participar do reino do céu".⁴

Reconhecendo as dificuldades da conversão e antecipando o dilema da catequese, o papa não poderia ter sido mais realista do que o rei. E o rei, por sua vez, não precisou fazer ingentes esforços para seguir as suas recomendações e permanecer cristão. A justificativa do uso de armas para catequizar foi sempre uma das principais razões para se declarar e praticar *guerras justas* contra os índios durante quase todo o período da colonização portuguesa.

Naturalmente, aos índios essas guerras não pareceram legítimas. Portanto, não acolheram passivamente a brusca invasão dos seus territórios e a perseguição que lhes acometeram os portugueses desde os primeiros anos. Ficou patente que a disposição indígena não era para a aceitação de um controle sobre suas vidas. Seus modos de ser e seus sistemas políticos não admitiam a obediência cega nem a hierarquização estatutária. As demandas impostas, mesmo em tempos de paz, eram excessivas ao extremo e incompreensíveis para quem sempre vivera em liberdade.

A reação indígena, através de guerras, guerrilhas, fugas à escravidão e ao trabalho forçado, bem como seu sofrimento em massa, a brutalidade praticada nas conquistas e na colonização – de um exagero e gravidade até então inconcebíveis para uma nação cristã (mesmo tendo em vista o que os portugueses já haviam feito contra os sarracenos e os hindus) –, provocaram escrúpulos e preocupação na alta cúpula da Coroa, sobretudo porque o discurso colonialista rezava que o propósito da presença portuguesa nessas plagas era propagar a fé católica pela conversão dos gentios. Ademais, havia questões de ordem jurídica a serem conveniadas a respeito da doutrina do direito natural dos povos não cristãos que iam sendo conquistados. As leis eram elaboradas pelos jurisconsultos da Corte, que, em grande parte, eram religiosos e, assim, procuravam obedecer aos cânones da doutrina em vigor.

Em diversas ocasiões foram explicitamente reconhecidos os direitos de soberania indígena. Na Carta Régia de 9 de março de 1718, os índios chegaram a ser considerados isentos da jurisdição real.[5] Ao mesmo tempo, no entanto, Portugal manteve a escravidão como norma e possibilidade de ser aplicada sobre qualquer povo indígena. Ao contrário dos espanhóis (sempre mais formais e legalistas), que desde 1542 haviam decretado a liberdade incondicional dos índios, Portugal foi fazê-lo apenas em 1609, para revogar esse dispositivo dois anos depois, decretá-la novamente só em 1757 e voltar a abrir exceções em 1808. O padrão português de políticas indigenistas pode ser caracterizado, na melhor das hipóteses, como maleável, ambíguo e casuístico. A lógica da conquista, da colonização, a defesa do território e a necessidade de mão de obra exigiam, em determinados momentos, no entender da Coroa, medidas de extrema dureza e inflexibilidade, pois jamais se deveria afastar do propósito de dominação absoluta.

As primeiras normas legais e recomendações de como se relacionar com os índios estavam contidas nos *regimentos* que o rei dava aos capitães de navios que fossem comerciar nas terras do Brasil. Embora sugerindo que se desse bom trato aos índios, já aí se previa a possibilidade de escravizá-los e enviá-los a Lisboa, mesmo que, hipocritamente, viessem sob a linguagem de "apreensão voluntária". A partir do chamado Regimento de Tomé de Souza, de 1549, e a lei de 1570, todas as declarações reais que se propunham esclarecer melhor essa questão sempre deixaram brechas para que se pudesse fazer guerra contra os índios, aprisioná-los, esbulhar-lhes suas terras, realoca-los – enfim, o que fosse necessário para não comprometer a segurança do empreendimento colonial. É importante que conheçamos alguns termos essenciais usados na época colonial a respeito dos índios:

- *nação (gentílica)* – nação ou povo não cristão;
- *aldeia* – vila indígena, ou agrupamento de índios alocados por oficiais da Coroa ou missionários;
- *descimento* – transladação de grupos de índios de seus territórios para locais determinados, especialmente próximos à costa;
- *entrada* – expedição para efetuar descimentos. Em geral, era dirigida por uma autoridade oficial (mas podia ser por um particular), ordenada por uma *junta de missão*, com ou sem a presença de missionários;

- *bandeira* – empresa particular que efetuava expedições para dar caça e aprisionar índios (ou procurar ouro ou pedras preciosas). Muitas foram contratadas por oficiais da Coroa; outras eram ilegais – sobretudo associadas aos paulistas;
- *resgate* – ato de obter prisioneiro índio de outro grupo indígena por troca, supostamente para salvá-lo de morte certa. Posteriormente, o pretexto invocado foi a salvação dos índios das penas do inferno;
- *aldeias de repartição* – aldeias para onde eram trazidos índios descidos para depois serem distribuídos entre autoridades e particulares;
- *aldeias de administração* – aldeias de índios descidos sob a jurisdição das Câmaras ou dos governadores ou capitães-generais;
- *cativeiro* – escravidão;
- *guerra justa* – declaração de guerra a partir de decisão tomada em *junta* que determinava pela justeza da guerra que se pretendesse efetuar contra determinado povo indígena. Os principais critérios para tanto eram: (a) que os índios punham empecilho à propagação da fé católica; (b) que atacavam povoados ou fazendas portuguesas; (c) que eram antropófagos; (d) que eram aliados de inimigos dos portugueses;
- *junta ou junta de missão* – conselho local formado pelos representantes das missões, o bispo e oficiais do rei, que decide sobre a legitimidade das questões indígenas, sobretudo as guerras e a distribuição de índios descidos.

Apresentamos a seguir as principais normas, regimentos e leis indigenistas até a independência do Brasil.

1. Regimento de Tomé de Souza, de 15 de dezembro de 1548:
   Recomenda a paz com os índios para que os "cristãos" possam povoar o território. Guerra aos inimigos. Ajuntamento de aldeias próximas aos povoados cristãos para melhor se doutrinarem.
2. Lei de 20 de março de 1570, sobre a liberdade dos índios:
   Reagindo às práticas de escravidão indiscriminada, proíbe o cativeiro dos índios, salvo os tomados em "guerras justas" feitas só com a licença do rei ou do governador. Afirma os critérios de guerra justa e menciona os Aimorés, em particular, como alvo de guerras planejadas.
3. Lei de 24 de fevereiro de 1587, que declara os índios que podem ser cativos e os que não podem:
   Baseia-se na Lei de 1570, que proíbe incursões ao sertão sem a autorização do governador e de padres jesuítas. Regulamenta a repartição de índios "persuadidos" a irem à costa para trabalhar nos engenhos e fazendas.

4. Lei de 11 de novembro de 1595, "sobre não se poderem cativar os gentios das partes do Brasil, e viverem em sua liberdade, salvo no caso declarado na dita lei":
Revoga a Lei de 1570 e proíbe guerra e cativeiro, salvo por expressa licença do rei. "[...] Quero que aqueles contra quem eu não mandar fazer guerra vivam em qualquer das ditas partes em que estiverem em sua liberdade natural, como homens livres que são [...]"
5. Alvará e Regimento de 26 de julho de 1596:
Regulamenta o papel dos jesuítas nos descimentos dos índios e na supervisão do seu trabalho nas fazendas, pelo período máximo de dois meses, seguidos de igual período de folga. Cria os cargos de procurador e juiz ordinário dos índios. Determina que cabe ao governador alocar as áreas onde os índios descidos devem habitar, que serão aquelas não aproveitadas pelos capitães.
6. Provisão de 5 de junho de 1605, sobre a liberdade total dos índios:
Apesar de reconhecer que o cativeiro é aceitável em alguns casos, declara livres todos os índios, cristãos ou pagãos. Proíbe os abusos, os descimentos irregulares e obriga o pagamento por serviço prestado.
7. Lei de 30 de julho de 1609, sobre a liberdade dos gentios da terra:
Confirma a Provisão de 1605 e os termos do Alvará de 1596. Proíbe os capitães-generais de exercerem qualquer poder a mais sobre os índios do que já exercem sobre outros homens livres. Reitera a libertação dos índios cativados.
8. Lei de 10 de setembro de 1611, que declara a liberdade dos gentios do Brasil, excetuando os tomados em guerra justa, e revoga as leis anteriores:
Renova as guerras justas conveniadas pelo governador em junta com o bispo, os desembargadores, chanceler e os prelados das ordens religiosas, sob a aprovação do rei ou, em caso de urgência, com o seu referendo posterior. Aceita a escravidão dos cativos e de índios comprados ou resgatados que estiverem condenados à morte. Cria o ofício de capitão, substituindo o juiz ordinário, para administrar as aldeias, as quais devem ter um padre residente. Estabelece o número de 300 casais por aldeia de índios descidos do sertão.
9. Leis de 15-3-1624, 8-6-1625, 10-11-1647 e 5-9-1649:
Regulamentam a administração das aldeias, o tempo e taxa de serviço dos índios.
10. Carta Régia de 21 de outubro de 1652:
Autoriza o Padre Antônio Vieira a regulamentar o descimento de índios no Pará e Maranhão.

11. Provisão de 17 de outubro de 1653:
    Restabelece os termos de guerras justas, permite entradas e proíbe a presença de capitães nas aldeias. Cria as juntas das missões no estado do Maranhão e Grão-Pará.
12. Provisão de 12 de setembro de 1663:
    Retira os poderes dos jesuítas. Permite entradas e repartições de índios.
13. Provisão de 9 de abril de 1665:
    Restabelece poderes aos jesuítas para fazerem entradas e regulamentarem o serviço dos índios. Continua a escravidão.
14. Lei de 19 de abril de 1680:
    Declara a liberdade dos índios, conforme a Lei de 1609, mantendo, porém, os escravos existentes. Continua a admitir as guerras justas e o aprisionamento de índios, porém com a ressalva de que os prisioneiros sejam tratados "como as pessoas que se tomam nas guerras de Europa". Dá plenos poderes aos jesuítas para estabelecerem missões exclusivas onde haja índios que não queiram "descer". Nas aldeias cristãs, os índios deveriam ser governados por seus chefes e pelo pároco local. A repartição de índios descidos fica a cargo do bispo junto com o prelado dos franciscanos e um representante da Câmara.
15. Lei de 2 de setembro de 1684:
    Concede a administração de índios descidos a particulares, especificamente no estado do Maranhão e Grão-Pará. Regulamenta o trabalho dos índios livres (uma semana para si, outra para os senhores).
16. Carta régia de 21 de dezembro de 1686 ou Regimento das Missões:
    Dá poder espiritual e temporal a jesuítas e franciscanos pelas aldeias e missões criadas nos rios e sertões da Amazônia. Regulamenta a administração das aldeias, proibindo a presença de não índios. Ordena que as aldeias tenham pelo menos 150 casais e, no caso de povos indígenas de diferentes culturas (nações) descidos para um mesmo local, que sejam alocados separadamente. Regulamenta a repartição de índios entre moradores e missões.
17. Carta régia de 19 de fevereiro de 1696:
    Concede aos moradores de São Paulo a administração de índios livres, que ficam obrigados a trabalhar mediante um salário. Regulamenta os casamentos mistos entre índios e escravos negros.
18. Resolução de 11 de janeiro de 1701, endereçada ao governador de Pernambuco:
    Permite a compra e venda de índios somente em praça pública. Nos sertões, pode ser feita na presença de juízes.

19. Provisão de 12 de outubro de 1727.
    Proíbe o uso da língua-geral e manda ensinar a língua portuguesa nas povoações.
20. Alvará de 3 de maio de 1757 ou Diretório de Pombal:
    Conjunto de 95 artigos que estabelece um novo ordenamento sobre os índios. Confirma a retirada dos poderes temporal e espiritual dos jesuítas. Concede liberdade para todos os índios. Favorece a entrada de não índios nas aldeias, incentiva casamentos mistos, extingue missões e as substitui por vilas (com câmaras e pelourinho) e lugares (povoados) de índios e brancos. Nomeia diretores leigos. Promove a produção agrícola e cria impostos. Manda demarcar áreas para os índios. Proíbe o ensino das línguas indígenas e torna obrigatório o português.
21. Carta régia de 12 de maio de 1798:
    Abole o Diretório de Pombal. Institui explicitamente a relação paternalista de amo para criado entre brancos e índios a serviço. Retoma o conceito de guerras defensivas. Promove o índio à condição de órfão. Permite o livre estabelecimento de brancos em terras dos índios.
22. Diversas cartas régias de 1806, 1808 e 1809:
    Promovem guerras ofensivas aos índios Botocudos, Coroados, Gueréns, Canoeiros e Timbiras, dando concessões a quem o fizer particularmente, inclusive com direitos a escravização de prisioneiros por períodos entre 10 e 15 anos.

Essa pequena compilação e resumo de leis indigenistas apresentados não exaure a legislação portuguesa sobre o assunto. O número de alvarás e cartas régias dirigidas aos governadores e capitães-gerais é bastante maior e diversificado. Muitos diziam respeito a questões locais e específicas a certos grupos indígenas, sem maiores consequências sobre os demais. As normas e leis aqui descritas servem tão somente para dar uma boa ideia do que foram esses mais de 300 anos de relacionamento oficial entre a Coroa portuguesa e os índios do Brasil.

Em primeiro lugar, cabe notar a persistência de leis extremamente cruéis para com os índios. A escravidão foi um fato quase que permanente. Até o Diretório de Pombal, apenas entre 1605, 1611, 1680 e 1684 é que a legislação se declarou contra qualquer forma e justificativa de escravidão. Considerando que uma lei, naquele tempo, levava de três meses a até um ano para vir de Portugal a seu local de destino, pode-se concluir que elas raramente tiveram efeito real e imediato, a não ser provocar a ira dos "moradores", isto é, dos colonizadores ou fazendeiros que se utilizavam do braço indígena. E, por isso mesmo, eram rapidamente modificadas ou anuladas por uma lei seguinte. Ao contrário dos espanhóis, com seu formalismo jurídico, cujas leis muito bem elaboradas não eram, necessariamente, para serem "cumplidas", os portugueses eram bastante desleixados – até na linguagem – na formulação de leis e políticas e ainda muito mais lenientes no seu cumprimento. Sobretudo quando eram contra o seu interesse. Eis por que Padre Antônio Vieira reclama, com tanta veemência, da deslealdade e corrupção de oficiais do rei e de colonos em geral.

Em segundo lugar, cumpre discutir um pouco o relacionamento entre a Coroa e as ordens religiosas na formulação e administração de políticas indigenistas. É necessário, de imediato, colocar os poderes secular e espiritual não como opostos um ao outro (como é frequente na historiografia brasileira), mas numa dinâmica complementar no projeto colonial e no processo civilizatório, levando em consideração, obviamente, que essa dinâmica implica ocasionais ou frequentes desencontros, conforme o interesse imediato de cada uma das partes. A instituição do Padroado, pacto entre a Igreja e a Coroa, representa formalmente uma aliança em torno da conquista colonial. Essa perspectiva é ainda mais necessária com relação aos índios, já que eles estavam fora das motivações históricas anteriores à descoberta das Américas. Do ponto de vista do índio, Igreja e Estado lhe pareceram como partes de um mesmo corpo, e, embora costumassem agir diferentemente entre si, na maioria das vezes tinham atitudes idênticas.

Já vimos como o governador Mem de Sá e o Padre Manuel da Nóbrega se davam bem e partilhavam de ideias semelhantes a respeito de como trazer os índios para dentro do sistema colonial. Essa identificação de táticas, baseada numa identificação de propósitos, foi, de fato, o predominante nas relações entre a Igreja e o Estado no período colonial, com respeito aos índios. Apenas em 1755, quando Portugal tentava modernizar-se através da administração de um "déspota esclarecido" – o Marquês de Pombal –, é que parece ter havido uma cisão abrupta e dolorosa entre a Coroa e a Igreja, ou ao menos seu segmento missionário, no que se refere ao trato administrativo dos índios. Para isso, ficou proibida a intervenção de qualquer ordem religiosa na administração, ou "governo" (como se denominava na época), das aldeias indígenas já estabelecidas. Especificamente dirigidas aos jesuítas, foram a ordem de sua expulsão do território brasileiro e sua ulterior condenação em Portugal. Vale notar, outrossim, que a Companhia de Jesus também foi expulsa das colônias espanholas, da França e, por fim, ab-rogada como ordem religiosa pelo próprio papa, num prazo de menos de vinte anos. O que vale dizer que o seu problema não era específico ao Estado português, nem exclusivamente sobre a questão indígena.⁶

No plano local, as relações entre Igreja e Estado, isto é, entre as ordens religiosas e os governadores ou capitães-generais, eram mais tensas e, muitas vezes, chegaram às vias de fato. Aqui os interesses eram mais imediatos e a disputa, portanto, mais real e sem nenhuma aura de onisciência ou onipotência. Basicamente, a disputa era para ver quem tinha direitos sobre os índios e qual a melhor maneira de civilizá-los. Os oficiais da Coroa achavam que os índios deveriam ser civilizados pelo trabalho individual que prestassem ao projeto colonial; os religiosos, pela doutrinação e pela organização do trabalho coletivo. Os oficiais queriam as aldeias de administração, das quais convocavam os índios para trabalhar nos serviços públicos, bem como nas fazendas e em engenhos particulares; os religiosos tencionavam as aldeias de missões e a exclusividade do trabalho indígena. Outro motivo de disputas estava na própria repartição ou distribuição de índios descidos ou resgatados, para o que era necessário definir a condição de índio livre ou legitimamente escravizado. Em todas essas disputas, nem sempre a Igreja estava unida. Pelo contrário, muitas vezes o clérigo secular se aliava aos oficiais da Câmara e da Coroa contra os jesuítas; em outras, havia enormes disputas entre jesuítas, franciscanos e carmelitas. Em muitos casos, as leis portuguesas refletem essas disputas e a tomada de posição ora em favor dos jesuítas, ora em favor dos franciscanos ou carmelitas, ora em favor dos seus oficiais. Naturalmente, essa falta de consenso demonstra que o projeto colonial não era entendido da mesma forma por todas as partes que integravam a sociedade portuguesa, mesmo em relação aos índios. Se isso tornou a questão indígena um osso de disputa, não foi, no entanto, motivo suficiente para tornar a sorte dos índios mais favorecida no resultado final.⁷

Em terceiro lugar, há de se ver que os índios eram motivo de grande interesse por parte dos colonos, inicialmente, como mão de obra necessária à construção de engenhos e à defesa do território contra a invasão de aventureiros estrangeiros; posteriormente, como adversários na disputa pelas terras.⁸ Fazia parte dos deveres da Coroa promover a paz e a tranquilidade entre colonos e índios para que a economia local florescesse, e isso ela fez sem maiores escrúpulos. Porém, quanto ao desejo dos colonos pelo braço indígena, a Coroa se dividia entre argumentos contrários e a favor da escravidão, ou a formas intermediárias. Por isso, houve tantos desentendimentos entre os colonos e as ordens religiosas, sobretudo os jesuítas. Em consequência, os jesuítas foram forçados a sair de vários núcleos de povoamento por movimentos contrários dos colonos. De São Paulo eles foram expulsos no auge da campanha dos bandeirantes contra as missões do Guairá e Itatins, de onde abduziram dezenas de milhares de índios Guarani, os quais eram, em seguida, vendidos aos fazendeiros de São Paulo, Rio de Janeiro e até da Bahia, na primeira metade do século XVII. No Rio de Janeiro e na Bahia, por diversas vezes chegaram próximos à expulsão, só contornadas por negociações que terminavam diminuindo o seu poder temporal sobre os índios e a sua força moral sobre os colonos. Na Paraíba, foram expulsos e proibidos de retornar, o que fez a Coroa designar os franciscanos para administrar as aldeias indígenas daquela capitania. No Maranhão e no Pará, foram expulsos três vezes entre 1625 e 1680 e ameaçados de expulsão outras tantas vezes – em todos os casos, por disputa sobre o uso do trabalho indígena nessa região. Na primeira vez, foi fácil, por decisão do próprio governador-geral, Bento Maciel Parente. Na segunda, em 1655, o próprio Padre Antônio Vieira (que lá estava havia três anos), prestigiado pelo rei D. João IV, o Restaurador, regressou a Portugal, convenceu o rei do valor de seus propósitos tanto para os interesses da metrópole quanto para os índios e retornou com mais poderes sobre estes últimos – zangando ainda mais os colonos. Padre Antônio Vieira tornou-se famoso em todo o reino português e no mundo europeu católico pela extraordinária oratória, por defender a presença dos judeus no Reino e por acreditar que Portugal iria se tornar o "quinto reinado" sobre a Terra. Já na terceira vez, em 1661, outra rebelião dos colonos impôs a Vieira provações e humilhações ainda maiores junto com seus irmãos, tendo a sua volta se dado num navio carregado de açúcar. Os jesuítas quase foram expulsos pela quarta vez na ocasião mais dramática da história colonial do Maranhão, a chamada Revolta de Bequimão (cognominada em razão de seu líder maior, Manuel Beckman, em 1684), motivada pela insatisfação dos colonos contra o monopólio de venda de produtos portugueses e compra de muitos produtos locais pela Companhia do Comércio do Maranhão – esta criada pela Coroa em 1682. O controle que eles haviam obtido pela Lei de 19 de abril de 1680 sobre entradas, descimentos e repartição de índios desfavorecia os colonos, que chegaram a tomar a cidade de São Luís, na ausência do governador-geral, e enviar um emissário a Lisboa em apelo por seu gesto ousado. A Coroa não teve complacência e, ao final, o governador-geral Gomes Freire de Andrade prendeu os rebeldes e enforcou os dois principais líderes, Manuel Beckman e Jorge Sampaio. Em todos os casos de desavenças contra os jesuítas, a Coroa invariavelmente assegurou apoio aos missionários, às vezes com mais, às vezes com menos poderes. A Provisão de 12 de setembro de 1663 reflete o retorno negociado dos jesuítas sem poderes gerais sobre os índios (obtido pela Provisão anterior de 9 de abril de 1655, concedida diretamente ao Padre Vieira). Já a Carta Régia de 21 de dezembro de 1686, que cria o Regimento das Missões (que vigoraria até 1757), reflete o desejo da Coroa em prestigiar os jesuítas diante da rebeldia dos colonos e, ao mesmo tempo, assegurar destes últimos a sua fidelidade pela concessão igualitária de índios repartidos.[9]

Por fim, cabe uma palavra sobre o famoso Diretório de Pombal e as leis que o antecederam de imediato. A expulsão definitiva dos jesuítas do território brasileiro, em 1759, a transformação das aldeias indígenas em vilas e lugares e a promoção da miscigenação física e cultural dos índios fazem parte tanto de uma política de modernização do Estado português e da definição de suas fronteiras, quanto da eliminação hipocritamente pacífica do índio enquanto sociedades autônomas, como nações ou etnias específicas. De fato, alguns anos após a iniciação da política que levou à haste pública os bens e benfeitorias dos jesuítas – abrindo, dessa forma, caminho para a entrada da incipiente elite fazendeira nas antigas aldeias indígenas –, já se sabia que a ideia de promover o desenvolvimento econômico dos índios implicava a sua destruição, enquanto povo organizado, transformando-os em meros posseiros em suas próprias terras ou simples artesãos nas novas vilas portuguesas, ou ainda agregados em terras de novos fazendeiros. Somente em alguns locais isolados, esses lugares ou vilas se mantiveram indígenas, e, por tanto, coletivamente coesas e pobres, considerados decadentes. A Carta Régia de 1798, a qual foi motivada por alguns relatórios de prelados e emissários reais que criticam os resultados negativos do Diretório de Pombal, extingue o Diretório e institui, formalmente, a relação paternalista, de amo para dependente, como medida de controle dos índios remanescentes e como base de uma futura política indigenista.[10] Só na Amazônia, mais de 60 aldeias jesuítas haviam se transformado em vilas e lugares, alguns dos quais hoje são cidades, em geral com nomes portugueses, como Santarém, Óbidos, Bragança, Viana, Guimarães etc. A maioria dos lugares deixou de existir, transformando-se em fazendas de particulares, a exemplo das antigas aldeias do baixo rio Xingu e do rio Itapecuru.[11] A história das missões jesuíticas no Sul do país constitui uma versão mais dramática e violenta do que ocorreu no Norte e exemplifica, claramente, a incapacidade do Estado português em comportar no seu seio variações viáveis do seu sistema colonial.[12]

No ocaso do domínio português, e certamente movido pela paranoia napoleônica, foram promulgadas as mais duras e cruéis leis contra povos indígenas específicos, reinstituindo as guerras ofensivas oficiais, promovendo a violência particular e a escravização de cativos (em outras palavras, a volta do *bandeirantismo*) e antecipando a ação dos *bugreiros*, que iriam infestar o Sul do país por ocasião da colonização de imigrantes europeus.[13]

Eis, portanto, o saldo final da política indigenista portuguesa no Brasil. Por certo, mais cruel e desumana do que o necessário para conquistar os povos indígenas e estabelecer o seu controle colonial. Não somente foram poucos e curtos os períodos de liberdade para os índios, como foram contínuas as entradas oficiais, as guerras de extermínio e as bandeiras de predação de índios. Se em uma ou outra ocasião, uma lei ou carta régia fala em "liberdade natural" dos índios ou os trata como "senhores primários" de suas terras, sempre o faz em circunstâncias específicas, no contexto de um ato já discricionário, como a mudança de seus territórios ou atos de descimentos de índios para perto de povoamentos de portugueses. Em nenhum caso conhecido pode-se afirmar que a Coroa tencionava firmar e legitimar um direito indígena originário.[14]

Dos cinco milhões de índios talvez restassem 600 mil (se contarmos todos eles) de aldeados e ex-missionizados livres e autônomos. Duzentos mil seriam os Tapuios do baixo Amazonas, cerca de 150 mil seriam os remanescentes aldeados pelo país e 250 mil seriam os autônomos, pela Amazônia, Centro-Oeste e Sul do país.[15]

O IMPÉRIO

A independência do Brasil teve início, generosamente, com a proposta de José Bonifácio sobre a catequese e civilização dos índios enviada à Constituinte de 1823. Ao ser dissolvida por D. Pedro I, caiu a proposta e a Constituição outorgada no ano seguinte não mencionou a existência de índios, remetendo a questão para o âmbito das províncias. Até a saída do primeiro imperador, a questão indígena foi legislada por avisos e recomendações aos conselhos provinciais, permanecendo ainda a legislação anterior de guerras ofensivas e escravização. Porém, as ideias de Bonifácio tinham raízes num segmento da elite política brasileira que desejava criar o sentimento de uma nova nação e achava que os índios deveriam fazer parte dessa comunhão através de meios pacíficos, especialmente pela catequese. Renovou-se a ideia de que somente pela religião os índios chegariam à civilização, e pensou-se até em chamar de volta os jesuítas (cuja Ordem se havia reconstituído em 1814), ou, posteriormente, convidar os monges trapistas, terminando por se optar pelos capuchinhos italianos. Com a Regência, iniciou-se a promulgação das primeiras leis indigenistas de caráter nacional.[16]

1. Lei de 27 de outubro de 1831:
   Revoga as cartas régias de 1808. Reinstitui o estatuto de órfãos para os índios e os juízes de paz são nomeados seus tutores. Todos os índios até então em servidão são desonerados.
2. Lei de 12 de agosto de 1834 (Ato Adicional).
   Determina que as Assembleias Legislativas provinciais e os seus governos cuidarão da civilização e catequese dos índios.
3. Decreto n. 426 de 24 de julho de 1845, ou Regimento das Missões.
   Cria as Diretorias Gerais dos índios em cada província, que, por sua vez, ficam encarregadas de criar as diretorias parciais para cada aldeia ou conjunto de aldeias. A nomeação do diretor-geral fica a cargo do imperador.
   Dispõe sobre o regulamento, favorece a catequese, proíbe a servidão dos índios e os maus-tratos. Obriga os índios ao serviço público, sob orientação dos poderes locais, mediante salário, e ao serviço militar, mas sem coação, e determina prisão correcional de até seis dias.

Esse decreto constitui a lei básica do Império para a questão indígena e é conhecido, também, como Regimento das Missões. Durante esse período, pequenos aditivos vão sendo feitos, em forma de avisos e ofícios, para os diretores gerais, alertando sobre determinados aspectos de sua área ou sobre questões novas. Por exemplo, em 1865, foi estendido o direito de *habeas corpus* aos índios. O binômio "catequese e civilização" valoriza a religião; nesse sentido, é expendido um enorme esforço para trazer frades capuchinhos e colocá-los à frente das diretorias parciais ou de colônias indígenas que iam sendo criadas para apressar o processo de integração.

Porém, há de se frisar que o mais determinante na política indigenista imperial foi a promulgação da chamada Lei das Terras, de 1850. Essa lei oficializou o latifúndio, não permitindo o direito de posse. Para registrar seu direito sobre as terras que usufruía, era necessária a apresentação de doações de sesmarias ou a compra às províncias. Isso terminou excluindo pequenos lavradores independentes e muitas aldeias indígenas. Embora em algumas províncias houvesse pessoas de boa-fé que reconheciam aos índios o direito às terras que habitavam, e trabalhavam com afinco para demarcá-las, a regra geral foi o desleixo e a incúria por parte dos encarregados desse serviço de demarcação, como também por parte dos diretores-gerais dos índios, em cada província. Por consequência dessa lei, após a criação do Ministério da Agricultura, em 1860, e a passagem da política indigenista para o seu âmbito de jurisdição, dezenas de aldeias indígenas ainda em existência foram extintas formalmente, e os seus habitantes condenados a virar posseiros sem-terra e a perder suas características culturais específicas. Um exemplo localizado desse processo deu-se em Pinheiro, pequena vila do interior do Maranhão. Em 1816, foi doada aos índios da região, que nunca são nominados, uma gleba de terras de "três léguas de comprido por uma de largo", isto é, aproximadamente, 10.800 hectares. Em 1854, essa gleba foi confirmada e registrada no Livro de Registro de Terras de Santa Helena de Pinheiro. Vinte anos depois, foi anulado esse reconhecimento, alegando-se que já não havia mais índios vivendo nessa área. A gleba passou a constituir terra da Câmara da vila, e hoje é de particulares, não havendo mais índios no distrito da cidade nem no município.[17]

No Ceará, de um só ato, em 1860, o seu presidente extinguiu todas as aldeias existentes.[18]

O Império já foi caracterizado como um período de paz e lento progresso. Na verdade, foi o período que estabeleceu o poder dos grandes senhores pela manutenção da escravatura e do latifúndio, e onde se cerraram as portas para um possível surgimento da pequena propriedade e, portanto, de uma atitude democrática entre seu povo. Em relação aos índios, foi consolidada a sua posição no quadro nacional como de um ser incapaz tanto política quanto mental e juridicamente. Grande parte de suas terras foi usurpada, até mesmo as já doadas anteriormente como sesmarias que, não sendo registradas após 1850, perderam a sua validade aos olhos do governo imperial e das províncias. O estabelecimento do caráter de orfandade fundamentou o paternalismo oficial, como demonstra o decreto de 1845. Até os liberais e os amigos dos índios, como o general Couto de Magalhães, achavam que essa era a maneira correta de se tratar os índios: como crianças, guiando-os na sua vontade, admoestando-os e punindo-os nos seus erros, e procurando o melhor para eles pelo trabalho, a obediência e a religião. Isso não eximia o Estado de aplicar formas menos brandas de ensinamento, como o uso das polícias provinciais e milícias particulares para atacar aldeias e dar lições punitivas aos índios sob o pretexto de defender povoados e fazendas de seus ataques.

Foi no século passado, enfim, que se firmou o pensamento de que os índios estavam fadados ao extermínio, não necessariamente por culpa de políticas indigenistas presentes e passadas, mas por sua inadaptabilidade à evolução humana. De alguma forma, isso apaziguava a má consciência dos homens esclarecidos da época. Por outro lado, justificava a inoperância na defesa do patrimônio indígena e sua transferência para as forças econômicas dominantes. Onde quer que as terras dos índios fossem valorizadas, o direito imemorial ou adquirido deles fora retirado. Essa foi a pior herança imperial que os índios receberam.

No final do século, podemos calcular em talvez 300 mil os índios sobreviventes, um déficit imputado à nação brasileira independente de 300 mil. Foram extintos quase todos os índios do baixo Amazonas, grande parte dos aldeamentos conhecidos, e decaíram as populações de todos os povos autônomos, até então, como os Munduruku, os Mura, os Karajá, os Timbiras etc.

A REPÚBLICA

A questão indígena não estava entre os temas que aglutinavam as diversas forças sociais que propugnavam pelo fim do Império e pela criação de um governo republicano. Isso não quer dizer que não havia defensores da causa indígena nas hostes políticas e intelectuais do país. O tema era candente, romântico, e tocava no sentimento de nacionalidade brasileira desde Gonçalves Dias e os livros de José de Alencar. Na *Revista do Instituto Histórico e Geográfico Brasileiro*, os artigos sobre a presença e o extermínio de povos indígenas continuavam a ser produzidos por historiadores e cronistas de todas as províncias. Porém, o assunto virou questão política séria somente com os positivistas, através de sua pararreligião, a Igreja do Apostolado Positivista, e dos seus influentes membros militares e intelectuais. Junto com outros segmentos das classes médias e da burocracia imperial, que lidavam de alguma maneira com índios, reconheciam que eles eram uma questão nacional e que seu principal problema era a garantia de suas terras. Se as diversas comissões provinciais encarregadas de regularizar pela demarcação as terras dos aldeamentos indígenas (de acordo com o Decreto n. 1.318, de 1854, que regulamentava a Lei das Terras) quase sempre descumpriram seu papel, houve casos em que o fizeram com certo empenho e contra os interesses de fazendeiros locais. Pesquisas feitas por mim em arquivos de registros de documentos de terras do Maranhão mostram que pessoas dessas comissões tomaram iniciativas nesse sentido. Em outras províncias deve ter havido casos semelhantes, pois em algumas delas, como Pernambuco, São Paulo e Bahia, alguns lotes de terras foram demarcados para os índios.[19]

Surpreendentemente, a Constituição de 1891 não atribuiu nenhuma lei aos índios. Apenas o seu artigo 64 transfere para os Estados o domínio das terras devolutas. Entre elas, podiam-se contar as terras indígenas que ainda não houvessem sido reconhecidas, embora aquelas já demarcadas ou reservadas não o devessem ser. De qualquer forma, como analisaram diversos juristas e defensores dos direitos dos índios, a ambiguidade dessa transferência permitiu aos novos Estados e aos seus municípios arguir legitimidade para utilizar-se de terras indígenas em seus domínios territoriais.[20]

Mesmo sem ter promulgado leis, nos trabalhos constituintes discutiu-se uma proposta extremamente inovadora e radical que foi apresentada pelo Apostolado Positivista, sob a direção de Miguel Lemos, um médico de Niterói, e Raimundo Teixeira Mendes, um advogado oriundo do Maranhão, ambos vivendo no Rio de Janeiro. A proposta mantinha que os índios deveriam ser considerados nações livres e soberanas, e que fossem organizados em Estados com o título de "Estados Americanos do Brasil" em distinção aos outros estados da Federação denominados "Estados do Brasil ocidental". Tais Estados teriam autonomia interna e controle sobre seus territórios. Qualquer intervenção que fosse necessário fazer, por parte do governo central, como a construção de estradas (dir-se-ia, hoje em dia, também de hidrelétricas!), só poderia ser realizada com a permissão expressa das nações indígenas concernentes. Além do mais, elas teriam a proteção do governo federal contra possíveis invasores.[21] Eis um trecho *ipsis litteris* dessa proposta à Assembleia Constituinte de 1890:

> A República Brasileira é constituída: 1º, pelos Estados do Brasil ocidental sistematicamente confederados, os quais provêm da fusão de elementos europeus com o elemento africano e o aborígene americano; 2º, pelos Estados americanos do Brasil, empiricamente confederados, os quais se compõem de hordas fetichistas espalhados sobre o território da República. Esta federação consiste, de um lado, em manter com elas relações amistosas, hoje reconhecidas como um dever entre nações esclarecidas e simpáticas, e de outro, garantir-lhes a proteção do governo federal contra toda a violência que as possa atingir, quer em suas pessoas, quer em seus territórios, que não poderão ser percorridos **sem seu prévio consentimento**, solicitado pacificamente e somente obtido por meios pacíficos. [ênfase minha]

A ideia foi vista com pouca simpatia e considerada esdrúxula. Parecia uma fórmula juridicista vazia de realismo político. Por outro lado, a política indigenista já havia passado, por decreto republicano, para a alçada dos governos estaduais, que haviam adquirido o direito de elaborar suas próprias constituições e cuidar das terras devolutas. Alguns estados, como o Maranhão e o Amazonas, esboçaram criar suas políticas indigenistas, mas não tiveram motivações e pessoal para se interessar verdadeiramente pela questão. Já o Rio Grande do Sul deu um salto à frente e criou o seu próprio serviço de assistência aos índios, sob a égide da visão positivista prevalente entre seus primeiros líderes, de Júlio de Castilhos a Borges de Medeiros, e pelo qual demarcou várias reservas indígenas, os chamados "toldos indígenas". Entretanto, a maioria dos estados simplesmente manteve as práticas do tempo do Império. Alguns deram prosseguimento à política de convidar ordens religiosas para catequizar os índios, embora já sofrendo as críticas abertas e contundentes dos positivistas. Estes continuavam a dar publicidade às suas ideias sobre os índios, considerando-os uma questão nacional e fator de moral e respeito para o país.[22]

Pelo fim do século, com a chegada de imigrantes europeus nos estados do Sul do país – Rio Grande do Sul, Santa Catarina e Paraná –, acenderam-se as disputas pelas terras entre esses futuros colonos e os índios que nelas habitavam. E começaram a ser veiculados em jornais e revistas de notícias comentários e argumentos de que o progresso daquelas regiões não comportaria a presença de índios – sinal das ações que vinham sendo tomadas de contratar matadores profissionais de índios, os conhecidos bugreiros, a fim de limpar o terreno à imigração e à especulação da terra. Já no estado de São Paulo, com os trabalhos de abertura da Estrada de Ferro Noroeste do Brasil, a partir de Sorocaba, que atravessava território de vários grupos Kaingang e novos grupos Guarani chegando do Paraguai, desencadeou-se uma arrelia armada entre esses índios e os trabalhadores da estrada, inclusive com contratação de bugreiros, a qual virou notícia nacional. O cientista teuto-brasileiro Hermann von Ihering, diretor do Museu Paulista e simpatizante orgânico da imigração europeia, propôs explicitamente o extermínio desses índios em artigo escrito na revista do referido Museu, em 1907.[23] Logo em seguida, no XVI Congresso de Americanistas, realizado em Viena, em 1908, surgiram denúncias de que no Brasil estavam massacrando índios como parte de uma política nacional de extermínio, uma fama certamente imerecida então e até nos dias de hoje. O Brasil virava notícia em foros internacionais mais pela má reputação de suas ações contra os índios do que pelos dons oratórios de seus políticos.

A celeuma que se criou nos jornais, institutos e centros intelectuais e literários e outros meios de comunicação, que parecia ferir os brios humanitários da pátria, levou o governo federal a criar uma autarquia federal para cuidar da questão indígena brasileira. Outra questão em discussão era a ausência de políticas de apoio à massa imensa de pobres rurais brasileiros, tanto os descendentes de escravos e ex-escravos quanto os caboclos, caipiras, tabaréus, todos aqueles apelidados pelo escritor Monteiro Lobato ironicamente de "jecas-tatus". Um segmento da classe média brasileira reclamava que o governo só se interessava em prover ajuda para imigrantes europeus, relegando o povo miúdo, uma multidão de lavradores sem-terra perambulando pelos campos e cidades, ao deus-dará. Assim, a nova agência foi instituída com o título de Serviço de Proteção aos Índios e Localização de Trabalhadores Nacionais, em 1910, e com a obrigação de cuidar tanto dos índios quanto dos trabalhadores rurais. Para dirigi-la, o governo Nilo Peçanha convidou o então Coronel Cândido Mariano da Silva Rondon, um militar positivista que se notabilizara pelos longos e árduos trabalhos de instalação de redes telegráficas pelo interior mais remoto do país, em cujas oportunidades havia mantido contato com diversas tribos indígenas, sempre num clima de paz e diálogo.[24] A grandeza das tarefas e a dificuldade em reconciliar esses dois segmentos nacionais foi de tal monta que, em 1918, a nova agência passou a cuidar exclusivamente dos índios e restringiu seu nome para simplesmente Serviço de Proteção aos Índios (SPI).

O SPI foi produto orgânico do positivismo e parcial do liberalismo, mas também motivado pela emoção nacional. Em nenhum momento chegou a renovar as propostas constitucionais do Apostolado Positivista para os índios nem os tratou como nações soberanas. Via o índio como um ser digno de conviver na comunhão nacional, embora inferior numa escala cultural e evolutiva. Como pensava quase todo mundo à época, a exemplo do próprio Sigmund Freud, os índios – o primitivo – tinham uma mentalidade infantil, que necessitava da tutela do Estado. Era dever de o Estado dar-lhes condições de evoluir lentamente a um estágio cultural e econômico superior, para daí se integrar à nação. Para tanto, deveria demarcar suas terras, protegê-las de invasores e usurpadores em potencial, defendê-los da esperteza dos brasileiros, especialmente dos comerciantes e mascates que os exploravam, ensinar-lhes novas técnicas de cultivo e de administração de seus bens, e socorrê-los em suas doenças. Os índios autônomos, chamados "arredios", seriam "pacificados", caso fossem bravios, à custa, se necessário, do próprio sacrifício dos servidores do órgão, que nunca deveriam usar da força ou de armas. Os povos em contato permanente ou em vias de integração já poderiam aprender ofícios mecânicos e ser educados formalmente. Não seria necessário o ensino religioso para tanto.²⁵

A determinação e a liderança de Rondon, reconhecidas em muitas esferas nacionais, atraía muita gente dedicada ao SPI. Em 1912, quando o ministro da Guerra requisitou a volta dos militares que estavam no SPI aos quadros do Exército, muitos abandonaram suas carreiras para ficar no órgão indigenista. Grande parte desses quadros era formada por generais e coronéis, engenheiros militares, antigos ajudantes de Rondon no serviço telegráfico. A eles foram se agregando cientistas, antropólogos, cineastas, médicos e engenheiros, nacionalistas, conservadores e até comunistas. Com a Revolução de 1930, o SPI foi retirado do Ministério da Agricultura, caiu de prestígio e passou um bom período irregular e obscuro, chegando a ser um simples departamento da seção de fronteiras do Ministério da Guerra. Aparentemente, isso se dera porque Rondon era um positivista ortodoxo que não admitia, nem na teoria nem na prática, movimentos revolucionários, e sim etapas evolucionárias. Getúlio Vargas era um positivista pragmático, cercado de revolucionários pragmáticos, que fizeram uma revolução para tomar o poder, e não gostara da falta de apoio explícito de Rondon. (Aliás, Rondon havia comandado um destacamento militar que tentara parar no Paraná a marcha de Getúlio rumo ao Rio de Janeiro.)

Questão pessoal ou não, é importante notar que durante quase toda a década de 1930, com esse vazio de prestígio político, muita terra indígena foi perdida para fazendeiros locais em São Paulo, Mato Grosso, Maranhão, Goiás e outras regiões brasileiras em expansão agrícola. Entretanto, ao final da década, depois que Rondon passara três anos como mediador brasileiro do conflito entre Peru e Colômbia, no alto rio Solimões, na cidade de Tabatinga, Getúlio reconheceu o valor moral e político do seu correligionário e tomou medidas para recuperar o prestígio do SPI. Foi criado, em 1939, o Conselho Nacional de Proteção ao Índio, sob o comando de Rondon, para orientar e supervisionar as ações indigenistas do SPI. As inspetorias regionais, localizadas em 12 estados brasileiros, passaram a ter melhores condições de trabalho, com novos quadros e perspectivas reais de demarcação de terras indígenas.

Com efeito, na década de 1940 e até o governo Juscelino Kubitschek, o SPI viveu um momento de bom relacionamento entre os propósitos indigenistas e os governos federais e até a opinião pública. O Brasil recuperou a boa imagem que havia obtido nos primeiros anos do SPI tanto nacional como internacionalmente.

O auge de sua atuação tem como marca dois eventos ocorridos entre 1952 e 1954. O primeiro foi a criação do Museu do Índio (sediado no Rio de Janeiro) – conceito e obra de Darcy Ribeiro e Rondon –, dedicado a lutar contra o preconceito indígena e prestigiado por diversas instituições internacionais, como o Smithsonian Institute, de Washington, a Organização Internacional do Trabalho (OIT) e a Unesco.[26] Além de alojar um substancial acervo de arte e cultura material indígena, uma biblioteca de grande valor etnológico, um excepcional acervo fotográfico e um centro de documentação histórica, foi no Museu do Índio que se criou o primeiro programa de pós-graduação em antropologia, em 1955, e lá se especializaram como antropólogos Roberto Cardoso de Oliveira, Carlos Moreira Neto, Roberto Las Casas, entre outros.

O segundo grande evento foi a formulação dos conceitos e termos do Parque Indígena do Xingu (PIX), obra de Darcy Ribeiro, Orlando Villas-Boas, Eduardo Galvão e Rondon, a partir de uma nova visão do que seria uma terra indígena. Ao invés de ser demarcada como "gleba de terra", para cada um dos doze povos que lá viviam, como vinha sendo feito desde a Colônia, o PIX foi concebido território único ocupado e culturalizado por diversos povos indígenas. A proposta original do PIX compreendia uma área poligonal de mais de 200 mil km², ou 20 milhões de hectares, entre os rios Araguaia e Juruena, incluindo terras dos Xavante, Bakairi, os Xinguanos propriamente, os Kayabi, Munduruku e outros povos autônomos que só mais tarde iriam ser contatados. Getúlio Vargas acatou a proposta dos indigenistas e ordenou prosseguimento ao assunto. Mas, após sua morte e no governo Juscelino, a proposta foi sendo minada e inviabilizada por governadores e políticos de Mato Grosso e pela venda e concessão de terras estaduais para imigrantes vindos do Sul do país. Ao final, o PIX seria demarcado como Parque Nacional do Xingu, com pouco mais de 20 mil km², ou 2,1 milhões de hectares. E levou um árduo tempo, com muita luta para se demarcar as terras dos demais povos indígenas antes incluídos, em tamanhos menores e isolados entre si.

Luta cerimonial jawary, realizada na aldeia Kalapalo, alto Xingu.
Por meio desse ritual, rivalidades entre povos autônomos são dissipadas.

Os seguintes dispositivos legais regeram a política indigenista e se constituíram em legado do SPI na história do indigenismo brasileiro.
1. Decreto n. 8.072, de 20 de junho de 1910, cria o Serviço de Proteção ao Índio e Localização de Trabalhadores Nacionais, com definições sobre os índios e suas situações de relacionamento, a proteção e demarcação de terras, no caso, com a anuência dos estados. São criadas 13 inspetorias regionais e previstas criações de "povoações indígenas".
2. Decreto n. 9.214, de 15 de dezembro de 1911, traz pequenas mudanças em relação ao decreto anterior.
3. Código Civil de 1916 exonera o índio da condição de órfão e da tutela dos juizados respectivos, mas o consigna como relativamente incapaz a certos atos.
4. Lei n. 5.484, de 27 de junho de 1928, regula a situação jurídica dos índios, exonerando-os da tutela orfanológica e colocando-os sob a tutela do Estado. Grupos indígenas são classificados de acordo com o grau de relacionamento com a sociedade brasileira, respectivamente como "grupos nômades", "aldeados ou

arranchados", "incorporados a centros agrícolas" e "reunidos em povoações indígenas", sendo que as três primeiras categorias são protegidas pela tutela, não podendo ser presos, a não ser por determinação de inspetores do SPI, em colônias de correção. Os índios incorporados à sociedade ou em centros agrícolas são responsáveis por seus atos.
5. Constituição Federal de 1934,¹ no artigo 129, põe o índio pela primeira vez numa constituição brasileira, porém admite-o, ainda timidamente, só em relação às terras que habitam: "Será respeitada a posse de terras de silvícolas que nelas se achem permanentemente localizados, sendo-lhes, no entanto, vedado aliená-las".
6. Decreto Executivo n. 736, de 6 de abril de 1936, com 47 artigos, constitui o mais completo regulamento do SPI até então: (a) o SPI passa a ser um órgão da Inspetoria Especial de Fronteiras do Ministério do Exército; (b) determina que os índios devem ser nacionalizados para serem incorporados à nação brasileira; (c) esclarece os meios para a demarcação das terras indígenas, definidas da seguinte forma:

> Aquelas em que presentemente vivem e já primariamente habitavam; aquelas em que habitam e são necessárias para o meio de vida compatível com seu estado social: caça e pesca, indústria extrativa, lavoura ou criação; aquelas que já lhes tenham sido ou venham a ser reservadas para seu uso ou reconhecidas como de sua propriedade a qualquer título.

Esse Decreto se caracteriza pela dureza com que propõe como objetivo do SPI a nacionalização e incorporação dos índios. É em função dos termos desse Decreto que os críticos do SPI encontram motivos para achar que a incorporação do índios à "comunhão nacional" seria o propósito principal do órgão indigenista. Porém há que se lembrar que, nesse período de 1930 a 1938, o SPI havia sido retirado do Ministério da Agricultura e passara a integrar o Ministério do Exército como uma simples seção do Departamento de Fronteiras, num claro sinal de desprestígio do espírito rondoniano.

Por sua vez, a definição do que é terra indígena vai se tornar de extrema importância para a história do processo de demarcação de terras indígenas. O seu fraseado é ainda um tanto desengonçado, mas já contém características antropológicas no modo em que demonstra as várias formas de ocupação de uma terra. Vale assinalar que ele veio regulamentar o artigo 5, item XIX, alínea m, da Constituição Federal, que tornara exclusivo da União a política indigenista (visada com o objetivo de incorporar o índio à "comunhão nacional"), acabando por fim a dubie-

dade que ainda existia em relação ao papel dos estados, sobretudo no que se refere ao domínio sobre as terras indígenas. São ideias vindas do positivismo, porém temperadas pelo momento militaresco, que ganham legitimidade constitucional.[27] Antes de 1934, as terras indígenas ou terras ocupadas permanentemente por índios só podiam ser demarcadas por anuência dos estados e suas assembleias legislativas, pois, apesar das argumentações de importantes juristas – como João Mendes Júnior –, faziam parte das chamadas "terras devolutas", das quais a Constituição de 1891 havia consignado sua jurisdição aos estados. Assim, era sempre difícil obter terras para os povos indígenas, pois era necessário antes convencer as forças políticas estaduais a aceitá-las. Daí está uma das razões por que foram de tamanhos tão pequenos as primeiras terras demarcadas pelo SPI, sobretudo nos estados em expansão econômica, como Paraná, Santa Catarina e Mato Grosso do Sul. Outra importante razão era a falta de compreensão, à época, do que seria territorialidade dos povos indígenas. E, com isso, os Kaingang e Guarani foram aquinhoados com terras de tamanho característicos de velhas glebas coloniais.
7. Constituição Federal de 1937:
Art. 154. Será respeitada aos selvícolas a posse das terras em que se achem localizados em caracter permanente, sendo-lhes, porém, vedada a alienação das mesmas.
8. Decreto-Lei n. 1.794, de 22 de novembro de 1939:
(a) Cria o Conselho Nacional de Proteção aos Índios, com sete membros, sendo um do Museu Nacional e outro do Serviço Florestal;
(b) Tem como função apresentar sugestões ao Governo, via SPI, sobre a adoção de medidas sobre questões indígenas.

O CNPI seria presidido pelo General Rondon até sua morte, em janeiro de 1958. Esse marco legislativo indica seu retorno ao comando da política indigenista e, consequentemente, um divisor de água em relação à década anterior, quando o SPI ficara sob o controle do Ministério da Guerra. O prestígio político de Rondon já é então inquestionável e tem consequências positivas na política indigenista. Com efeito, a partir de 1940 as inspetorias regionais do SPI vão ser renovadas com novos quadros indigenistas e orçamentos mais compatíveis com suas funções. Igualmente, no relacionamento direto com os índios, os postos indígenas irão receber novos quadros, com sentido renovado de responsabilidade e com mais poder para questionar ações de fazendeiros e dar início ao processo de reconhecimento e demarcação de novas terras. A partir do fim da Segunda Guerra Mundial, o SPI começou a atrair antropólogos para seus quadros – dentre eles, Darcy Ribeiro, em 1948, Eduardo Galvão, em 1952, e Roberto Cardoso de Oliveira, em 1955.

9. Constituição Federal de 1946:
Art. 216. Será respeitada aos silvícolas a posse das terras onde se achem permanentemente localizados, com a condição de não a transferirem.

Ao longo dos anos, a definição e o reconhecimento formal do que são terras indígenas iriam se concentrar acerca da noção de ocupação permanente ou de modo tradicional de ocupação, e da maior ou menor profundidade histórica sobre o tempo pretérito de ocupação. As discussões sobre esse tema permanecem até agora, e será retomado mais adiante.

Não restam dúvidas de que foi a existência e a presença ativa do SPI no seu trabalho de assistência aos índios e de dignificação de sua pessoa que consolidou na nação o sentimento de responsabilidade histórica para com o índio, e fez que a Constituição de 1934 viesse a ser a primeira das constituições brasileiras a reconhecer os índios como parte da nação e a promulgar norma geral sobre os índios, no caso, condizente com as ideias que caracterizavam o SPI.

As Constituições seguintes, a outorgada de 1937 e a liberal-democrata de 1946, seguem esses mesmos pontos, mudando a linguagem minimamente, numa clara demonstração da consolidação dos direitos indígenas perante as diferentes forças sociais e políticas da nação. A questão indígena não é, até então, um osso de disputa entre ideologias, mas entre interesses econômicos, de um lado, e interesses morais e de reparação histórica de outro. O que prevalece durante todo esse tempo é a visão de que os índios devem ser incorporados à nação. Nesse sentido, pode-se até alegar argumentos conservadores para defendê-los; em muitos casos, argumentos progressistas são usados para desmerecer o valor dos índios para a nação e criticar o tamanho das terras indígenas. No cômputo geral da história, a questão indígena transcende essa dicotomia, e só na sua integração ao sentimento da nacionalidade brasileira é que ela encontrará os seus argumentos mais fortes e duradouros.

A atuação do SPI abrangeu quase todos os pontos do território nacional, chegando a ter, por volta de 1955, 106 postos indígenas. Porém, foi nesse período que os índios chegaram ao seu nadir populacional, com menos de 150 mil pessoas, talvez umas 100 mil, segundo uma estimativa conhecida.[28] A partir daí, eles começaram a crescer lenta e quase imperceptivelmente. (Somente no fim da década de 1970, essa recuperação demográfica passou a ser percebida por alguns antropólogos e linguistas, ainda inarticulados sobre o que estavam vendo.) Muitos dos povos autônomos que foram contatados a partir de 1910 terminaram sendo extintos ou reduzidos a populações mínimas e, sobretudo, a tamanhos diminutos de terras indígenas. Alguns exemplos: os Xetá, da Serra dos Dourados, no Paraná; os Oti-Xavante, da região do rio Paranapanema, em São Paulo; os diversos grupos botocudos, do leste de Minas Gerais; os Pataxó, Baenan e Mongoió, no sul da Bahia; os Kepkiriwat e Puruborá, de Rondônia; alguns subgrupos Nambiquara, do oeste de Mato Grosso – e dezenas de outros mais, às vezes subgrupos e aldeias inteiras. Muitos sofreram enormes baixas populacionais, chegando ao mínimo necessário à sobrevivência étnica, já bastante descaracterizados culturalmente, a exemplo dos Krejé, do Maranhão, dos Amanajó e outros grupos tupis, do leste paraense, de alguns subgrupos dos Pataxó, dos Guató, do alto rio Paraguai, dos Arara, do rio Xingu, no oeste paraense, de alguns subgrupos dos Kayapó, no sul do Pará.[29]

O SPI não foi capaz de barrar o avanço sobre as terras indígenas nas regiões em desenvolvimento, como o noroeste de São Paulo, o Paraná, Santa Catarina e Mato Grosso, e nesses casos serviu apenas como "pacificador" de índios arredios, após as terras serem loteadas pelos interessados. Dizer que isso tenha sido feito como parte de uma estratégia do Estado para desbaratar os índios e tomar suas terras, do qual o SPI seria um mero braço ingênuo ou cretino, é não querer ver a história da formação ideológica do indigenismo brasileiro, rondoniano, e pretender imputar a qualquer figura histórica e seus feitos institucionais sentimentos e propósitos vis. Tampouco foi capaz de evitar ataques armados contra os índios por parte de castanheiros e seringalistas da Amazônia. Por outro lado, teve de se aliar em vários momentos à Igreja Católica e algumas novas missões religiosas, como os padres salesianos no alto rio Negro e em Mato Grosso, bem como a igrejas protestantes inglesas e norte-americanas, para poder atender às demandas mínimas dos índios dessas regiões.

O SPI afirmou o sentimento de pertinência do índio à nação brasileira, como sua parte integrante e sofredora. Lutou para demarcar terras indígenas, motivado pela atitude de reconhecimento de direitos indígenas e de solidariedade às suas culturas. Avançou e evoluiu na sua concepção do índio e na sua prática indigenista. Criou o conceito de parque indígena, indo muito além da sua matriz americana, alinhavando a defesa das culturas com a defesa do meio ambiente. Concretamente, demarcou cerca de um terço das áreas indígenas até então conhecidas, totalizando 40% do território indígena reconhecido até aquele momento. Implantou, através da dedicação invulgar (mas não única) dos irmãos Villas-Boas, o Parque Nacional do Xingu, criado em 1961 por decreto presidencial – marco maior desse tempo de indigenismo e cuja conceituação iria servir de modelo para a demarcação das novas terras que iam sendo reconhecidas à medida que novos povos indígenas iam sendo contatados.

A principal contribuição do SPI ao indigenismo nacional está na efetivação de uma política de respeito à pessoa do índio, de responsabilidade histórica por parte da nação brasileira, pelos destinos dos povos indígenas que habitam o território nacional, e no modo dedicado e altruísta pelo qual seus agentes foram treinados para respeitar a autonomia inerente dos índios e a atender às suas necessidades básicas. Que os resultados tenham ficado muito aquém do esperado constitui um óbice não somente de uma política que sempre foi pouco valorizada pelo poder (e também por seus desvios pessoais), mas também se deve à falta de força política entre os aliados históricos dos índios diante das forças anti-indígenas predominantes.

Vale citar, à guisa de conclusão, um pequeno trecho de uma carta que Rondon escreveu a um correligionário gaúcho que lhe pediu emprego no SPI para um afilhado. Depois de objetar ao pedido, Rondon faz uma declaração que demonstra sua filiação ao espírito da proposta do Apostolado Positivista, a qual deve ressoar ainda hoje como uma proposição de sua visão e de suas intenções sobre os índios brasileiros, e que está ainda para virar uma realidade social e política no Brasil: "Os índios não devem ser tratados como propriedade do Estado dentro de cujos limites ficam seus territórios, mas como Nações Autônomas, com as quais queremos estabelecer relações de amizade".[30]

FUNAI, DA DITADURA À DEMOCRACIA

O golpe de 1964, que instalou o regime militar, abocanhou também o SPI, ao destituir *incontinenti* a diretoria presidida pelo médico sanitarista Noel Nutels, que tinha sido levado a essa posição pelo governo João Goulart como tentativa de reconduzir o órgão aos padrões do início da década de 1950. Os novos donos do poder, ao contrário, administraram o SPI de tal modo que, dois anos depois, diversos funcionários seus terminaram sendo acusados de participar de atos de tortura e massacre a índios, como no caso dos índios Cintas-Largas do Paralelo 11. O regime militar promoveu uma devassa no órgão, concluindo com um dossiê de mais de mil páginas de acusações de supostos crimes e irresponsabilidades administrativas cometidas contra os índios. Nunca, porém, esse dossiê foi publicado, mas, como em 1908, a repercussão internacional e nacional negativa fez que o SPI fosse afinal extinto (não sem antes sofrer um incêndio em seus arquivos, já transferidos para Brasília).[31]

Os militares – parecia – queriam redimir a história brasileira dos seus erros passados e começar tudo de novo. Assim, com muito alarde, foi criada a Fundação Nacional do Índio (Funai), em 5 de dezembro de 1967. Como sói acontecer na criação de órgãos dessa natureza, cumpria de imediato moralizar o quadro anterior, tirando os "maus elementos" e implantando uma nova mentalidade. O novo órgão veio com o ímpeto burocrático de resolver a questão indígena de uma vez por todas. Isso significaria, efetivamente, transformar os índios em brasileiros, integrá-los à nação e assimilá-los culturalmente ao seu povo. De qualquer modo, era necessário transpor etapas, seguir os caminhos traçados pelo SPI (só que com mais intensidade) e atrelar o sentido do trabalho à ideologia do desenvolvimento com segurança. Era preciso demarcar as terras indígenas, contatar os povos autônomos, dar educação formal, cuidar da saúde, viabilizar a economia indígena para entrar no mercado, e fazer o próprio órgão autossuficiente a partir das rendas auferidas internamente. Nenhuma dessas metas foi alcançada integralmente – em alguns casos, felizmente.

A Constituição de 1967 e o Ato Institucional n. 1, que outorgou a Constituição de 1969, apresentaram artigos equivalentes aos das constituições anteriores, porém com uma modificação importante: as terras dos índios passam a ser consideradas terras da União, sobrando-lhes apenas a posse exclusiva e a inalienabilidade. Ora, isso significou um passo atrás na história da conceituação brasileira sobre terras indígenas, um grave retrocesso jurídico e político. Por outro lado, a redação do artigo 198 favoreceu o trabalho de demarcação de terras indígenas, tornando explícitos os seus direitos de imemorabilidade indígenas ou antecedência histórica sobre quaisquer outros direitos posteriormente alegados.

> Art. 198 – As terras habitadas pelos silvícolas são inalienáveis nos termos que a lei federal determinar, a eles cabendo a sua posse permanente e ficando reconhecido o seu direito ao usufruto exclusivo das riquezas naturais e de todas as utilidades nelas existentes.
> § 1º – Ficam declarados a nulidade e a extinção dos efeitos jurídicos de qualquer natureza que tenham por objetivo o domínio, a posse ou a ocupação de terras habitadas pelos silvícolas.
> § 2º – A nulidade e extinção de que trata o parágrafo anterior não dão aos ocupantes direito a qualquer ação ou indenização contra a União e a Fundação Nacional do Índio.

A partir desse artigo, foi elaborado o denominado Estatuto do Índio, que, votado no Congresso, transformou-se na Lei n. 6.001, de 19 de dezembro de 1973. Esse Estatuto é uma regulamentação da legislação brasileira sobre os índios, em seus aspectos jurídicos e administrativos.

Determina a condição social e política do índio perante a nação e estipula medidas de assistência e promoção dos povos indígenas, sobretudo como indivíduos. Considera o índio menor de idade e "relativamente capaz" a certos atos, sob a tutela do Estado, representado pela Funai. Estabelece as condições de emancipação da tutela tanto individual quanto coletivamente. Cria os mecanismos que determinam a demarcação das terras indígenas, tornando a Funai o agente único responsável pela definição do que é terra indígena e pela sua demarcação em todas as etapas. O ato final de homologação fica sob a prerrogativa do presidente da República.

Um dos seus artigos previa a demarcação de todas as reservas indígenas no prazo de cinco anos, isto é, até o final de 1978. Ao invés disso (e não tem sido cumprida essa determinação), o governo Geisel, num gesto que causou surpresa e indignação em âmbito nacional – e com repercussões internacionais –, decidiu promover e acelerar o processo de emancipação dos índios da tutela do Estado, em nome da sua integração total à nação brasileira, e, obviamente, para fugir da obrigação de demarcar as terras indígenas, conforme previsto em lei, além de abrir caminho para a entrada de compradores de terras indígenas já demarcadas. Pareceu a todos um ato de despotismo militar, e a ideia de transformar os índios em brasileiros iguais aos outros já não tinha adeptos na consciência nacional. Dividir as terras indígenas em lotes familiares ou individuais e permitir a sua venda não sensibilizou nem os liberais e defensores mais radicais da propriedade privada. Os principais meios de comunicação se manifestaram, quase em massa, contra esse projeto que, assim, foi engavetado no governo Figueiredo. Porém, essas ideias permanecem nos meios que posicionam os índios como pontos de desafio da segurança nacional.[32]

A Funai tem tido importantes períodos de atividades demarcatórias. Entre 1970 e 1979, foram demarcadas ou demarcadas de novo, a partir dos trabalhos realizados pelo SPI, cerca de 30% das terras indígenas então reconhecidas, bem como foram reconhecidas novas terras, de povos indígenas contatados nessa década. A Funai foi primeiramente dirigida por generais, depois por coronéis – em quase todos os casos, pessoas que não haviam tido nenhum sentimento positivo ou nenhuma razão de visão histórica ou nacionalista para lutar pelos índios. Um desses generais-presidente até se esforçou, em determinados momentos, em favor da demarcação de diversas terras indígenas. Nos primeiros anos, a maioria dos diretores do órgão se comportava com descaso, senão com deboche, e com laivos de corrupção. Mas outros foram pouco a pouco se sensibilizando pela causa indígena e terminaram ajudando aqueles que estavam na luta direta, no olho do furacão da expansão agrícola brasileira, tentando garantir terras para os índios que conheciam e com quem trabalhavam. O impulso para essas atividades, no meu entender, vinha de um sentimento inefável de amor e devoção pela causa indígena, cuja raiz mais profunda pode ser atribuída aos poetas e escritores indianistas do século xix e ao sentimento de nacionalidade. Uma nova geração de indigenistas foi se formando pelos caminhos trilhados por Rondon e seus seguidores que ainda continuavam na luta, apesar da ojeriza dos militares, como os irmãos Villas-Boas, Francisco Meirelles, Noel Nutels, Cícero Cavalcanti, Carlos Moreira Neto, Gilberto Pinto e tantos outros mais. Vinham de todas as regiões do Brasil, de categorias profissionais variadas – desde engenheiros, agrônomos e topógrafos, a antropólogos, advogados, contadores e jornalistas, técnicos variados, vendedores de lojas, ex-militares, motoristas, ex-comissárias de bordo etc. Gostar do índio nunca foi atributo exclusivo de antropólogos e afins. Assim, a nova turma de indigenistas foi se formando na prática, vivendo nas aldeias indígenas, comparando-se com os sertanistas do passado, no diálogo com os antropólogos e no relacionamento tenso com o resto da sociedade. Aos poucos, iriam se confrontar com os dirigentes militares e seus auxiliares, tanto na burocracia quanto no campo.

Em 1980, esses novos indigenistas criaram uma associação parassindical que visava encontrar meios e força políticos para realizar suas atividades com convicção, e não ficarem dependentes de suas funções oficiais e dos interesses dos militares. Em resposta, em maio, a diretoria da Sociedade Brasileira de Indigenistas e mais cerca de 40 membros foram demitidos sumariamente da Funai. Por certo, desafiavam a presidência do órgão, naquela ocasião nas mãos de coronéis com estreita ligação com o Conselho de Segurança Nacional (csn). Acossado ainda mais pela opinião pública e pelos políticos da oposição, o governo militar lançou o Decreto n. 88.118, de 23 de fevereiro de 1983, que retirou da Funai a prerrogativa legal de definir áreas indígenas e demarcá-las através de um processo administrativo. Este passou a ser feito por um Grupo de Trabalho que inclui diversos ministérios, como o da Reforma Agrária (então Assuntos Fundiários), Interior, Planejamento e o próprio Conselho de Segurança Nacional, podendo esse GT convocar quaisquer outros órgãos federais ou governos estaduais para opinar sobre a legitimidade ou não dos direitos indígenas sobre as terras postuladas. Conseguiu a colaboração de alguns antropólogos para avaliar a legitimidade das demandas indígenas por novas terras. Os processos de demarcação passaram, então, a ser demorados, à medida que os interesses anti-indígenas foram concretizados em interesses fundiários, políticos ou militares.

Sem autonomia para demarcar áreas indígenas, a Funai perdeu também a sua legitimidade perante a opinião pública nacional e internacional, que passou a apoiar os trabalhos de indigenistas e antropólogos empenhados individualmente ou através de suas universidades e associações na defesa da causa indígena, bem como perante os próprios índios, que começam a reviver uma época longínqua (e, por isso, não conhecida modernamente), de ter voz ativa nos seus destinos, lutando sobretudo pelo direito às suas terras, mas também pela sua dignidade étnica. Surgiu o movimento indígena, com alguns líderes de várias partes do Brasil, que se reuniram em Brasília e criaram a União Nacional dos Índios (UNI), como veremos mais adiante. Nos últimos anos da ditadura, a Funai entrou em convulsão, com críticos externos e internos, esvaziada de seus poderes demarcatórios, e enfraqueceu por falta de verbas. Os coronéis se desmoralizam e passam o bastão para um civil, ainda sob a supervisão do CSN. Enquanto isso, antropólogos, jornalistas, advogados e indigenistas resistiram, de dentro ou de fora do órgão, e tiveram seu momento de glória quando, em janeiro de 1985, na sede do órgão, em estado de "alerta", desafiaram o governo Figueiredo: forçaram-no a revogar um decreto recém-publicado pelo Ministério de Minas e Energia que pretendia abrir as terras indígenas à mineração. O presidente civil continuou por alguns meses, mas não resistiu ao governo Sarney, que terminou por escolher um jovem administrador de empresas para dirigir a Funai. Este desbaratou o movimento dos indigenistas, desafogou o órgão de demandas dos índios e cresceu seu patrimônio ao longo dos anos, abrindo várias terras indígenas para o garimpo de ouro e diamantes, e cobrando pedágio sobre os resultados.

Nessa sua fase militar, a Funai teve mais baixos do que altos. Porém, por obra dos seus agentes e dos tempos, restabeleceu a noção de responsabilidade do Estado para com os povos indígenas, de modo que, mesmo nos governos mais desenvolvimentistas e menos preocupados com a sorte dos índios, o órgão nunca deixou de se sentir cobrado e de criar seus mecanismos para tentar atender às demandas básicas dos indígenas. No que tange aos povos autônomos (agora chamados de isolados), a Funai manteve as mesmas técnicas de contato estabelecidas pelo SPI, evitando a violência e utilizando as táticas de apresentar "frentes de atração", interditar as áreas indígenas à presença de estranhos, deslocar os grupos contatados para outras áreas – quando as suas terras eram de interesse econômico – e, enfim, usar de sua posição de poder para constranger os índios ao sistema paternalista de relacionamento. Entre os mais de vinte grupos contatados, todos sofreram substanciais decréscimos populacionais e muitas perdas territoriais. Os índios Kubenkrãkem – hoje conhecidos por Panará –, Avá-Canoeiro, Waimiri-Atroari, Parakanã, Araweté, Asurini, Guajá, Arara, Uru-eu-wau-wau, Cintas-Largas, Suruí, Zoró, Salumã – atualmente chamados Enawenê-Nawê, Mynky – e outros mais ficaram bastante conhecidos pelas reportagens e matérias de televisão, algumas até excessivamente sensacionalistas. Os Kubenkrãkem, contatados por conta da passagem da BR-163, que em três ou quatro anos sofreram perdas demográficas de 70% de sua população, foram transferidos de seus territórios para o norte do Parque Indígena do Xingu. As terras de vários outros foram invadidas pelas empresas mineradoras, agropecuárias e madeireiras, como nos Waimiri-Atroari, Parakanã, Guajá, Cintas-Largas, Arara etc. Entretanto, muitas delas viriam a ser recuperadas no decorrer das décadas de 1990 e 2000.

Há ainda no Brasil cerca de 20 ou 30 povos autônomos, ou melhor, grupos autônomos, já que podem pertencer a povos já contatados, muitos em áreas cobiçadas por interesses econômicos ou projetos governamentais de mineração, estradas e hidrelétricas. Segundo a Funai, esse número pode ser maior ou menor, já que os vestígios de presença indígena são em número mais elevado, ressalvando-se que sinais de vestígio de presença indígena em determinado local se confundem com sinais em outros locais, podendo ter sido deixados pelo mesmo grupo indígena. Nesse sentido, a Funai, embora não estando aparelhada para proteger esses povos, tem exercido uma sábia política de deixá-los viver à vontade, evitando apenas que venham a ser contatados por terceiros invasores de seus territórios. Essa política surgiu das malfadadas experiências do indigenismo brasileiro em relação aos povos autônomos, que, quando contatados, sofriam terríveis choques culturais, eram acometidos por gravíssimas epidemias e terminavam perdendo expressivos contingentes populacionais. Os povos autônomos agradecem por essa sabedoria, porém ninguém pode se iludir que a iminência de contato com diversos desses grupos autônomos não esteja se aproximando, como é o caso dos Guajá, que vivem na T. I. Araribóia, no Maranhão, e os que vivem na projetada T. I. Pradinho, no oeste mato-grossense.

A maioria dos povos indígenas sobreviventes tem contato estabelecido há muitos anos com a sociedade nacional mais ampla, alguns deles de forma muito intensa, seja pela proximidade aos centros urbanos, seja pela identificação com certos aspectos da sociedade rural envolvente. Na velha terminologia do Estatuto do Índio, estão "em vias de integração" ou "integrados" à comunhão nacional. Na verdade, esses conceitos dizem mais respeito ao projeto político mais amplo de diluir os povos indígenas e suas culturas no caldeirão social e ideológico brasileiro do que a uma realidade antropológica. Os povos sobreviventes o são em virtude, exatamente, de sua diferenciação com o restante das populações brasileiras, nem que minimamente o sejam mais por fatores sociais – como casamentos endógenos e uma economia cooperativista – do que por símbolos culturais específicos. Nesses casos, efetivamente, a integração é uma realidade irrefutável, mas isso não quer dizer que seja um passo a uma assimilação (a não ser que programada e forçada), pois esses povos continuam a manter-se indígenas.

Os programas de educação criados nos primeiros anos da Funai, a partir de 1972, baseavam-se em um pressuposto mais realista do que aqueles desenvolvidos pelo SPI, quando a ênfase era em ofícios como marcenaria, carpintaria, mecânica ou em conhecimentos gerais. Uma das cartilhas de Português usada na década de 1940, por exemplo, começava com a frase: "A Terra é um planeta do Sistema Solar". Na época das missões jesuíticas ensinava-se até gramática latina. Ao contrário, a Funai partiu da ideia de que os índios aprenderiam melhor se fossem ensinados em sua própria língua e por professores indígenas. Assim, os "programas bilíngues" funcionaram, em determinados casos, por alguns anos.[33] Os Guajajara, os Kaingang, os Karajá e outros mais chegaram a ter bons professores até o nível de terceira ou quarta séries do primeiro grau. Após alguns anos, os programas perderam o incentivo do órgão e passaram a ser repetitivos e sem objetivo. No máximo, os alunos adiantados foram levados para as cidades para darem prosseguimento ao seu aprendizado no ambiente social dos outros brasileiros. Muitos índios foram alfabetizados e passaram a demandar novas posições em termos de empregos e privilégios sociais. Em alguns casos, eles se transformaram nos líderes de seus povos em relação à Funai e ao mundo envolvente, o que, de certa forma, não deixa de preencher as expectativas do processo educacional.

Na sua grande maioria, no entanto, os programas educacionais vêm sendo conduzidos em língua portuguesa, em alguns casos até por exigências das próprias comunidades indígenas, e seguem o modelo tradicional da educação primária brasileira. É certo que muitos índios, hoje em dia, sabem que a Terra é um planeta do Sistema Solar, mas esse aprendizado é mais reflexo dos tempos do que de uma política educacional consistente por parte da Funai.

A saúde dos índios é motivo de preocupação nacional desde o tempo dos jesuítas, que muito se vangloriavam de atender aos enfermos aplicando-lhes mezinhas, sangramentos e sacramentos na hora final. O SPI iniciou programas mais efetivos de combate às epidemias, através das vacinações, e das endemias como malária e tuberculose, por intermédio de medicação moderna e preventiva. É conhecido o trabalho do sanitarista Noel Nutels no combate à tuberculose e na instalação de equipes volantes de saúde.[34] A Funai deu continuidade a esses programas já mais facilitados pelas estradas de acesso às terras indígenas e pelo transporte aéreo. Em alguns casos, foram feitos convênios com instituições de saúde, como a Escola Paulista de Medicina, que, desde 1965, vem monitorando a saúde dos índios do Parque Indígena do Xingu. Nenhum programa de saúde chegou a evitar os decréscimos populacionais dos povos em contato, mas contribuiu para o equilíbrio populacional em áreas de contato antigo.

Não está totalmente estabelecido se o recente aumento demográfico indígena se deve a esses programas ou a uma reversão de cunho imunológico endogenamente obtido ao longo dos anos de contato e à custa de muitas mortes. Em alguns casos, como para os Urubu-Kaapor, foi a intervenção de médicos da Funai, e fora dela, que, detectando a altíssima incidência de sífilis nessa população (em 1977 era de quase 95%), conseguiu reverter a sua curva populacional declinante (em 1928, eram 1.200; em 1950, 630; em 1977, 460; em 1985, 550). Mas o crescimento dos povos como os Kaingang, Guarani, Guajajara, Tikuna, Makuxi etc. já vinha acontecendo desde a década de 1950. O que está claro é que a sobrevivência física dos índios é perfeitamente possível em nossos tempos. As experiências médicas da Funai e de outros órgãos e entidades assistenciais demonstram que é possível parar de sacrificar vidas indígenas em nome da fatalidade ou da ausência imunológica às epidemias trazidas pelos europeus. Mas é necessário tornar a assistência médica mais eficiente e muni-la dos recursos necessários, sobretudo os humanos.[35]

A Funai também tentou dar continuidade aos projetos econômicos do SPI, sobretudo no que tange à produção de bens comercializáveis. Adicionava-se a isso a política interna de tornar-se autossuficiente financeiramente através da chamada "renda indígena". As áreas que podiam produzir madeira, como as dos Kaingang e Guarani, no Paraná, Santa Catarina e Rio Grande do Sul, receberam investimentos em forma de implantação de serrarias, ou foram arrendadas para empresas madeireiras, na ideia de que iriam resultar em altos dividendos para os índios e para o órgão. Esses projetos não deram certo, provocaram o desmatamento das reservas florestais ainda existentes, extinguiram a fauna e até favoreceram as invasões e alegações de propriedade adquirida por parte dessas empresas. No Paraná, até a década de 1990, os Kaingang e a Funai brigavam com a empresa Slaviero e Irmãos pela propriedade de uma área que lhe fora arrendada desde o tempo do SPI. Nos anos 1980, a empresa Capemi contratou da Funai e da Eletronorte o direito de retirar toda a madeira da área dos índios Parakanã, que iria ser inundada pela barragem de Tucuruí. Os índios foram transferidos, a madeira não foi retirada e hoje essas terras (exceto os 315 mil hectares que foram reservados aos índios, ao sul do lago de Tucuruí) estão parcialmente inundadas ou em mãos de pequenos lavradores e fazendeiros.

Em escala mais reduzida e sob o pretexto de fazer os índios produzir excedentes econômicos, a Funai criou diversos "projetos comunitários", que também fracassaram. Esses projetos supunham que os índios sempre trabalham em forma coletiva para depois usufruir em comum os bens produzidos. Então, um método de arregimentação de sua força de trabalho era imposto a eles, em troca de bens de consumo, como óleo, alimentos, querosene, sabão etc. – os quais seriam pagos com o produto final da colheita, da soja, do milho, do arroz, ou do que viesse a ser plantado. Em alguns casos, usou-se até da força mecânica, como tratores para arar a terra e colheitadeiras. Começava o projeto, mas, pelo meio do cronograma de produção, os índios perdiam o entusiasmo, paravam de trabalhar com o afinco exigido, e os projetos quebravam.[36]

As análises posteriores mostraram que o problema não era de preguiça indígena, como quer o preconceito, mas de uma falta de compreensão dessas atividades na totalidade sociocultural desses índios. Nesse sentido, nem a Funai nem mesmo o conhecimento especializado dos antropólogos – alguns dos quais trabalharam como programadores e assessores – conseguiram resolver o problema, pois depende sobretudo da definição da posição das sociedades indígenas no panorama nacional. Não é uma questão de técnica econômica, mas de examiná-la no contexto de uma política indigenista moderna que defina o lugar do índio na nação brasileira e crie as bases de um relacionamento mais condigno e permanente. Sabendo para que produzir, os índios então saberão o que e como produzir.

A POLÍTICA INDIGENISTA NA DEMOCRACIA, DE 1985 A 2012

A democracia fez bem à Funai, como não podia deixar de ser, mas a custo de muita confusão e muitas frustrações por parte de todos, especialmente dos povos indígenas. Os anos do governo Sarney foram dominados por uma atitude contrária, se não opressiva, ao movimento indígena e aos indigenistas, tendo inclusive sido abolido o curso de indigenismo que era dado durante o período ditatorial para os novos servidores do quadro. Uma leva de mais de 1.300 funcionários entrou no órgão um pouco antes da Constituição de 1988, quando ainda era permitida a contratação sem concurso público. Bem ou mal, aprenderam seu ofício, ainda que mais empiricamente do que os indigenistas formados, e são esses funcionários que têm levado o órgão adiante. Nesse primeiro período de redemocratização vivia-se ainda sob a sombra retrógrada do velho CSN, que supervisionava a Funai de perto, sobretudo por causa dos vultosos e impactantes empreendimentos na Amazônia – como a Usina Hidrelétrica de Tucuruí e seus linhões de transmissão elétrica, a grande mina de Carajás e a Estrada de Ferro Carajás, a construção de novas rodovias, a imigração maciça para Rondônia e Roraima, a ação de madeireiros e a grande quantidade de exploração de minas e garimpos que haviam se espalhado por toda parte (inclusive em terras indígenas como as dos Xikrin, Kayapó, Yanomami e Cintas-Largas). Esses índios, assim como os Gaviões-Parkatejé, Guajajara, Urubu-Kaapor, Guajá, Suruí, Zoró, Nambiquara, entre outros, iriam sofrer pressões de todos os lados.

Durante a década de 1980, muitos jovens indígenas tinham sido alfabetizados e educados pelas escolas primárias da Funai ou das missões e frequentavam escolas secundárias nas cidades. Diversos haviam se especializado em cursos técnicos de enfermagem, agronomia e zootecnia; um ou outro já entrara nas faculdades e se formava em Direito, Pedagogia ou História, sempre com o intuito de voltar para suas aldeias para ajudar seus povos. Essa tendência só iria crescer nos anos seguintes, de tal modo que, em 2012, há cerca de 5 mil jovens indígenas matriculados em faculdades pelo Brasil afora. Com uma nova consciência política, o movimento indígena tomou fôlego, especialmente depois da Constituição, com a criação de associações indígenas em diversas partes do Brasil, quase sempre coadjuvadas por ONGs brasileiras e pelo Conselho Indigenista Missionário (CIMI). Assim, a pressão sobre o governo democrático tomou vulto maior, mais contundente e mais libertário. A Funai, com isso, passou a viver outros tempos, às vezes defensiva, às vezes inerme, outras colaborativa com as políticas estatais.

É difícil resumir em poucas linhas qual tem sido o papel da Funai nesses últimos 27 anos, mesmo porque fiz parte de sua gestão, como presidente do órgão, entre setembro de 2003 e março de 2007, o que poderia dar a essa consideração uma caracterização mais subjetiva. Muito do meu pensamento sobre esse tema encontra-se no meu blog pessoal

(Blog do Mércio: Índios, Antropologia, Cultura – <merciogomes.blogspot.com.br>), em que muitos temas podem ser consultados a partir de março de 2007, inclusive uma análise resumida da história dos 40 anos do órgão. Não obstante, como tem sido um órgão mais vilipendiado do que admirado, especialmente pelas ONGs de cunho indigenista que surgiram com a pretensão de não somente guiar, mas também sobrepor-se às ações estatais, e com uma voz mais sonora e mais autoconfiante do que a da Funai, uma breve análise objetiva se faz necessária. Apresento esse resumo por temas a seguir.

A nova Constituição Federal de 1988

A Assembleia Constituinte convocada para elaborar a nova Constituição abriu-se para a contribuição e participação de índios, do movimento indígena, de antropólogos individualmente (inclusive eu mesmo), das ONGs laicas e religiosas e da Associação Brasileira de Antropologia. Por essa participação e pelo clima favorável aos direitos de minorias em geral, o resultado foi extremamente positivo para os povos indígenas, garantindo-lhes seus direitos com mais clareza. A Constituição Federal de 1988, além de vários artigos concernentes aos índios como cidadãos e como uma das minorias da nação, produziu um artigo fundamental que trata de seus direitos específicos e um seguinte sobre a obrigação do Ministério Público Federal de lhes assistir juridicamente em especial.

> Art. 231. São reconhecidos aos índios sua organização social, costumes, línguas, crenças e tradições, e os direitos originários sobre as terras que tradicionalmente ocupam, competindo à União demarcá-las, proteger e fazer respeitar todos os seus bens.
> § 1º São terras tradicionalmente ocupadas pelos índios as por eles habitadas em caráter permanente, as utilizadas por suas atividades produtivas, as imprescindíveis à preservação dos recursos ambientais necessários a seu bem-estar e as necessárias a sua reprodução física e cultural, segundo seus usos, costumes e tradições.
> § 2º As terras tradicionalmente ocupadas pelos índios destinam-se a sua posse permanente, cabendo-lhes o usufruto exclusivo das riquezas do solo, dos rios e dos lagos nelas existentes.
> § 3º O aproveitamento dos recursos hídricos, incluídos os potenciais energéticos, a pesquisa e a lavra das riquezas minerais em terras indígenas só podem ser efetivados com autorização do Congresso Nacional, ouvidas as comunidades afetadas, ficando-lhes assegurada participação nos resultados da lavra, na forma da lei.

§ 4º As terras de que trata este artigo são inalienáveis e indisponíveis, e os direitos sobre elas, imprescritíveis.

§ 5º É vedada a remoção dos grupos indígenas de suas terras, salvo, *ad referendum* do Congresso Nacional, em caso de catástrofe ou epidemia que ponha em risco sua população, ou no interesse da soberania do País, após deliberação do Congresso Nacional, garantido, em qualquer hipótese, o retorno imediato logo que cesse o risco.

§ 6º São nulos e extintos, não produzindo efeitos jurídicos, os atos que tenham por objeto a ocupação, o domínio e a posse das terras a que se refere este artigo, ou a exploração das riquezas naturais do solo, dos rios e dos lagos nelas existentes, ressalvado relevante interesse público da União, segundo o que dispuser lei complementar, não gerando a nulidade e a extinção direito a indenização ou a ações contra União, salvo, na forma da lei, quanto às benfeitorias derivadas da ocupação de boa-fé.

§7º Não se aplica às terras indígenas o disposto no art. 174, §§ 3º e 4º.

Art. 232 Os índios, suas comunidades e organizações são partes legítimas para ingressar em juízo em defesa de seus direitos e interesses, intervindo o Ministério Público em todos os atos do processo.

O artigo 231 é aclamado por todos pela inovação constitucional de considerar as terras indígenas como advindas de um direito "originário", o que quer dizer que antecede à chegada dos portugueses, como se fosse uma reafirmação, um eco, daquela famosa expressão presente em algumas cartas régias, conforme já mencionado, em que os índios são chamados de "primários senhores de suas terras". Assim, por exemplo, a alegação de direito de propriedade privada sobre alguma terra considerada indígena no presente ou no passado seria de natureza secundária. Tal conceituação favoreceu a antropólogos e ao Ministério Público a defender direitos dos índios sobre terras que lhes haviam sido usurpadas no passado, independentemente de hoje pertencerem a terceiros. Com tal interpretação, muitos juízes deferiram processos de demarcação acatando o direito originário como carro-chefe da argumentação. Muitas disputas de terra foram dirimidas desse modo. Entretanto, em março de 2009, ao decidir sobre a legitimidade da homologação da Terra Indígena Raposa Serra do Sol, o STF exarou uma súmula com diversas ressalvas sobre consagrados direitos indígenas – em uma delas, a data da promulgação da Constituição Federal, 5 de outubro de 1988, seria o tempo legal em que um grupo indígena necessitaria estar ocupando uma determinada área para ela ser considerada "tradicionalmente ocupada". Com essa data simbólica, porém antropologicamente aleatória e arbitrária, diversos processos de demarcação vêm sendo contestadas nos tribunais regionais, ao não se poder provar que um grupo indígena tenha estado em ocupação de uma certa área naquela data. É de se esperar que muitos processos de demarcação em andamento pelos tribunais regionais de justiça eventualmente façam o seu caminho até o STF para decisão final, ou para mais indecisões judiciais.

Outro ponto que virou osso de disputa diz respeito à interpretação do § 3º, especialmente em relação ao licenciamento de hidrelétricas. O caso da Usina Belo Monte demonstrou o quão difícil é obter a legitimidade para se construir uma hidrelétrica pela consulta às populações indígenas, como veremos mais adiante, na seção "Os interesses econômicos" do capítulo "A situação atual dos índios".

Um terceiro ponto de valorização da Constituição Federal é precisamente a primeira conceituação sobre índios, encontrada no *caput* do artigo 231, qual seja, o reconhecimento da organização social, costumes, línguas, crenças e tradições dos povos indígenas. Segundo uma interpretação corriqueira entre advogados e antropólogos, somente através dessa sentença é que os índios passaram a ser efetivamente considerados povos no seu próprio direito, e não sociedades ou grupos que deveriam ser integradas à sociedade brasileira. Para muitos, o Estatuto do Índio, embora responsável pela demarcação de tantas terras indígenas, estaria caduco por constar como seu propósito fundamental: embora preservando suas culturas, os índios deveriam ser integrados, "progressiva e harmoniosamente, à comunhão nacional". Por conta desse fraseado, da contrariedade à noção de integração, muita movimentação política vem sendo criada pelas ONGs e pelo movimento indígena para que o Congresso Nacional vote uma proposta de um novo estatuto para os índios, retirando a questão da integração, como se esta não fosse uma realidade autoevidente, e como se fosse o mesmo que assimilação ou necessária destruição de autoidentidade, e adicionando artigos que regulamentem temas como mineração em terras indígenas, construção de hidrelétricas que afetem terras indígenas, valorização dos recursos naturais e outros mais. O risco de que o Congresso termine modificando o velho e seguro Estatuto do Índio, retirando prerrogativas de demarcação da Funai e modificando obrigações do governo federal, pode fazer essa movimentação política tomar juízo político e refluir.

Demarcação de terras indígenas

Mesmo antes da nova Constituição Federal, as terras indígenas vinham sendo demarcadas com base nos artigos do Estatuto do Índio.

Efetivamente, o título III, e os artigos 17 a 23, que tratam das terras indígenas, constituem, com muita clareza, os elementos jurídicos para a demarcação dessas terras. Eles consideram a ocupação indígena da terra de acordo com os usos, costumes e tradições tribais; reconhecem os direitos dos índios às suas terras "independente de sua demarcação"; e dão como um dos critérios para o reconhecimento do direito sobre determinada terra "a situação atual de ocupação e o consenso histórico sobre a antiguidade da ocupação". Esses artigos deram uma profundidade jurídica, numa moderna conceituação do antigo conceito de indigenato, que favoreceu não somente a demarcação das terras até então reconhecidas, como fortaleceu as condições indígenas para sua continuidade histórica e sua permanência na nação brasileira. Se eles sustentaram os principais argumentos para a demarcação das terras indígenas até agora, poderão auxiliar a concluir esse processo nos próximos anos.

Muitas ONGs têm criticado o Estado brasileiro por não ter até agora concluído a demarcação das terras indígenas, cujo prazo, aliás, havia sido dado como de cinco anos pelas Disposições Transitórias da Constituição – portanto, até outubro de 1993. Ora, demarcar terras indígenas nunca foi fácil e as dificuldades só têm piorado; porém, diversas novas terras foram reconhecidas após o vencimento desse prazo. Ou dilata, ou ignora esse prazo, pois não haverá razão para se fixar no tempo algo que contém a imprescindível maleabilidade do processo histórico.

Desde a Constituição Federal, o procedimento de demarcação das terras indígenas tem sido modificado ao longo dos anos, porém, sempre sob a iniciativa e prerrogativa da Funai. Em linhas gerais, cabe ao órgão: reconhecer as demandas indígenas; analisar seu mérito; delimitar, junto com os índios interessados (através de um Grupo de Trabalho), o perímetro da terra; publicar o relatório antropológico para ser revisto ou contestado por terceiros; analisar as objeções, reconhecê-las em todo, em parte, ou denegá-las; e, após o aval do Ministério da Justiça, contratar empresas de demarcação para realizar a tarefa *in situ*. Por fim, colher as cadernetas de demarcação, fazer os mapas com limites e levar o produto final para o Ministério da Justiça determinar suas últimas averiguações e decisões para chegar à presidência da República para homologação final. Como última tarefa administrativa, cabe uma vez mais à Funai registrar a terra indígena nos livros do Serviço de Patrimônio Federal como terras da União. Mesmo no período difícil dos anos Sarney, a Funai não deixou de criar grupos de trabalho para identificar terras indígenas. Quando o presidente Collor tomou posse, em 1990, nos dois anos seguintes, uma quantidade superior a 120 terras indígenas foram homologadas, portanto, já tendo sido reconhecidas, delimitadas e demarcadas. No governo do presidente Fernando Henrique Cardoso, outra grande quantidade de terras indígenas foi demarcada e homologada. No governo do presidente Luiz Inácio Lula da Silva, por volta de 87 terras foram homologadas e 40 novas demarcadas.

Remeto neste momento o leitor ao documento "Terras indígenas reconhecidas pela Funai", que pode ser acessado no site da Editora Contexto (https://www.editoracontexto.com.br/produto/os-indios-e-o-brasil-passado-presente-e-futuro/1496640) ⌂.

Como se pode ver, há um afunilamento de demarcações de terras nos últimos anos, o qual se deve não necessariamente a um desleixo dos governos do PT, como muitos criticam. O período de intensas e largas demarcações deu-se, em primeiro lugar, em função do momento histórico e do modo como a ocupação de terras era concebido; em segundo lugar, as demarcações foram facilitadas porque o valor da terra nos estados agrícolas estava baixo o suficiente para que os ocupantes fazendeiros ou posseiros abrissem mão das terras irregularmente ocupadas (agora reconhecidas como indígenas), pelo valor das indenizações sobre as benfeitorias nelas contidas. Com efeito, com a valorização astronômica dessas terras em virtude da expansão do agronegócio nos últimos 15 anos, os fazendeiros passaram a colocar dificuldades de toda sorte, e não menos com a mediação de advogados traquejados nas lides agrárias e nos tribunais regionais.

Há ainda muitas demandas por demarcação de terras indígenas. Os índios Guarani, subgrupo Kaiowá, que vivem em Mato Grosso do Sul, seus irmãos do subgrupo Mbyá, e os Kaingang, que vivem nos estados sulinos – diversos povos indígenas ressurgidos do Nordeste e em outras partes do Brasil –, também carecem do mínimo de abrigo territorial para continuar sua existência étnica. Se não conseguirem obter essas terras nos próximos vinte anos, terão dificuldades em evitar a urbanização de seus filhos nas próximas gerações. Trabalhando numa linha de crítica irrefreável ao Estado, cumprindo um papel aos moldes da imemorial disputa entre Igreja e Estado, o Cimi apresenta dados de que são mais de 500 as terras que ainda precisam ser demarcadas. A Funai tem trabalhado com um número bem mais cauteloso, por volta de 650 terras indígenas no total, das quais já mais de 600 estariam em processo conclusivo ou em andamento. Sem dúvida, essa história ainda está em vigor e renderá muitas disputas nos próximos anos, a menos que o STF, com clareza, sem dubiedade, determine um parâmetro de reconhecimento do que seja "ocupação permanente", bem como um "consenso histórico" sobre a profundidade no tempo em que uma terra tenha sido usurpada de um grupo indígena e possa ser recuperada para seus legítimos donos. A súmula de 19 de março de 2009, com uma dureza de decisões contrárias à Funai e aos índios, vem sendo contestada por ambos os lados de interesses e já foi julgada por diferentes ministros do STF com resultados diferentes.

Saúde indígena

Até 1999, a assistência à saúde dos índios era atribuição da Funai, em consonância com o Estatuto do Índio. Os índios estavam em lento, mas consistente crescimento populacional há pelo menos 30 anos, mesmo aqueles que tinham sido contatados na década de 1970 e sofrido intensas perdas populacionais nos primeiros anos de convivência com segmentos da sociedade nacional. Porém, era evidente que a Funai não tinha orçamento nem quadros para expandir seu serviço de saúde a contento. Calhava ou de aumentar seu efetivo ou mudar. Naquele ano, depois de muitas reuniões com lideranças indígenas e ONGs, a responsabilidade sobre a saúde indígena foi passada por decreto presidencial para a Funasa, órgão do Ministério da Saúde, sob a justificativa tecnocrática de que saúde indígena, embora devesse ser cuidada com a devida especificidade, era para ser tratada pelo ministério próprio. Desde 1986, aliás, o governo, sob a consultoria de alguns raros antropólogos, vinha planejando retirar da Funai algumas ações que lhe pareciam inadequadas, como a saúde, a educação e o fomento às atividades produtivas. Naquele tempo, a maioria dos antropólogos ainda achava que a Funai deveria continuar a ser o único órgão a cuidar da questão indígena, mesmo porque tinha uma tradição indigenista já bastante respeitável, própria e herdada do melhor do velho SPI. O fracionamento da Funai era visto como seu enfraquecimento e, portanto, como uma política de desvalorização do Estado para com os índios. Entretanto, foram as ONGs que influenciaram o governo FHC a fazer essa transferência, justificando-a inclusive com a ideia de eficácia e aumentos orçamentários.

Nos 12 anos de atividades sanitárias, a Funasa cumpriu o excelente papel de obter, para a grande maioria das aldeias indígenas do país, cerca de 5.500 delas, água potável, seja através de poços semiartesianos ou pela canalização de água de fontes potáveis. Embora com muitas exceções, as aldeias hoje desfrutam de sistemas de captação e saneamento de água e de distribuição em pontos gerais, como os chafarizes de outrora. Porém, não tanto valorizados esteticamente. Com isso, a mortalidade infantil caiu no período de 2005 de uma média de 100 por 1.000 para 53 por 1.000; em 2010, era de 35 por 1.000. É um feito respeitável dentro da linha de melhoria da saúde indígena, que propulsionou um alentado aumento demográfico, porém ainda defasado em relação a outras estatísticas de saúde no Brasil. As grandes epidemias, como sarampo, tuberculose, gripes em geral, que tantas vidas haviam ceifado até a década de 1960, estão controladas e com efeitos deletérios muito inferiores aos do passado. Entretanto, comparativamente, a assistência à saúde indígena foi operada de um modo bastante insatisfatório para os índios. Daí porque em todo esse período a Funasa foi objeto das mais intensas manifestações e protestos por parte das populações indígenas, às vezes com retenções de veículos e equipes médicas, tomadas das casas de saúde indígena, invasão das sedes regionais do órgão etc. Por que isso? Em primeiro lugar, porque faltou sempre à Funasa um espírito indigenista, de tradição rondoniana, o que significa um respeito específico para as populações atendidas (que só se obtém pelo convívio mais próximo). As equipes de saúde da Funasa se caracterizavam por uma alta rotatividade de seus membros, deixando sem continuidade o tratamento dos enfermos ou a assistência àqueles que necessitavam de uma cuidado temporário ou ocasional. Em segundo lugar, porque as equipes médicas eram contratadas por ONGs ou pelas prefeituras municipais, muitas vezes atrasando salários e muito frequentemente incapazes de pagar as multas por demissão dos funcionários, provocando frustrações e até mortes pela ausência de funcionários e equipes médicas nas aldeias (e muito mais pelo desleixo que tomava conta das equipes médicas e dos funcionários das ONGs).

Em 2010, o governo Lula, pressionado havia alguns anos por segmentos do movimento indígena e pelas ONGs em geral, determinou a criação, via medida provisória, de uma secretaria especial para a saúde indígena – Secretaria Especial de Saúde Indígena (Sesai) – dentro do organograma do Ministério da Saúde. O período de transição da Funasa para essa secretaria se arrastou por mais de um ano, só sendo instalado no governo seguinte. Entretanto, as dificuldades continuaram em virtude dos velhos problemas de contratar equipes médicas mais estáveis e formar um espírito indigenista de atendimento médico e hospitalar. Os índios sofrem pessoalmente com o atendimento, a trasladação para hospitais, a indiferença das equipes médicas, os tempos de recuperação. Eles reclamam, invadem as sedes regionais, exigem a presença do secretário da Sesai. Quanto tempo mais será necessário para se estabilizar a assistência de saúde aos índios está ainda por ser determinado.

Educação: integração ou autonomia?

Tal como no caso da assistência à saúde, no governo FHC a tarefa da educação aos índios foi repassada da Funai para o Ministério da Educação e deste para as secretarias estaduais de educação, com o mesmo espírito de desconcentrar esforços e aplicar o princípio de descentralização da gestão pública. Confirma-se, assim, a tendência política desses últimos governos de desfederalizar a questão indígena, isto é, de repassar para os estados e municípios parte das obrigações federais, ou ao menos compartilhá-las. Se recordarmos que, no Império, os governos provinciais aplicavam a política indigenista imperial, com resultados predominantemente negativos para os povos concernidos, pode-se antecipar que a repetição dessa visão política poderá produzir os mesmos tipos de resultado. Mas o modismo da descentralização da educação indígena prevalece por enquanto.

A educação formal, escolar e no fundo civilizacional de índios era um dos principais objetivos da ideologia positivista indigenista. O propósito de educá-los era de elevar os índios a um estágio superior de entendimento para que pudessem tomar conta de si e serem integrados à nação. Evidentemente, não é este mais o discurso que se vocaliza, nem a ideologia predominante que move educadores de vários matizes para prover educação escolar aos jovens indígenas. Diz-se, ao contrário, que o produto da educação atual é para fortalecê-los em suas culturas e dar-lhes instrumentos para sua defesa diante das forças dominantes que os cercam. Fortalecê-los significa ensinar as matérias formais da educação tradicional brasileira, primeiro através de suas línguas maternas e usando de exemplos de suas culturas e histórias; segundo, incutindo-lhes um sentido de autoestima e valorização de suas culturas. A educação vira, assim, duplamente um instrumento de proteção cultural e de conhecimento do mundo externo. Subentende-se que foi assim que outros povos nativos, de outros países e continentes, como as tribos africanas, aprenderam a tomar consciência de suas posições no mundo e terminaram por criar os mecanismos políticos que resultaram na sua independência e, eventualmente, na soberania sobre seus novos países.

O discurso e a ideologia são politicamente corretos, mas a ingenuidade com que frequentemente os aplica no dia a dia termina diminuindo esses esperados resultados e dando aos jovens uma ilusão que não corresponde aos efeitos posteriores. Por exemplo, ao se formar em Direito, um jovem guarani pode se tornar um advogado das causas de seu povo, mas, para isso, teria de passar por concursos públicos refratários ao conhecimento que estes têm a mais, reduzindo sua eficácia ao formalismo jurídico brasileiro. Muitos programas de educação pós-secundária aos índios se orienta para a formação de professores primários das escolas indígenas já constituídas. Assim, os professores são qualificados em maior grau, aprendem a dar aulas com novos conteúdos e a usar ferramentas atuais, como vídeos, computadores e *tablets*, e podem auferir salários mais altos e isonômicos dos estados ou municípios. De todo modo, são treinados e instruídos para ensinar seus patrícios mais jovens a entender o mundo que os rodeia, a se adaptar a ele, seja para se incorporar ou para dele escapulir. Por enquanto, e consoante outras formas de relacionamento (especialmente o econômico), é para nele se integrar, ou – no dizer pós-moderno – inserir-se socialmente.

Desenvolvimento etnoeconômico

Sob esse título incluo todas as atividades que trazem algum tipo de renda para os povos indígenas. *Etnoeconomia* é um termo que pode implicar tão somente a economia própria de cada povo indígena, no seu modo de autonomia política, talvez num sentido de aumento de produtividade. Entretanto, considerando que a grande maioria dos povos indígenas vive em contato com a sociedade brasileira, política e economicamente, tendo adotado hábitos exógenos às suas culturas que necessitam de ingresso de bens e rendas, podem-se incluir nesse termo as atividades relacionadas à produção de bens para venda, os salários, doações e rendas adquiridas de todos os modos possíveis – tais como plantio e colheita de produtos nativos para venda (farinha de mandioca, abóbora, feijão, urucum, milho nativo, abacaxi, pequi, pinhão, peixe e tartaruga); plantio e colheita de produtos não nativos (soja, milho transgênico, arroz, mel de abelhas europeias etc.); produtos artesanais (arcos e flechas, cocares, colares, cerâmica em geral, bancos antropomórficos de madeira etc.); arrendamento de terras – e, por fim, ganhos de salários, seja por empregos públicos, contratos com fazendeiros locais ou outras modalidades.

No período colonial e mesmo durante o Império, em algumas partes do Brasil, a mão de obra indígena foi disputada por colonizadores e missionários, os primeiros para as tarefas de derrubadas de matas, fabricação de carvão, cestaria simples, vasos de cerâmica para conter o melaço e produzir os "pães de açúcar", plantio e colheita de tabaco, colheita de produtos silvestres, serviço doméstico e, sobretudo, pescaria para alimentar a escravaria etc. Com os missionários, o serviço indígena abrangia todas as tarefas de roça, lida com gado, fabrico de rapadura, caça, pesca, na colheita e defumação da erva-mate etc. Nesse tempo, o trabalho indígena era de ordem servil, executado como obrigação social – como a corveia feudal –, em troca da paz e da aceitação das aldeias, ou de algum ganho. É de lembrar que, por um século e meio (entre 1614 e 1759), no Maranhão e Grão-Pará, o serviço indígena foi obrigatório, por conscrição ou arregimentação feita por intermediários (os modernos "gatos") que iam às aldeias de administração e mesmo às aldeias de missionários para contratar grupos de índios para jornadas de dois a seis meses de trabalho nas fazendas e com pagamentos de duas peças de pano e um machado por dois meses de serviço! Muitas aldeias indígenas localizavam-se próximas aos engenhos e fazendas de tabaco precisamente para estar à disposição dos serviços mais pesados, como derrubadas, por salários irrisórios, sem qualquer garantia de alimentação (ficava por conta e risco dos trabalhadores e suas famílias), enquanto os escravos negros se dedicavam às tarefas intensas que precisavam de um feitor para vigiá-los, dentro dos engenhos. Na minha visão, a desavergonhada tradição brasileira de baixos salários se deve menos à escravidão do que ao modo como os índios eram pagos.[37] A atitude brasileira classista é derivada desse relacionamento parafeudal implantado com a população indígena brasileira.

As economias indígenas agrícolas tradicionais produzem algum excedente, porém não mais que o suficiente para garantir o plantio do ano seguinte e uma sobra para eventualidades. Seu modo de produção envolvia quase todos os membros de uma família e, frequentemente, a ajuda de parentes ou de grupos coletivos. Os produtos colhidos eram divididos entre famílias, de acordo com suas necessidades, não se fazendo uso de excedentes como mais-valia. Uma família de cinco a sete pessoas, que constituía a média de famílias indígenas tradicionais, contava com a mão de obra de ao menos quatro membros. Assim, uma pessoa em idade de trabalho alimentava duas outras, e todos que podiam trabalhavam para o bem comum. A caça, a pesca e a coleta completavam o tempo gasto no trabalho de sobrevivência física. Boa parte do tempo de sobra era gasto em atividades que fortaleciam a centralidade cultural. Com o advento do machado de ferro e outras ferramentas, o serviço ficou mais fácil e ligeiro, movimentos de guerra e/ou visitas entre aldeias aumentaram, e os jovens foram liberados para outras atividades. Porém, com o advento da dependência de bens exógenos, veio a necessidade de produzir mais, de se obter bens para serem trocados. Assim, o modo de produção indígena foi desafiado a produzir excedentes com a intensidade e em quantidade nunca dantes produzidos. Para aumentar a produtividade, era preciso alterar o modo de produção por via de mudanças nas relações de produção, criando desigualdades sociais. Daí a resistência inerme mais eficaz das sociedades indígenas ao trabalho extra.

Os missionários, fazendeiros e visitantes que observaram os índios em suas aldeias viam as dificuldades dos índios para aumentar sua produtividade. Na formulação de políticas indigenistas, do Império em diante, e com os positivistas, a ideia sempre foi de inserir novos insumos, ferramentas e tecnologias a fim de que os índios pudessem produzir excedentes para venda ou troca e, de certa forma, se tornarem independentes economicamente.

O SPI e a Funai tentaram de muitos modos melhorar a produtividade das economias indígenas. Equivalentes políticas continuam até hoje, e os índios seguem procurando meios para que suas economias produzam mais. Não se pode dizer que todas as tentativas tenham sido em vão, mas os esforços despendidos de parte a parte não correspondem aos resultados obtidos. Há de se encontrar melhores meios para aumentar a produção e a produtividade das economias indígenas sem que se esgarcem demasiado as relações internas de produção e resultem em desigualdades sociais. Pelo menos é como pensam as pessoas que se debruçam sobre esse tema, e como os índios procuram ver o seu futuro.

Enquanto isso, as aldeias indígenas mais bem aquinhoadas economicamente dependem de investimentos externos para manter certo padrão de consumo. A variedade de etnoeconomias é bastante grande. Há as etnoeconomias que produzem bens silvestres, como óleo de castanha, copaíba, andiroba, mel, juncos e cipós, ajudadas por projetos da Funai ou de ONGs, que conseguem resultados medíocres, porém consistentes. Há aquelas que vendem ou fazem vista grossa para a venda de madeira, sempre disfarçadamente, obtendo dinheiro grosso, porém irregularmente; há os arrendamentos de terras para agricultores vizinhos, com estabilidade e provocando desigualdades sociais, já que só as lideranças mais espertas alegam controle familiar sobre determinada área. Há parcerias com fazendeiros, nas quais os índios provêm a terra e seu trabalho, e os fazendeiros os insumos e maquinário, sendo a safra dividida em proporções previamente acertadas; há garimpagem de ouro feita por índios e mais frequentemente por não índios, com muita torração de dinheiro e surtos de violência. Há, enfim, dividendos e compensações obtidos de várias fontes por algum tipo de serviço a que as terras indígenas se prestam: estradas, rodovias locais ou federais, ramais de rodovias e estradas de ferro cruzando as terras, linhões ou estações de transmissão elétrica, hidrelétricas pequenas e grandes que impactam suas terras, e até empresas e ONGs estrangeiras que fornecem recursos visando a algum benefício em troca, seja o conhecimento etnobiológico ou até a garantia de que não derrubem suas matas!

Recompensas por serviços ambientais, como preservar a floresta, os rios e demais recursos naturais, têm se tornado um meio bastante atraente para determinados povos indígenas da Amazônia, ou certas lideranças, se inserirem em um novo mercado econômico. Contratos de *carbon swap*, ou "troca de carbono", têm atraído muitas aldeias ou até simples famílias indígenas. Os índios prometem preservar a floresta por uma determinada quantia fixa, paga anualmente. Em compensação as empresas ou ONGs que conseguem tais acordos vendem a empresas europeias e americanas uma espécie de licença para elas emitirem mais uma determinada quantidade de CO^2, a qual, no caso, é compensada pela preservação de equivalente área de floresta que em tese absorve o equivalente de CO^2 emitido. Parece até uma coisa simples e legal: ganhar dinheiro sem fazer nada, apenas preservar suas matas! Porém, há dúvidas éticas sobre esse tipo de negócio e até agora o Brasil não se definiu se o aceita como tal ou não. Assim, todos os acordos realizados até o momento carregam um quê de ilegal e indefinido.

Em suma, o desenvolvimento etnoeconômico dos povos indígenas constitui o grande desafio de qualquer política indigenista decente no Brasil. Descobrir as "vocações", as tendências internas das etnoeconomias, experimentar, conectar a Embrapa e outras instituições econômicas brasileiras com essas economias é fundamental para que as sociedades indígenas possam encontrar seus caminhos de autonomia econômica, não uma ilusória autossuficiência, base para sua economia político-cultural.

O reconhecimento da capacidade política do índio

O paternalismo é atitude e relacionamento políticos próprios de uma visão filosófica em que o índio é considerado uma criança, um ser primitivo, e o seu estatuto jurídico é o de um menor de idade. É também fruto de um sentimento de que os índios estavam condenados à extinção, ao desaparecimento da face da terra (ou, na melhor das hipóteses, ao seu "embranquecimento", à sua miscigenação física e cultural com a sociedade global). Seria, portanto, um contrassenso criticar o SPI e mesmo a Funai por terem sido paternalistas com eles. Até agora. Porém, os índios demonstram uma capacidade de recuperação demográfica nos últimos anos que nos força a reavaliar essa realidade social supostamente inexorável. Não vão se acabar, não têm de desaparecer como povos da terra; portanto, não há por que tratá-los piedosamente como filhos bastardos portadores de doenças mortíferas.

Igualmente, a sua propalada limitação de adaptação ao mundo moderno, por serem vistos como "sociedades primitivas", não pode ser um fato cultural inato, como bem vêm demonstrando as pesquisas antropológicas há mais de 100 anos, mas uma interpretação política de uma civilização que tem a si mesma como padrão e destino para todas as culturas e civilizações que já existiram no mundo. A teoria da evolução deu-lhe um fundamento científico que ela ostenta e desfralda arrogantemente, passando por cima inclusive de outras grandes civilizações, como a indiana e a chinesa. Porém, não se pode deixar de notar que essa bandeira está um tanto quanto desbotada, e que para buscar novo brilho ela tem de se abrir para a contribuição de outras culturas e de outras civilizações. Dessa forma, é possível que as culturas indígenas venham a ser encaradas como viáveis sob todos os pontos de vista, sem a condescendência de serem reduzidas a culturas singulares e incomparáveis, em que o relativismo cultural da antropologia lhes concede atualmente.

Enfim, há sinais filosóficos e políticos, bem como novas condições objetivas, para se imaginar que o paternalismo, seja por quais subterfúgios se apresente, se acabe tanto de fato como de direito. Aí poderemos pensar seriamente na criação de uma nova política indigenista que abra caminho para a sobrevivência cultural e a coexistência respeitosa com os índios. O que vivemos hoje representa a crise do paternalismo, por um lado, e a crise da libertação, por outro, concretizadas pelo crescimento demográfico indígena e por sua busca de participação política. Mesmo as forças anti-indígenas sabem que não podem mais tratar os índios como crianças, embora ainda procurem enganá-los. Nós, sociedade civil, indigenistas e antropólogos, reconhecemos nosso limitado poder para direcionar os rumos dessa possível nova política. Mas devemos sempre tentar, mesmo porque o mundo muda por outras razões.

NOVAS POLÍTICAS PARA NOVOS TEMPOS

O principal motivo para a grande mudança na atitude de brasileiros em relação aos índios e nas políticas indigenistas se deve ao crescimento demográfico dos povos indígenas. Essa reviravolta na história brasileira – e, por que não dizer, na história mundial – forçou o Brasil e outros Estados-Nações a olhar os índios de um modo diferente. Por sua vez, estes passaram a se comportar com uma altivez só experimentada nos primeiros séculos da colonização. Neste capítulo, foi apresentado e discutido o conjunto de medidas oficiais elaboradas e praticadas sobre os índios ao longo de cinco séculos de controle militar, político, social e jurídico. Isto que se constitui a política indigenista brasileira configura o que muitos chamam de sistema colonialista. O Brasil foi colonizado sobre os índios e à custa deles, e sob tantos aspectos continua a manter um padrão de relacionamento de colonialismo interno.[38] Os índios são vistos como sociedades dependentes, como se ainda fossem considerados, se não juridicamente, ao menos na prática política, "relativamente capazes", como culturas folclóricas e limitadas e como sociedades políticas inviáveis.

Dentro da maneira de viver e pensar do sistema ocidental transplantado às Américas, não há por que se imaginar que pudesse vir a ser diferente. O estilo de cada um dos novos países americanos variou de acordo com as circunstâncias históricas de suas formações, principalmente em razão do tipo e nível socioeconômico dos povos indígenas que habitavam os territórios desses países. Porém, nunca nenhum desses novos países deixou de tratar os índios como inferiores, se não individualmente, socialmente.

Se for para se fazer alguma coisa realmente séria no Brasil a respeito da integração dos índios, com a preservação de suas culturas e uma medida profunda de autonomia político-cultural, há de se ter como horizonte estratégico o nivelamento por cima – não por baixo – dos índios e das culturas indígenas dentro da nação brasileira.

No Brasil, onde a grande maioria dos povos indígenas vivia culturas alicerçadas em um modo de produção caracterizado pela caça, pesca, coleta e uma agricultura de roça, movido pela derrubada e queimada de matas virgens ou capoeiras, e um sistema social de aldeias autônomos indiferenciadas, que determinavam um alto grau de anarquia política e liberdades individuas, o peso do colonialismo foi de uma virulência tamanha, muito além do necessário para se alcançar os meios objetivos de controle político e territorial. A escravidão atingiu muitas populações indígenas de formas explícitas e de modos disfarçados, junto com uma forma mais flexível e menos virulenta de servidão. Somente em escala muito menor existiu a liberdade individual e social – e, nesses casos, quase sempre depois do processo de miscigenação acontecido. Praticamente, para ser livre e autônomo, um povo indígena tinha de viver fora, ou, na melhor das hipóteses, à margem do sistema colonial.

A única variação dentro desse sistema foi tentada pelas missões religiosas, principalmente a dos jesuítas. Estes pretendiam que os índios se transformassem em cristãos, tal como os bárbaros germânicos e eslavos e outros que haviam se cristianizado no passado europeu, via civilização romano-cristã. Com as missões e reduções religiosas, os jesuítas procuravam frear um pouco o ímpeto destrutivo da colonização, protegendo os índios do furor português e luso-brasileiro. Em contrapartida, os jesuítas tentaram, na prática política, estabelecer uma modalidade colonial diferente através de um modo de produção que se poderia chamar de semifeudal, em que os índios viviam em comunidades organizadas e regidas por missionários, sob a égide de uma autoridade com poder real e simbólico, cuja força de produção era arregimentada em linhas de trabalho coletivo e por ofícios.

Indubitavelmente, as perseguições que sofreram os jesuítas nos últimos anos de sua presença no Brasil, sua expulsão em 1759, a trágica destruição das Missões dos Sete Povos, no Sul do país, e a transformação dos outros aldeamentos missionários em vilas luso-brasileiras são exemplos demonstrativos da tacanhez do colonialismo português e de sua insegurança interna e externa.

O reconhecimento da soberania dos povos indígenas e do seu direito natural sobre suas terras e seus modos de vida foi explicitado diversas vezes em cartas régias e alvarás, e atestam uma preocupação jurídica e legalista da Coroa portuguesa – desculpas filosóficas e morais da conquista –; porém, não tiveram um significado prático e administrativo de peso. Não somente porque em geral esses pronunciamentos reais vinham a propósito de alguma admoestação específica a um governador ou capitão-general sobre um povo indígena designado, como também não eram ordens para serem cumpridas com empenho e exatidão. Por certo, raramente o foram. De qualquer modo, é a partir do espírito desses instrumentos legais que podemos hoje alegar o reconhecimento histórico dos direitos indígenas sobre as terras que ocupavam, por parte dos portugueses e, em decorrência, por necessidade da constituição do Estado brasileiro.

Não obstante o padrão colonialista e o ranço indisfarçado de conservadorismo no seu aspecto ontológico, a política indigenista sofreu mudanças reconhecíveis a partir da Independência do Brasil. O índio, visto como o oposto do ser ocidental-brasileiro, e seu inferior – como negá-lo –, começou lentamente a ser aproximado a um ideal de humanidade – primeiro como um potencial cristão, depois como um órfão, um tutelado –, como se fosse uma espécie de filho bastardo de um pai angustiado e culposo. Creio ser este o sentimento histórico-psicológico mais enraizado na nacionalidade brasileira em relação ao índio que sobreviveu ao esbulho programado de suas terras.

No plano político, o índio foi se transformando no objeto da ação mitigadora do Estado, que passava a acionar formas de reparação pelas perdas que haviam sofrido. Essa é a tônica que reconhecemos desde a Regência, passando pela segunda metade do Império e todo o período republicano, sempre com variações temporárias de maior ou menor esforço e senso de responsabilidade na administração das políticas efetivas.

Recepção na aldeia Kassawa. Terra Indígena Mapuera, Pará.

A Lei das Terras, de 1850, mais do que qualquer outra desde o Diretório de Pombal, expôs e provocou a usurpação de centenas de áreas de aldeamentos indígenas que faziam parte do sistema socioeconômico brasileiro – muitos, certamente, com populações estáveis ou em crescimento. A maioria desmilinguiu-se e os seus habitantes passaram a viver como caboclos e lavradores sem-terra. Rapidamente, perderam suas características anteriores, só lhes restando uma memória difusa e mitológica. Mas alguns desses antigos aldeamentos conseguiram sobreviver até os tempos atuais, o que demonstra que muitos mais poderiam também, não fosse a indiferença das autoridades e o seu alinhamento ideológico e econômico com as elites regionais e locais.

Nos últimos 50 anos, além das duas constituições (de 1969 e 1988), que reafirmaram os direitos indígenas de se manterem como sociedades específicas e de defender seus patrimônios, e além do Estatuto do Índio e normas dele derivadas, uma série de decretos, portarias e determinações com caráter legal foram emitidos, ou ameaçados de serem emitidos, com consequências diversas.

A primeira delas foi a tentativa de emancipar os índios da tutela estatal, no fim do governo Geisel, entre 1977 e 1979, que naquele momento poderia ter resultado numa situação de imensas perdas territoriais e culturais. A intenção era essa, conforme pode se depreender da asserção do presidente Ernesto Geisel, segundo a qual, se ele, que era descendente de primeira geração de estrangeiros no Brasil (alemães, por suposto), havia se tornado um completo cidadão político e cultural do Brasil, por que os índios ainda haveriam de manter uma identidade própria?! Emancipá-los numa canetada seria a solução para essa teimosia! Ironicamente, porém, passados mais de 30 anos, o tempo virou, e hoje não ser mais tutelado pelo Estado é o que índios mais querem, certamente é o que as ONGs e o Ministério Público mais almejam e consideram mais importante para a consolidação da autonomia dos povos indígenas no Brasil. O movimento indígena, comandado em grande medida por índios que vivem nas cidades, também quer o fim da tutela, contanto que seja mantida uma *proteção especial* da parte do Estado sobre suas terras, suas condições de saúde e sua educação. A Constituição Federal mantém diversos artigos que caracterizam um olhar específico para com os povos indígenas, a exemplo da exigência para que sejam consultados e compartilhem dos resultados das lavras em casos de empreendimentos hídricos ou minerais que afetem seus territórios. Portanto, não seria contra o espírito da Constituição, nem da tradição brasileira, reconhecer aos índios especificidades no modo de serem tratados, além de seus direitos e deveres como cidadãos. A questão seria como arranjar um dispositivo jurídico que tivesse a mesma força persuasória da velha tutela, sobretudo nas terríveis disputas interétnicas e nas decisões judiciais pelos interiores do Brasil.

O positivismo, como filosofia e movimento político, não conseguiu fazer o Estado brasileiro reconhecer os povos indígenas como nações livres e soberanas, porém legou-lhe uma tradição de respeito à pessoa do índio, de reconhecimento de suas sociedades e etnias como parte da história brasileira e de dedicação e amor à causa dos índios. Isso foi, de certa forma, mais do que o pensamento liberal, através da antropologia, que queria tão somente "conhecer o índio", legou de efetivo para os índios. Mas essa tradição sempre esteve sujeita aos caprichos pessoais de políticos e militares e atrelada e subordinada a políticas temporárias de desenvolvimento econômico em regiões predominantemente indígenas. Daí é que não se pode concluir com muita convicção pela efetivação e efetividade permanentes da nossa tradição indigenista oficial.

O regime militar ditatorial, a despeito das tentativas de desestabilizar essa tradição, não logrou apagar as especificidades dos índios, transformá-los em brasileiros indiferenciados no período de vinte anos, a partir de 1976, como então propunha o presidente Geisel e um seu ministro do Interior. Pelo contrário, teve de constatar não somente a curva ascendente da demografia indígena, como suportar e engolir o seu concomitante alvorecer político no cenário nacional. Um grupo de jovens indígenas criou a União Nacional dos Índios, em 1981, a partir de onde iniciou institucionalmente o movimento indígena contemporâneo. Na sua esteira, um índio de caráter excepcional, Mário Juruna, despontou no panorama político-cultural brasileiro como uma voz do mais recôndito do ser brasileiro: foi honorificado com sua eleição a deputado federal em 1982, pelo estado do Rio de Janeiro, e por muitas vezes fez ecoar pelos rincões do país, a partir do Congresso Nacional, as evidências de violências cometidas ao seu povo, bem como a necessidade premente de se mudar as atitudes para com os índios.

Em diversas ocasiões, a Funai militarizada e a serviço das políticas de desenvolvimento foi obrigada a acochambrar interesses econômicos, acatar ordens de transferir grupos indígenas de um lado para outro, diminuir delimitações de terras indígenas e fazer vista grossa às entradas de invasores de terras, madeireiros e garimpeiros, que delas tiraram muito proveito. Por vezes, o governo fez modificar por simples decretos ou portarias as normas e organogramas que disciplinavam a política indigenista, subordinando a Funai a órgãos fora do Ministério do Interior – desde 1989 sob a administração do Ministério da Justiça –, retirando-lhe sua autonomia administrativa, de fundação de direito público, e castrando-a da sua maior força política (que é a prerrogativa de definir, por estudos antropológicos, o que é uma área indígena e como demarcá-la). Por fim, colocou a Funai nas mãos de políticos ou potenciais políticos que pouco ou nada se interessavam pelo destino dos índios e seus direitos e, assim, agiram com mais desenvoltura em benefício dos interesses anti-indígenas. O espírito rondoniano definitivamente esteve ausente em muitos momentos da política indigenista brasileira.

Contudo, os debates que ocorreram na Assembleia Nacional Constituinte, num momento empolgante de participação de simpatizantes da causa indígena e dos próprios índios, individualmente ou em coletivos, resultaram na formulação de uma visão renovadora do valor dos índios no panorama político cultural brasileiro. O artigo 231, como já visto, não chega a ter a radicalidade da proposta positivista enviada à Assembleia Constitucional de 1890, pela qual as terras indígenas deveriam ser consideradas "estados americanos do Brasil", porém explicitou a valorização da continuidade das culturas e sociedades indígenas, embora ainda não consideradas como "povos". De uma perspectiva antropológica, o Estatuto do Índio não deixa a desejar em relação a esse artigo constitucional, não obstante a insistência com que vem sendo criticado pelas ONGs indigenistas. Por sua vez, a grande novidade da Constituição Federal de 1988 está contida no seu artigo 232, pelo qual o Ministério Público Federal ganha a prerrogativa de defender o índio juridicamente. E, sem dúvida, desde então o MPF tem exercido um papel preponderante em muitas decisões sobre demarcação de terras indígenas, na defesa de índios em tribunais e em negociações com empresas sobre compensações. Às vezes, o MPF até exorbita de sua prerrogativa de intervir na questão indígena ao emitir pareceres e admoestações, ao forçar Termos de Ajustamento de Conduta (TAC) à Funai, os quais dificilmente ela é capaz de cumprir. A Constituição manteve os índios como responsabilidade da União federal, especialmente do Executivo, através de um órgão de assistência, que continua a ser a própria Funai. Desde então, muito tem sido discutido sobre qual seria o papel do Executivo na política indígena brasileira, e que outras instituições deveriam complementar os trabalhos da Funai. Algumas ONGs se notabilizaram pela crítica à Funai e já sugeriram aos últimos governos a sua extinção, especialmente a nulificação dos seus propósitos de representação dos interesses indígenas perante o Estado, a assistência direta aos índios e a mediação das relações indígenas com a sociedade mais ampla, nos seus aspectos jurídico, econômico, político ou social. Que tal substituir a Funai por uma espécie de agência reguladora, que cria as normas de relacionamento do Estado para com os índios e depois aloca recursos para as ONGs ou as próprias igrejas aplicá-los como bem convier a todos os interessados? O Estado, através dos governos eleitos e seus consultores e políticos, recusa-se a aceitar tal sugestão, sabedor que é das consequências iminentes, de conflitos que pipocariam por toda a parte, inevitavelmente. O Estado, o Executivo especificamente, sabe que ele continua imprescindível no equacionamento da questão indígena. A recíproca também é verdadeira: os índios sabem que se o Estado os abandonar, eles terão muito a perder. As ONGs sabem nem tanto. A questão maior é: como administrar bem a questão indígena, pressupondo que se sabe para onde ela vai no panorama político-cultural brasileira?

Um importante instrumento jurídico que veio valorizar os índios sobremaneira foi a chamada "Convenção 169, sobre povos indígenas e tribais em países independentes", decretada pela OIT em 1989. É um conjunto de normas que, quando adotadas pelos Estados, deve valer com força de lei. O Brasil aprovou essa Convenção em 2004, porém até agora menos de trinta países a aprovaram efetivamente – não assinaram, em especial, os Estados Unidos, Canadá, Austrália e Nova Zelândia. A principal inovação dessa lei em relação ao Estatuto do Índio brasileiro é a afirmação, no seu artigo 6º, parte 1, seção a, de que cabe aos governos

> Consultar os povos [indígenas] interessados, mediante procedimentos apropriados e, particularmente, através de suas instituições representativas, cada vez que sejam previstas medidas legislativas ou administrativas suscetíveis de afetá-los diretamente.

A parte 2 do mesmo artigo dispõe que "As consultas realizadas na aplicação dessa Convenção deverão ser efetuadas com boa-fé e de maneira apropriada às circunstâncias, com o objetivo de se chegar a um acordo e conseguir o consentimento acerca das medidas propostas".

Com efeito, estão em causa todas as grandes disputas atuais a respeito da implantação de projetos hidrelétricos, estradas ou ferrovias, linhas de transmissão elétrica etc., que afetam terras indígenas, em função da má, inadequada ou incompleta aplicação desse artigo. Não digo de todo por má-fé das autoridades e dos interessados, mas também pela falta de um parâmetro claro sobre o que consiste uma consulta a um povo indígena, que instituição o representa verdadeiramente e qual o nível de persuasão que possa ou deva ser exercido para que um determinado povo se convença dos bons propósitos de um projeto econômico, chegue a um acordo de reparações ou compensações e, portanto, dê seu consentimento para a implantação deste certo projeto. Tudo isso de boa-fé! Outro artigo muito propalado da Convenção 169 diz respeito à questão da identidade indígena, logo no seu art. 1º. Após definir a quem se aplica a referida Convenção – quais sejam, aos povos indígenas ou tribais que vivem em países independentes, ou oriundas de processos colonialistas, cujas culturas lhes são diferentes –, o § 2 diz que "a consciência de sua identidade indígena ou tribal deverá ser considerada como critério fundamental para determinar os grupos aos que se aplicam as disposições da presente Convenção".

Com isso, muitas comunidades caboclas ou ribeirinhas que entraram em processo de etnogênese, apresentando poucas características indígenas, foram aceitas oficialmente como indígenas, tendo-se alegado que tão somente a consciência de sua identidade já valeria como critério de sua identidade. Fundamental virara exclusivo. Tal consideração parece entrar em conflito com o que reza no Estatuto do Índio, art. 3º, segundo o qual a identidade indígena está relacionada não somente à autoafirmação de um indivíduo e da comunidade a qual pertença, mas também do reconhecimento de sua ascendência cultural pré-colombiana, bem como do reconhecimento de terceiros que vejam aquela comunidade como diferenciada e especificamente como indígena. Essa disputa se desenrola em várias partes do Brasil, não em razão da opinião de antropólogos ou indigenistas ou advogados simpatizantes da causa indígena, mas devido à visão legalista de juízes de tribunais que são chamados a dirimir disputas entre tais comunidades e interesses econômicos incrustados nas terras que se alegam ser indígenas.

Outro grande instrumento que alavancou o *status* dos índios como indivíduos e como povos específicos perante o mundo foi a promulgação pela Assembleia Geral da ONU, em 13 de setembro de 2007, da Declaração Universal dos Direitos dos Povos Indígenas. Durante mais de 12 anos, representantes diplomáticos de muitos países, representantes indígenas de povos que vivem nesses países, bem como seus conselheiros em geral filiados a ONGS, debateram na ONU e no Comitê de Direitos Humanos o *Rascunho* dessa Declaração sem que os Estados chegassem a um acordo sobre alguns dos seus pontos mais controvertidos. A ONU reconhece atualmente a existência de cerca de 350 milhões de indígenas que vivem em 70 países – e, com raras exceções, todos eles em condições sociais as mais baixas de seus respectivos países.[39] Os principais temas de disputa diziam respeito, em primeiríssimo lugar, ao direito à autodeterminação por parte dos povos indígenas que vivem em Estados-Nações, seguido do reconhecimento de seus territórios e de suas riquezas internas, e ao ressarcimento ou compensação por perdas sofridas em todas as arenas, especialmente territorial, política, cultural, religiosa etc. O art. 3º daquela Declaração reza: "Os povos indígenas têm o direito à autodeterminação. Em virtude desse direito eles livremente determinam seu estatuto político e livremente buscam seu desenvolvimento econômico, social e cultural".

Nas discussões diplomáticas entre lideranças indígenas e os diplomatas de seus países, o que estava em jogo era o significado efetivo do direito de determinar o estatuto político de um povo indígena dentro de um Estado. Se aprovado o art. 3º, os povos indígenas poderiam se declarar independentes, controlar a entrada ou uso de seus territórios, requerer assento na ONU? Se isso acontecesse, por que, reciprocamente, os países haveriam de ter o ônus de lhes prover saúde, educação, meios de comunicação, bem-estar social etc.? Além desse argumento de caráter vingativo e rancoroso por parte dos Estados, havia aquele que evocava o receio dos Estados de serem desafiados em suas integridades territoriais e suas soberanias políticas, com divisões políticas formais e possíveis exclusões do controle político. Por essas e outras, países como Estados Unidos, Austrália, Canadá e Nova Zelândia trabalhavam afinados para barrar a aceitação desse artigo, e assim o fizeram até o último momento. Em abril de 2007, dos 46 países membros na ocasião do Comitê de Direitos Humanos, logo em seguida elevado ao nível de Conselho de Direitos Humanos (CDH), 37 votaram a favor do *Rascunho* e com isso o Comissário Geral dos Direitos Humanos o levou à votação na Assembleia Geral da ONU. Ao final de algumas negociações com os países africanos, e sob a liderança de países como México, Noruega, Dinamarca, Áustria, Holanda e outros, uma maioria de 143 países afirmou essa gloriosa Declaração praticamente com o sentido original do seu *Rascunho*, tendo 11 abstenções e os votos contrários do quarteto anti-indígena.[40] Os povos indígenas dos distintos países do mundo passaram, então, a possuir direitos reconhecidos pela ONU sobre sua disposição a se autodeterminar, de ter suas culturas e tradições respeitadas, de usufruir de seus territórios e suas riquezas a seu gosto, de poder negar uso militar de parte de seus territórios etc., e de requerer ressarcimentos sobre danos e perdas históricos. No seu art. 19, a Declaração reafirma em palavras quase idênticas a Convenção 169, no que concerne o respeito que os Estados devem ter quando desenvolverem projetos que afetem terras indígenas. Eis como discorre o referido artigo:

> Os Estados devem consultar e cooperar de boa-fé com os povos indígenas concernidos através de suas instituições representativas a fim de obter seu consentimento livre e previamente informado antes de adotar e implementar medidas legislativas ou administrativas que possam afetá-los.

Mais um avanço para os povos indígenas. Entretanto, uma declaração da ONU não tem força vinculante, dizem os especialistas do direito internacional, e com isso concordam quase todos os países onde há povos e populações indígenas, com o intuito de acatar tão somente aqueles pontos que consideram necessários e suficientes para permanecerem na lista dos fiéis signatários da tão famosa Declaração Universal dos Direitos dos Povos Indígenas. Foi dessa forma e com tal espírito que, afinal, o Brasil assinou essa Declaração, não sem antes apresentar um voto em separado no qual afirmava o resguardo à sua soberania sobre as terras indígenas em seu território, nem sem consultar os nossos militares a propósito das implicações desse ato em relação a possíveis declarações de soberanias indígenas sobre as terras que ocupam, sobretudo em regiões de faixa de fronteira.

O receio do Brasil sobre essa Declaração não é gratuito, fruto apenas de uma paranoia militar, pois é compartilhado por vários outros países.

Entretanto, no momento mesmo em que os Estados Unidos, Canadá, Austrália e Nova Zelândia vieram a acatar a Declaração, ficou evidente que nenhum Estado tem muito a temer sobre as disposições nela contidas. Os povos indígenas dos Estados Unidos apresentam um dissenso apenas como sinal de revolta e protesto, já que efetivamente elas não constituem ameaças ideológicas ou militares à nação. Porém, em países como China, Índia, Nova Zelândia, México, Guatemala, Bolívia, Peru, Equador, as populações indígenas somam algo em torno de 8% a 50% de suas populações, contingentes já expressivos para provocar rebeliões mais consistentes.

Ao cabo desse processo, a ONU sentiu que precisava se empenhar mais para que a Declaração Universal dos Direitos dos Povos Indígenas viesse a ser aplicada nos países que detêm populações indígenas ou minorias étnicas. Muitos deles nem política indigenista de cunho humanista ou ao menos assistencialista têm ou tinham até recentemente. Para isso criou, dentro do Conselho de Direitos Humanos, o cargo de Relator para Assuntos Indígenas com o intuito de vigiar a aplicação desses direitos, denunciar a nível internacional as violações pontuais ou sistemáticas e sugerir meios institucionais aos países para que as populações indígenas venham a ser respeitadas conforme a Declaração. É um trabalho de Sísifo, por estafante e frustrante, pela quantidade de denúncias que o Relator recebe e se sente obrigado a analisar e reportar ao CDH, e pelo descomprometimento crescente dos países signatários, na medida em que lhes falta a visão humanista e transcendente do valor da continuidade das culturas indígenas dentro de suas sociedades mais amplas.

No Brasil, apesar do respeito conferido à ONU e de seu acatamento a pressões externas, a política indigenista segue os caminhos trilhados nos últimos anos, com algumas inovações aqui e acolá e outras reversões administrativas. Entre as inovações está a realização, em abril de 2006, da Conferência Nacional dos Povos Indígenas, com participação de mais de 800 lideranças indígenas de 207 das 225 etnias então reconhecidas, precedida de uma dezena de conferências regionais com participação ainda mais ampla de índios. A intensa mobilização indígena, a amplitude dos temas debatidos e, ao final, a produção de um relatório pelos próprios índios pareciam augurar um novo tempo de consolidação dos direitos indígenas e de sua participação sobre questões que lhes dizem respeito. Nesse mesmo ano foi criada a Comissão Nacional de Política Indigenista (CNPI), por decreto presidencial, cujos membros indígenas foram indicados por lideranças indígenas de todo o país durante a referida Conferência. Entretanto, no segundo governo do presidente Lula, a CNPI se formou com lideranças indígenas indicadas pelas ONGs indígenas e indigenistas e passou a servir à agenda das ONGs que haviam sido indicadas pela Funai para participar desse órgão. Entre os temas debatidos, estavam a mudança do Estatuto do Índio para um estatuto previamente elaborado pela ONGs, cujas principais diferenças eram excluir o propósito de integração do índio na nação brasileira, definir que eles não seriam mais tutelados, porém teriam uma proteção especial do Estado, e regulamentar os artigos constitucionais relacionados ao uso dos recursos hídricos e minerais de terras indígenas.

Apesar do propalado apoio presidencial a essas questões, o governo não se sensibilizou sobre esses temas, mais preocupado que estava com os desentendimentos em relação ao licenciamento de empreendimentos na Amazônia. Assim, relevando o discurso ainda pró-indígena do governo, nos últimos cinco anos deu-se efetivamente um retrocesso na mobilização indígena e na sua efetividade. O fato é que, por razões até esperadas, dadas as naturais divergências entre os índios, a CNPI perdeu o apoio espontâneo dos demais índios, inclusive dos seus representados diretos, quando os membros indígenas foram persuadidos a não apoiar o protesto espontâneo de mais de 700 índios – primeiro na sede da Funai, depois em frente ao Ministério da Justiça – contra o projeto de reestruturação da Funai, assinado como Decreto 7.506, pelo presidente Lula, no final do seu mandato, em 29 de dezembro de 2009. Nesse período, e pelos seis meses seguintes, os índios se concentraram em protesto, invadiram e tomaram a sede da Funai por três semanas, e só foram desalojados porque abriu-se um flanco de dissenso entre eles quando um grande grupo de índios Potiguara foi persuadido a voltar para casa, sob a promessa de que sua administração regional seria reativada. Os que resolveram continuar o protesto, o fizeram acampados ao relento em frente ao Ministério da Justiça, até julho de 2010. Enfim, uma prova de resistência impressionante e inédita, a qual, surpreendentemente, teve pouquíssima repercussão na mídia nacional. Sinal talvez desses tempos de retrocesso na simpatia à causa indígena.

Na reestruturação da Funai foram extintos todos os postos indígenas, a mais secular e sólida instituição de assistência direta ao índio, por serem considerados antiquados e próprios da visão rondoniana do indigenismo brasileiro. Em seu lugar foi instituída uma agência semelhante ao antigo "diretório parcial" da época imperial, anódina e burocratizante, chamada "coordenação técnica local", a ser instalada nas cidades vizinhas – não mais no interior das terras indígenas. Efetivamente, apesar do discurso em contrário, a Funai promove por esse ato uma insana medida de integração dos índios à órbita de influência das cidades vizinhas e os relega desarvorados em suas aldeias à mercê de importunos de todas as laias e invasores potenciais de suas terras. Além dos postos indígenas, foram extintas 23 administrações regionais, localizadas em 6 capitais e tantas cidades nodais para a administração indigenista – como Recife, Curitiba, João Pessoa, Goiânia, Porto Velho, São Luís, Oiapoque, Parintins, São Félix do Araguaia etc. –, que vinham funcionando como bases de apoio assistencial e político para ajudar os índios a aguentar as pressões demográficas e econômicas que estavam surgindo no seu horizonte de relacionamento interétnico. Uma das mais inesperadas e esdrúxulas extinções foi a da Administração Regional de Altamira, no estado do Pará, na beira do rio Xingu, que teve também seus principais quadros indigenistas exonerados de suas funções, precisamente quando se iniciava a construção da descomunal Usina Hidrelétrica de Belo Monte. Criou-se aí um vazio indigenista, pela falta de diálogo com os índios locais, o qual foi mal e porcamente substituído pela chegada de inexperientes administradores, com ordens de cima para negociar com os índios a aceitação da referida hidrelétrica. Com efeito, ao invés de aproveitar e praticar os ditames da Convenção 169 e da Declaração Universal dos Direitos dos Povos Indígenas (que há tão pouco tempo o Brasil se fizera signatário – quanto à necessidade imperiosa de consultar os índios sobre essa formidável intervenção acerca de suas condições de vida e sobre seus interesses de sobrevivência), fez-se não mais que um pastiche de consulta, contratando-se empresas de consultoria, que terceirizavam ONGs para servir de apresentadoras do projeto hidrelétrico e de intermediadoras. Consequentemente, os conflitos e as insatisfações tornaram-se permanentes da parte dos índios, com protestos cada vez mais intensos – em alguns casos com o dúbio apoio de ONGs nacionais e internacionais, leigas e religiosas –, enquanto a opinião pública se quedava perplexa e com maus pressentimentos sobre a legitimidade e a racionalidade daquele empreendimento.

Reestruturar um órgão oficial indigenista para o bem ou para o mal só precisa de uma decisão governamental, um mero decreto presidencial, que pode ser reversível. Entretanto, a decisão do STF teve caráter premente, e as consequências foram funestas, por ocasião do julgamento da homologação da Terra Indígena Raposa Serra do Sol, de mudar drasticamente os termos de demarcação de uma terra indígena. No Acórdão proferido (já mencionado anteriormente), os ministros do STF determinaram uma série de ressalvas para acatar a homologação presidencial, ressalvas específicas ao caso e generalizantes para outros casos. As ressalvas específicas dizem respeito: à forma do usufruto exclusivo das riquezas naturais, ao compartilhamento dessa terra com o Ibama – no que toca ao Parque Nacional de Roraima ali incrustado –, à liberalização da terra no caso de construção de estradas e linhas de transmissão elétrica, ao direito das polícias civis, militares e federais e ao poder das forças armadas de penetrar na terra indígena sem consultar os índios, entre outros temas menores. A maioria dessas ressalvas atendeu aos reclamos das autoridades estaduais e da opinião pública local, que viam os índios como "privilegiados" em relação à exclusividade do uso da terra. Já as ressalvas generalizantes tratam de determinar novas regras sobre diversos temas controversos, ou até já abandonados no passado. Um deles foi a definição do conceito de "ocupação tradicional", principal alicerce para se definir o que é uma terra indígena e motivo de muitos debates e controvérsias em tribunais federais. Para isso, o Acórdão, pela lavra e inspiração do ministro Ayres Britto, relator do processo em questão, determinou a data da promulgação da atual Constituição, 5 de outubro de 1988, como marco temporal da ocupação indígena. Se um grupo ou uma comunidade indígena tiver estado numa determinada terra nesse tempo, tal terra pode ser considerada ocupada – portanto, legitimamente indígena. Caso fosse em outro tempo (antes ou depois), não teria direito mais sobre ela. Claro e objetivo. Entretanto, nessa ressalva coube uma pequena outra ressalva: se houver ânimo do grupo indígena de voltar à terra previamente ocupada em outro tempo, mas da qual haviam sido retirados contra sua vontade, então, poder-se-ia caracterizar uma ocupação tradicional! Mais lenha para a fogueira de debates jurídicos.

Outra ressalva importante e particularmente negativa aos interesses demarcatórios, que ressoa a uma disposição jurídica que valera durante as primeiras três décadas do SPI, requer a presença de agentes e representantes dos municípios e estados nos grupos de trabalho da Funai encarregados de definir o que seriam os limites de uma determinada terra indígena. Assim, demarcar terra indígena saiu da órbita exclusiva do governo federal e passou a ter a colaboração e anuência dos governos estaduais e municipais, tal como antes do Decreto n. 736, de 1936. Dada a má vontade histórica dessas esferas governamentais no relacionamento com os povos indígenas, prevê-se com muita probabilidade uma imensa dificuldade para se dar prosseguimento ao reconhecimento de novas terras indígenas no país, especialmente nos estados em frenético desenvolvimento agropastoril. Por fim, uma ressalva determinou a proibição de se rever, com vistas à ampliação, por suposto, uma terra indígena já oficialmente demarcada, seja por que razão for. Congelou-se a história; o que está feito, feito está. Em todos esses casos, o STF atendeu aos interesses anti-indígenas, não obstante as exortações de bom-tom e de respeito ao índio da parte de todos os magistrados. Se já era difícil reconhecer uma determinada terra como indígena, por ocupação permanente ou tradicional, com esse Acórdão ficaram inviabilizados os processos correntes de demarcação, a não ser uns ou outros que estejam em áreas remotas e sem demandas de interesses econômicos.

Assim é que, no auge da democracia brasileira, os interesses indígenas são desafiados por determinações jurídicas provindas da mais alta corte de justiça do país. O Ministério da Justiça, de sua parte, encontra-se a postos para "portariar" essas determinações, mudando o rito processual de demarcação estabelecido pelo Decreto 1756, de 1996, já que, de certo modo, elas atendem aos interesses mais prementes do desenvolvimento econômico brasileiro.[41]

Pode-se até especular que, como se fosse um volta ao passado, essas recentes mudanças na política indigenista brasileira estão em sintonia com outras mudanças em áreas correlatas – como a proteção do meio ambiente e a reforma agrária (quase que escrevia a "localização de trabalhadores nacionais"). O mundo muda, mas também dá voltas. Ninguém pode esperar que a ascensão indígena no panorama político-cultural brasileiro seja uma curva firmemente ascendente. Só esperamos que não seja por muito tempo declinante.

NOTAS

[1] Ver Georg Friederici, *Caráter da descoberta e conquista da América pelos europeus*, Rio de Janeiro, Instituto Nacional do Livro, 1967; Antônio Baião et al., *História da expansão portuguesa no mundo*, Lisboa, Editorial Ática, 1939, 3v.

[2] Ver Charles André Julien, *Les voyages de découverte et les premiers établissements xv-xvi siêcles*, Paris, Presses Universitaires Françaises, 1948.

[3] A Bula *Romanus Pontifex* encontra-se em Antônio Baião et al., op. cit.; a Bula *Inter Coetera*, em Charles André Julien, op. cit.

[4] Apud Mecenas Dourado, *A conversão do gentio*, op. cit., p. 25. Nesse mesmo livro (p. 26), há a citação do trecho de uma carta do jesuíta Luiz de Grã ao fundador da Companhia de Jesus, Padre Inácio de Loyola, em 1553, que diz: "Este gentio, padre, não se converte com lhe dar coisas da fé, nem com razões, nem com palavras de pregação".

[5] O texto completo dessa carta régia e da maioria das citadas em seguida pode ser encontrado em John Hemming, *Red Gold*, op. cit.; Georg Thomas, *A política indigenista dos portugueses no Brasil, 1500-1640*, op. cit.; José Oscar Beozzo, *Leis e regimentos das Missões*, São Paulo, Loyola, 1983; Mathias Kiemen, *The Indian Policy of Portugal in America with special reference to the State of Maranhão, 1500-1755*, Washington, The Catholic University Press, 1955; Agostinho Perdigão Malheiro, *A escravidão no Brasil*, Petrópolis, Vozes, 1976 v. II; Carlos de Araújo Moreira Neto, "A política indigenista brasileira durante o século XIX", op. cit. A análise que se segue, no entanto, é de minha inteira responsabilidade.

[6] Ver João Lúcio de Azevedo, *Os jesuítas no Grão-Pará, suas missões e colonização*, 2. ed., Coimbra, Imprensa da Universidade, 1930. Sobre o período pombalino ver, em especial, Marcos Carneiro de Mendonça, *A Amazônia na Era Pombalina*, Rio de Janeiro, Revista do Instituto Histórico e Geográfico Brasileiro, 1963, 3 v.. Sobre o trabalho dos jesuítas e suas missões no Brasil, ver Padre Serafim Leite, *História da Companhia de Jesus no Brasil*, Rio de Janeiro, Instituto Nacional do Livro, 1938-1950, 12 v.

POLÍTICAS INDIGENISTAS   137

7   Um exemplo bem documentado dessas disputas se encontra na publicação do Cedeam, com o título *Autos de devassa contra os índios Mura do Rio Madeira e nações do rio Tocantins, 1738-1739*, Manaus, Universidade do Amazonas/INL, 1986. Versa sobre a proposta dos jesuítas e administradores oficiais de aniquilar os Mura porque estariam ameaçando as fazendas de jesuítas e particulares na região. Este exemplo se multiplica durante todos os séculos XVII e XVIII na Amazônia e, para o restante do Brasil, nos séculos XVI e XVII.

8   O papel da mão de obra indígena no projeto colonial é frequentemente subestimado pelos historiadores ao alegarem que a escravidão negra foi iniciada logo nos primórdios da colonização da Bahia e de Pernambuco. Mas a verdade é que, até a chegada dos holandeses, essa mão de obra foi imprescindível. Na Amazônia, ela permaneceu importante até o *boom* da borracha, a partir de 1870, quando houve maciça imigração dos nordestinos. Como guerreiros, os índios foram importantes na expulsão dos franceses, holandeses, irlandeses e ingleses, estes últimos no baixo Amazonas. A disputa pelas terras começou com as doações que o rei, os governadores e capitães-mores faziam aos portugueses em territórios dos índios. A estes eram também "doadas" terras, sempre em tamanhos menores do que seus territórios originais.

9   Essas disputas constituem uma parte essencial da história jesuítica e, de certa forma, dão o tom da tensão Igreja/Estado que perdura em nossos dias.

10 Explicitamente, essa carta régia fala que os índios são como crianças órfãs. Tal condição jurídica é reconfirmada pela Regência, em 1831. Na República, através do Código Civil de 1916, esse *status* é ligeiramente modificado para o de menor de idade "relativamente capaz", mantendo-se o princípio da tutela do Estado.

11 Ver Carlos de Araújo Moreira Neto, *De maioria a minoria*, op. cit.; Mércio Pereira Gomes, *O índio na História*, op. cit.

12 Sobre as missões jesuíticas, no Paraguai e no Sul do Brasil, ver Guillermo Furlong, S. J., *Missiones y sus Pueblos Guaranis*, Buenos Aires, Imprenta Balmes, 1962. P. Pablo Hernández, S. J., *Missiones del Paraguay, Organización Social de las Doctrinas Guaranis de la Companhia de Jesus*, Barcelona, Gustavo Gili Editora, 1913.

13 Ver Carlos de Araújo Moreira Neto, "Alguns dados para a história recente dos índios Kaingang", em Georg Grünberg (coord.), *La Situación del Indígena en América del Sur*, op. cit.; e *Os índios e a ordem imperial*, op. cit.

14 Por mais que tenha sido por boa intenção, considero uma interpretação exegética descontextualizada do propósito, do sentido e da prática de a história geral da colonização portuguesa considerar que a Coroa portuguesa tratava os povos indígenas como nações soberanas por causa de uma ou outra carta régia que os mencionava da seguinte maneira: "primários senhores de suas terras, sobre as quais não tenho jurisdição". Ver Manuela Carneiro da Cunha, *Os direitos do índio*, São Paulo, Brasiliense, 1987.

15 Esse cálculo é meu. Há evidência apenas de que havia cerca de 250 mil pessoas no baixo Amazonas antes da Cabanagem, e a grande maioria deveria ser índio, isto é, Tapuio. Ver Carlos de Araújo Moreira Neto, *De maioria a minoria*, op. cit.; Perdigão Malheiro, *A escravidão no Brasil*, op. cit., p. 243; este autor apresenta as seguintes estatísticas sobre populações indígenas, em 1817-1818: estatística dos governadores – população total: 3.817.900; índios aldeados: 250.400. Henry Hill – população total: 3,3 milhões; índios aldeados: 100 mil; índios bravios: 500 mil. Conselheiro A. R. Veloso de Oliveira – população total: 4.396.132; índios bravios: 800 mil. Nos dois últimos casos, a percentagem de índios para a população total é de 18%.

16 A política indigenista do Império foi estudada por Carlos de Araújo Moreira Neto em sua tese de doutoramento, já citada, e no seu livro *Os índios e a ordem imperial*, também já citado. Em meus estudos analisei para a região do Maranhão em sua tese de doutorado "The Ethnic Survival of the Tenetehara Indians of Maranhão, Brazil", op. cit, e no livro *O índio na História*, op. cit. Ver também Expedito Arnaud, "Aspectos da legislação sobre os índios do Brasil", em *Boletim do Museu Paraense Emílio Goeldi*, N. S. n. 22, 1973, e o livro organizado por Manuela Carneiro da Cunha, *História dos índios no Brasil*, op. cit.

17 "Despacho da Presidência da Província do Maranhão para o secretário fornecer a certidão, 21-10-1817" – Documento avulso do Arquivo Público do Maranhão, São Luís, MA; Livro de Registro de Terras de Santa Helena de Pinheiro, registro nº 123, p. 19. Ver, também, o exemplo dos índios Xocó, de Sergipe, em Beatriz Góis Dantas e Dalmo de Abreu Dallari, *Terra dos índios Xocó*, São Paulo, Comissão Pró-Índio, São Paulo, 1980.

18 Ver Relatório do Vice-Presidente da Província do Ceará, Pinto Mendonça, 1861. Só a partir da década de 1960 que grupos de famílias que se reconheciam com ascendência indígena passaram a se autoidentificar como índios e a entrar no processo de etnogênese. Hoje são pelo menos 14 as comunidades que se identificam como indígenas, a maioria das quais já reconhecidas pela Funai.

[19] No "Mappa Estatístico dos Aldeamentos de índios de que há notícia na Repartição Geral das Terras Públicas", publicado pela própria, em 20 de abril de 1856, consta a demarcação das seguintes glebas: Aldeia Abrantes (BA) – 2 léguas quadradas. Aldeia S. Antônio (BA) – 10 léguas quadradas. Aldeia N. Senhora da Saúde (BA) – 1/2 légua quadrada. Aldeia Soure (BA) – 1/2 légua. Aldeia Pombal (BA) – 1/2 légua. Aldeia Mirandela (BA) – 1/2 légua. Aldeia Bom Jesus da Glória (BA) – 1 légua quadrada. Aldeia Santarém (BA) – 1 légua quadrada. Aldeia Barra do Salgado (AL) – 1 légua quadrada. Almeida Mamaranguape (PB) – 12 léguas quadradas. Aldeia Iacoca (PB) – 5 léguas quadradas. Aldeia Urucu (AL) – 4 léguas quadradas. O número de aldeias reconhecidas chega a mais de 160 que, supostamente, deveriam ter suas terras demarcadas, porém não constam mais registros nos mapas emitidos posteriormente. De qualquer modo, as estatísticas oficiais do Império sobre índios são sempre de péssima qualidade e falta de clareza, inconfiáveis sob muitos aspectos.

[20] Ver José Maria de Paula, *Terra dos índios*, boletim nº 1 do Serviço de Proteção aos índios, Rio de Janeiro, Imprensa Nacional, 1944.

[21] Ver Miguel Lemos e Raimundo Teixeira Mendes, "Bases de uma Constituição política ditatorial federativa para a República Brasileira, 1890", em *Anais da Assembleia Nacional Constituinte*, 2 v., 1892. Ver também Humberto de Oliveira, *Coletânea de leis, atos e memórias referente ao indígena brasileiro*, publicação nº 94, Conselho Nacional de Proteção aos Índios, Rio de Janeiro, Imprensa Nacional, 1947.

[22] Sobre o Rio Grande do Sul, ver Plínio Dutra, "Extrato do Parecer do Dep. Plínio Dutra, Relator do Inquérito que investiga a situação dos Toldos Indígenas do Estado", Assembleia Legislativa Estadual do Rio Grande do Sul, 1967. Ver também Lígia T. L. Simonian (org.), *A defesa das terras indígenas: Uma luta de Moysés Westphalen*, Ijuí, Cadernos do Museu Antropológico "Diretor Pestana", outubro de 1979. Os missionários salesianos foram para Mato Grosso em 1890; os capuchinhos vieram ao Pará e Maranhão logo em seguida, em 1895; os dominicanos se instalaram em Goiás e no sul do Pará nessa mesma década; os franciscanos fundaram uma missão no alto do Tapajós no início do século. Os positivistas, sobretudo Teixeira Mendes, no Rio de Janeiro, e o Centro de Ciências Letras e Artes, de Campinas, publicaram diversos artigos sobre os índios e a necessidade de protegê-los pela ação do Estado. São exemplos: J. Mariano de Oliveira, "Pelos indigenistas brasileiros", Publicação do Apostolado Positivista Brasileiro, 1894; R. Teixelra Mendes, "Ainda os indígenas do Brazil e a política moderna", publicação nº 253, loc. cit., 1907; "O sientismo e a defesa dos indígenas brasileiros: a propósito do artigo do Dr. Hermann von Ihering", "Extermínio dos indígenas ou dos sertanejos", publicado no Jornal do Commercio, 15-12-1909, loc. cit., 1909; "A civilização dos indígenas brasileiros e a política moderna", publicação nº 294, loc. cit., 1910; "Em defesa dos selvagens brasileiros", publicação nº 300, loc. cit., 1910. Miguel Lemos, "José Bonifácio: a propósito do novo Serviço de Proteção aos Índios", publicação 305, loc. cit., 1910.

[23] Ver Hermann von Ihering, "A Antropologia do Estado de São Paulo", em *Revista do Museu Paulista*, t. VII. 1907, pp. 202-57. Ver também R. Teixeira Mendes, "O sientismo [sic] e a defesa dos indígenas brasileiros", op. cit.

[24] Ver Cândido Mariano da Silva Rondon, *Relatórios dos trabalhos realizados de 1900 a 1906*, Conselho Nacional de Proteção aos Índios, publicação nº 69-70, Rio de Janeiro, Departamento de Imprensa Nacional, 1949. *Conferências realizadas nos dias 5, 7 e 9 de setembro de 1915*, publicação nº 42 da Comissão de Linhas Telegráficas Estratégicas de Mato Grosso ao Amazonas, Rio de Janeiro, Imprensa Nacional, 1946.

[25] Ver Darcy Ribeiro, *A política indigenista brasileira*, Rio de Jnaeiro, Ministério da Educação e Cultura, 1962. Ver L. B. Horta, *Pelo índio e pela sua Proteção Oficial*, 1923, 2. ed. com aditamento do Major Alípio Bandeira, "Em defesa do índio", Rio de Janeiro, Depto. de Imprensa Nacional, 1947; R. Teixeira Mendes, "A proteção republicana aos indígenas brasileiros e a catequese católica dos mesmos indígenas", Publicação nº 349, *Revista do Apostolado Positivista Brasileiro*, 1912.

[26] Esse prestígio é reconhecido, entre outros, por John Collier, que foi o diretor do Bureau of Indian Affairs, órgão indigenista dos Estados Unidos, no período de 1933 a 1945, e também no Primeiro Congresso Indigenista Interamericano realizado em Patzcuaro, México, em 1943.

[27] Para uma discussão desses artigos e das constituições seguintes, com um resumo dos comentários do jurista Pontes de Miranda, ver Manuela Carneiro da Cunha, *Os direitos dos índios*, op. cit., pp. 82-94.

[28] Ver Serviço de Proteção aos Índios, *Boletim Anual, 1955*. Darcy Ribeiro, em seu artigo *Línguas e culturas indígenas do Brasil*, Rio de Janeiro, Centro Brasileiro de Pesquisas Educacionais, 1957, p. 36, comenta que, em 1953, os dados que obtivera dos postos e inspetorias do SPI apontavam um número de 150 mil índios naquele ano. Posteriormente, ele achou necessário corrigir alguns desses números e, ao final, por uma computação tipológica das populações indígenas, chegou a um número que varia entre 68.100 e 99.700. Se 100 mil é um número possível, concluímos que as populações indígenas começaram lentamente o seu processo de crescimento logo após esse nadir, acelerado na década de 1970.

[29] Ver Darcy Ribeiro, *Os índios e a civilização*, op. cit., passim.
[30] Ver meu ensaio "Por que sou rondoniano", em *Revista Estudos Avançados*, 23 (65), 2009, pp. 173-191.
[31] O estado de calamidade dos índios e os escândalos administrativos tiveram repercussão nacional e internacional. Ver o artigo de Norman Lewis, "Genocide", publicado na revista americana *The Sunday Times Magazine*, 22-2-1969, e em várias revistas europeias. Em 1970, a convite do governo brasileiro, uma comissão da Cruz Vermelha visitou diversas áreas indígenas, durante alguns meses, e publicou alguns artigos e livros, que, se não confirmam as acusações de genocídio e etnocídio, deixam a administração da política indigenista com uma péssima imagem de desleixo, irresponsabilidade, ignorância e falta de determinação na defesa dos índios. No ano seguinte, uma comissão da Aborigines Protection Society também visitou áreas indígenas do país. Ver Bo Akerren, Sjouke Bakker e Rolf Habersang, *Report on the LCRC Medical Mission to the Brazilian Amazon Region*, Genebra, Comité International de la Croix Rouge, 1970. Ver também Robin Hanbury-Tenison, *Report of a Visit to the Indians of Brazil*, Londres, Primitive Peoples Fund, 1971. A repercussão nacional começa pelas reportagens nos principais jornais, denunciando esses acontecimentos. Em junho de 1971, um grupo de 80 antropólogos e cientistas brasileiros redigiu um documento intitulado "Os índios e a ocupação da Amazônia", no qual denunciaram os planos avassaladores do governo militar em relação à Amazônia e às terras indígenas. Esse documento está no livro *La Situación Indígena en América del Sur*, op. cit., pp. 449-53.
[32] O histórico jornalístico desse projeto, bem como as manifestações contrárias de diversos segmentos da sociedade civil brasileira, pode ser encontrado em Comissão Pró-Índio, *A questão da emancipação*, caderno nº 1, São Paulo, Global, 1979.
[33] Muitos desses programas foram elaborados por linguistas-missionários do Summer Institute of Linguistics, entidade norte-americana que mantém missões entre índios no Brasil. Outros foram feitos pela equipe de educação da própria Funai, e outros mais por universidades brasileiras. Para um balanço dessa problemática, ver Comissão Pró-Índio/São Paulo, *A questão da educação indígena*, organizado por Aracy Lopes da Silva, São Paulo, Brasiliense, 1981.
[34] Ver Noel Nutels, "Plano para uma campanha de defesa do índio brasileiro contra a tuberculose", Separata da *Revista Brasileira de Tuberculose*, v. XX, 1952; "Medical Problems of Newly Contacted Indian Groups" em *Biomedical Challenges Presented by the American Indian*, nº 165, pp. 68-76, Washington, Pan American Health Organization, 1968.
[35] Os dados demográficos sobre os Urubu-Kaapor vêm de Darcy Ribeiro, *Os índios e a civilização*, op. cit., de relatórios do Sr. Fred Spatti, ex-chefe de posto entre esses índios, e do próprio autor. Ver, também, dois casos analisados por um médico de larga experiência indigenista: João Paulo Botelho Vieira Filho, "Aumento demográfico das populações indígenas Xikrin e Suruí", em *Revista Paulista de Medicina*, v. 79, n. 1-2, 1972.
[36] Ver Sílvio Coelho dos Santos, *Educação e sociedades tribais*, Porto Alegre, Movimento, 1975, pp. 46-51. Ver também Renate Viertler, "O projeto Tadarimana e suas consequências sociais entre os índios Bororo", em Comissão Pró-Índio, São Paulo, Globo, 1981; Betty Mindlin Lafer, "A nova utopia indígena: os projetos econômicos", em Carmen Junqueira e Edgar de Assis Carvalho (org.), *Antropologia e indigenismo na América Latina*, São Paulo, Cortez, 1981.
[37] Esta tese está desenvolvida em meu livro *O índio na História*, op. cit., cap. VI.
[38] Essa noção de colonialismo interno foi elaborada por Miguel Bonfil Batalla, em "El concepto del índio en América: una categoria de la situación colonial", em *Anales de Antropología*, v. 9, pp. 105-24, 1972.
[39] Para exemplificar com os países mais populosos, na China são 110 milhões de indígenas pertencendo a 54 grupos étnicos ou "nacionalidades". As nacionalidades Miao, Mongol e Tibetana têm populações com mais de 5 milhões de pessoas, enquanto os Gaoshan, Lhoba, Drung e Oroqin têm menos de 7 mil cada. A Índia reconhece 645 "tribos distritais", não povos, com uma população total beirando os 90 milhões. Nos Estados Unidos, cerca de seis milhões de pessoas se autoidentificam como indígenas, porém só 2 milhões de pessoas são inscritas como membros por umas das 566 tribos reconhecidas pela Federação.
[40] Amenizando esse epíteto há de ser esclarecido que em 2008 a Austrália fez uma grande cerimônia de homenagem aos povos Aborígenes, com promessas de restituição de seus direitos sobre terras, recursos naturais e inserção na sociedade, e assinou solenemente a Declaração. Em 2010, os outros três países seguiram o mesmo caminho. E, afinal, nada de mais aconteceu a suas integridades territoriais.
[41] Recentemente, o mundo indígena foi tomado de surpresa com a publicação do Decreto 303, pela Advocacia-Geral da União, que reconhece todas as ressalvas do Acórdão do STF de 19 de março de 2009 e as faz diretrizes para a política indigenista do governo. A surpresa se deve tanto ao fato de ser a AGU a fazer política indigenista quanto ao sinal de aceitação do governo com as ressalvas, as quais ainda estão sob discussão no STF em virtude da entrada de embargos de declaração sobre alguns pontos controversos. Pressionado pelo movimento indígena e indigenista, pela indignação de todos que se relacionam com a questão indígena, a AGU achou por bem suspender a validade do seu decreto por 60 dias até que os índios sejam consultados. Ora, consultados!

O QUE SE PENSA DO ÍNDIO

"O que o índio pensa de nós e do nosso mundo?" Essa não é uma questão fácil de ser respondida. A rigor, é uma tarefa para os próprios índios. O que sabemos realmente sobre o que pensam de nosso mundo constitui um conjunto heterogêneo de afirmações, pequenas histórias, anedotas e interpretações secundárias de depoimentos indígenas, coletados por indivíduos com os mais diversos interesses e propósitos: antropólogos, viajantes, indigenistas, missionários, pessoas do campo e da cidade, curiosos e mentirosos. É notável perceber, hoje em dia, que esse quadro está se modificando à medida que surgem escritores indígenas cujos depoimentos pessoais e artísticos são de grande valor para a compreensão de suas vidas no mundo atual.

Comecemos com o interessante relato do filósofo francês Michel de Montaigne. Certa vez (por volta de 1565), ele teve a oportunidade de perguntar a alguns índios Tupinambá que estavam morando na França – um deles havia se casado com uma mulher francesa – o que achavam desse mundo europeu, tão diferente do seu. Três teriam sido as respostas – porém, uma das quais Montaigne se esquecera –: (a) haviam observado muita diferença de condições de vida entre os franceses (uns muito ricos e poderosos; a maioria pobre e carente) e se surpreendiam pelo fato de os pobres não se rebelarem contra os ricos; (b) achavam absurdo que uma mera criança (o infante Charles) fosse o rei dos franceses, quando tantos homens fortes e bem-dispostos pareciam poder exercer melhor essa função.[1]

Conquanto pareça ser um caso de elaboração literária, como o é a maioria das anedotas sobre os índios, essa é uma história perfeitamente verossímil. Antropólogos e indigenistas que mantêm relações próximas e amigáveis com indígenas, e já os acompanharam em suas andanças pelas cidades brasileiras, relatam observações semelhantes. Desigualdade e hierarquia parecem ser temas bastante comuns nessas observações e nos questionamentos subsequentes.[2] A visão sociológica indígena, tal qual de um aprendiz de antropólogo, demonstra ser concreta e empírica a estrutura e os símbolos da sociedade observada, conforme ponto de vista de um observador estrangeiro que ainda desconhece a história.

Poucos são os relatos, desde o século XVI, em que a voz do índio se faz presente – se não ao pé da letra, pelo menos da forma mais aproximada que a literatura da época permitia –, embora, quase sempre, sem o acolhimento tolerante de um Montaigne. Jean de Léry, um calvinista francês que esteve com os Tupinambá do Rio de Janeiro, por volta de 1560, transcreveu um diálogo que teve com um índio, na própria língua tupinambá. Em 1614, já no Maranhão, o capuchinho francês Yves d'Evreux fez o mesmo, intercalando frases tupinambás com a tradução em francês (embora, nesse caso, as frases nativas tenham sido reconstruídas um tanto erradamente). Por sua vez, os jesuítas inauguraram os estudos de conhecimento das línguas indígenas a partir da gramática que José de Anchieta elaborou sobre a língua tupinambá, a qual, de tão ubíqua no Brasil, transformou-se numa *língua franca*, meio de comunicação generalizado no país e base da catequese para quase todos os povos indígenas congregados em missões religiosas.[3]

Porém, passados os primeiros anos de espanto e curiosidade, não foi permanente o interesse intelectual e cultural dos europeus sobre os índios. Assim, excetuando os Tupinambá, foram poucos os outros povos indígenas que receberam descrições detalhadas de sua cultura e língua. Ao que parece, estabelecido o domínio político e criadas as bases econômicas da colonização, os cronistas portugueses e os jesuítas deixaram de lado a sua curiosidade inicial e passaram a cuidar dos seus negócios mais importantes. Surpreendentemente, tampouco os holandeses demonstraram interesse cultural pelos índios, sendo que os relatos deixados expressam quase que exclusivamente a busca por alianças políticas, com poucas informações etnográficas de algum significado.[4] Os estereótipos construídos no século XVI passam a dominar a literatura sobre índios, com poucas modificações, pelo menos até o século XVIII. Como raras exceções, há um relato sobre os índios do médio rio São Francisco feito pelo padre capuchinho francês Martinho de Nantes, e uma gramática da língua dos índios Kariri elaborada por outro franciscano, Luiz Vicencio Mamiani, ambos em fins do século XVII.[5]

Durante as guerras entre luso-brasileiros e holandeses pelo controle do Nordeste açucareiro, os índios (Tupinambá-)Potiguar dividiram-se e confrontaram-se entre si, uma parte aliando-se aos holandeses e a outra, aos portugueses. De um lado estava o índio Pedro Poti, que havia sido levado para viver alguns anos na Holanda, onde fora educado; do outro, o nosso conhecido Felipe Camarão. Entre eles e outros índios Potiguares foi trocada correspondência escrita das mais interessantes, na qual cada parte acusa a outra por deslealdade política e infidelidade religiosa, sem que nenhum se convencesse pelo argumento do adversário. Esse testemunho literário, trágico em suas consequências, mostra a voz do índio em dissonância interna, tragada pelas contradições históricas que o envolveram.[6]

Na literatura sobre os índios, há observações e interpretações de pensamentos e atitudes supostamente indígenas que confundem mais do que esclarecem. Fala-se, repete-se e até se ensina nas faculdades que astecas e incas foram batidos e conquistados pelos espanhóis, numericamente muitíssimo inferiores, especialmente pelo pavor paralisante e desorientador que sentiram do cavalo (ou melhor, do conjunto homem-cavalo), animal até então desconhecido por eles, usado pelos espanhóis em batalhas campais com a destreza que lhes era característica. Astecas e incas, como bons observadores – tal qual os índios –, não fugiam à regra: o estranho centauro deve ter sido logo compreendido corretamente como dois animais distintos (homem e cavalo), ambos mortais, embora nem por isso deixassem de causar, pela potência de ataque, tamanho assombro e temor a eles.[7] A anedota, apresentada nos relatos dos primeiros conquistadores, tornou-se muito conhecida, e muitos ainda gostam de repeti-la como exemplificação do curioso, do exótico, e mesmo do pensamento inferior dos índios.

Outro exemplo semelhante é o de que os índios da ilha de Hespanhola (atualmente São Domingos) duvidaram tanto a respeito da humanidade dos espanhóis que, certa vez, ao matar alguns deles, afogando-os na água, mantiveram seus cadáveres submersos para testar se eram imunes à putrefação. A interpretação subsequente de que esse era sinal do quanto os índios se deslumbraram com a maravilha que viram pela frente, acreditando-os seres excepcionais, é-nos recontada até por um antropólogo de grande descortino intelectual e humanista, o francês Claude Lévi-Strauss.[8] Na mesma linha, outro antropólogo analisou apressadamente o fato de os Tupinambá chamarem os franceses de *mair*, que quer dizer "demiurgo", ou "encantado", como se eles os considerassem semideuses. Ora, está bem, os franceses são maravilhosos, mas por que então chamaram os portugueses de "peró", cujo significado parece perdido e que talvez não fosse mais do que a deturpação da palavra "pedro", como supõem alguns historiadores brasileiros? Será que a pólvora, as naus e o aço dos portugueses não encantavam tanto quanto os dos franceses?[9]

No entender do mundo civilizado, não foi por acaso que os índios se fascinaram tanto com os brancos a ponto de não compreenderem as novidades que representavam. Tampouco tinham clareza sobre a realidade concreta do mundo. Já em 1556, o Padre José de Anchieta contou que certa vez uma índia Tupinambá acusou outro padre jesuíta de ter tido relações sexuais com ela. Sabedor e confiante na castidade do seu companheiro, Anchieta interrogou essa mulher mais de perto e logo retirou a informação mais precisa de que isso se dera num sonho. Daí, tirou a conclusão de que os índios Tupinambá não sabiam distinguir sonho de realidade. Séculos depois, uma variação dessa história foi recolhida pelo antropólogo francês Lucien Levy-Bruhl como tendo se passado com um inglês, entre os indígenas da região do Chaco. Segundo ele, um índio acusou um surpreso Mr. Grubb de ter-lhe furtado legumes de sua roça. Por sua vez, o inglês retorquiu que nessa ocasião estava a 150 milhas do local do furto. Então, descobriu-se que o índio havia sonhado com esse incidente, mas continuava a afirmá-lo como se fosse um fato real. Esses exemplos são usados acriticamente pelo mesmo antropólogo e por outros pensadores modernos como mostras do pensamento indígena, supostamente incapaz de se situar no campo da objetividade.[10]

Certamente, tais interpretações não nos ajudam a saber o que os índios pensam de nós; no fundo, representam mais o que muitos civilizados pensam deles. Quem os conhece de perto, no entanto, sabe que não nos consideram deuses e são perfeitamente capazes de entender o processo de combustão da pólvora, a fabricação do aço e outras coisas mais, mesmo sem ver e compreender a teoria e o seu desenvolvimento. Afinal, poucos entre nós compreendem a teoria do átomo e a energia nuclear, mas entendem o que ela é, de alguma forma – e alguns até já a sentiram na pele.

Diminuir, desmerecer e mistificar o pensamento indígena foi, durante muito tempo, quase uma necessidade do mundo ocidental, e ainda hoje esse vício nos persegue. Nem sempre por má vontade, quase sempre por ainda não sabermos como nos posicionar condignamente em relação a esses povos.

De qualquer forma, é provável que os índios admirem a civilização ocidental pelos seus feitos, sua produção material, sua potência e capacidade de expansão. É inteiramente improvável que admirem as desigualdades sociais, a pobreza e a miséria de muitos, a violência explosiva, o disciplinamento ora excessivo ora leniente das crianças, a falta de generosidade, o egoísmo desenfreado, o desrespeito à natureza. Sabem, perfeitamente, que são os parceiros menores nesse inopinado enlace de civilizações, e que vivem perigosamente. Haverão de nos explicar melhor sobre tudo isso algum dia.

A HUMANIDADE DOS ÍNDIOS

Ao longo da história ocidental das Américas, os índios percorreram uma gama de interpretações e estigmas, muitos dos quais ainda permanecem calados no fundo de nossa mente hierarquizante e preconceituosa. Essas visões foram elaboradas no pensamento ideológico e nas relações sociais construídas em função do papel desempenhado pelos índios na formação de cada uma das nações americanas, e através de suas matrizes políticas – seja como mão de obra escrava, liberta, servil, encomendada ou assalariada, seja como aliados em guerra, inimigos ferozes, empecilhos à expansão, atravancadores do progresso etc.

O sentimento do novo e do desconhecido que os índios provocaram de imediato nos europeus (nos portugueses em particular), conforme se difundiam os relatos das primeiras viagens – de Vicente Pinzón pela costa do Nordeste, de Pedro Álvares Cabral e de Américo Vespúcio pela costa leste brasileira –, levou-os a abrir sua imaginação e sua razão para tentar formar uma ideia clara a respeito dessa gente nova e diferente de todos que haviam antes conhecido. São os descendentes de um dos filhos de Noé? Foram visitados por um dos apóstolos? Perguntaram-se se eram realmente seres humanos, ao considerarem os seus costumes cruéis, como o canibalismo, a sua indiferença para com os símbolos materiais do poder (europeu) – como o ouro e as pedras preciosas –, levando em conta sua intemperança e, sobretudo, seu irrefreável desejo de viver em liberdade, pelos matos afora. Possuem razão?

Claro, essa última pergunta era um tanto retórica, já vinha viciada, pois servia diretamente ao propósito de reduzir o índio à condição de animalidade com o fito de justificar mais facilmente a escravidão que se pretendia praticar sobre eles e de passar por cima das crueldades que lhes eram infligidas. Poucas vezes na história da humanidade algum poder constituído chegou a questionar se algum povo era ou não humano, embora como atitude psicológica isso seja bastante comum entre povos engalfinhados em rivalidade. Mas, entre portugueses e espanhóis, entre seus juristas e religiosos e, certamente, também no seio do povo, criou-se uma celeuma sobre essa questão, de tal ordem que foi necessária a manifestação da Igreja, instância máxima de julgamento do mundo ocidental até então. Afinal, quase meio século depois da descoberta da América, através da Bula *Veritas Ipsa*, expedida em 9 de junho de 1537 pelo papa Paulo III, os índios foram colocados no plano da humanidade, junto aos demais homens, ficando proibida a sua escravidão sob pena de excomunhão. Isso foi preciso para tentar frear o nível de crueldade que era exercido nas colônias espanholas contra os índios, fato denunciado veementemente pelo frade dominicano Bartolomé de Las Casas. Quanto ao Brasil, convém frisar, essa bula passou ao largo e só foi dada a conhecimento um século depois, quando foi expedida a Bula *Comissum Nobis*, pelo papa Urbano VIII, em 22 de abril de 1639, que vinha reafirmar os termos da anterior e ameaçar pela mesma pena os escravizadores de índios.

Por outro lado, nas inter-relações concretas, individualmente, a humanidade física dos índios foi reconhecida desde o princípio. Sabiam-no hábil, sagaz, inteligente, mas punha-se em dúvida a sua espiritualidade, especialmente por se mostrarem tão infensos a abraçar o cristianismo para a sua salvação, a adorar um Deus onisciente e onipotente e a venerar os santos e abandonar sua religião, seus mitos e seus costumes. Mais tarde, porém, as teorias racistas iriam pôr em dúvida até essa humanidade física. A busca de sinais de desumanidade cultural e espiritual era tão determinada por parte dos portugueses que, ao notarem a ausência dos sons *f*, *l* e *r* na língua tupi, deduziram perversamente a razão: os índios não possuíam nem *fé*, nem *lei*, nem *rei*. Como algum povo poderia prescindir desses atributos e ser humano? E repetiram essa primeira brilhante dedução linguístico-estruturalista praticamente até o século XIX.

Antes de virarem os "bons ou nobres selvagens" pelas análises ambíguas e claudicantes dos filósofos iluministas, os índios permaneceram por um longo período de tempo naquele limiar perigoso entre a natureza e a cultura, entre a animalidade e a humanidade. A doutrina de que a natureza é boa e a civilização é má, o paradigma rousseauniano, por assim dizer, desenvolveu-se a partir do seu inverso hobbesiano, digamos, de que a natureza é rude e cruel, e a civilização necessária, por controladora dos instintos.[11] Na prática, é mais provável que a versão hobbesiana tenha tido mais aceitabilidade e vigência no meio intelectual europeu do que a visão rousseauniana. Certamente o foi na mentalidade mais moralista, da qual, aliás, não escapavam esses filósofos. É mais fácil considerar os índios, com o seu modo de viver simples e despojado, seres "brutos, cruéis, e de vida curta", para usar a frase de Hobbes, do que representantes de uma era prístina de felicidade paradisíaca. É mais fácil, em todo caso, usar dessa imagem grosseira para ir justificando os fatos históricos que levaram à destruição muitos povos indígenas do que arguir a outra versão para tentar esbarrar esse processo.

O mito do Bom Selvagem foi resultado mais de uma frase de efeito do que de uma intenção filosófica. Os iluministas que trabalharam a ideia do progresso humano a partir do desabrochar dos germes da potencialidade humana, encontrada na natureza, em sua maioria, não viam com bons olhos o estado de ser dos índios americanos. Em grande parte eram considerados estados degenerados de um ideal anterior que não conseguira progredir em virtude do clima ou de eventos catastróficos. O naturalista francês Georges Buffon, na sua *História natural dos povos,* interpreta a sociedade selvagem como "um ajuntamento tumultuoso de homens bárbaros e independentes que só obedecem a suas paixões particulares". Era necessário haver algum regramento desse estado de existência para que houvesse vida social e a razão florescesse junto com a felicidade.[12] Mesmo segundo Rousseau, para o homem ser feliz, é imprescindível a vida regrada junto com a propriedade privada e até certo nível de desigualdade. Sua visão é a de que o selvagem é o primitivo estágio da humanidade, é a quase natureza, em que os homens são guiados exclusivamente pelos instintos, não distinguem a beleza da feiura, não têm curiosidade nem reconhecem o próprio filho. Essa visão não é nada lisonjeira. Porém, ao contrário dos partidários da degenerescência, Rousseau acha que não há nenhum povo vivo nesse estágio, e sim num mais superior, "entre a indolência do estado primitivo e a petulante atividade do nosso amor-próprio". Este seria o estado ideal do homem, no seu entender, e é nele que se situariam os atuais povos selvagens, os bons selvagens.[13]

É certo que, com esse respaldo filosófico, deu-se uma guinada no pensamento ocidental sobre os povos indígenas, provocando uma forte influência em filosofias políticas utopistas ou revolucionárias, e sobrepujando, no desenvolvimento científico, o paradigma hobbesiano e a teoria da degenerescência. Porém, a influência desta última é mais forte e determinante nas esferas político-administrativas das metrópoles colonialistas e nas elites das suas colônias. Como um dos principais motivos da degenerescência indígena era de ordem geográfica, e atingia toda a América (sobretudo os trópicos úmidos), ficava difícil fugir à ideia de que isso também, eventualmente, abrangeria os brancos que vivessem muito tempo nessas regiões. Por isso se preferiu fugir da influência geográfica e atribuir à biologia a culpa pela degenerescência. Até meados do século XIX, historiadores – como Francisco Adolpho de Varnhagen – e políticos –

como o senador Dantas de Barros Leite – viam nos pobres remanescentes indígenas, sobrevivendo às margens das vilas e cidades, sem terras e sem possibilidades de viver autonomamente, sinais desse estado natural degenerativo irreversível, e não resultado de um fenômeno social.[14]

Na verdade, a descrição e a elaboração intelectual sobre o índio não foi abundante no Brasil colonial. Os jesuítas logo perderam o interesse em desenvolver qualquer argumentação mais aprofundada a esse respeito, nada mais além do que a discussão sobre a capacidade ou não do índio de converter-se à fé cristã, tanto porque a sua base filosófica era a escolástica, de coisa feita e sem mudanças, quanto porque o seu interesse era puramente utilitarista e religioso. Nesse mister, logo descobriram que a conversão do índio não viria simplesmente pela palavra, mas só depois da subjugação física e cultural. Somente pelo jugo da espada e da vara de ferro, no dizer de Anchieta, é que a catequese poderia ser efetuada. Com isso, foi abandonada inclusive aquela curiosidade pelas formas culturais específicas dos índios que os jesuítas cultivaram nos primeiros tempos da catequese. Em fins do século XVI, Fernão Cardim foi praticamente o último jesuíta a fazer uma descrição etnográfica original, e mesmo esta é sobre os Tupinambá, já amplamente conhecidos. Simão de Vasconcellos, o cronista jesuíta que escreve em meados do século XVII, já não acrescenta informações etnográficas dignas de nota, e Antônio Vieira, o grande defensor dos índios e da obra catequética da sua ordem contra a sanha dos colonos, em nenhum momento demonstra o menor interesse cultural e intelectual pelos povos que defende, de quem sabe a língua, a quem faz descer dos rios ou a quem pacifica.[15]

Os jesuítas logo descobriram que o melhor veículo da catequese seriam as crianças indígenas, após a subjugação política dos seus pais. E investiram todo seu esforço em alfabetizá-las, ensinar-lhes canções sacras, peças teatrais, artes e ofícios em ferraria, alvenaria e marcenaria, e aprimorá-las em aritmética e latim. Obviamente, os índios aprenderam, não deixando dúvidas sobre sua capacidade intelectual. Se no início era árdua a tarefa, ela foi ficando cada vez mais fácil à medida que a vida cultural indígena, agora duramente combatida, perdia sua razão sociológica de ser com rapidez. A sobrevivência dos índios catequizados se dava como resultado de sua transfiguração cultural – viravam índios de missão –, mas nem sobre eles os jesuítas se interessaram em refletir filosoficamente.

Porém, nem todos os índios estavam em missões, nem agrilhoados nas fazendas e nas vilas portuguesas. Fazia-se necessário compreender os impasses observados na vida indígena autóctone. De um lado, tanta generosidade, tanto espírito coletivo, tanta alegria de viver; de outro, tanta licenciosidade sexual, tão arraigado sentimento de liberdade, o canibalismo. Era preciso alguém que estivesse numa posição mais instável, menos sedimentada, entre a posição do poder colonial e o espírito de curiosidade, para apreciar esses impasses e tentar resolvê-los pelo pensamento. Alguém como Yves d'Evreux, padre capuchinho, francês, integrante da missão religiosa que fora ajudar a estabelecer a colônia que os franceses pretendiam instalar no Maranhão, no início do século XVII. Nos dois anos em que lá esteve (1614-1615), d'Évreux conversou com dezenas de índios através dos *turgimons*, os intérpretes franceses que moravam com os próprios índios e conheciam razoavelmente bem a sua sociedade e sua cultura. A partir dessa experiência, elaborou o seguinte argumento: a natureza é boa, os Tupinambá são naturais, de poucas regras, portanto também são bons intrinsecamente. Mas se tornaram maus, agem com imperfeição porque o Satanás está no meio deles, os inspira e os deturpa. É preciso estripá-lo de sua convivência, eis a função da catequese.[16]

Essa dedução lógica impecável, especialmente quando se acredita no Satanás, produzida no princípio do século XVII, é uma precursora da representação clássica do mito do Bom Selvagem. É ainda mais apelativa do que a explanação original de Rousseau porque esta é posta num plano evolutivo, pretensamente científico, enquanto d'Évreux coloca a sua num plano atemporal, portanto mitológico. Quantos de nós ainda não pensamos assim, que o índio é puro, livre, sem maldade natural – mas que, ao contato com a civilização (o Satanás), se deturpa e se degenera?

O mito do Bom Selvagem, nascido das divagações sobre a natureza, a cultura, o progresso e a degenerescência dos povos indígenas – embora, no nível político, a sua argumentação se baseasse nos problemas europeus do século XVIII –, insere em si uma visão generosa e idealista sobre os índios, e implica um posicionamento mais humanitário sobre a questão indígena. Porém, a sua permanência no cenário intelectual e emocional dos tempos atuais se deve a outros fatores até menos positivos. O mito põe o índio numa posição da escala evolucionária e, ao fazê-lo, apresenta o principal motivo da sua propalada morte e extermínio, considerando-o uma fase, um estágio passado do desenvolvimento humano, portador de uma cultura inviável aos tempos modernos. O mito explica a bondade e a crueldade dos índios, a sua liberdade, a sua ingenuidade e a sua sagacidade, a preguiça e a resistência física – enfim, sua vida e sua morte. Do ponto de vista científico, o mito toma a feição evolucionista nos escritos de Darwin e Spencer, Marx e Morgan, Childe e Stewart, ou a feição aculturativa, aparentemente mais piedosa e empírica, ao gosto moderno. Constitui, junto com outros pensamentos e sentimentos menos rigorosos, o que chamo de *paradigma da aculturação*.[17] Nenhuma dessas variações acredita na sobrevivência dos índios, no máximo a sua assimilação física e a permanência difusa de alguns de seus traços culturais na dinâmica social (brasileira). Há segmentos da Igreja que até doutrinariamente se preparou para dar a sua extrema-unção ao considerar perdida a causa indígena, comparando o sofrimento do índio à paixão do Cristo (que sendo Deus, ressuscita, ao contrário do índio).

Tem sido uma verdadeira surpresa para todos descobrir que os povos indígenas recuperaram suas populações, e que, portanto, o índio se torna viável historicamente. Nem todos se dão conta desse fenômeno, mas só das suas repercussões, como as mudanças de comportamento político do índio perante a nação. A sociedade civil observa essas mudanças, às vezes apoia, no mais das vezes se espanta e, sem querer, se retrai na sua solidariedade. O índio não lhe parece mais o bom selvagem, e não se sabe mais como interpretá-lo. O mito se esvazia e morre à medida que o índio vive. Se não for substituído por um novo mito, baseado em novas explicações dessa realidade cambiante, ele terminará ressuscitando por outra forma.

A INTEGRAÇÃO DO ÍNDIO NA NAÇÃO

Em 1820, a presença indígena no país era ainda tão maciça, compreendendo entre 500 mil e 800 mil índios (cerca de 15 a 20 por cento da população global) – pelos cálculos de várias autoridades do Império –, que, a contragosto, os ideólogos da insurgente nação imperial não conseguiram evitar de considerá-los parte da nação. A ameaça indígena ao projeto colonial já se esvaziara, aparentemente, por quase todo o território, excetuando as regiões mais isoladas, como a Amazônia e alguns bolsões de resistência ao sul da Bahia, no vales dos rios Doce e Mucuri, em Minas Gerais e nos estados sulinos. Somente mais tarde essas áreas iriam preocupar, mas sem grandes perigos. O que preocupava realmente era a possibilidade de os índios se aliarem com negros libertos e fugidos, como veio a acontecer na Balaiada (1838-1841) e, com maior intensidade, na Cabanagem (1835-1840). Essas rebeliões tiveram motivos e inspirações genuinamente populares que arregimentaram espontaneamente um enorme contingente de negros e índios que viviam ou como escravos e artesões ou como remanescentes das antigas aldeias jesuíticas transformadas em povoados e vilas mestiças, mas essencialmente regidas por um sistema econômico coletivista. A Cabanagem aliciou muitas aldeias indígenas autônomas, que mal falavam português, mas viviam sob o jugo ocasional de recrutamento de trabalho e apropriação de seus bens extrativos. Os Mura, os Mawé, os Sateré, junto com os genericamente chamados Tapuios, formaram boa parte das forças rebeldes que chegaram a tomar Belém, mas que, traídas pelos interesses classistas dos líderes, recuaram, foram combatidas e perseguidas inclementemente por todo o baixo Amazonas. O resultado é que essa região, como já vimos, é tão deserta de índios quanto as caatingas do Rio Grande do Norte, da Paraíba, do Ceará e do Piauí, palco da Guerra dos Bárbaros (1654-1714).

O susto dessas rebeliões provocou as maiores vociferações anti-indígenas do início do Império. A Balaiada, por exemplo, levou o futuro grande historiador maranhense, João Francisco Lisboa, a renegar os seus compromissos com o braço político da rebelião, seu próprio partido e, posteriormente, desenvolver uma intensa pesquisa histórica para provar o caráter inconfiável, traiçoeiro, desonesto, destrutivo, preguiçoso, covarde, inferior intelectualmente, inconciliável com a civilização, e degenerado, do índio brasileiro. Sua base de argumentação é a história do Brasil e a realidade que conhece das antigas e decadentes comunidades indígenas do Maranhão, e alude à teoria da degenerescência. Lisboa vai aproveitar dessa pesquisa para ironizar os arroubos românticos e poéticos do seu conterrâneo Antônio Gonçalves Dias, rotulando-os de "falso patriotismo caboclo". Curiosamente, o poeta – que, por esse tempo (década de 1850), fazia sucesso na Corte com o jovem Imperador e nas praças de São Luís – considera os atuais índios formas decadentes de seus esplendores passados, mas culpa a civilização e seus agentes por esse estado de coisas.[18]

Se num primeiro instante Lisboa é virulentamente anti-indígena, vai mudar depois, ao fazer sua primeira viagem ao Rio de Janeiro e em seguida a Portugal, seja em função de novos conhecimentos adquiridos, seja pelo alargamento de sua visão cultural. O certo é que ele passa a polemizar com Francisco Adolpho de Varnhagen, o historiador-mor do Império, precisamente sobre o caráter do índio, sua origem e sua posição no cenário nacional. Em diversos escritos, inclusive na sua obra-prima sobre a história do Brasil, e especialmente no seu "Memorial Orgânico", Varnhagen usa de argumentos morais, históricos, biológicos e filosóficos para descartar o índio como parte fundamental da nação, declarando até que eles são invasores do território brasileiro e sugerindo, senão a extinção por força das armas (como demonstrava ser a política indigenista norte-americana da época), a aplicação de uma educação forçada e rígida aos índios, por um período de 15 anos. Após isso, esperar-se-ia que eles se tornassem cidadãos bem-comportados e produtivos.[19] Lisboa contesta Varnhagen pela história, mostrando o caráter violento da colonização portuguesa e atribuindo a reação indígena à necessidade de sobrevivência. Já a proposta do uso da força ofendeu o pensamento liberal que se formava no país, e levou Manoel Antônio de Almeida, o futuro autor do primeiro romance brasileiro, *Memórias de um sargento de milícias*, a publicar um artigo intitulado "Civilização dos indígenas", condenando as análises e as propostas de Varnhagen, como desumanas, nocivas ao país e ultrapassadas. Se Varnhagen se vale de De Maistre e Vatel para justificar o uso da força e a inferioridade biológica dos índios, Manoel Antônio de Almeida era leitor de Humboldt e põe como epígrafe de seu artigo um parágrafo de avançada conceituação antropológica, retirado do livro *Cosmos*, o qual merece ser reproduzido aqui como mostra da qualidade da discussão naquela época:

> Ao manter a unidade da espécie humana, rejeitamos, por consequência necessária, a distinção desoladora entre raças superiores e raças inferiores. Sem dúvida há famílias mais suscetíveis à cultura, mais civilizadas, mais esclarecidas; mas elas não são mais nobres que as outras. Todas são igualmente feitas para a liberdade...[20]

Os tempos são de definição, porque tocam em interesses econômicos que dominam a política da época. Por essa razão, frequentemente Varnhagen se utiliza de argumentos veiculados por políticos poderosos, como os senadores Vergueiro e Dantas para caracterizar melhor seus argumentos anti-indígenas, mostrando o horror que esses povos causavam à elite dominante brasileira, e o desafio que aparentemente forçavam à hegemonia política e econômica em suas regiões de influência. O próprio Varnhagen relata que a origem de sua má vontade para com os índios vem de uma experiência pessoal, em sua região natal, Sorocaba, no interior de São Paulo, onde ainda havia índios autônomos que vez por outra atacavam viajantes que incursionavam por seus territórios.

Em contrapartida, tal radicalismo anti-indígena já era sinal da existência de posições contrárias, do surgimento de uma consciência crítica mais ampliada sobre a questão indígena. Gonçalves Dias simbolizava o movimento literário indianista que vai culminar nas obras de José de Alencar. A diminuta classe média lia esses romances e os artigos que saíam em revistas e jornais, como *Guanabara* e a própria *Revista do Instituto Histórico e Geográfico Brasileiro*, e até incentivava a fundação de sociedades contra o tráfico de escravos africanos e a favor da colonização e da civilização dos índios. Tal sociedade foi criada em 1850 pelo Dr. Nicolau França Leite, e parece que teve alguma duração, pois foi citada no livro de Perdigão Malheiros, escrito em 1866.

A visão romântica indianista foi iniciada pela publicação do poema épico *A Confederação dos Tamoios,* de Domingos José Gonçalves de Magalhães, aparentemente por encomenda do jovem Imperador. Mesmo de qualidade literária menor e com embasamento histórico um tanto fantasioso, esse livro catalisaria um sentimento de interesse pelos índios e uma polêmica sobre a melhor forma de civilizá-lo, durante as décadas de 1840 e 1850, encontrando seus pontos de qualidade literária nas poesias de Gonçalves Dias e de maior relevo ideológico nos romances de José de Alencar, a partir de *O Guarani.* Neste livro, o índio é idealizado como um representante americano equivalente do passado medieval português, da honra, da dignidade e da altivez, e a junção desses dois elementos é que viria a formar a nação brasileira. É um livro que cria um mito da criação do Brasil, e, como no mito do Bom Selvagem, o destino do índio é a sua extinção, no momento mesmo em que é criada uma nova instância humana e cultural.

Sem sombra de dúvidas, a obra máxima do liberalismo indigenista é o livro do deputado e jurista mineiro Agostinho Marques Perdigão Malheiro, *A escravidão no Brasil,* publicado em 1866-1967, e que dedica a segunda parte à questão indígena.[21] Além do valor da pesquisa, o livro apresenta, sem apologias à escravidão, a crueldade e a desumanidade das políticas indigenistas até então praticadas. Mas, como bom liberal, o autor guarda esperanças de que o novo Regimento das Missões, a lei indigenista imperial, de 1845, colocaria nos trilhos certos uma política de catequese e civilização dos índios. Perdigão Malheiro se dá conta de que a Lei de Terras, de 1850, propicia a extinção de aldeamentos indígenas em vários estados, como em São Paulo, Rio de Janeiro, Ceará, Sergipe etc., durante a década de 1860. Porém, considera que a Lei de 1845 defende os índios dos ataques oficiais e particulares, proíbe a escravização e o serviço obrigatório, reconhece e demarca as terras e promove a educação, tudo isso sob a égide da ideia da cristianização dos índios, passo *sine qua non* para a sua civilização. Ele se posiciona contra a visão de Varnhagen e, "entre perseguir os índios, dar-lhes caça como a animais ferozes, exterminá-los ou afugentá-los – ou deixá-los livres para vagar pelos sertões na sua vida errante como nos primitivos tempos" –, prefere esta segunda opção. A civilização não deve ser imposta ao índio, eis a sua conclusão liberal. Porém não alimenta ilusões sobre o futuro dos índios:

À proporção que o Estado crescer em população, em facilidade de comunicações por terra e por água, à proporção que o território se for cobrindo de mais povoados, e se forem descortinando os sertões, o facho da civilização abrirá caminho, espancando as trevas da selvageria, e, ou eles se hão de necessariamente acolher nos braços do homem civilizado e confundir-se assim com a massa geral da população, ou serão forçados a ceder o campo nessa luta desigual, em que a vitória, enquanto incerta na época, é certa e infalível, por ser o decreto de Deus onipotente na ordem providencial das Nações, manifestada pela história do mundo.[22]

Desde a segunda metade do Império, o índio passa a ser oficialmente uma parte da nação brasileira. A sua condição jurídica de "órfão" o coloca como dependente e parcialmente incapaz, precisando assim da proteção especial do Estado. Por outro lado, mantêm-se tanto as visões românticas e liberais que colocam o índio como fator de fundação da nação – como no romance *O Guarani*, de José de Alencar –, quanto as atitudes depreciativas de que ele é um selvagem inconciliável com a civilização.

A sua redenção só poderia ser vista pela catequese, já que era reconhecido como ineficaz, devido à incúria administrativa e a intervenção de interesses econômicos e políticos, o trabalho dos administradores das aldeias indígenas tanto os atuais quanto aqueles que substituíram os jesuítas, após 1759. A Lei de 1845, que instituíra as diretorias parciais dos índios, fora precedida pelo Decreto n. 285, de 21 de junho de 1843, que praticamente colocava nas mãos dos capuchinhos italianos toda a administração dessas diretorias e das colônias indígenas. Isso só não foi realizado efetivamente porque não havia capuchinhos suficientes para cobrir a demanda existente e porque na maioria dos casos esses frades não se adaptaram às dificuldades da vida missionária nos sertões mais ermos do país.

Mas o índio não é mais esquecido. Intelectuais e cientistas que queriam ver o índio respeitado e aceito por todos, com suas peculiaridades e com a benevolência dos outros cidadãos do Império, começaram a se manifestar. Esse sentimento está contido, por exemplo, no livro *O selvagem*, do General Couto de Magalhães, escrito em 1870.[23] O autor havia sido presidente das províncias de Goiás e Pará, e nessa função, como outros presidentes da época, havia-se preocupado em dar condições objetivas para que o índio pudesse "progredir" da sua realidade social para transformar-se em cidadão pleno. Nesse espírito, Couto de Magalhães fundou um educandário para os índios, nas margens do rio Araguaia, a Escola Santa Isabel, nos moldes de outro experimento criado em 1832 para os índios de Minas Gerais, onde a educação de letras e ofícios seria dada aos índios a partir dos 5 até os 12 anos de idade, em regime de internato, podendo aceitar índios adultos como alunos e mesmo pessoas civilizadas vizinhas ao colégio. O colégio funcionou enquanto o seu idealizador foi presidente da província, após o que entrou em decadência e se acabou, deixando descendentes dos remanescentes daquele tempo.

Note-se que a experiência educacional proposta em 1832, bem como a de Couto de Magalhães e as de Guido Marlière, para os índios do vale do Rio Doce, e a dos irmãos Ottoni – que incluía índios do vale do Mucuri (bem como imigrantes alemães) – são todas baseadas na antiga pedagogia jesuítica, que focaliza o trabalho na criança, mas se reveste de uma atitude social de integração imediata do índio com elementos da sociedade envolvente.[24] Nesses casos, como em muitas diretorias parciais, a entrada de imigrantes e lavradores sem-terra resultou na descaracterização indígena e na sua transformação em caboclo ou índio genérico.

Outros intelectuais do Império dedicaram algum esforço aos índios, vendo-os, já sob a ótica evolucionista, como primitivos, resquícios de um passado que certamente não sobreviveria ao desenvolvimento da nação. João Barbosa Rodrigues, talvez a quem podemos chamar o primeiro antropólogo brasileiro, conheceu e trabalhou pessoalmente com alguns povos indígenas, como os Crishanás, sobre quem escreveu o seu livro *A pacificação dos Crishanás*.[25] Como diretor do Museu Nacional, organizou a primeira (e única) Exposição Brasileira de Antropologia, para a qual escreveu descrições de diversos povos indígenas do Pará e Amazonas. José Veríssimo, que escreveu nos seus *Estudos amazônicos* sobre os antigos aldeamentos tapuios do Pará e descobriu o caboclo como descendente biológico e cultural do índio, é outro exemplo digno de nota.[26] Muitos deram suas contribuições para a reflexão nacional sobre o índio traduzindo obras de estrangeiros e viajantes ao Brasil e escrevendo artigos e cronologias históricas dos seus estados, que reconstituíam os povos indígenas nesses territórios, algumas das quais iam sendo publicadas na *Revista do Instituto Histórico e Geográfico Brasileiro*.[27]

De forma geral, pode-se concluir que os intelectuais do Império, que optaram por uma visão liberal ou romântica dos índios, tinham uma atitude de simpatia e comiseração pela sua situação, porém, excetuando as ideias de Couto de Magalhães e a política indigenista em vigor, não tinham nenhuma proposta a oferecer para solucionar os problemas que viam. Por outro lado, aqueles que consideravam os índios empecilho ao desenvolvimento nacional e símbolo de algo que tinha de ser destruído para a salvação da nação, já não perdiam tempo em escrever sobre eles. Ao virarem assunto de liberais, exclusivamente, os índios passaram a ser considerados caso perdido, de idealistas.

O ÍNDIO REPUBLICANO É UMA CRIANÇA

Se o liberalismo e o romantismo indianistas se alimentavam da má consciência da elite imperial, o positivismo – que surge em seguida e funda a República – procura encontrar soluções, porque se sente conceitualmente capaz para isso (ou, pelo menos, faz um grande esforço para acreditar nisso. Como ideologia de classes médias basicamente inseguras e dependentes, o positivismo propõe em compensação uma visão bastante ortodoxa e inflexível da humanidade e da sua evolução, conjuminando uma ideia de ciência e de moral. Quer libertar-se do jugo dos escravocratas, dos imperiais, dos clericais, enfim, das classes dominantes. Para alcançar esse fim, compreende a sociedade brasileira dentro de um rígido disciplinamento intelectual-moral, em que os trabalhadores se tornam os braços da República, as mulheres a sua força moral e os patrícios a cabeça da organização. Entre os patrícios estão eles, os industriais, os intelectuais, os advogados, os médicos, os militares. Essa filosofia foi se desdobrando em direção a uma doutrina de caráter religioso, os princípios de uma teologia, de onde foi fundada a Igreja do Apostolado Positivista, cuja influência sobre a classe média brasileira é reconhecida por todos os historiadores para o período que vai de 1880 a 1930, embora sem se precisar o seu grau real. Era uma teologia sem deuses, não cristã, mas com um setor eclesiástico formado só com grandes heróis da humanidade.[28] O curioso é que, quando um dos políticos positivistas mais conscientes de sua doutrina, Getúlio Vargas, alcançou o poder, por meio de uma revolução, e trouxe consigo uma leva de jovens positivistas para governar o país, o declínio político dessa doutrina teve início.

O positivismo, baseado na filosofia de Auguste Comte, é, naturalmente, evolucionista. Os índios são vistos como exemplos do primeiro estágio da evolução humana, o animista, em que a visão do mundo é baseada na crença de que qualquer objeto natural pode ter uma alma, um espírito, uma *anima*. Portanto, seus membros não seriam capazes do pensamento racional e objetivo, pois não conheciam o princípio da causalidade. Mas eles teriam potencial intelectual para evoluir e passar de um estágio a outro através da educação. Eis a esperança dos positivistas em relação aos índios. A solução estaria em dar-lhes condições para que caminhassem, o mais rapidamente possível, ao entendimento da sua posição e da sua integração à nação brasileira.

Na Constituinte de 1890, o Apostolado Positivista apresentou as suas propostas para discussão. Nelas, vimos no capítulo anterior, cabia aos índios o singular papel de se constituir em nações autônomas e de se organizarem empiricamente [sic] em estados. O seu lugar na nação brasileira advinha de sua anterioridade histórica, mas o seu futuro seria a sua incorporação física e cultural, o que viria a modelar uma fisionomia especial do brasileiro.

As ideias radicais dos positivistas não geraram fruto de imediato. Administrativamente, a política indigenista continuava a ser regida nos moldes do Regimento das Missões, de 1845, isto é, persistia a aplicação do binômio catequese e civilização, porém agora no âmbito dos estados federados, não mais pelo governo central. A Igreja havia se separado do Estado, mas a influência religiosa era ainda de grande importância, e muitos estados continuavam a convidar ordens religiosas para criar missões entre os índios de suas jurisdições. Porém, o Apostolado Positivista, por intermédio de seus diretor e vice-diretor – respectivamente Miguel Lemos e Raimundo Teixeira Mendes –, continuava a manifestar sua visão integrativa e racionalista do índio, em artigos e ensinamentos, na Escola Militar, e por meio da sua revista oficial, no Rio de Janeiro, e de uma sociedade afiliada, o Centro de Ciências, Letras e Artes, de Campinas, São Paulo. Por esses meios, conclamava o Estado a exercer a função gestora da política indigenista.

Em 1906, a administração dos problemas indígenas é reconhecida e oficializada dentro do Ministério da Agricultura, porém só em 1910, como já vimos, e depois de uma campanha nacional de grande repercussão, foi criado o Serviço de Proteção aos Índios, sob a inspiração imediata e alguma influência político-administrativa do positivismo. O movimento pró-índio, por assim dizer, congregou positivistas, liberais e nacionalistas, parte das classes médias, das Forças Armadas e da burocracia estatal, e representou a concretização política do sentimento nacional que considera os índios parte integrante da nacionalidade brasileira. De certa forma, o movimento pró-índio antecipou os aspectos nativistas e nacionalistas que estariam presentes no Movimento Modernista criado a partir da Semana de Arte Moderna.

O positivismo oficial, representado por Rondon e seus companheiros, passou a dominar a visão sobre o índio nos próximos 30 ou 40 anos, já há exemplos de pensadores brasileiros que avançaram na conceituação do índio dentro da história brasileira e em relação aos fundamentos científicos da antropologia moderna. Capistrano de Abreu, cuja visão do Brasil realçou sobremaneira o papel trabalhador e generoso do seu povo, em oposição à inércia e ao egoísmo de suas elites, naturalmente se interessou sobre política e, intelectualmente, pelo índio.

Embora inicialmente tivesse sido um positivista, Capistrano de Abreu foi influenciado pelos culturalistas alemães, sobretudo o grande geógrafo Friedrich Ratzel, o que o levou a elaborar uma visão mais dialética da história do Brasil. Capistrano de Abreu interessou-se especialmente pela história do que se chamava então o *hinterland*, o grande sertão, que, do seu ponto de vista, representava mais organicamente o Brasil. O seu interesse pelo índio levou-o a manter uma copiosa correspondência com diversos viajantes e cientistas, que vieram a conhecer o interior brasileiro, como Karl von den Stein, Max Schmidt, Johann Ehrenreich, e, inclusive, o jovem antropólogo Franz Boas (que então estudava os povos do nordeste canadense e que viria a ser o pai da antropologia moderna norte-americana). Em 1895, Capistrano publicou um livro sobre os índios Bakairi, de Mato Grosso; em 1912, outro sobre os Caxináua, ambos com estudos sobre suas respectivas culturas e línguas. Parte dos dados obtidos veio das informações que lhe traziam outros cientistas e militares que faziam parte da Comissão Rondon. Outra parte ele obteve de entrevistas diretas com índios que vinham ao Rio de Janeiro, trazidos propositalmente para esse fim.[29] Uma forma usual, para a época, de se fazer antropologia, que poderia produzir resultados mais ou menos confiáveis ou aceitáveis, conforme a sensibilidade do pesquisador e a boa vontade do informante.

Num país ainda sem universidades e cursos de antropologia (a não ser antropologia biológica), o conhecimento que se obtinha sobre os povos indígenas só podia vir de entidades como o SPI. Havia, naturalmente, os relatos de missionários e viajantes, dispersos em livros e artigos, muitos já traduzidos e comentados. Fazia-se mister sistematizá-los de alguma forma e inseri-los no conhecimento geral e nas teorias antropológicas mais recentes. A qualidade intelectual de muitos dos ajudantes de Rondon foi responsável por uma considerável produção de artigos e livros sobre as sociedades indígenas, a descrição de muitas culturas indígenas, a produção de discos, fotografias e filmes de grande valor etnográfico e histórico, que contribuíram, nos anos em curso, para consolidar a imagem do índio como um ser digno de viver e que precisava da nossa compreensão e ajuda.

Como ideologia política, o SPI se caracterizou pelo anticlericalismo e pelo cientificismo. No primeiro caso, atacou desde o clero secular até as missões tradicionais e as novas, como a dos jesuítas, dos salesianos e dos dominicanos, e as missões protestantes recém-chegadas ao Brasil. Porém, não conseguiu a hegemonia da ação indigenista, tanto por causa do poder de influência da Igreja sobre o Estado, quanto porque, em alguns casos, a presença missionária antecedera a sua criação. Assim, o SPI abriu mão de algumas áreas indígenas, como o alto rio Negro, e algumas aldeias e áreas indígenas, como a missão Meruri, dos índios Bororo, e outras mais.[30]

Casa tradicional do povo Tukano, no alto rio Negro.

Pelo seu lado cientificista, o SPI se enrijeceu demasiadamente nos princípios positivistas, até fins da década de 1940, o que dificultou uma reflexão mais aberta ou relativista diante dos avanços conceituais da antropologia. Por exemplo, durante muito tempo, sua ação indigenista se pautou pela ideia de que todas as sociedades indígenas eram matriarcais, porque esse traço cultural é o que caracterizaria, teoricamente, sociedades de pequena agricultura. Ora, essa propugnação havia sido feita quase um século antes e já sofria muitos reparos empíricos indiscutíveis.[31]

Os antropólogos que de alguma forma participaram ou colaboraram nos primeiros tempos, como Curt Nimuendaju, Edgar Roquette-Pinto, Herbert Baldus, Heloísa Alberto-Torres, eventualmente chegaram a ter influência sobre a orientação filosófica do órgão – o que ajudou a dar-lhe uma qualidade excepcional quando comparado com órgãos equivalentes em outros países. John Collier, que foi diretor do Bureau of Indian Affairs, o equivalente norte-americano ao SPI, entre 1933 e 1945, elogia o SPI sem meias palavras, reconhecendo o seu esforço e sua filosofia humanista em relação ao índio.[32] No pós-guerra, e até os fins da década de 1950, o SPI viveu seu grande momento intelectual, tendo no seu quadro antropólogos como Darcy Ribeiro, Eduardo Galvão, Roberto Cardoso de Oliveira e Carlos Moreira Neto, sendo, de fato, porta-voz dos sentimentos indigenistas do Brasil da época. A criação do Museu do Índio, dedicado a coletar material sobre as culturas indígenas, produzir conhecimento e repassá-lo à comunidade brasileira com o fim de combater o preconceito anti-indígena atávico, é exemplo dessa característica científica de alto nível.

A presença desses antropólogos junto aos militares e intelectuais positivistas – como Luís Bueno Horta Barbosa, Alípio Bandeira, José Maria de Paula, Vicente de Paula Teixeira da Fonseca Vasconcelos, Manuel Rabelo, o general Jaguaribe de Mattos –, além daquelas pessoas então chamadas de "sertanistas" – como Pimentel Barbosa, Eduardo Hoerhann, Francisco Meireles, Cícero Cavalcanti, os irmãos Vilas-Boas, o médico sanitarista Noel Nutels, e outros mais –, todos trabalhando para uma mesma finalidade, demonstra a tentativa de se encontrar uma ideologia que aliasse o pensamento à ação, num processo de enriquecimento mútuo. Todas essas pessoas eram capazes tanto de escrever quanto de dialogar com um povo indígena, fundar um posto de assistência ou fazer um discurso de defesa do índio numa solenidade pública ou no Congresso Nacional. Esse foi, sem dúvida, um fator de coesão e qualidade do SPI, sob a liderança moral do Marechal Rondon, que a Funai sempre teve dificuldades em obter, sobretudo pela cisão criada pelos militares entre antropólogos e indigenistas até a democratização do país.

Uma das mais permanentes características do SPI foi a sua filosofia de "pacificação" dos chamados índios arredios. A noção de pacificação talvez tenha surgido em fins do século passado, como bem exemplifica o livro de Barbosa Rodrigues, e representa um passo adiante das noções de "domesticação" ou "amansamento". Esses termos foram usados por muito tempo para significar o sentido da relação de primeiro contato que se faz com um povo indígena. Na pacificação, o índio é compreendido como um ser bravio e agressivo; nas outras, como um animal. A noção de pacificação é preconceituosa, além do mais, porque subtrai do índio o seu caráter de povo, de unidade sociopolítica autônoma, com quem se deve procurar relações amistosas pelo diálogo franco e respeitoso. Ela implica uma posição de superioridade por parte do "pacificador". É sempre um ato político de intervenção e controle, que muda um povo de autônomo para heterônomo.

De qualquer modo, "pacificar" era a tática mais humanista da época, o contrário da guerra. O método de pacificação foi desenvolvido, antes do SPI, pela Comissão Rondon, nos contatos que teve com índios de Mato Grosso. Baseava-se no princípio de que uma turma de pacificação devia ter consciência de que estava invadindo um território indígena, e que o índio tinha todo o direito de defendê-lo, inclusive atacando quem o estivesse invadindo. Assim, era dever moral aceitar essa realidade, procurar mostrar sinais de boas intenções e nunca revidar ataques. Daí foi criada a célebre máxima de "morrer se preciso for, matar nunca", como guia das ações de uma e qualquer turma de pacificação.

Muita gente morreu e passou perigo seguindo esse princípio, numa prova irrefutável da sua dedicação, da força moral e do *esprit de corps* que regia o SPI.

Embora o resultado final das dezenas de pacificações feitas, dos Nambiquara, Kaingang e Xokleng, no início do SPI, passando pelos Botocudos, Gueréns, Baenan, Umotina, Parintintin, Urubu-Kaapor, Kayapó, Xavante, Suruí, Xikrin, Gaviões, Cintas-Largas, até os casos mais recentes dos Kubenkrãkem, Txicão, Suyá (Kisêdjê), Parakanã, Arara, Cintas-Largas, Suruí, Uru-eu-wau-wau e outros mais, não corresponda ao que se esperava – pelo contrário, levou algumas dessas tribos à beira do extermínio e a dolorosas perdas populacionais e imensas perdas territoriais –, podemos, no entanto, considerar essa filosofia como uma contribuição ao humanismo brasileiro. Mesmo no período mais autoritário e anti-indígena pelo qual o Brasil já passou, recentemente, essa filosofia se impôs como princípio e ideal. É claro que sempre houve e continua a haver casos individuais de má-fé e irresponsabilidade, adicionando-se ao fato de que a noção de "atração", usada por longos anos pela Funai, parece bem mais insidiosa e dúbia, carregada de armadilhas e sensacionalismos, mais ao gosto daqueles tempos.

Porém, nem pacificar nem tampouco atrair é a questão. O que deve prevalecer é a ideia e o estatuto jurídico de que os índios estão no seu território, quase sempre pacificamente, e só por uma motivação muito superior é que se deve procurar um relacionamento com eles – e sempre através de princípios morais e métodos honestos que estabeleçam um acordo de respeito aos seus direitos individuais e sociais e, sobretudo, às suas terras. Acordar boas relações com um povo indígena para depois explorar o seu território é o equivalente moderno de declarar uma guerra ofensiva no século XVII.

O positivismo e o SPI também tiveram o mérito de equacionar o problema indígena brasileiro, o seu decréscimo populacional e a sua inadequação à dinâmica política do país, como um problema histórico, com soluções históricas. Rompeu definitivamente com o binômio catequese e civilização, focalizando a filosofia do trabalho indigenista numa sociologia moderna (para a época e para o Brasil), centrada no homem.

Paralelamente, estavam se constituindo as noções e os conceitos que formam o escopo da antropologia moderna, em que o homem é visto como um ser fundamentalmente cultural – isto é, determinado mais por suas ações sociais, seu passado constituído e seu inter-relacionamento com os outros homens, do que por determinações geográficas ou pela biologia. Por essa perspectiva, o homem torna-se responsável por si mesmo e, portanto, capaz de ação consciente de mudança. Embora a antropologia tenha surgido das mesmas fontes de onde brotou o positivismo, isto é, o iluminismo e o evolucionismo, a partir do início deste século, desenvolveu uma forte crítica ao esquema evolucionista de desenvolvimento humano (não à teoria da evolução, como pensam alguns). Os estudos empíricos, baseados na presença do antropólogo entre o povo indígena em questão, já vinham demonstrando que a variedade das sociedades humanas era maior do que supunham os evolucionistas clássicos e também o positivismo, bem como suas formas de viver e pensar muito mais complexas. Foi provado e comprovado que os chamados povos primitivos possuíam culturas funcionais e completas e nada deviam aos chamados civilizados em sofisticação e sutileza de pensamento. Portanto, a escala de potência cultural não se correlacionava com uma putativa escala de inteligência e mesmo de valores morais.

Pela noção de relativismo cultural, segundo a qual se compreendem que todas as sociedades e culturas humanas são tão singulares que só se explicam pelos seus próprios termos – e, portanto, não podem ser comparadas umas com as outras, não havendo assim costumes superiores ou inferiores –, as culturas indígenas foram elevadas ao pé de igualdade com qualquer outra cultura, inclusive a brasileira, por exemplo. A partir dessa noção, muito se aprendeu sobre o índio, pela atenção que se deu ao conhecimento dos mínimos detalhes de sua vida, às suas visões de mundo, às suas singularidades culturais e, enfim, à totalidade integrativa de suas sociedades.

Porém, tal como na má consciência liberal, tinha-se de encarar a realidade. Os índios podem até ser vistos como iguais a nós, mas, de fato, pareciam estar perdendo. Suas populações vinham constantemente diminuindo, suas culturas se mestiçando, suas visões de mundo ficavam cada vez mais confusas e inclinadas a acatar as visões dos civilizados. Chamou-se a isso de *processo de aculturação*. O índio, enfim, estava derrotado, era um ser fadado à extinção, dizia-se aos quatro ventos. E por quê? Em razão da potência destrutiva da civilização, da inadaptabilidade da cultura indígena, de sua inconstância psíquica, e quiçá até biológica; em suma, por causa das suas deficiências e fraquezas, mesmo que fossem só relativas ou setoriais. Enfim, o relativismo cultural, como uma explicação da variedade humana, cai também no buraco negro do paradigma da aculturação, tal como o evolucionismo. Assim, para preservar o relativismo, melhor que seja considerado um princípio metodológico, uma atitude em relação às culturas humanas, não uma visão teórica para substituir o evolucionismo cultural, como pretendia a corrente boasiana da antropologia norte-americana até a Segunda Guerra Mundial, bem como diversos antropólogos europeus, Malinowski em especial.

Na verdade, o avanço conceitual da antropologia moderna não foi tão revolucionário quanto se supõe. A crítica feita ao esquema evolucionista não desbancou a validade dos estudos empíricos anteriores de sociedades indígenas, nem as premissas que organizavam as análises decorrentes. Os grandes pensadores do século passado, como Durkheim, Freud, Piaget, Lévi-Strauss, analisaram diversos aspectos dos povos e culturas indígenas com base no conhecimento científico de suas épocas – que se estendem ao presente –, o qual, em muitos casos, ecoa as mesmas visões quinhentistas sobre os índios.

Para desenvolver suas ideias sobre o complexo de Édipo, por exemplo, Freud buscou nos livros de antropólogos como R. R. Marret, James Frazer, Spencer e Guillen, Robertson Smith, Émile Durkheim, Marcel Mauss, e outros mais, os fundamentos empíricos e as análises parciais que o levaram a concluir que os povos primitivos, os selvagens, têm uma mentalidade equivalente à de uma criança civilizada, e suas religiões, de natureza animista, são baseadas em sentimentos psicológicos correspondentes aos de um neurótico. O primitivo, no seu entender, vai além do neurótico, pois não somente não consegue fazer uma nítida distinção entre o pensar e o fazer, como não se inibe de tentar converter o pensamento em ato.[33] Em que difere isso da anedota do Padre Anchieta sobre a índia Tupinambá, que acreditava ter tido relações sexuais com um padre porque assim o sonhara?

Nos vários livros sobre o desenvolvimento da inteligência na criança, Jean Piaget sugere frequentemente que o pensamento dos povos primitivos está no mesmo nível daquele de uma criança de 7-8 anos, caracterizado por um realismo ingênuo, uma visão egocêntrica, pré-lógico, pré-causal, baseado no raciocínio transdutivo (em oposição à dedução e indução), "impermeável à experiência", dominado pelo vigor da convicção (ou o que Freud chama de "onipotência do pensamento"); enfim, incapaz de distinguir o mundo real exterior da sua subjetividade.[34] Mesmo depois de ter lido criticamente, à luz das análises de Lévi-Strauss, as ideias do antropólogo Lucien Levy-Bruhl – que categoricamente afirmara que o pensamento primitivo era pré-lógico porque a realidade exterior só era apercebida e concebida pela *participação* do indivíduo –, Piaget tenta reconduzir esse último conceito para o sentido de uma relação entre o indivíduo e o objeto não como um sentimento místico, como parecera inicialmente a Levy-Bruhl, e que era o grande motivo da sua rejeição pela maioria dos antropólogos. Dessa forma, Piaget reafirmaria a correspondência do pensamento primitivo ao da criança que ainda vive o estágio egocêntrico.[35]

Não foram somente os grandes psicólogos que pensaram assim. A herança evolucionista está presente na antropologia de um dos maiores antievolucionistas, Franz Boas, quando diz que o pensamento primitivo é caracterizado por associações "emocionais" que obscurecem a objetividade; na de Evans-Pritchard, quando enfatiza a necessidade do primitivo de buscar explicações para tudo e ignorar o *acaso*; e na própria antropologia de Lévi-Strauss, quando cria a noção de "pre-ceito" para caracterizar o *pensamento concreto* das classificações primitivas, em oposição ao "conceito", que caracterizaria o *pensamento abstrato*, científico, próprio da civilização ocidental.[36] É certo que o chamado pensamento selvagem é relativizado pelo autor, ao afirmar que esse tipo de pensamento também está presente no mundo civilizado, e que, portanto, não representa uma atribuição exclusiva dos primitivos. Porém, essa concessão parece, sem dúvida, gratuita, já que suas análises mostram o pensamento primitivo como dominado pela lógica do concreto, ao passo que, entre os civilizados, essa forma de pensamento não seria mais do que resquício, ou "sobrevivências" (um termo do evolucionismo), de eras anteriores, relegado a esferas menos importantes da vida social civilizada.

A equiparação do primitivo com a criança é arguida por esses cientistas com base na correspondência ontogênese/filogênese, segundo a qual o ser humano se desenvolve por formas idênticas àquelas por que teria passado o homem enquanto espécie e cultura. Piaget, especialmente, diz que se não lhe é dado conhecer o primitivo ser humano, já desaparecido, ele o encontra na criança e nos povos primitivos sobreviventes. Freud – e, muito mais do que ele, Jung – concebe a psicologia humana, sobretudo a psicologia de grupo, como portadora de elementos atávicos pré-históricos, talvez até pré-humanos.[37] Os povos primitivos seriam exemplos correspondentes dessas diversas fases do desenvolvimento do indivíduo homem.

Vale a pena esclarecer, como um parêntese, que nenhum desses autores assim escreve como modo de menosprezar os povos primitivos, suas culturas e suas formas de pensar. Freud, quando equaciona o pensamento primitivo ao do neurótico, não o diminui necessariamente, já que considera ser esse tipo de pensamento o gerador das artes e das religiões, de fundamentos e esteios das culturas. Piaget, por sua vez, diz que

> A atividade lógica não é toda a inteligência. Pode-se ser inteligente, sem ser muito lógico. As duas funções essenciais da inteligência, a de inventar soluções e a de corroborá-las, não se acarretam, necessariamente, uma à outra: a primeira participa da imaginação; apenas a segunda é propriamente lógica.[38]

Quanto aos antropólogos, em geral, seus posicionamentos teóricos demonstram claramente sua visão empática e sua busca de igualdade em relação ao primitivo.

Porém, embora combatida pelas pesquisas empíricas que os antropólogos vêm fazendo nos últimos 120 anos – reconhecendo ao primitivo os fundamentos do pensar lógico, por um lado, e onde se percebeu o pensamento mágico ou a recusa ao acaso também entre os civilizados (sobretudo nos estamentos sociais ainda não integrados à modernidade, por outro) –, a visão clássica do índio como primitivo preenchia e justificava um sentimento generalizado e arraigado, no civilizado, de que este é essencialmente diferente do primitivo, e seu superior. A imputação de uma infantilidade se coaduna com a teoria da evolução, com a correspondência ontogênese/filogênese e com a ideia de que os povos primitivos atuais representam *sobrevivências* do nosso passado mais remoto.

Esse sentimento não deixava de pesar na consciência liberal da antropologia, que defendia a igualdade dos povos e o relativismo cultural. Havia, de fato, um dilema que influenciava, na prática, as relações entre o antropólogo e o seu informante indígena (que, no caso dos países colonizados da África e Oceania, era quase sempre um criado, um empregado temporário) e que, obviamente, estava marcado nas relações colonialistas ou, como no Brasil, na relação de tutor para tutelado. Como, então, ser o índio ao mesmo tempo igual ao civilizado, mas ser seu tutelado, ou o africano ser o seu criado? Ser como uma criança, assim, até que não seria de todo mal. É extremamente significativo que, para fugir a esse dilema, a antropologia norte-americana tenha terminado por conceituar como um princípio metodológico a ideia de que um antropólogo, ao estudar um povo primitivo e praticar o método da observação participante, pelo qual ele se insere no contexto cultural desse povo, vira uma criança aos olhos desse povo – e, de certa forma, até para si mesmo. A ideia é que o antropólogo penetra num novo mundo desconhecido como um ingênuo, e só aos poucos vai entendendo-o e, concomitantemente, crescendo, até que, ao cabo desse período, vira um ser adulto perante os membros nativos da cultura pesquisada. Concluía-se daí que ser criança era uma situação temporária, dependia do ponto de vista que se adotasse. Até um civilizado o seria em determinados contextos. Tudo afinal era relativo. Muitos estudos foram realizados a partir desse entendimento e desse suposto princípio metodológico. Pareciam suavizar o dilema antropológico e a real situação política por uma dissimulada inversão psicológica.

A resolução desse dilema, no entanto, não veio por obra da antropologia, e sim em função das mudanças políticas, pelo fim do colonialismo e o surgimento das nações africanas modernas, e com a presença do índio, do primitivo, nos cenários políticos maiores. Ao adotar, com idêntica verve e competência, um discurso político equivalente ao do civilizado, os chamados primitivos começam a mudar a ideia de que são como crianças, ou neuróticos, ou incapazes de distinguir o objetivo do subjetivo. Para os índios do Brasil, isso só passou a ser possível, verdadeiramente, quando as suas populações pararam de diminuir, revertendo uma tendência que vinha desde 1500, e eles se lançaram no cenário político brasileiro passando a lutar por sua sobrevivência com os instrumentos de que dispunham e com suas próprias forças, antes irreconhecidas.

É óbvio que a antropologia, enquanto ciência, ainda não formulou uma visão nova e integradora que abarque essa mudança fundamental. Apenas fez a sua crítica, sua autocrítica, em relação à sua participação política no colonialismo.[39] É necessário agora pensar firmemente a equivalência, se não a igualdade, dos homens e das culturas como realidades potenciais e necessárias e, assim, fornecer as bases argumentativas que possam produzir a reformulação de outras ciências afins, como a psicologia, e a própria filosofia, no que diz respeito às ideias que têm do primitivo e das diferenças culturais.

No processo político que presenciamos, desde a década de 1980, cada vez mais intenso, mantém-se ainda, na concretude das relações interétnicas em nosso país, a visão, se não mais infantilizada, como *menor de idade* a ser tutelado, mas exótica do índio, como ser ambíguo e instável. Procura-se justificar essa condição com argumentos políticos realistas, como a alegação de que somente assim o Estado brasileiro pode defender o índio das injustiças sociais e econômicas que são cometidas contra ele e suas culturas e proteger as suas terras da permanente ameaça de esbulho. (Ora, infelizmente, pesa dizer, é o próprio Estado que está se encarregando atualmente de efetuar essa tarefa para os interesses econômicos.) O paternalismo é justificado como necessidade histórica e resultado de um pacto social criado no interior do conjunto de classes e culturas que compõem a nacionalidade brasileira. Agora, o índio tornou-se um filho bastardo da nossa civilização. Não mais criança, o índio tem sido visto como alguém portando uma doença terminal, condenado inexoravelmente ao seu fim, para o que seria dever social e humanista do Estado, se não cristão, amenizar o seu sofrimento e cuidar para que venha a ter uma boa morte.

A BUSCA DE UMA IDENTIDADE MAIOR

É de surpreender que muita gente continue a pensar que o índio está fadado ao extermínio, seja físico, seja por assimilação cultural, nos termos equivalentes ao lamento liberal de Perdigão Malheiro ou naqueles do cientificismo positivista, ou pela aculturação antropológica. Mas as estatísticas (o Censo de 2010 do IBGE, até com exagero!) apontam uma realidade nova e já quase todo mundo percebe a diferença demográfica de determinado povo indígena, para o que era quarenta anos atrás. E percebe a sua mudança de comportamento. A passagem de diversas personalidades indígenas no cenário nacional nos últimos tempos, fruto dos movimentos indígenas e dos próprios movimentos internos da sociedade brasileira, causa espécie e abala a visão que tínhamos do índio, este Bom Selvagem, esta nossa criança. Então, eles agora se exibem pelo mundo, se articulam tão matreiramente assim? Ameaçam com violência? Manipulam a opinião pública? Corrompem-se, se vendem, traem seus valores? Fazem política e viram deputado? Onde estão sua ingenuidade e pureza?

A opinião pública não entende mais o índio; porém, Estado e antropólogos tradicionais estão perplexos. Começa a ficar esclarecido que os índios não são como crianças, mesmo que riam mais do que nós, que sejam egoístas com suas pequenas coisas e generosos no dar e no receber. Querem o direito aos seus bens patrimoniais e de serem tratados como iguais – cacique com presidente, líder com líder, homem com homem. É claro que há desentendimentos e incompreensões por parte deles, mas, basicamente, têm uma noção geral do funcionamento de nossa sociedade, e daí querem um relacionamento paritário. Meio desengonçadamente, procuram o seu lugar na sociedade brasileira. Nós é que não sabemos qual espaço abrir para o seu avanço, fundamentalmente porque não sabemos que tipo de sociedade nos é dado construir.

Durante os últimos anos de democracia política, dezenas de teses e livros foram escritos para tentar definir o que faz o índio ser e manter-se índio, sobretudo aqueles que vivem há muitos anos em contato permanente com a civilização brasileira. Muitos estudos têm sido produzidos subsumindo a perspectiva histórica e transcendental do mundo e o papel da cultura brasileira no inter-relacionamento étnico, para enfatizar o delineamento de um quadro conceitual, ora psicologizante, ora social, e até com laivos filosóficos, e flutuando no tempo. Primeiro foram os estudos sobre identidade étnica e etnogênese; depois, vieram as pesquisas buscando descobrir as rivalidades de parentesco; por fim, surgiu a linha que pretende caracterizar uma filosofia indígena através de uma noção estreita de perspectivismo. Faltam a esses estudos, ouso aqui me posicionar, a inserção da preocupação moral com o futuro dos índios como culturas e sociedades em relacionamento político, o arrojo de prospectivização teórica e a visão hiperdialética[40] do mundo. Essa falha reflete a realidade de um segmento da intelectualidade brasileira, principalmente da academia, que perdeu o sentido histórico do país, engolfados pelos discursos da pós-modernidade e do desconstrucionismo – e, por que não dizer, aos moldes do libelo de Darcy Ribeiro – pelo ativo desejo de continuarem colonizados. Nesses estudos, os índios sobreviveram ou sobrevivem simplesmente porque o mundo mudou, com ou sem razão histórica. Basta de mais explicações. Bem, se a roda do mundo virar de novo, que não seja explicado pela mesma bonomia.

Ao adotar uma visão hiperdialética do mundo, os antropólogos e outros intelectuais poderão pressentir que a presença histórica e contínua dos povos indígenas no Brasil pode criar novas feições para a nossa sociedade. Não sendo mais um morto-vivo, o índio tem de se compor com a nossa realidade – e cada um de nós faz essa realidade e influencia pesadamente na ação indígena real, aquela que é possível de ser realizada. Então, nós, sociedade brasileira, temos de nos definir e dialogar com eles a respeito da nossa posição.

É bom que os índios, como povos organizados e autodeterminados, controlem 13% do território nacional? É bom que as florestas, os cerrados, o pantanal e as savanas, bem como todas as suas riquezas (que eles possuem por direito constitucional), sejam preservadas como aval do nosso futuro, sobretudo na Amazônia? O modo econômico indígena é saudável para a preservação de nossas florestas? Esse modo de produção poderá ser emulado e aplicado em projetos ou experimentos sociais com nossas populações rurais? O índio é uma ameaça à segurança de nossas fronteiras ou é um baluarte de sua defesa? A específica identidade indígena ameaça a integridade da nacionalidade ou a complementa, colore e enriquece?

Eis as grandes questões que estão em pauta e cujos encaminhamentos políticos dirigirão nossas novas atitudes e pensamentos sobre os índios. As mesquinhas e injustas opiniões que se veiculam contra os índios e suas culturas não passarão de preconceitos sem sentido, pois não mais balizam a nova realidade.

NOTAS

1. Montaigne, "Os Canibais", op. cit.
2. Ao contrário do que observaram dois grandes antropólogos, Franz Boas e Claude Lévi-Strauss, os primitivos também se interessam pelo que é contrastante com suas culturas.
3. Jean de Léry, *Viagem à Terra do Brasil*, op. cit.; Yves d'Evreux, *Viagem ao Norte do Brasil*, op. cit.; José de Anchieta, *Arte de grammatica da lingua mais usada na costa do Brasil*, São Paulo, Anchieta, 1946. Sobre o uso da *língua franca* tupinambá, ver Plínio Ayrosa, *Primeiras noções de tupi*, São Paulo, Typographia Cupolo, 1933; José Ribamar Bessa Freire, "Da 'fala boa' ao português na Amazônia brasileira", em *Amerindia*, n. 9, 1983, pp. 39-83.
4. Gaspar Barléu, *História dos latos recentemente praticados durante oito anos no Brasil*, Belo Horizonte/São Paulo, Itatiaia/Editora da Universidade de São Paulo, 1974); Joan Níeuhof, *Memorável viagem marítima e terrestre ao Brasil*, Belo Horizonte/São Paulo, Itatiaia/Editora da Universidade de São Paulo, 1981; Roulox Baro e Pierre Moreau, *História das últimas lutas no Brasil entre os holandeses e os portugueses e relação da viagem ao país dos tapuias*, Belo Horizonte/São Paulo, Itatiaia/Editora da Universidade de São Paulo, 1985.
5. No século XVIII, as descrições passam a encaixar-se no figurino das ideias iluministas. Ver Hélène Clastres, "Primitivismo e ciência do homem no século XVIII", em *Discurso*, n. 13, 2, semestre de 1980. Ver Martinho de Nantes, *Relação sucinta de uma Missão no rio São Francisco*, Brasiliana, v. 368 (tradução e notas de Barbosa Lima Sobrinho), São Paulo/Brasília, Companhia Editora Nacional/ Instituto Nacional do Livro, 1979. Luis Vicencio Mamiani, *Arte de grammatica da lingua brasílica da naçam Kiriri*, Rio de Janeiro, Biblioteca Nacional, 1877.
6. Oito dessas cartas foram publicadas em Pedro Souto-Maior, *Fastos Pernambucanos*, op. cit., pp. 403-14.
7. Ver Bernal Díaz del Castillo, *Historia verdadera de la conquista de la Nueva España*, México, Editorial Pedro Robiedo, ed. J. Ramirez Cabanas, 1944; Hernan Cortez, *A conquista do México*, Porto Alegre: L&PM, 1980. Para uma visão interna dos índios, ver, em especial, Miguel Leon-Portilla (org.), *A conquista da América Latina vista pelos índios: relatos astecas, maias e incas*. 3. ed., Porto Alegre: L&PM, 1987.
8. Ver Claude Lévi-Strauss, *Antropologia estrutural II*, Rio de Janeiro, Biblioteca Brasileiro, 1976, pp. 334-35.
9. É interessante notar que os índios Tapirapé e os Avá-Canoeiro chamam os brancos genericamente de *maíra*, quando a grande maioria dos povos de fala tupi-guarani usa o termo "caraíba" ou variações. Esse último termo significava, aparentemente, "grande pajé". Ver Charles Wagley, *Welcome of Tears*, New York, Oxford University Press, 1977.
10. Esses casos são citados por Mecenas Dourado em *A conversão do gentio*, op. cit., quando analisa os motivos das dificuldades dos missionários em converter os índios. Sobre as ideias de Lucien Levy-Bruhl, ver o seu *Le Surnaturel et La Nature dans La Mentalité Primitive*, Paris, Presses Universitaires de France, 1963. Ver também a análise sobre Levy-Bruhl de Márcio Goldman, *Razão e diferença*, Editora UFRJ/Grypho, 1994.
11. Ver Jean-Jacques Rousseau, "Ensaio sobre a origem da desigualdade entre os homens", em *O contrato social*, São Paulo, Cultrix, 1977. Thomas Hobbes, *Leviatã, ou matéria, forma e poder de um Estado eclesiástico e civil*, São Paulo, Abril Cultural, 1974, "Primeira parte: do homem", Coleção "Os Pensadores".
12. Ver Hélène Clastres, "Selvagens e civilizados no século XVIII", *Datilografado*, Unicamp, s/d, p. 6.
13. Ver Rousseau, op. cit., p. 183.

[14] Ver F. A. de Varnhagen, "Os índios perante a nacionalidade brasileira, Discurso Preliminar", em *História geral do Brasil*, op. cit.; "Os índios bravios e o Sr. Lisboa: segunda parte", ibid., em que o autor cita o exemplo americano, contesta os defensores dos índios e apresenta os argumentos anti-indígenas dos senadores Vergueiro e Dantas de Barros Leite.

[15] Ver Fernão Cardim, *Terra e gente do Brasil*, op. cit., Simão de Vasconcelos, *Crônica da Companhia de Jesus*, op. cit. As obras de Vieira já foram citadas na Introdução desta obra.

[16] Ver Yves d' Evreux, *Viagem ao Norte do Brasil*, op. cit.

[17] As obras de Charles Darwin e Herbert Spencer constituem os alicerces do que veio a ser chamado "darwinismo social", que justificava o *status quo* político europeu de dominação de classe e racismo. Ver Charles Darwin, *A origem das espécies*, São Paulo, Hemus, s/d. Herbert Spencer, *Principles of Sociology*, New York, D. Appleton, 1896. As obras de Karl Marx e Friedrich Engels sobre povos primitivos se resumem às seguintes: *Origem da família, da propriedade privada e do Estado*, Rio de Janeiro, Civilização Brasileira, 1974; *Formações econômicas pré-capitalistas*, Rio de Janeiro, Paz e Terra, 1975, bem como seus cadernos etnológicos editados por Lawrence Krader, *Marx's Ethnological Notebooks*, Assen, Van Gorcum, 1972. Há também comentários esparsos em outros livros, como em *Ideologia alemã*, 2ª parte, Lisboa, Editorial Preteusa, 1980, nos *Manuscritos econômicos e filosóficos* e no próprio *Capital*. Lewis Henry Morgan foi o grande antropólogo americano do século passado, autor de *Ancient Society*, Gloucester, Mass., Peter Smith, 1974, que influenciou a visão de Marx sobre o primitivo. Na década de 1930, o termo *aculturação* ganhou foros acadêmicos e jornalísticos, a partir do artigo de R. Redfield, R. Linton e M. Herskovitz, "Memorandum on the Study of Acculturation", em *American Anthropologist*, v. 38, 1936, pp. 149-52. O conceito aí exposto não leva em consideração a evolução enquanto tal, mas simplesmente considera a passagem de uma forma social a outra por força do contato com uma forma social mais poderosa. Na boa vontade dessa teoria, considera-se até possível a relação inversa, de influência do mais fraco sobre o mais forte, embora não no mesmo nível e intensidade da relação anterior. No fundo, essa teoria, que se tornou bastante difundida (e é um dos poucos termos da antropologia moderna usado por muita gente, indiscriminadamente), diluiu a relação política entre povos e apaziguou o sentimento de culpa liberal, ao considerar como de natureza cultural o processo de extermínio dos povos indígenas que vinha ocorrendo àquela época. Ele é um termo mais ideológico do que *evolução*. Eis por que o escolhemos para caracterizar os fenômenos gerais que falam sobre os povos indígenas, sobre o primitivo, desde o Iluminismo. Outros antropólogos modernos que teorizaram sobre o conceito de evolução tomando em conta a ampliação dos primeiros estudos foram: V. Gordon Childe, *What Happened in History*, Hardmondsworth, England, Penguin Books, 1942, 1964, e *Man Makes Himself*, New York, The New American Library, 1951; Leslie White, *The Evolution of Culture*, New York, McGraw Hill, 1959, e Julian Steward, *Theory of Culture Change*, Urbana, Illinois, University of Illinois Press, 1955.

[18] De João Francisco Lisboa, ver *Obras*, São Luís, Typ; B, de. Mattos, 1865, 4 v. Sobre índios, ver, especificamente, v. I, livro 5, e v. IV, nota C, pp. 462 e 515. O texto mais indigenista de Gonçalves Dias é o seu prefácio à 2ª edição, da crônica de Bernardo Pereira de Berredo, *Annaes históricos do Estado do Maranhão*, op. cit.

[19] Ver Varnhagen, "Memorial Orgânico", em *Revista Guanabara*, t. I, 1851, e também no seu *História geral do Brasil*, op. cit.

[20] Apud Manuel Antônio de Almeida, "Civilização dos indígenas", em *Jornal do Commercio* 12/2/1852, citado em Marques Rabelo, *Vida e obra de Manuel Antônio de Almeida*, São Paulo, Martins, 1943.

[21] A segunda edição foi publicada pela Editora Vozes, em 1976.

[22] Perdigão Malheiro, op. cit., p. 249.

[23] Ver, em edição recente, General Couto de Magalhães, *O selvagem*, Belo Horizonte/São Paulo, Itatiaia/Editora da Universidade de São Paulo, 1975. Também no seu livro *Viagem ao Araguaia*, Brasiliana, v. 28, São Paulo, Companhia Editora Nacional e Instituto Nacional do Livro, 1975, o autor tece comentários sobre os índios que visita e sobre o seu aproveitamento na economia nacional.

[24] Ver Theophilo B. Ottoni, Carta ao Dr. J. M. de Macedo em 1858 sobre "Os selvagens do Mucuri", em *Revista do Instituto Histórico e Geográfico Brasileiro*, t. XXI, 1858. Guido Marlière, "Notas e Documentos", em *Revista do Archivo Público Mineiro*, ano X, fascículos III e IV, fascículos I, II, III e IV, 1906-1907.

[25] João Barbosa Rodrigues, *A pacificação dos Crishanás*, Rio de Janeiro, Imprensa Nacional, 1882.

[26] José Veríssimo, *Interesses da Amazônia*, Rio de Janeiro, Typographia do Jornal do Commercio, 1915.

[27] Esta é a principal revista intelectual do Império e contém muitos artigos sobre índios até o início do século XX.

²⁸ Ver Ivan Lins, *O positivismo no Brasil,* São Paulo, Companhia Editora Nacional, 1964.
²⁹ João Capistrano de Abreu, *Correspondência,* edição organizada e prefaciada por José Honório Rodrigues, 3 vols, Rio de Janeiro, Instituto Nacional do Livro, 1954; "Os Bacaerys", em *Revista Brasileira,* ano I, tomo III, Rio de Janeiro, 1895, pp. 209, 228; t. IV, pp. 43, 50, 234, 243. Reproduzido em *Ensaios e estudos (crítica e história),* 3ª série, Rio de Janeiro, Sociedade Capistrano de Abreu e Livraria Briguiet, 1938, pp. 217, 274; *Rã-txa bu-ni-kuaim: a língua dos Caxinauás do rio Ibuaçu, afluente do Murú,* 2. ed., Rio de Janeiro, Typographia Lenzínger, 1914, Rio de Janeiro, Sociedade Capistrano de Abreu e Livraria Briguiet, 1941.
³⁰ De Alípio Bandeira, ver *A mystificação Salesiana,* Rio de Janeiro, Lithotipo Fluminense, 1923; *A cruz indígena,* Porto Alegre, Livraria do Globo, 1926.
³¹ As principais obras foram publicadas ou republicadas na Coleção do Conselho Nacional de Proteção aos Índios, a partir de 1941. Pode-se sentir o ranço bacharelesco e dogmático do SPI, por exemplo, num livro comemorativo ao Dia do Índio dos anos de 1944 a 1945, publicado em 1947 (publicação nº 100 do CNPI). A partir daí o SPI iria se rejuvenescer nas suas pesquisas e no seu diálogo com o conhecimento antropológico até meados da década seguinte, quando sucumbe finalmente ao anti-intelectualismo político.
³² Ver John Collier, *Los Indios de Las Américas,* México, Fondo de Cultura Económica, 1960, p. 273.
³³ Ver Sigmund Freud, "Totem and Taboo", em *The Basic Writings of Sigmund Freud,* New York, The Modern Library, 1938, pp. 807-930; *Psicologia de grupo e análise do ego,* Rio de Janeiro, Imago, 1976.
³⁴ Ver Jean Piaget, *O raciocínio na criança,* Rio de Janeiro, Record, s/d.
³⁵ Ver Jean Piaget, *Structuralism,* New York, Harper and Row, 1970, pp. 115-18, em que discute a sua comparação entre o primitivo e a criança em relação aos conceitos de Lucien Levy-Bruhl e Claude Lévi-Strauss.
³⁶ Ver Franz Boas, *The Mind of Primitive Man,* Revised Edition, New York, MacMillan, 1938. E. E. Evans-Pritchard, *Bruxaria, oráculos e magia entre os Azende,* Rio de Janeiro, Jorge Zahar, 1978. Claude Lévi-Strauss, *O pensamento selvagem,* São Paulo, Companhia Editora Nacional, 1970.
³⁷ Ver Carl Jung, *O homem e seus símbolos,* 2. ed., Rio de Janeiro, Nova Fronteira, 1981.
³⁸ Ver Jean Piaget, *O raciocínio na criança,* op. cit., p. 189.
³⁹ Ver, por exemplo, Gerard Léclerc, *Crítica da antropologia,* Lisboa, Estampa, 1973. Aliás, quase toda a antropologia mexicana e a brasileira estão marcadas por esse sentimento de autocrítica.
⁴⁰ Ver o delineamento desses argumentos em meu livro *Antropologia hiperdialética,* São Paulo, Contexto, 2011.

Quem são os povos indígenas

FORMAÇÕES SOCIOCULTURAIS

Obviamente, os índios são os mais interessados em que o país tenha uma política indigenista humanista e democrática, a qual os auxilie em sua luta pela permanência histórica e que dignifique a sua especificidade na comunhão nacional. Em conjunto, como povo, ou individualmente, esse interesse é expresso de muitas maneiras, até contundentemente. Mas muitos cidadãos brasileiros também lutam por esse objetivo e se posicionam ao seu lado contra os interesses anti-indígenas que ainda prevalecem na balança política. Esses interesses, em sua maioria, são econômicos e concretos, porém alguns são motivados por preconceitos atávicos, cujas origens vimos anteriormente – ou mesmo pela falta de conhecimento. A percepção geral que se tem da questão indígena é deficiente não somente pelas deturpações que existem nos mecanismos da educação formal brasileira – a exemplo da sua própria historiografia –, mas, sobretudo, pelas desorientações e mistificações elaboradas no dia a dia da luta política. É necessário, portanto, que façamos uma ideia mais clara do que são os índios, como funcionam as suas sociedades e como elas se posicionam frente a frente com o conjunto da nação.

Os índios são conhecidos, em primeiro lugar, como uma totalidade populacional mais ou menos à parte do resto da nação. São reconhecidos individualmente por suas características físicas, seu fenótipo asiático, o que, às vezes, os confundem com os japoneses ou chineses. É exemplar o caso de um líder indígena Terena que passou boa parte de sua vida urbana sendo chamado de "china" ou "japa". Por outro lado, muitos brasileiros que se parecem com o que se supõe ser índio – por suas maçãs do rosto salientes, olhos rasgados ou cabelo liso e grosso – são apelidados de "índio", fazendo jus, dessa maneira, à sua óbvia ascendência indígena.

Essa noção genérica do ser índio faz parte da classificação que o brasileiro, ou qualquer outro povo, faz daquilo que lhe parece diferente. Os índios, por sua vez, também classificam o não índio como "branco", "civilizado", *kuben, karaíw, juruá*, ou antigamente, "português". Porém, em ambos os casos, existe o reconhecimento das subdivisões e do específico, tanto mais amplo quanto maior seja o interesse que se tenha por esse ser diferente, pelo outro. E isso depende menos do caráter do povo e do tipo de cultura, do que das motivações históricas que o envolvem e o influenciam.

A classificação e o reconhecimento que a antropologia faz dos índios se baseiam em critérios predominantemente socioculturais, como a unidade política que os define, a língua que falam, o tipo de sociedade, o modo de produção que praticam, o tamanho populacional, a religião que confessam, entre outros.

Desses critérios, o mais prevalente é o da unidade política, que, em si, é o que os nomeia e os define. Assim, quando se fala em índios Xavante, compreende-se um conjunto populacional que pratica uma vida em comum e se constitui um povo com características e interesses próprios, bem como uma forma de organização política que os agrega – por sentimentos de lealdade e de ordenação – em uma unidade política. Subentende-se, em seguida, que esse povo fala uma mesma língua e tem uma cultura própria. Mas aí, no conceito popular, esses critérios já não são tão bem reconhecidos. Muita gente, na verdade, até se surpreende que não exista uma "língua indígena" genérica, ou pensa que o tupi é a língua dos índios.

O ser político Xavante, que fala a língua xavante, que pensa "xavante" e vive num território comum (mesmo que seja dividido em áreas separadas) é um fato social indisputável, mas também um fato histórico. Isto é, ele existe por circunstâncias que se deram numa trajetória e num tempo; ele se constituiu. Com efeito, os Xavante que, na década de 1940, viviam num território indevassado da região do rio das Mortes, lá chegaram vindo provavelmente do sul do Maranhão e Piauí, nos fins do século XVIII. Na sua migração pelos cerrados goianenses ficaram algumas aldeias ao norte, que, pouco a pouco, no espaço de apenas um século e meio, se constituíram em outro povo, conhecidos pelo nome de Xerente. Hoje, estes vivem em uma área no estado do Tocantins, falam a mesma língua, porém já com alguma dificuldade de entendimento mútuo com a língua xavante. Sua cultura tem características assemelhadas à dos Xavante, mas já com mudanças que lhes conferem uma singularidade e diferenciação.[1]

Os Xavante buscam desesperadamente encontrar o ponto ideal entre manterem-se índios e participarem da sociedade brasileira.

A unidade política que constitui um povo pode ser um grupo de aldeias que partilham da mesma cultura, têm relações matrimoniais mútuas, embora mantenham autonomia política e econômica, como no caso dos Guajajara, Urubu-Kaapor, Guajá, Munduruku, Bororo, Kayapó, os próprios Xavante e tantos mais. Pode ser um grupo de aldeias com essas mesmas características, mas que mantém um alto nível de animosidade mútua, como os Tupinambá e como são agora os Yanomami. Nesse caso, a unidade está na autoidentificação que fazem de si e no caráter de compartilhar uma mesma cultura, uma mesma língua.

Há, por outro lado, casos de unidades políticas que se constituem por uma única aldeia ou um agrupamento de aldeias que derivam de uma aldeia mãe, isto é, por um único grupo sociopolítico-econômico, mesmo quando partilha com outras aldeias de uma mesma cultura, uma mesma língua e um mesmo sentimento de humanidade. É o caso de vários povos genericamente chamados de Timbira, mas que se autonomeiam separadamente em unidades políticas autônomas, como Canela-Ramkokamekra, Canela-Apanyekra, Krikati, Gavião-Pukobye, Krepumkateyê, Krahô, Gavião-Parkateye, entre os sobreviventes atuais. A história que cada um desses povos tem para contar coincide no seu ponto de gênese único para todos, e, posteriormente, no trajeto de seu divisionamento. E para quase todos os outros aspectos culturais, como a língua, a estrutura social, a mitologia, a religião, o modo de produção e a visão do mundo, não parece haver diferenças substanciais, pelo menos, que justifiquem uma separação política tão formal. Na verdade, em várias ocasiões, alguns desses povos já se fundiram entre si, especialmente depois que a sua sobrevivência social se tornou inviável pela queda populacional ou expulsão de suas terras. Existem entre os Ramkokamekra, por exemplo, descendentes de sobreviventes Txakamekrã, e entre os Pukobye, remanescentes dos Kenkateye – que ainda hoje são apontados como tais, mas obviamente são culturalmente e até politicamente Ramkokamekra ou Pukobye (Gavião). Quer dizer, o são em termos, pois, quando surge uma desavença que os envolve, esse passado histórico é logo trazido à baila, como sinal de reprovação ou de desconfiança.[2]

O caso dos índios do alto rio Xingu, chamados Xinguanos, é outro exemplo da gama de possibilidades que pode existir na relação entre unidade política/identidade linguística/identidade cultural. Atualmente, lá existem aproximadamente 12 povos de línguas diferentes (algumas da mesma família linguística, outros de famílias linguísticas tão diferentes entre si quanto o português pode ser do árabe), de tradições culturais anteriormente também diferentes, mas que desenvolveram, talvez nos últimos quatro ou cinco séculos, um padrão cultural altamente homogêneo, tanto nos aspectos materiais quanto nos espirituais. Contudo, cada aldeia ou aglomerado de aldeias continua a se constituir um povo só, uma unidade política específica. Não existe uma liderança, ou um dos povos, que paire sobre essas unidades numa posição de força. Apenas um entendimento cultural, uma espécie de pacto sociopolítico os une. O antropólogo Eduardo Galvão chamou esse conjunto cultural de "área do uluri" (o nome do vestuário à semelhança de um biquíni que as mulheres xinguanas usam), na tradição antropológica que tenta classificar os povos que têm histórias e culturas em comum em áreas culturais. Mas, na verdade, o caso xinguano compreende mais do que uma área cultural: configura uma singular unidade política de povos autônomos, sem haver necessidade de uma força política hegemônica do Estado. O fato, porém, é que esse fenômeno político é raro e mal compreendido, e se prefere rejeitá-lo como uma possibilidade histórica do desenvolvimento social, por sua fragilidade diante das forças hierarquizantes que dominam o cenário político da evolução humana.[3]

Nenhum povo indígena sobrevivente possui organização social que divida os seus membros por critérios de base econômica e poder político. Isto é, não existem classes sociais entre os índios do Brasil.

Não poderia ser de outra forma, já que a grande maioria desses povos pratica um modo de produção baseado numa agricultura simples – caracterizada pela derrubada da mata, queima das árvores já secas, plantio de sementes ou talos de maniva, adubando apenas com as cinzas da queimada – e colheita manual, após o que o terreno só é aproveitado uma ou duas vezes mais, sendo então deixado intocado para se reconstituir em capoeira ou mata secundária. Se deixado assim por um período de 30 ou mais anos, essa mata vira primária novamente, com toda a sua pujança originária, inclusive no que diz respeito ao solo. Esse fato, analisado e testado experimentalmente por pesquisadores ecologistas em diversas partes da Amazônia, demonstra como o modo de produção indígena foi capaz de se perpetuar durante pelo menos cinco milênios sem afetar, substancialmente, a ecologia amazônica.[4] Por esse método, os índios produzem o suficiente para se reproduzir demograficamente, crescendo conforme as suas possibilidades de expansão e migração, e reproduzir as suas culturas milenares, sofrendo modificações, acréscimos ou mesmo perdas, de acordo com as circunstâncias históricas que se formam ao seu redor.

Acrescente-se a essa agricultura, chamada comumente de "coivara" ou "roça de toco", as práticas da caça e da pesca, e a coleta de frutos e raízes silvestres. A domesticação de animais se restringiu à captura de filhotes selvagens, que vinham a ser criados e tratados como animais de estimação, tal qual *xerimbabos* (como falavam os Tupinambá). Em caso nenhum os *xerimbabos* podiam ser comidos, nem mesmo em situação de escassez alimentar, assim como, entre muitos de nós, não se come o cão, o gato, o cavalo ou o papagaio – pelo menos quando se os cria. A grande maioria dos povos valoriza sobremodo a caça; outros, o pescado. A lógica que dirige essas valorizações é, em geral, de ordem ecológica, mas também tem um componente de escolha cultural que é, todavia, indecifrável e imprevisível. Assim, por exemplo, os índios Xinguanos valorizam o pescado quase absolutamente, e os rios que banham o seu território são bastante piscosos. Da caça comem apenas algumas aves, como o mutum, e uma espécie de macacos, mas sempre rejeitam os animais terrestres, como a anta, o veado, a queixada, a paca etc. Inversamente, esses animais representam o que há de mais desejável e apreciável para outros povos, seus vizinhos, como os Kayapó, os Kisêdjê, os Xavante, os Kayabi e dezenas de outros mais. Muitos rejeitam se alimentar de capivara e tamanduá, mas comem rãs e cobras. Os Nambiquara, em especial, adoram torrar e comer gafanhotos e certos tipos de formiga. Os Canela envergonham-se diante da gozação que os Guajajara lhes fazem, mas não deixam de comer morcego quando podem. Por sua vez, mangam dos Guajajara por comerem "sapos".

Uma minoria de povos indígenas atuais nem sequer pratica agricultura, vivendo exclusivamente da caça e da coleta, como se estivesse na "Idade da Pedra". Os Guajá são um desses poucos povos, mas, no seu caso, como no dos demais aqui citados, essa falta de agricultura é produto de uma deculturação – isto é, de uma perda cultural –, já que, por volta de dois ou três séculos atrás, eram também certamente agricultores. Prova disso é o conhecimento que se tem dos métodos de agricultura praticados por outros povos indígenas, seus vizinhos, de sua língua conter todos os nomes dos cultígenos regionais, cognatos de outros vocábulos de línguas aparentadas. A memória linguística dos nomes e dos conceitos da agricultura, porém, não é acompanhada de uma memória histórica ou mitológica. Os Guajá mais velhos não se lembram nem de ouvir os seus avós falarem de fazer roça, e os seus mitos não incluem a descoberta ou dádiva da agricultura por um herói civilizador. Os Avá-Canoeiro, os Xetá, os Aché (do Paraguai) são casos semelhantes, embora estes tenham memória de terem sido agricultores no passado.

A ausência da agricultura não é um impedimento à sobrevivência étnica, como demonstram os Guajá. Mas o fato de ser uma perda demonstra mais cabalmente a capacidade da cultura humana de se adaptar ao seu meio ambiente e dele retirar todas as suas necessidades básicas. Os Guajá viraram um povo exclusivamente caçador e coletor em virtude das perseguições que sofreram no início da colonização portuguesa em seu território original, provavelmente o baixo Tocantins, no Pará. Lá, junto com outros povos, foram perseguidos e atacados por escravagistas vindos de Belém, e encontraram o seu meio de sobrevivência adotando um modo de produção mais flexível e ágil, que não exigia a permanência num mesmo local por muito tempo. Outros povos da mesma região terminaram, pelo contrário, se extinguindo. Os Guajá migraram no século passado para o Maranhão.[5]

A agilidade cultural dos Guajá significa um modo de viver nômade. Porém, há de se compreender esse nomadismo não como uma forma desorganizada e aleatória de movimentação dentro de um território, e sim uma determinação racional do uso das riquezas alimentares e transformáveis que o seu meio ambiente favorece. A mudança de um local para outro é feita de acordo com o conhecimento de exaustão temporária de produtos de um local e a presença desses produtos no outro. O conhecimento das riquezas existentes em determinadas áreas, nos mínimos detalhes, é imprescindível para a sobrevivência desse povo. Ademais, para cada grupo de caçadores e suas famílias há um território específico que outro grupo qualquer não deve violar sem o consentimento do seu dono, o qual chamam de *hakwá*. Daí, criam-se rivalidades que podem resultar em brigas e mortes, ou em acordos de paz e fusão de grupos. A migração para novos territórios é resultado tanto da busca de novos locais de usufruto, quanto de áreas de refúgio, no caso de ataques por parte de outros povos. Porém, nenhum grupo deve afastar-se tanto dos seus vizinhos, porque o isolamento total resulta na sua inviabilidade física e cultural. A necessidade de parceiros matrimoniais e pessoas que compartilhem instituições e rituais determina o outro lado da tendência mais forte de centrifugação dos povos nômades.

A dinâmica de dispersão e congregação caracteriza os povos indígenas em geral, com mais ênfase nos povos sem agricultura. É um dos motivos básicos que impedem o surgimento de formas políticas mais rígidas e hierarquizadas. Essa dinâmica é explicável por diversos fatores interligados, e um dos principais é o próprio modo de produção econômica, mesmo dos índios agricultores de grandes populações. Por diversos motivos, esse modo de produção não desenvolve excedentes estocáveis que possam vir a fomentar a diferenciação entre grupos e a ascensão de um grupo com *status* superior, com poder e acesso econômico privilegiado aos bens de prestígio da sociedade. Essa determinação material é inegável, mas ocorre em conjunção com outros fatores ecológicos e históricos. A uniformidade ou pouca variedade na qualidade dos solos e dos cultígenos certamente contribui para que não haja diversificação de produtos agrícolas e de intensidades de colheitas, desestimulando o surgimento de funções econômicas diferenciadas, de produtores especialistas e de aldeias ou povos mais dinâmicos economicamente, o que levaria a uma maior força política. Apenas nas margens dos grandes rios – como Amazonas, Tapajós, Negro, Xingu, Solimões – a intensidade da produção econômica foi grande, tanto por causa da pesca e do confinamento de tartarugas em chiqueiros, quanto pela riqueza e renovação anual do solo agricultável das várzeas desses rios. Em adição, a extensão do território brasileiro, vasto e praticamente sem barreiras intransponíveis – assim como o dos Estados Unidos, da Argentina e do Canadá –, favorecia as migrações, as fugas e a dispersão humana, criando, assim, uma dinâmica de inter-relacionamento social bastante frouxa e difusa. A influência dos povos e culturas andinos somente alcançou as franjas da Cordilheira, e não foi suficiente para compulsar mudanças radicais nas tradições amazônicas.

A demografia, ou o aumento demográfico, pode ser outro fator de mudanças. Diversos povos indígenas alcançaram níveis populacionais bastante elevados, como os Tupinambá, os Tapajós, os chamados

Nheengaíbas da ilha de Marajó, todos já extintos;[6] em menor escala, os Bororo, os Munduruku, os Pareci etc. Os Tapajós, diz o jesuíta João Daniel,[7] tinham uma religião que secava e preservava os cadáveres de mortos ilustres, o que talvez represente um estágio incipiente de formação de estamentos sociais com privilégios especiais. Alguns grupos Tupinambá e Guarani também apresentavam sinais equivalentes pelo peso político que certos líderes adquiriam e transmitiam aos seus herdeiros ou parentes.[8] Os Kadiwéu, os índios cavaleiros do pantanal mato-grossense e do Chaco paraguaio, mantinham alguns povos vizinhos como seus súditos, a quem ofereciam proteção e de quem recebiam tributos em forma de mão de obra e produtos agrícolas. Internamente, constituíam-se em protoestamentos divididos entre clãs nobres, plebeus e servos, marcados por privilégios, honrarias e subordinações formais, porém não assentadas em bases econômicas, e sim em capacitação para a guerra. Isso permitia e facilitava a passagem de indivíduos de uma posição social para outra. Curiosamente, a posição mais elevada dessa pequena pirâmide social condicionava as suas mulheres a não desejarem ter filhos próprios, e sim adotivos, vindos das posições inferiores. Isso demonstra a natureza circunstancial ou ainda liminar da hierarquização social entre os Kadiwéu.[9]

É evidente que uma unidade política com 500, 1.000 ou 5.000 pessoas não comporta a possibilidade de ter diferenças sociais formais e hereditárias. Mas mesmo as grandes populações étnicas não são por si só suficientes para produzir classes sociais. Na África, por exemplo, povos com populações acima de 200 mil indivíduos mantiveram sua condição social igualitária. É necessário haver uma força maior de compressão cultural e geográfica para contrabalançar os fortes mecanismos de centrifugação. Os fatores materiais, econômicos e geográficos eram mais pesados no lado da centrifugação. O fator ideológico da autonomia política da aldeia, que podemos traduzir como o sentimento da liberdade e do poder anárquico, justificava e ordenava esses fatores materiais com grande força e convicção, impedindo a formação e a estabilização de privilégios setoriais, dispersando sempre as bases do poder hierarquizante. Embora como hipótese, podemos sugerir que, no caso da América do Sul não andina, só pela interferência de um poder exógeno muito forte poderíamos esperar um tipo de desenvolvimento político hierárquico. Não houve, feliz ou infelizmente.

Os povos indígenas atuais com as maiores populações, como os Guarani – os Tikuna, os Yanomami, os Makuxi, os Xavante, os Kaingang, os Guajajara e os Terena –, todos com mais de 20 mil pessoas, comportam esses números num alto índice de dispersão, divididos em dezenas de aldeias, raramente com mais de mil moradores,[10] e espalhadas umas das outras por longas distâncias, em áreas as mais das vezes não contíguas. É o caso dos Kaingang, que têm pequenas áreas do Rio Grande do Sul ao estado de São Paulo, e os Guarani, com pequenas terras que vêm de Mato Grosso do Sul e estados sulinos e até o Espírito Santo e, surpreen-dentemente, ao Maranhão e Pará. Os Terena são, de todos, os mais concentrados, vivendo em 13 pequenas terras indígenas de Mato Grosso do Sul e São Paulo, algumas das quais compartilhadas com outros povos indígenas. Os territórios dos Kayapó, Yanomami e povos do alto rio Negro são vastos e, entre um extremo e outro, há aldeias e pessoas que nunca se conheceram, apenas ouviram falar uns dos outros.[11]

Essa realidade aponta e demonstra a força centrífuga de suas sociedades, e o seu potencial humano e cultural universal jaz, exatamente, no exemplo de ênfase que dão à liberdade e autonomia de unidades sociais e do próprio indivíduo. Mas há alguns povos indígenas, notadamente os que falam línguas da família linguística jê, que conseguiram agregar números populacionais mais concentrados e produzir estruturas culturais caracterizadas por divisões e subdivisões de grupos e funções sociais e rituais, sem perder, de forma alguma, o seu sentido de igualitarismo, autonomia social e liberdade individual. Por exemplo, os Canela-Ramkokamekra, localizados nos cerrados do centro-sul maranhense, constituem apenas uma aldeia, atualmente com cerca de 1.500 pessoas, e têm uma cultura que abrange os conceitos de divisão, segmentação e hierarquização de grupos que, no entanto, se equilibram entre si, tanto como estrutura estática quanto na dinâmica do seu calendário anual de produção e ritualização. Essa população Canela é a maior já conhecida, desde pelo menos 1830, mas conhecemos concentrações até maiores entre outros povos Jê, como os Krahô e os Kayapó, que alcançaram até 3 mil pessoas, antes de se dividirem em duas ou mais aldeias.[12] Os Jê, em geral, representam uma variação da dinâmica dos povos indígenas de centrifugação/concentração, pendendo mais para o segundo polo, sem perder a característica maior de autonomia e anarquia.

A capacidade de adaptação das culturas indígenas permitiu-lhes conhecer e explorar quase todos os nichos ecológicos existentes no Brasil, do grande ribeirinho à escassez de água, dos cerrados às florestas, dos pampas às montanhas, do pantanal à caatinga. Suas maiores concentrações populacionais, já vimos, se deram às margens dos grandes rios e no litoral, mas as zonas de cerrado misturadas às florestas de galeria permitiam também as concentrações localizadas dos povos Jê. A caatinga nordestina era habitada pelos Kariri, Tarairiu, Janduís e outros povos com culturas aparentadas à dos Jê, o que talvez signifique que eram adaptações a esses tipos de meio ambiente. Nas florestas amazônica e atlântica, as variações culturais eram maiores, bem como a quantidade de línguas diferentes. Na Serra Geral, podia-se encontrar desde os Tupinambá aos pequenos bandos de Puris e Coroados, do século XVI ao século XIX.

O potencial de dispersão, de autonomia e de adaptabilidade das culturas indígenas produziu na América do Sul uma das maiores quantidades de culturas e línguas específicas do mundo. Estima-se que, por volta de 1500, metade das línguas existentes no mundo se encontrava nessa região, talvez aproximadamente 5 mil línguas e variações dialetais, de acordo com um cálculo abalizado. Alocar quantas dessas eram faladas por índios em território brasileiro é algo bastante difícil, mas se, *grosso modo*, correlacionarmos uma língua própria para cada unidade política, teríamos talvez mil ou 1.200 idiomas falados no Brasil. Porém, provavelmente deveriam ser 600. Atualmente, seriam 170 ou pouco mais, se contarmos dialetos que estão divergindo cada vez mais uns dos outros.[13]

A correlação língua/cultura não é constante porque ambas são entidades historicamente determinadas e os seus respectivos índices de mudança são variáveis e podem ser diferentes entre si. Para certo tipo de influência externa, a intensidade de mudanças culturais é maior do que as mudanças que uma língua venha a sofrer no mesmo tempo. Por outro lado, a definição científica de onde está a fronteira que divide uma língua de um seu dialeto ou de uma língua aparentada não é tão absoluta como se supõe. Diz-se que um dialeto se torna uma língua específica quando seus falantes não são compreendidos ou não compreendem os falantes de outro dialeto, antes compreensível mutuamente. Permanece dialeto ou sotaque quando são mutuamente inteligíveis. Por esse critério, o português se distingue do italiano ou do francês, mas de certos sotaques do castelhano não é tão nítida a distinção. Em outro exemplo, entre alguns dos dialetos falados do inglês, como o dos negros sulistas norte-americanos e o *cockney* londrino, dificilmente se pode esperar inteligibilidade mútua. Nesse caso, o critério que define esses dois dialetos numa mesma língua é mais histórico-político do que propriamente linguístico.

Do mesmo modo, fica por determinar se os quatro ou cinco grupos que constituem o povo Yanomami falam línguas distintas ou dialetos, ou se a língua dos Xavante se diferencia da língua dos Xerente. Por essa razão, o cálculo de quantas línguas existem no Brasil é mais difícil de ser feito do que o de quantos são os povos indígenas.

As principais famílias linguísticas que têm representantes no Brasil são tupi, jê, karib, aruak, arawá e pano. Algumas dessas famílias formam troncos linguísticos mais amplos, que representam o maior número de línguas possivelmente aparentadas na maior profundidade histórica calculável. Em teoria, todas elas adviriam de uma única protolíngua, a qual, por sua vez, sobreviria de uma mais remota e incalculável no tempo, até, supostamente, por essa cadeia de regressão, chegarmos à primeira língua-mãe falada por nossos ancestrais primevos. Por conclusão, nenhuma língua é primitiva, todas são resultados dispersivos da mesma e única língua original. Essas e outras famílias linguísticas são representadas por dezenas de línguas. Antes eram ainda mais numerosas, porém desapareceram pela morte de seus falantes. Algumas famílias são representadas por apenas umas poucas línguas, como é o caso das famílias txapakura, kariri e outras. Algumas são classificadas como isoladas, tendo apenas uma representante, como a trumái, falada apenas por um pequeno grupo indígena que vive no alto Xingu, ou a língua tikuna, falada por mais de 45 mil índios do alto Solimões.

A família tupi, e ampliadamente o tronco macro-tupi, compreende um número bastante expressivo de línguas e povos indígenas, a maioria dos quais se encontra ao sul do rio Amazonas. O seu exemplar mais conhecido no Brasil é o tupinambá, que foi falado em quase toda a costa brasileira e serviu de língua franca para os missionários que aldeavam povos diferentes numa mesma redução missioneira. Essa língua franca, também conhecida como nheengatu, ainda é falada em diversas localidades da Amazônia. Foi amplamente falada no Brasil até o século XVIII e é dela que vem a grande maioria da toponímia brasileira de origem indígena. Uma sua variação dialetal veio resultar no guarani moderno que é falado, atualmente, pela maioria do povo paraguaio.

Povos que falam línguas da família tupi são caracterizados como possuidores de culturas flexíveis e maleáveis sociologicamente, com religiões mantidas por um complexo mitológico centrado nas figuras dos heróis-gêmeos, no pajé, no uso do tabaco etc. Essa correlação é verdadeira para muitos que falam línguas de um subgrupo dessa família, o Tupi-Guarani, mas as exceções indicam que essas culturas foram formadas há relativamente pouco tempo e se adaptam às circunstâncias históricas. Os Guajá e os Urubu-Kaapor não têm pajé, por exemplo; já os Tapirapé adotaram formas sociais de segmentação, supostamente por influência tangencial dos povos Jê. Além do mais, essa maleabilidade sociológica também é encontrada entre outros povos não Tupi, sobretudo os Aruak e Karib da Amazônia.

Os povos que falam línguas da família linguística jê (que por sua vez compreende com outras famílias um tronco macro-jê) são aqueles que vivem em ambientes ecológicos de cerrados e floresta de galeria e que se distinguem por um padrão cultural de divisões e segmentações internas, por aldeias circulares ou semicirculares e por uma ênfase pronunciada sobre a ritualização de sua vida cotidiana. Alguns antropólogos gostam de contrastá-los com os Tupi, como se fossem o seu oposto, mas essa é uma argumentação de valor metodológico restrito e sem base histórica ou filosófica. É provável que a gênese de sua formação cultural seja produto de sua adaptação original à ecologia de cerrados e caatingas, mas, nos dias de hoje, há diversos desses povos que vivem exclusivamente na floresta, como os Rikbatsa, em Mato Grosso, e os Jabuti, de Rondônia.[14] Talvez para aí tenham migrado em tempos relativamente recentes, e terminaram mudando sua estrutura social para se adaptar às circunstâncias sociais e ambientais locais.

O karib e o aruak constituem línguas muito espalhadas pela América do Sul e mesmo pelas Antilhas. Os Aruak foram dos primeiros índios encontrados por Colombo, e é do karib que vêm as palavras correspondentes ao mar Caribe e a canibal. Provavelmente um povo indígena que morava na península da Flórida, os Ciboney, eram falantes de uma língua aruak. Ao sul eles desceram até o Chaco paraguaio. No Brasil são faladas por povos adaptados tanto às florestas quanto aos cerrados e campos naturais, como é o caso dos Palikur (aruak) e Atroari (karib), na floresta, e os Pareci (aruak) e Bakairi (karib), Wapixana (aruak) e Makuxi (karib), nos cerrados e campos. Antropologicamente, os Aruak são considerados portadores de culturas mais complexas e de terem sido, em tempos anteriores, os intermediários entre os povos andinos e os povos tropicais, a exemplo dos Kampa. Sua cultura material era mais elaborada do que a dos Karib e Tupi, comportando populações mais densas, sobretudo no baixo Amazonas. Porém, são os Makuxi, povo Karib, um dos três maiores grupos populacionais indígenas no Brasil.

A família linguística pano é formada por diversas línguas muito semelhantes entre si, cujos povos falantes vivem numa região mais restrita geograficamente, nas bacias dos rios Purus e Acre e adjacências. No Brasil, isso compreende o estado do Acre e parte de Rondônia e sudoeste do Amazonas. É uma região que recebeu um influxo violento de imigrantes no tempo da borracha, a partir de 1890. Com isso, os índios perderam grande parte dos seus territórios, muitos povos foram dizimados e os sobreviventes compõem partes menores dos seus antigos contingentes populacionais. São panos, por exemplo, os Kaxinawá, os Katukina, os Matis e os Marubo.

As culturas e sociedades indígenas atuais não são as mesmas de 500 anos atrás, tanto porque as populações que as compõem são muito menores, quanto porque a dinâmica intercultural que as determinava perdeu intensidade pela extinção de dezenas e centenas de outros povos. O isolamento em que se encontram muitos povos indígenas os deixa à mercê de outras influências culturais, notadamente da dinâmica regional da sociedade brasileira. O que se convém chamar aculturação não passa do resultado do processo de compulsão político-cultural que leva os povos indígenas a transformar suas culturas e suas vidas como meio de adaptação e sobrevivência. Não mais a um meio ambiente, é claro, mas a uma realidade social diferente da que viviam antes. Esse processo continua em marcha, diferenciado segundo as regiões e de acordo com as reações específicas de cada povo indígena.

DIANTE DA REALIDADE SOCIAL

Uma das melhores contribuições da antropologia brasileira é o estudo sociopolítico dos povos indígenas perante a história do Brasil. Desde Curt Nimuendajú e Herbert Baldus até os estudos mais recentes, conhecemos as sociedades indígenas como inseridas num mundo mais amplo, que as constrange e tenta dominar os seus destinos. Sabemos que o desenvolvimento econômico do país se fez sobre os povos autóctones, desde o início, pelo massacre e pelo esbulho. Sabemos também que houve variações nesse processo, de acordo com a época histórica e o tipo de economia dominante. Uma frente de expansão agrícola necessitava de terras e mão de obra; a pastoril necessitava, sobretudo, de terras; a extrativa só precisava dos bens florestais e uma mão de obra sazonal. Cada uma desenvolveu um *modus vivendi* com os índios, cujos territórios invadia. No cômputo geral, a extinção de povos, as perdas populacionais de uns e o afastamento de outros dependiam do tipo de economia/tempo histórico.

O fato de não terem sobrevivido permanentemente povos indígenas na expansão pastoril no Nordeste a partir de 1654 é explicado tanto por sua característica econômica pastoril quanto pela intensidade da violência utilizada, com entradas oficiais e bandeiras contratadas, motivadas pela reação dos índios e pelo medo do retorno dos holandeses. Aqueles que sobreviveram, aldeados por jesuítas ou autoridades da Coroa, sofreram contínuos constrangimentos até meados do século xix, quando a maioria foi extinta.

Não restarem índios nas Minas Gerais de 1700 é resultado da política explícita de genocídio praticada pelos interesses de mineradores, que receavam a liberdade dos índios e precisavam de mão de obra intensiva, fundamentalmente escrava.

No baixo Amazonas, a grande quantidade de índios que sobreviveram até a Cabanagem, cerca de 120 mil, emprestavam a sua força de trabalho para coletar bens florestais, como cacau, salsaparrilha, canela, ovos de tartaruga etc. Conviviam com o pequeno número de luso-brasileiros nas poucas vilas existentes de um modo mais ou menos estável, até surgirem as mudanças do pós-independência que fizeram aflorar as contradições socioeconômicas desse relacionamento, resultando na Cabanagem.

A focalização dessas realidades e as suas pequenas (mas significativas) variações levou a antropologia a classificar os povos indígenas não somente pelos seus tipos de cultura e língua, mas também pela posição e relacionamento que tinham e têm com as sociedades regionais que os envolvem. Assim, passaram a ser conhecidos também como índios ou povos indígenas "arredios ao contato" ou em estado isolado, em contato intermitente ou permanente, em vias de integração e integrados. O Estatuto do Índio usa essa terminologia, e este parece ser um dos motivos que levam o movimento indígena e as ONGs indigenistas a querem mudá-lo. A discussão que havia entre os conceitos de aculturação e assimilação, e se os índios eram assimilados ou não pela sociedade nacional, ficou resolvida pela elaboração da argumentação de que os índios, no Brasil, não se assimilam enquanto sociedades e culturas. Podem ser assimilados como indivíduos que viram brasileiros indiferenciados, ou, na melhor das hipóteses, ao perderem suas características específicas, viram índios genéricos, reconhecidos apenas por caracteres físicos ou hábitos rurais que aos poucos se diluem no conjunto geral da população brasileira. Enquanto índios, enquanto povos, não há assimilação. O conceito de integração somente pode ser usado para se referir à sua participação social ou econômica na sociedade regional ou a nível nacional.

Porém, numa análise mais aprofundada, através de uma perspectiva que inclua o ponto de vista do índio, veremos que essa tipologia não faz jus ao grau de variedade que existe nos relacionamentos interétnicos, nem abrange as possibilidades de consciência de posicionamento ou manifestação política. O ponto crucial é a distinção entre manter ou não contato com a sociedade envolvente. Para este último caso, consideramos a natureza política da ausência do contato, sob o ponto de vista do índio. Assim, usamos a expressão "autônomo" ou "povo indígena autônomo" para caracterizá-lo. Os demais índios, ao entrar em contato, estariam todos, teoricamente, em vias de integração. Seriam, na verdade, "povos heterônomos", isto é, cujo destino político passa a ser influenciado ao menos parcialmente por intervenção externa. Essa heteronomia, obviamente, teria os seus graus variados, de acordo com a intensidade do contato, a sua natureza e a reação endógena de cada povo indígena. Ao privilegiarmos a natureza do contato pelo seu grau de autonomia/heteronomia, estaremos enfatizando a possibilidade de a diferenciação do relacionamento interétnico ocorrer pelo aspecto político. Dessa forma, reconhecemos o caráter político dos povos indígenas e abrimos espaço para a sua ação consciente. De qualquer modo, o que importa aqui é saber as histórias e os modos de suas inserções no contexto socioeconômico brasileiro e analisar por que resultaram nesta ou naquela posição política.

QUANTOS SÃO OS ÍNDIOS NO BRASIL

Forçoso é reconhecer que não há estatísticas confiáveis sobre a população indígena brasileira. Até a década de 1980, os dados conhecidos vinham da Funai, que, seguindo o velho SPI, fazia recenseamentos frequentes, a partir do conhecimento direto com as aldeias jurisdicionadas pelos postos indígenas. Ano a ano, e povo a povo, os dados vinham irregulares, mas o que se obtinha era confiável. Por volta de 1980, os índios somavam cerca de 200 mil e já mostravam crescimento se comparados com dados da década de 1970, quando estavam por volta de 170 mil indivíduos. Porém, o órgão foi perdendo a capacidade de obter dados populacionais por questões administrativas e em razão do aumento expressivo de índios se deslocando para viver nas cidades, bem como pelo reconhecimento de novos grupos se autoidentificando como índios. Em 1987, quando escrevia este livro em sua primeira versão, esses problemas ainda não eram tão evidentes. Com bases em dados da Funai, calculei uma população global em torno de 230 mil indivíduos. Na ocasião, dado o pessimismo generalizado, muitos acharam que eu estava exagerando. Por experiência direta com o crescimento demográfico de um povo indígena, os Tenetehara-Guajajara, do Maranhão, calculara que esses índios haviam crescido, entre 1966 e 1998, a um índice médio de 4,1% ao ano (porém, já com tendência declinante nos últimos 15 anos).[15] Assim, considerando que um razoável índice de crescimento para toda a população indígena brasileira seria da ordem de 3,4% ao ano, obteríamos para 2010 uma população em torno de 500 mil índios, o que não difere quase nada dos 517.383 recenseados pelo IBGE naquele ano.

Entretanto, nada é tão claro assim. O Censo de 2010 traz esse número para os índios que vivem em "zona rural", que, no caso, poderia significar viver em aldeias dentro de terras indígenas. Para os índios vivendo em "zona urbana", o Censo de 2010 apresenta um número de 379.534 indivíduos, sendo que o total da população indígena ficaria em 896.917 indivíduos. Cabe aqui uma breve discussão para esclarecer por que esses números não são inteiramente confiáveis. A pergunta formulada pelo IBGE ao fazer o Censo, no sentido do entrevistado se definir entre cinco opções (branco, preto, pardo, indígena ou asiático), traz resultados inesperados. Primeiro, porque aparecem dados de presença de índios em mais de 2.500 municípios brasileiros, desde os municípios do sertão do Nordeste esvaziados de índios pela Guerra dos Bárbaros até muitos do Sul do país, em cidades em que não há a menor indicação prévia de sua existência – por exemplo, Canela e Gramado. Para não arrolar todos os casos dos quais posso pessoalmente dar um testemunho de conhecimento, basta dar um exemplo pessoal, enquanto o leitor é estimulado a consultar os mapas demográficos do IBGE (www.ibge.gov.br/home/presidencia/noticias/noticia_visualiza.php?id_noticia=2194&id_pagina=1) para constatar. Em Currais Novos, no sertão seridoense do Rio Grande do Norte, minha cidade natal, 27 pessoas se declararam como indígenas e se somam a essa estatística, quando por todos os indicadores possíveis e imaginados não há índios na região desde fins do século XVIII. Essas tantas pessoas, e mais dezenas (se não centenas de milhares outras), se declararam indígenas por motivos variados – entre eles, provavelmente, por não se acharem representadas pelas outras opções e por se considerarem descendentes de índios, num passado remoto, mesmo sem viver como índios nem saber a qual suposto povo indígena descendem ou se identificam. Tanto os dados de população urbana quanto rural reproduzem esse desvio que inflaciona a demografia indígena. Já pelo lado da diminuição, dá-se um fenômeno igualmente desviante. O que se sabia da população indígena de cidades como Manaus, Belém, Rio Branco, sem falar em São Paulo e Rio de Janeiro, na década de 2000, era de números bem maiores do que os apresentados pelo Censo 2010, respectivamente, 4.040, 2.271, 711, 12.977 e 6.764. Com efeito, o próprio Censo de 2000 dá para o estado de São Paulo um número de 60 mil indivíduos, e para o estado do Rio de Janeiro, 30 mil. O que teria acontecido com esses índios? Um dos analistas do IBGE recorreu à explicação de que eles teriam provavelmente migrado de volta às suas aldeias, tal como outros nordestinos o fizeram nesse período. Difícil de ser verdade; pode-se esperar que novas análises do IBGE refinem esses dados e suas análises.

Num nível bem mais baixo de estimativa populacional, a dificuldade em se obter números precisos é aumentada pelo desconhecimento de uma quantidade indeterminada de povos indígenas autônomos. A Funai declara que há cerca de 60 indícios ou evidências de grupos indígenas vivendo autonomamente, porém desses provavelmente não mais que 20 a 30 seriam formados por populações com até 30 ou 40 pessoas. A maioria absoluta desses grupos encontra-se nos confins das fronteiras econômicas brasileiras, na Amazônia Ocidental, embora haja pequenos grupos em regiões mais acessíveis, como o oeste do Maranhão, onde se encontram os Guajá e, até pouco tempo, as cabeceiras do rio Tocantins, em Goiás, onde se refugiavam um possível grupo Avá-Canoeiro. Em regiões como a do rio Javari, no Amazonas, e a bacia do rio Trombetas, no Pará, a quantidade de povos indígenas não reconhecidos é expressiva; não se sabe, porém, se em certos lugares são cinco ou seis povos específicos ou apenas dois ou três, mas com muitas aldeias separadas e distantes umas das outras.

O Censo 2010, ao receber a resposta do entrevistado de que era indígena, pergunta em seguida a qual povo ele pertence, ou acha que pertence, e se fala alguma língua indígena. O resultado não podia ser outro senão a confusão e profusão de etnônimos, o que denota a irrealidade dos resultados. Seriam 305 as etnias indígenas no Brasil falando 274 línguas. No cômputo de línguas faladas, o IBGE conta os nomes de povos ressurgidos que evidentemente só falam português, como os Karapotó, Tumbalalá, Tabajara e muitos mais. Apenas um aspecto fica claro neste Censo: há muitos brasileiros que gostariam de ser identificados como indígenas ao invés de qualquer das outras opções.

Embora não seja imprescindível para a sua conceituação, o reconhecimento da identidade indígena por parte do Estado é determinante para a sobrevivência dos povos indígenas. Somente a partir desse ponto os índios passam a ter direitos específicos que estão consignados no Estatuto do Índio, criado pela Lei n. 6.001, em 1973, o qual regulamenta as relações interétnicas no país. Nele as terras indígenas são protegidas como terras da União, cabendo aos índios o usufruto exclusivo e inalienável e da forma que lhes convier. Sem isso, raros são os casos em que há reconhecimento do direito às terras de antigas comunidades indígenas, muitas das quais haviam sido "extintas" oficialmente. Por muito tempo, as aldeias extintas que haviam preservado comunidades ativas eram vistas como aldeias de "caboclos", tanto por parte da população circunvizinha quanto por eles próprios, que não se autoidentificavam como indígenas nem eram reconhecidos pela Funai. Há exemplos desses casos no Maranhão, no Piauí, no Ceará, na Bahia, em Alagoas e muitos lugares da Amazônia. Diversas dessas aldeias vieram à tona nos últimos 20 anos e entraram em processo de etnogênese, passando a ser reconhecidas como indígenas. São os casos dos índios Tapuias, de Goiás, Pitaguary, Anacé,

Canindé, no Ceará, Tabajara, na Paraíba, Tumbalalá e Tupinambá, na Bahia, Tupiniquim, no Espírito Santo, Borari, no Pará, e outros mais.

Enfim, para não ficar na indecisão e indefinição, há de se ter uma ideia de quantos são os índios no Brasil. A minha resposta é de que são cerca de 630 mil, contando aproximadamente 100 mil que vivem nas cidades permanentemente, e desconsiderando aqueles que se dizem indígenas por motivos variados, mas que não têm qualquer identificação com um povo indígena atual ou alguma vivência cultural indígena.

Por fim, há de se observar que ser índio no Brasil não é uma questão biológica ou genética. Se o fosse, as evidências biológicas captadas por pesquisas sobre genética de brasileiros demonstram que cerca de 30% dos genes brasileiros, em média, vêm de estoque indígena. O fato é que, nos dois primeiros séculos de colonização, a miscigenação foi característica bastante recorrente e criou um genótipo nacional que, mesmo com a presença maciça de africanos, portugueses e outros europeus, deixou marcas indeléveis no nosso estoque genético. Assim, não é fora da realidade alguém alegar que é indígena porque tem uma "bisavó" (sempre as bisavós) indígena, pois, embora não tão recentemente, um terço de nossa população tem antecedentes genéticos indígenas. É apenas um pouco romântico.

ONDE ESTÃO OS POVOS INDÍGENAS

A grande maioria dos povos indígenas se encontra na Amazônia, particularmente nos estados do Amazonas e Roraima. Lá estão as maiores variedades étnicas e linguísticas e as maiores populações por unidade étnica, como os Tikuna, com 46.045, no alto Solimões, os Makuxi, que são 28.912, em Roraima, os Yanomami, com 21.982, e os diversos povos do rio Negro, que somam mais de 40 mil pessoas. Os Yanomami, cujo território, com 9,8 milhões de hectares, abarca parte dos estados de Roraima e Amazonas, são o mais numeroso povo autônomo da América do Sul, somando mais de 40 mil, ao incluirmos as aldeias situadas além-fronteira, na Venezuela. De fato, se o Estatuto do Índio tivesse sido seguido ao pé da letra, nos anos 1970, o estado de Roraima deveria ter sido alçado a "território indígena", já que mais de 30% de sua população era de indígenas. Hoje, devido à imigração de nordestinos e sulistas, a população indígena de Roraima caiu para aproximadamente 15% do total.

No Pará, inesperadamente, não é muito numerosa a população indígena. Como vimos, a população do baixo Amazonas foi quase toda perseguida e extinta pelas forças de repressão à Cabanagem. Suas populações atuais encontram-se nas áreas de recente desenvolvimento econômico, pois as que se situavam em áreas de exploração de castanhais e borracha também sofreram igual processo de extermínio nos fins do século passado. Os Munduruku, que vivem em terras da bacia do Tapajós, somam 13.013 pessoas.

Em Mato Grosso do Sul estão duas das maiores populações indígenas, os Guarani, subgrupo Kaiowá, com 43.400 pessoas, e os Terena, com 28.845. Porém, são os povos indígenas com as menores extensões de terras, vivendo todos em situação de alta densidade e com carência de áreas para agricultura.

Muitas populações indígenas têm seus territórios em ricas províncias minerais, como é o caso dos Waimiri-Atroari, Yanomami, Xikrin, Kayapó e Cintas-Largas, com cassiterita, cobre, ferro, ouro e diamantes, ou petróleo e gás, como nos vales do Purus e Javari, onde estão diversas terras indígenas, e no rio Madeira entre os Munduruku e Maué. Nas décadas de 1970 e 1980, quando se obteve conhecimento dessa realidade, houve certo freio no ritmo de demarcação de terras situadas em tais áreas minerais. A Terra Indígena Raposa Serra do Sol, no nordeste de Roraima, levou anos para ser reconhecida e homologada, entre outras razões, porque havia a alegação de que tinha muito ouro e outros minérios, e que eram cobiçados por interesses de estrangeiros querendo que tal terra fosse reconhecida como indígena. No caso dos Waimiri-Atroari, em cuja terra existe uma empresa explorando cassiterita, embora atualmente pagando *royalties* aos índios, o governo chegou ao ponto de incúria e favorecimento deslavados ao desfazer uma primeira demarcação daquela terra para acomodar os interesses minerais da empresa Paranapanema, cujos sócios mais importantes eram altos funcionários do governo federal. Entretanto, quando se foi fazer a Hidrelétrica de Balbina, que inundou 30 mil hectares dessas terras, a Funai conseguiu demarcar um território de mais de 2,5 milhões de hectares.[16]

Em algumas áreas da Amazônia ocorrem situações muito semelhantes àquelas que caracterizavam os séculos passados. Nelas os índios vivem num padrão de povoamento bastante disperso, em vastas áreas, junto a comunidades de lavradores ou extratores de produtos silvestres, num ambiente de aceitação, apesar de desconfianças mútuas. Isso se dá com frequência na bacia do baixo e médio rio Madeira, com índios Mura, Munduruku, Mawé, Parintintin, Pirahã, e no rio Negro, com os Baré, falantes do nheengatu. O Acre, que até meados da década de 1970 não reconhecia suas populações indígenas e hoje conta mais de 16 mil, ainda abriga situações do tempo do auge da exploração da borracha, quando muitas comunidades indígenas, após serem atacadas à bala, eram feitas cativas e dispersadas em pequenos núcleos a fim de explorar a borracha para um patrão seringalista. Os índios que se reagregaram em comunidades deram a volta por cima, passaram a viver sem a exploração que caracterizava o sistema de barracão, num feito verdadeiramente épico, que contou com a colaboração de indigenistas da Funai e de ONGs indigenistas e ambientalistas. Nos últimos 30 anos, muito esforço governamental e de ONGs nacionais e internacionais foi expendido para tornar essas comunidades verdadeiramente autônomas economicamente, com resultado positivo em vários casos. Organizadas em cooperativas, diversas aldeias Ashaninka, Yawanawa e Kaxinawá conseguiram se firmar de um modo novo no panorama indígena brasileiro.

Há ainda diversos casos de índios que etnicamente constituem uma só cultura, mas que estão divididos por marcos de fronteiras nacionais. Os Yanomami são um caso em que parte de suas aldeias está no Brasil e a outra, na Venezuela, porém essa realidade geográfica não os atinge, embora se submetam às diferenças políticas. Os índios do alto rio Negro – como os Desana, Pirá-Tapuya, Tukano e outros –, os Tikuna, do rio Solimões, os Ashaninka, que vivem na beira do rio Purus, e os Galibi e Waiãmpi, do Amapá, são exemplos de povos indígenas que se adaptaram às duplas condições de nacionalidade, quase sempre falando diversas línguas indígenas e indo-europeias. Há índios Galibi do Amapá que, inclusive, possuem dupla nacionalidade, tendo passaporte francês, com o qual visitam a França ocasionalmente. Há Tikuna, tanto no Brasil quanto na Colômbia e no Peru, que são capazes de orientar a sua identidade cultural e nacional sem desperdiçar as diversas oportunidades que cada país lhes oferece. Em Tabatinga, no Brasil, têm boa proteção de saúde; em Letícia, na Colômbia, um melhor sistema educacional.

A tão propalada rivalidade intrínseca entre povos indígenas não é produto de um desígnio da natureza. Ela ocorre em situações específicas e por motivos históricos. Quase sempre é por causa da competição por território, sobretudo quando está havendo uma expansão demográfica. Mas ela se dá também por causas endógenas às suas culturas, tais como a necessidade de manter uma coesão social pela busca de atividades guerreiras. Entretanto, há ocasiões em que diversas sociedades indígenas se compactuam entre si e criam um *modus vivendi* de intercâmbio cultural e econômico bastante duradouro. O caso mais conhecido é aquele inserido no Parque Indígena do Xingu. Lá, 12 povos indígenas falando línguas em muitos casos ininteligíveis criaram mutuamente uma cultura comum a todos, transcendendo as suas tradições anteriores pela unidade política e social. Cada povo permanece independente politicamente, mas abre mão de sua autossuficiência para que haja a necessidade de intercâmbio econômico e a consolidação simbólica por rituais compartilhados por todos. Dessa forma, um povo se especializa em fabricar grandes panelas de barro (como os Waurá), enquanto outros se especializam em fabricar arcos (como os Kamayurá), colares de caramujo (como os Kuikuro), ou machados de pedra (como antigamente faziam os Trumái). A troca comercial é feita por valores preestabelecidos, porém havendo possibilidades de barganha, de acordo com a melhor ou pior qualidade do produto, ou por motivos fora da esfera puramente econômica, como o desejo de estabelecer uma aliança matrimonial entre determinadas famílias. E tudo isso se dá sem o meio de uma língua franca, apenas pelo respeito a práticas estabelecidas e com a ajuda de pessoas bilíngues e poliglotas, sempre presentes nas diversas aldeias.

Esse complexo cultural é resultado histórico da confluência desses povos, e de outros que se extinguiram já nesse século, que conscientemente elaboraram os princípios de um pan-indigenismo autóctone igualitarista.

Takumã, grande pajé do povo indígena Kamayurá, em momento reflexivo por ocasião de cerimônia do Kwarup, Parque Indígena do Xingu.

Em outras regiões, como no alto rio Negro, existem situações parecidas, porém não tão elaboradas e harmônicas. Pelo contrário, no alto rio Negro surgiram indícios de uma hierarquização de etnias – algumas dominantes e com símbolos de poder; outras subalternas. Em virtude disso, uma língua franca foi disseminada entre os diversos povos que participam desse sistema, e é falada por quase todos como uma segunda e até terceira língua. Essa é uma situação que talvez tenha sido muito comum nos tempos pré-colombianos, quando era mais frequente a necessidade de federações de povos indígenas sob o controle de um povo mais aguerrido ou mais bem posicionado estratégica e geograficamente.

Ainda na Amazônia, diversos povos indígenas detêm em seus territórios riquezas que são motivo de interesses econômicos de diversas ordens, desde estatais e multinacionais, de produtos extrativos a ouro e petróleo. Alguns desses povos adquiriram um sentido da importância desses bens e produtos e começam a exigir o cumprimento de seus direitos à exploração ou participação no lucro. Os Sateré-Mawé, por exemplo, foram firmes em exigir e obter indenizações e reparações pelas destruições que a empresa francesa Elf-Aquitaine fez no seu território na busca de petróleo através de contratos de risco com a Petrobras. Os Gaviões do Pará, em cujas terras passaram as linhas de transmissão da UHE Tucuruí e, em seguida, a Ferrovia Carajás, obtiveram indenizações pecuniárias bastante razoáveis – no último caso, o equivalente a cerca de US$ 1 milhão, em detrimento a reparações equivalentes em terra, que seria mais administrável e mais seguro para o seu futuro. Em outras áreas, como a dos Kayapó, Munduruku e Cintas-Largas, a presença de garimpos foi condicionada ao conhecimento dos próprios índios e a uma participação nos lucros da exploração do ouro e diamante. Em outras, como nas terras dos Guajajara, no Maranhão, e em tantas terras de Mato Grosso e Rondônia, os índios são induzidos a permitir a exploração de madeiras nobres, em alguns poucos casos com a conivência de funcionários da própria Funai, junto às empresas madeireiras. Isso constitui uma violação dos princípios constitucionais que regem a proteção das terras indígenas como patrimônio da União. A participação dos índios nesses casos deixa-os numa situação ambígua perante a lei e perante os interesses maiores da nação.[17]

Foram forçadas condições extremamente desvantajosas para a sobrevivência cultural de alguns povos, cujo contato inicial com a sociedade brasileira se caracterizou pela imposição econômica – como nos estados do Sul, a partir do início deste século, ou em Mato Grosso, pela expansão agrícola de grande porte. Em primeiro lugar, suas terras foram reduzidas a tamanhos mínimos para que o resto fosse loteado entre colonos ou fazendeiros. Sofrem dessas condições os Guarani e Kaingang das reservas localizadas no estado de São Paulo (Vanuire, Icatu e Araribá), os Kaingang do Paraná, Santa Catarina e Rio Grande do Sul, e dos Guarani Kaiowá e Ñandeva, bem como os Terena de Mato Grosso do Sul.[18] Na área indígena de Panambi, os Kaiowá viram suas terras loteadas na década de 1930 por um projeto econômico do governo federal que, no final, só lhes concedeu alguns dos pequenos lotes destinados a agricultores imigrados de São Paulo e Paraná. De índios passaram a simples locatários, numa situação constrangedora que só foi redimida em 2005, quando toda a terra loteada foi revertida para os índios, após anos de luta por parte dos índios, da Funai e do Cimi.[19] Entretanto, na década de 1990 eles receberam o apoio da Funai para retomar as parcelas de terras redistribuídas e conseguiram revê-las. Em 2005, como presidente da Funai, tive a honra de comemorar com os Guarani da T. I. Panambi não somente a demarcação, como também a homologação dessa terra indígena na presença do então ministro da Justiça, Márcio Thomas Bastos.

No Nordeste, diversos povos indígenas sobreviveram em grande proximidade a cidades e vilas, em vários casos literalmente dentro de cidades. Em Pernambuco, na cidade de Águas Belas, vive o povo Fulniô, o único povo indígena no Nordeste que manteve sua língua original. A cidade é parcialmente localizada dentro da terra indígena e paga foro aos índios pelas casas que lá existem. Os Fulniô, por sua vez, praticam um ritual especial, o Ouricuri, em uma reserva da sua terra localizada no arrabalde da cidade. Lá, todos, onde quer que estejam vivendo, de Recife a Brasília, Rio de Janeiro e São Paulo, se reúnem uma vez ao ano para festejar sua cerimônia principal e reafirmar os laços de sua identidade. Os Tuxá, descendentes de povos indígenas que habitavam o médio rio São Francisco e que foram aldeados em missão pelos capuchinhos franceses no século XVII, moravam na cidade de Rodelas, à beira desse rio, constituindo uma comunidade étnica entre as outras duas principais – a dos negros e a dos brancos –, numa simbiose social bastante comum no século passado (e, claro, sob a égide política da etnia branca dominante). Para sobreviver, os Tuxá praticavam a agricultura de várzea numa ilha que lhes restou como território próprio, e trabalhavam em serviços urbanos, variando de acordo com o grau de sua qualificação educativa e profissional. O ser índio, neste caso, permanece pelo sentimento de descendência e pela manutenção dos laços de solidariedade social tecidos pelas redes de casamento endógeno, compadrio e auxílio mútuo de trabalho. Os rituais próprios são de tradição indígena, mas adaptados às circunstâncias urbanas e integrados num calendário junto com os rituais das outras duas etnias ou segmentos populacionais.

Por muitos anos, Rodelas constituiu uma situação estável até que toda essa região, inclusive a cidade, foi inundada pela Usina Hidrelétrica de Itaparica. A criação de uma Nova Rodelas, longe da beira do rio desbaratou a vida dos Tuxá, mesmo recebendo indenizações equivalentes ou até maiores às que os demais habitantes receberam. Os velhos foram engolidos pela nova vida urbana, os jovens Tuxá passaram a viver como jovens novo-rodelenses, o movimento político Tuxá ficou preso à luta pelas indenizações, que, claro, no Brasil, são dadas a conta-gotas e com muita intervenção do Ministério Público Federal. Só por um grande esforço de aglutinação, movido provavelmente pelo sentimento de exclusão social que lhes é dirigido de fora, a identidade Tuxá encontra meios para se manter.

Muitos dos povos indígenas no Nordeste garantiram sua sobrevivência até agora pela manutenção de pelo menos uma parte do seu antigo território. Quase sempre são casos de doação de sesmarias ou datas de terras feitas pelo Imperador Dom Pedro II, ou, muito antes, pelos reis de Portugal. Diversos foram ratificados no tempo do SPI e alguns o foram pela Funai.

Os Potiguares que, sob a liderança de Felipe Camarão, lutaram lado a lado com os colonos portugueses e com os negros livres pela expulsão dos holandeses do Nordeste, receberam títulos de terras, que se localizavam nos arredores da famosa Baía da Traição. Seus descendentes, chamados hoje de Potiguara, mantêm parte dessas posses imemoriais, garantidas formalmente por demarcação, após um longo processo de disputas que ainda não está concluído. Durante o Império, as terras dos Potiguara foram demarcadas em regime de parcelamento entre famílias,[20] cada qual com seu lote. Por volta do início do século XX, boa parte desses lotes foi sendo vendida ou aforada para a empresa sueca Lund, que instalou uma fábrica de beneficiamento de algodão. A partir do final da década de 1930, o SPI iniciou o processo de reconhecimento das terras ocupadas pelos Potiguara, que, nessa altura, já não falavam mais sua língua original, mas preservavam um forte sentimento de identidade étnica. Nas décadas de 1970 e 1980, os conflitos entre índios e a empresa Lund se acirraram, na medida em que os índios Potiguara foram adquirindo a visão de que tinham direitos que lhes haviam sido subtraídos e que precisavam endurecer em suas ações para serem ouvidos pela Funai, pelo Ministério Público e pelas autoridades estaduais. Por esse tempo, mesmo as terras indígenas que não haviam sido parceladas estavam parcialmente arrendadas para plantadores de cana-de-açúcar, por obra, no início, de funcionários do SPI; depois, por obra de algumas lideranças indígenas. A luta pela recuperação das terras perdidas e pela manutenção das terras já demarcadas provocou conflitos, mortes, despejos forçados, fugas, ameaças de invasões de jagunços e até ações da polícia estadual. Muitos Potiguara saíram e se mudaram para João Pessoa, Rio de Janeiro e outras cidades. Hoje, duas das três grandes glebas de terras potiguaras estão demarcadas e homologadas – as terras indígenas Potiguara e São Domingos do Jacaré –, restando o conturbado lote chamado Monte Mor, cujo processo de demarcação segue o vaivém da perambulação judiciária brasileira. Os Potiguara que vivem em terra indígena somam hoje mais de 15 mil pessoas e se entrincheiram pela sua continuidade étnica, buscando inclusive reaprender sua língua original, um dos últimos descendentes diretos da velha nação Tupinambá, e um dos pouquíssimos povos indígenas a guardar um pedaço do litoral brasileiro.[21]

Outro povo indígena que sobrevive na costa brasileira são os Pataxó, reconhecidos em duas situações distintas. Uma é a dos Pataxó-Hãhãhãe, que vivem na Terra Indígena Caramuru-Paraguaçu, nas vizinhanças de Ilhéus e municípios vizinhos; a segunda é a dos Pataxó, que vivem em diversas terras, inclusive em parte do Monte Pascoal, nas circunvizinhanças da cidade de Porto Seguro. É preciso esclarecer desde já que ambos os Pataxó são agregados de descendentes de vários povos distintos. O termo "pataxó" é apenas um dos vários nomes dados para um rol de povos que falavam línguas semelhantes, da família botocudo, tronco macro-jê, praticantes de uma cultura de caçadores e coletores, com agricultura simples, que viviam nas matas dos vales do Mucuri, Jequitinhonha, Prado, Contas e outros, já conhecidos desde o início do século XIX, mas que em grande parte haviam permanecido isolados e autônomos. No rio Mucuri (MG), duas dessas etnias foram contatadas na década de 1920, e se agregaram pelo etnônimo Maxakali, hoje vivendo em duas pequenas terras indígenas, mantendo sua língua e preservando grande parte de sua cultura.

Já as etnias Kamakã, Mongoió, Maluli, Guerén, Baenan, tendo sofrido muitas perdas demográficas após seu contato por uma equipe do SPI, se agregaram aos Pataxó. O contato com esses povos foi feito em 1921, no auge da expansão do cacau. Aos que viviam na região do rio Prado, que haviam sido contatados em 1923, foi-lhes reservada uma área definida em 1928 como tendo 50 léguas em quadra, a qual, em 1938, fora demarcada pelo estado da Bahia, junto com o SPI, em cerca de 54 mil hectares, a Reserva Indígena Caramuru-Paraguaçu. Entretanto, meses depois, sob o pretexto de que se esboçava uma guerrilha na área, já que o chefe de posto era considerado comunista, os índios agregados em torno de um posto indígena foram atacados por um destacamento da Polícia Militar da Bahia, com muitas mortes e a fuga desesperada dos demais. Em seguida, essas terras foram invadidas, tomadas e em parte arrendadas por agentes do SPI, na justificativa de que não havia mais índios. Porém, muitos ficaram escondidos ou disfarçados como não índios, e, mesmo trabalhando como peões nas fazendas alheias, alentaram o sentimento de continuidade étnica. Em meados da década de 1960, com a ditadura militar, o governo da Bahia, sob a liderança do governador Antônio Carlos Magalhães, passou a conceder títulos de propriedade para esses invasores à revelia do inerme SPI e depois da Funai. Eis, entretanto, que o espírito indígena não estava aniquilado; a partir de 1977, começou o movimento de volta dos exilados Pataxó e seus descendentes. Extraordinários líderes indígenas convocaram suas famílias e patrícios de várias partes do país, e, com a ajuda de indigenistas da Funai, penetraram na terra originária e assentaram acampamento na fazenda que havia se instalado na sede do abandonado posto indígena. De lá não sairiam mais, e foram retomando seu território fazenda por fazenda, até chegar a cerca de 19 mil hectares. Enquanto isso, a Funai entrara em juízo, em 1982, para anular os títulos de terras concedidos pelo Estado. Essa disputa se alongou com muita acridez, muito sofrimento e muitas mortes, inclusive a de Galdino Jesus dos Santos Pataxó, queimado vivo no Dia do Índio de 1997, em Brasília, por uma gangue de adolescentes perversos. Finalmente, em maio de 2012, por quase unanimidade, o STF reconheceu a petição da Funai e liberou toda a área demarcada em 1938 para os Pataxó. Agora estão no processo de fazer uso dessas fazendas, com esperados conflitos pela frente – porém, desta vez, com final feliz. Em conjunto esse grupo das etnias Mongoió, Kiriri-Supaya, Baenan e outras se reconhecem como Pataxó-Hãhãhãe.

O segundo contingente Pataxó está exatamente no ponto em que o Brasil foi primeiro visto por Pedro Álvares Cabral, na área expandida do atual Parque Nacional de Monte Pascoal, e em outras pequenas áreas nas circunvizinhanças da cidade de Porto Seguro. A aldeia Barra Velha é sua origem histórica mais recente, na beira do mar. Diante da legislação de proteção ambiental, os Pataxó conseguiram o direito à caça e coleta de produtos naturais, em um terço do Parque. Pescam artesanalmente e vendem seu produto nas cidades vizinhas. Durante muitos anos, foram incitados por madeireiros a permitir o corte de árvores nobres, às vezes sob a conivência das autoridades locais. Hoje coletam apenas o suficiente para tornear e esculpir artesanatos de madeira e vender pelo Brasil, especialmente no Rio de Janeiro e em São Paulo. De Barra Velha, ainda na década de 1950, diversos grupos migraram para outras áreas de floresta e para um local ao lado de Porto Seguro, onde, nos anos 1990, conseguiram obter o reconhecimento de ocupação tradicional tornando esse local terra indígena com o nome de Coroa Vermelha. A demarcação das demais terras assentadas tem passado por muitas dificuldades em vista da alegação de direitos de propriedade por parte de fazendeiros e de donos de casas de praia.

Os Pataxó-Hãhãhãe e os Pataxó de Porto Seguro fizeram para si, depois de muitas dificuldades e ainda inconclusivamente, um contexto especial do viver indígena em que o tradicional se mescla com o urbano, cujas regras de convivência com a sociedade dominante são inconstantes e circunstanciadas. Porém, vivem à beira-mar.[22]

Em todo o Nordeste, a luta pela sobrevivência étnica é uma constante e engloba diversos elementos da sociedade e da política regionais. Os Kiriri, localizados no município de Mirandela, por exemplo, fizeram parte do grupo de pessoas que formaram o arraial de Canudos, dirigido pelo milenarista Antônio Conselheiro, em fins do século passado. O movimento social foi desbaratado e os Kiriri que lá estavam sofreram as consequências impostas aos mais leais e próximos na defesa do seu líder. Os atuais Kiriri são sobreviventes dos que permaneceram em suas terras, doadas pelo Imperador anos antes. Ao longo do século xx, essas terras foram sendo invadidas por pequenos lavradores e fazendeiros os quais, ao serem confrontados pelo processo de demarcação moderno, argumentavam que o tamanho alegado pelos Kiriri seria maior do que aquele constado nos termos da doação. Na verdade, o debate tinha alguma pertinência na medida em que não se esclarecia o que significa "légua em quadra", que é a expressão usada em muitas doações imperiais, cujo tamanho variava com o tempo, e de que ponto é que se deve medir essa légua. Porém tal disputa perdurou por bastante tempo nem tanto por essa questão, já que a localização real das terras kiriris era conhecida por tradição. A insistência nessa interpretação devia-se simplesmente ao fato de que os moradores mais antigos e os invasores recentes não queriam sair por não haver outras terras para cultivar e sobreviver. Jogava-se, assim, sobre o índio (que, por sua vez, já é um povo espoliado) o ônus de um problema social que ele não engendrara. Esse problema se repetiu na demarcação de muitas outras áreas, como a dos Xocó, dos Pankararu, dos Truká, e entre muitos povos pelo Brasil afora.[23]

É no Nordeste que se localiza, enfim, a maior quantidade de povos indígenas sobreviventes em alto estágio de aculturação e dependência com a sociedade envolvente. Poucos, de fato, mantêm ainda sua língua original, exceção feita aos Fulniô, moradores urbanos de Águas Belas, em Pernambuco.[24] A grande maioria desses povos caracteriza-se culturalmente por alguns rituais e danças, genericamente chamados de *toré* ou *turé*, e por crenças sobre espíritos das matas, das caatingas, das águas – em alguns casos, com sincretismos com crenças africanas. Todos vêm fazendo um enorme esforço de resgate de sua memória, procurando lembrar palavras e expressões originais de suas línguas, e mesmo buscando aprender outra língua indígena para intensificar o sentimento de identidade étnica.

Para esses povos indígenas, o que determina o ser índio não são os símbolos mais visíveis e costumeiros, reconhecidos como pré-colombianos: rituais, práticas de caça e sua instrumentária, religião e a própria língua. Muitos antropólogos consideram que é simplesmente o contraste que operam em relação aos outros, isto é, à sociedade mais geral, que os mantém distintos e específicos. O ser indígena não seria mais um modo tradicional de ser, mas uma especificidade, um contraste com o geral, mesmo que isso se dê unicamente pela sua autoidentidade e pelo reconhecimento dos outros.

Na verdade, há motivos substanciais para se definir a especificidade de um modo de ser, como o desses índios do Nordeste. O principal, além do reconhecimento de uma ascendência tradicional – mesmo que envolvido em elaborações mitológicas –, é que cada um desses povos vive como um todo na sua reprodução social e biológica. Embora haja excepcionalmente casamentos mistos ou interétnicos, a maioria se dá entre pessoas do grupo étnico e por motivos de manutenção do grupo. E, no caso de casamentos mistos ou exógenos, segue-se a regra de incorporação dos estranhos ou dos seus filhos ao grupo, seja por qual linha de parentesco – pelo lado da mãe ou pelo lado do pai. O importante é haver uma regra de descendência que preserve a força centrípeta e a estrutura do grupo. É certo que o que dá firmeza a essa estrutura é o seu enraizamento em um território, o seu complemento necessário. Daí a luta pelo reconhecimento de suas terras consideradas tradicionais, demarcadas ou não, ser a luta pela própria sobrevivência étnica. Com a terra, com um grupo social, produz-se facilmente cultura.

Até a década de 1970, sabia-se de comunidades de descendentes de índios que viviam pelos sertões do Brasil, quase sempre de um modo oprimido e envergonhado, sem se autodeclararem indígenas. Eram vistos pelos vizinhos como "caboclos", no sentido do século XIX – como descendentes de índios, porém já sem muitas características indígenas.

Entretanto, algo aconteceu a partir da década de 1980, quando essas comunidades levantaram a cabeça e partiram para a busca de reconhecimento por parte do Estado brasileiro de sua "indianidade". Desde então, mais de vinte etnias "ressurgiram" no panorama indígena brasileiro, principalmente no Nordeste, mas também no Centro-Oeste e no Amazonas. O caso dos Xocó de Sergipe, dos Tingui-Botó de Alagoas e dos Tapeba do Ceará são bastante conhecidos. Os estudos antropológicos e históricos demonstram que essas comunidades são quase todas descendentes de antigos aldeamentos extintos por decretos de presidentes de província no século passado, mas que, por motivos diversos, conseguiram manter esses laços mínimos de solidariedade social, suas regras de descendência e incorporação, que são o mínimo suficiente para se manterem como etnia ou povo.

Comparando com suas situações de comunidades isoladas e discriminadas por seus vizinhos, principalmente fazendeiros, o reconhecimento étnico lhes dá melhores condições políticas de manter as poucas terras que ainda ocupam e controlam, e defender o seu patrimônio social e econômico estabelecido contra todas as adversidades possíveis. Os seus líderes sabem disso e estão conscientes de que o ser indígena é de maior proveito humano do que ser um agrupamento de pobres lavradores à mercê dos interesses econômicos e políticos que os dominam regionalmente. Há, no entanto, vários casos de comunidades semelhantes que se recusam a aceitar esse *status*, preferindo ser conhecidos como caboclos do que ser tutelados ou protegidos pela Funai. Parece que a ideia de serem equiparados a índios, ou melhor, aos estereótipos locais dessa condição, não os estimula a reivindicar direitos específicos e os consignados em lei. Assim como os caboclos de Taquaritiua e os de São Miguel, no Maranhão, ou os do Canto, no Piauí, o que querem é o simples direito de manter as terras que possuem, por reconhecimento histórico e conhecimento local, indivisíveis, como propriedade coletiva, usada e usufruída de acordo com regras costumeiras, sem precisar reparti-las em propriedades e lotes individuais privados. Caso isso seja possível, muitas outras comunidades assim constituídas, tanto de descendentes de índios quanto de negros libertos ou de brancos, poderão vir a se formar nesse país sem precisar recorrer a outros condicionamentos.

Em suma, o espectro das situações dos povos indígenas atuais no Brasil varia do mais isolado e autônomo àquele que não sabe que é índio ou não quer sê-lo, especialmente pelo que ouve dizer. Atualmente, todos os estados brasileiros têm comunidades que ressurgiram com identidade indígena. Em diversos casos, a Funai vacila sobre o reconhecimento formal desse estatuto indígena, seja porque os dados são muito subjetivos – apenas a autodeclaração de serem índios e uma história um tanto mítica de sua origem indígena –, seja porque os vizinhos não reconhecem essa identidade como tal. Assim, nos estados do Rio Grande do Norte, Piauí e Ceará há comunidades autorreconhecidas, mas ainda não legalizadas pela Funai. O mesmo se dá com duas ou três comunidades que vivem em terras na foz do rio Tapajós, em Alagoas e na Paraíba.

Nas cidade de Niterói (RJ), Rio de Janeiro[25] e São Paulo, há comunidades indígenas de Guarani imigrados de outros estados do Sul, alguns há mais de um século, outros mais recentes, vários já com suas terras demarcadas, pequenas glebas, em alguns casos, na própria periferia das grandes cidades. No município de Caucaia, na grande Fortaleza, estão os Tapeba; na periferia de Manaus, vivem alguns milhares de índios vindos dos rios Solimões, Negro e adjacências; em Campo Grande, Dourados e Aquidauana, estão os Terena e os Kaiowá. Sem contar um número indeterminado de índios que temporariamente saem de suas aldeias e vão trabalhar nas cidades, onde às vezes adquirem um ofício, alguns se formam em universidades, um ou outro vira político, e a maioria volta com o conhecimento mais aprofundado da sociedade que os pressiona a viver constantemente em busca de defesas para a sua sobrevivência.

O ser índio e o viver índio, no Brasil, não são constantes históricas de um passado pré-colombiano. Mesmo os povos autônomos das regiões mais ermas e indevassadas do país têm conhecimento do mundo que os cerca e se comportam de acordo com essa realidade. Os povos heterônomos, os que dependem politicamente do Estado brasileiro e estão integrados em vários graus com a civilização brasileira, constituem pluralidades culturais variadas, determinadas por tempos de lutas e derrotas, por extinções e sobrevivências, condicionadas pelo presente que se constrói em meio a uma complexidade sociopolítica que deixa pouco espaço de manobra e opção existencial para eles. Não se pode, assim, exigir uma coerência cultural desses povos e uma visão política totalizante e disciplinada dos seus líderes. Os estreitos limites de suas possibilidades de ação e os parcos recursos que podem obter são dificultados ainda mais pelos obstáculos de todas as ordens que lhes são interpostos pela ação política nacional, vindos tanto da parte do Estado, suas razões de ser e as idiossincrasias dos seus mandantes circunstanciais, quanto da parte da sociedade econômica e seus prepostos políticos.

A história parece conspirar contra os índios. Em alguns casos, quando já têm suas terras demarcadas, eles se dão conta de que precisam de dinheiro e se deixam iludir pelos interesses econômicos extrativos, vendendo-lhes suas madeiras, arrendando pastos e terras para plantio e pondo à disposição suas riquezas minerais. No final, como já vimos nas terras dos índios do Sul do país, não sobrarão árvores nem estarão bem de vida. Não nos esqueçamos: foram poucos os índios sobreviventes das Minas Gerais e de Goiás. Porém, ao falarmos de conspiração, recusamos claramente a frase clássica de que a história os condena. Conspirar, ou estruturar-se contra, dá a medida da nossa ansiedade e da nossa esperança. O grau da nossa compreensão da realidade atual dos índios se coaduna com a expectativa da consciência dos povos indígenas em relação ao momento histórico em que vivem. Não temos certeza quanto ao seu futuro. Podemos apenas dizer que a atividade político-cultural dos índios nos próximos anos jogará luz sobre a realidade atual e apontará os caminhos da sua permanência histórica e do seu espaço político no Brasil.

NOTAS

1 Ver David Maybury-Lewis, *A sociedade xavante*, Rio de Janeiro, Livraria Francisco Alves, 1984; Bartolomeu Giaccaria e Adalberto Heide, *Xavante, povo autêntico*, São Paulo, Dom Bosco, 1972; Aracy Lopes da Silva, *Nomes e amigos: da prática Xavante a uma reflexão sobre os Jê*, São Paulo, Edusp, 1987; Lincoln de Souza, *Os Xavante e a civilização*. Rio de Janeiro, IBGE, 1953.
2 Sobre os Timbiras, ver, primeiramente, Curt Nimuendaju, *The Eastern Timbira*, op. cit. Sobre os vários povos Timbiras, ver Júlio Cesar Melatti, *O messianismo Krahô*, São Paulo, Herder/EDUSP, 1972; *Ritos de uma tribo Timbira*, São Paulo, Ática, 1978; Roberto da Matta, *Um mundo dividido*, Petrópolis, Vozes, 1976; David Maybury-Lewis (ed.), *Dialectical Societies: The Gê and Bororo of Central Brazil*, Cambridge, Mass, Harvard University Press, 1979; Manuela Carneiro da Cunha, *Os mortos e os outros*, São Paulo, Hucitec,1978; Lux Vidal, *Morte e vida de uma sociedade indígena brasileira*, São Paulo, Hucitec-Edusp, 1977; Gilberto Azanha, *A forma Timbira: estrutura e resistência*, Tese de Mestrado, Universidade de São Paulo, 1984; Maria Elisa Ladeira, *A troca de nomes e a troca de cônjuges: uma contribuição ao estudo do parentesco Timbira*, Tese de Mestrado, Universidade de São Paulo, 1982; Iara Ferraz, *Os Parkatejê das matas do Tocantins: a epopeia de um líder Timbira*, Tese de Mestrado, Universidade de São Paulo, 1983.
3 Sobre os Xinguanos, ver Eduardo Galvão, "Cultura e sistema de parentesco elas tribos do alto Xingu", pp. 73-119, e "Apontamentos sobre os índios Kamayurá", pp. 17-38, em *Encontros de sociedades*, Rio de Janeiro, Paz e Terra, 1979. Orlando e Cláudio Villas Boas, *Xingu, os índios, seus mitos*, Rio de Janeiro, Jorge Zahar, 1970; Pedro Agostinho, *Kwarup: mito e ritual no alto Xingu*, São Paulo, Edusp, 1974; Anthony Seeger, *Os índios e nós*, Rio de Janeiro, Campus, 1980; George Zarur, *Parentesco, ritual e economia no alto Xingu*, Brasília, Funai, 1975; Thomas Gregor, *Mehinaku*, São Paulo/Brasília, Companhia Editora Nacional/Instituto Nacional do Livro, 1982; Berta Ribeiro, *Diário do Xingu*, Rio de Janeiro, Paz e Terra, 1979.
4 Ver Herbert Schubart, "Ecologia e utilização das florestas", em Eneas Salati et al., *Amazônia: desenvolvimento, integração e ecologia*, São Paulo, Brasiliense/Brasília, CNPq, 1983, pp. 101-43. Ver também os artigos em Françoise Barbira-Scazzochio (ed.), *Land, people and planning in contemporary Amazon*, Cambridge, University Center for Latin American Studies, 1980, e Emilio Moran (ed.), *The Dilemma of Amazonian Development*, Boulder, Co., Westview Press, 1983.
5 Esses dados fazem parte da pesquisa que venho fazendo com esses índios desde 1980. Diversos relatórios já foram publicados, bem como o ensaio "São os Guajá hiperdialéticos?", no meu livro *Antropologia hiperdialética*, São Paulo, Contexto, 2011. Quando trabalhei um ano como antropólogo-consultor da Funai, em 1985, apresentei um relatório que traça metas e estratégias para ajudar na sobrevivência desse povo indígena. Ver "Programa Awá", 1985. Os Guajá sobreviveram e hoje somam mais de 320 pessoas em três terras indígenas.

[6] Exceção feita a um grupo de descendentes indígenas que vivem na região de Ilhéus que, em fins da década de 1990, assumiu em processo de etnogênese uma identidade étnica com o etnônimo Tupinambá.
[7] Padre João Daniel, "Tesouro descoberto do rio Amazonas", em *Anais da Biblioteca Nacional*, 2 t., v. 95, 1975, Rio de Janeiro, Biblioteca Nacional, 1976.
[8] Ver Pierre Clastres, *Arqueologia da violência*, op. cit.; Hélène Clastres, *Terra sem males*, São Paulo, Brasiliense, 1979.
[9] Ver Guido Boggiani, *Os Caduveos*, Belo Horizonte/São Paulo, Itatiaia/Edusp, 1975; Darcy Ribeiro, *Kadiwéu*, Petrópolis, Vozes, 1980; Claude Lévi-Strauss, *Tristes trópicos*, São Paulo, Anhembi, 1955, parte 5.
[10] Os Tikuna têm uma aldeia próxima à cidade de Tabatinga (AM) com mais de 5 mil pessoas, e os Guarani que vivem na T. I. Dourados, ao lado da cidade do mesmo nome, somam mais de 10 mil pessoas.
[11] Sobre territórios indígenas, seus tamanhos e situação de demarcação, ver o *site* da Funai: mapas.funai.gov.br.
[12] Segundo relatos dos sertanistas, quando os Kayapó-Mekranhotire foram contatados, na década de 1950, no alto rio Iriri, sua aldeia tinha duas Casas dos Homens e somava mais de mil pessoas. Já para os Canela, Francisco de Paula Ribeiro, em "Memória sobre as Nações Gentias que presentemente habitam o continente do Maranhão", op. cit., presenciou a existência de aldeias com até 1.500 pessoas.
[13] Ver J. Alden, "The Languages of South American Indians", op. cit.; Aryon Dall'Igna Rodrigues, *Línguas brasileiras*, op. cit. Este livro contém a listagem dos 170 povos indígenas que falam línguas específicas, inclusive as línguas isoladas ou não classificadas. Há menos línguas, atualmente, do que povos, porque muitos deles só falam o português. Há ainda duas dezenas de povos cujas línguas estão sendo cada dia menos faladas, como os Xipaya, Kuruaya, Guató, Trumái, Apiaká etc. Entretanto, o Censo 2010 do IBGE relata que há 270 línguas, dado incompreensível para os linguistas que já se debruçaram sobre o assunto.
[14] Ver Daniel Gross, "Protein Capture and Culture Development in the Amazon Basin", em *American Anthropologist* 77(3): 526-549, 1975; Betty Meggers, *América pré-histórica*, Rio de Janeiro, Paz e Terra, 1979.
[15] No meu livro sobre esse povo, *O índio na História*, publicado em 2002, obtivera os seguintes índices: 2,86% para o período entre 1966-1975; 4,7% entre 1975 e 1985; 4,53% entre 1985-1994; e 3,33% entre 1994-1998. Diversos estudos feitos na década de 2000 mostram crescimentos até maiores, como os Waimiri-Atroari, que alcançaram o excepcional índice de 6% durante toda essa década. Considero que, na ausência de dados mais corretos, uma média geral de 3,4% não estaria muito longe da realidade demográfica indígena até o presente. Acredito, outrossim, que esse índice deve estar diminuindo, na medida em que aquelas populações que cresceram bastante nos últimos vinte anos estão freando sua ânsia de crescimento.
[16] O sertanista José Porfírio F. de Carvalho conta essa história em seu livro *Waimiri-Atroari, a história que ainda não foi contada*, Brasília, Edição do Autor, 1982. Os Waimiri-Atroari sofreram enormemente durante as décadas de 1970 e 1980, passando a melhorar suas condições de vida após o trabalho de compensação realizado pelo mesmo sertanista em convênio com a empresa Eletronorte, dona da referida hidrelétrica.
[17] Desde a década de 1980, casos de interferência de empresas mineradoras, hidrelétrica e venda de madeira com a conivência de índios vêm sendo amplamente divulgados na imprensa. Para os índios Gaviões, ver Iara Ferraz, "Mãe Maria: em estado de guerra, proteção do território e da vida tribal", Relatório apresentado à Companhia Vale do Rio Doce, fev. 1985. Para Rondônia e o caso específico dos Suruí, ver Betty Mindlin, *Nós Paiter: os Suruí de Rondônia*, Petrópolis, Vozes, 1985. Sobre os Cintas-Largas, ver Richard Chapelle, *Os índios Cintas-Largas*, Belo Horizonte, Itatiaia, 1982; Carmen Junqueira, Betty Mindlin, Abel Lima, "Terra e Conflito no Parque do Aripuanã", pp. 111-16, em Sílvio Coelho dos Santos (org.), *Os índios perante o direito*, Florianópolis, UFSC, 1982.
[18] Ver Cecília M. V. Helm, *A integração do índio na estrutura agrária do Paraná: o caso Kaingang*, Tese de Livre-Docência, Universidade do Paraná, 1974; Lígia Simonian, *Terra de posseiros: um estudo sobre a política de terras indígenas*, Tese de Mestrado, Museu Nacional, 1981.
[19] Ver Joana A. Fernandes Silva, *Os Kaiowá e a ideologia dos projetos econômicos*, Tese de Mestrado, Universidade Estadual de Campinas, Unicamp, 1982.
[20] Vale a pena lembrar aqui o exemplo do malfadado decreto legislativo americano, o Dawes Act, sancionado como Lei de Parcelamento Geral de [Terras] Indígenas, de 1887, que determinou que as terras indígenas americanas fossem parceladas pelas famílias e indivíduos, como propriedade privada, nos tamanhos entre 65 hectares por chefe de família e 3,2 hectares por jovem adulto. A aplicação dessa lei resultou, ao final de 47 anos de vigência, na diminuição das terras indígenas americanas de um total reconhecido de 610 mil km² para 190 mil km²! Foi por esse tipo de ação, mais do que pelas guerras contra índios, que a política indigenista americana ficou famosa por sua finalidade destrutiva dos povos indígenas.

[21] Ver Paulo Marcos Amorim, "Índios camponeses: os Potiguara da Baía da Traição", em *Revista do Museu Paulista*, N. S., v. 19, 1970/71, pp. 7-95; Francisco Moonen, "Os Potiguara: índios integrados ou deprivados?", em *Revista de Ciências Sociais*, Fortaleza, 4(2), 1973, pp. 131-54.

[22] Ver Maria Rosário G. de Carvalho, *Os Pataxó de Barra Velha: seu subsistema econômico*, Tese de Mestrado, Universidade Federal da Bahia, 1977; Maria Hilda Baqueiro Paraíso, *Caminhos de ir e vir e caminhos sem volta: índios, estradas e rios no sul da Bahia*, Tese de Mestrado, Universidade Federal da Bahia, 1982.

[23] Ver Maria de Lourdes Bandeira, *Os Kiriri de Mirandela: um grupo indígena integrado*. Salvador: Universidade da Bahia/Secretaria de Educação e Cultura, 1972; W. Hohenthal, "As tribos indígenas do médio e baixo São Francisco", em *Revista do Museu Paulista*, N. S., v. XII, 1960, pp. 37-86; Beatriz Góis Dantas e Dalmo Dallari, *Terra dos índios Xocó*, op. cit. Sobre os Maxakali do norte de Minas, ver Marcos Magalhães Rubinger, Maria Stella de Amorim e Sonia de Almeida Marcato, *Índios Maxakali: resistência ou morte*, Belo Horizonte, Interlivros, 1980.

[24] Estevão Pinto, *Os índios do Nordeste*, Brasiliana 44, São Paulo, Companhia Editora Nacional, 1935-1938, 2 v.; Carlos Studart Filho, *Os aborígenes do Ceará*, Fortaleza, "Instituto do Ceará", 1965; Anaf/Bahia, *Os povos indígenas na Bahia*, Salvador, 1981.

[25] Um grupo composto por índios de diversas procedências étnicas – Guajajara, Pataxó, Kariri, Tukano, Kaingang e outros – fez do velho e abandonado casarão, na rua Mata Machado, ao lado do Estádio Municipal do Maracanã, seu abrigo e sua residência, e tenta de todo modo mantê-lo e transformá-lo num centro cultural e educacional para os índios que vivem espalhados na cidade. Tal ato esbarra nos planos da prefeitura do Rio de Janeiro de arrasar o prédio e transformar o terreno em estacionamento para automóveis, visando à Copa de 2014. Escrevi um texto para justificar esse objetivo indígena mostrando que lá Marechal Rondon recebia os velhos índios que iam buscar ajuda na defesa de suas terras e a assistência do SPI. Foi também nesse prédio que o Museu do Índio foi criado, por Darcy Ribeiro, até ser movido para o bairro de Botafogo, em 1978

A SITUAÇÃO ATUAL DOS ÍNDIOS

A questão indígena não passa de um episódio no confronto de dois sistemas civilizatórios na história da humanidade, cujo desenlace (visto daqui há 500 anos) talvez não seja muito dessemelhante do resultado da expansão dos povos indo-europeus pela Europa pré-histórica e pela Ásia Menor; ou da conquista e submissão das tribos bárbaras de francos, germanos, anglo-saxões e eslavos pelos romanos. Em muitos pontos, restou terra arrasada e substituição de um povo por outro; em outros, miscigenação física e cultural; em alguns, bolsões de sobrevivência e resistência étnica. Para o Brasil, o resultado desse embate se dá no plano de sua formação histórica e da sua constituição sociocultural – claramente, ainda em andamento. Há uma duração estabelecida – até agora, pouco mais de 500 anos –, e para o futuro talvez não mais do que 100 ou 150 anos sejam de pertinência para a conclusão do processo. No balanço histórico, percebemos certa tendência de continuação das mesmas forças sociais e dos mesmos problemas que constituíram a questão indígena, embora com a ampliação e intensificação dadas pelo desenvolvimento da nação. Permanece inclusive certa ambiguidade nessas forças, como se o processo estivesse ainda em ebulição.

Se fôssemos visualizar a questão indígena como um modelo geométrico, ela provavelmente se apresentaria no formato de um triângulo irregular cujos lados seriam formados pelo Estado, pela Igreja e pela Sociedade, que constrangeriam os índios em seu interior. No século XVI, o Estado era toda a política de colonização, as determinações e ações dos capitães e governadores, o propósito fundamental de instituir uma colônia portuguesa sobre as terras indígenas, ou seja, a autoridade real pairando sobre todos como algoz ou salvador. A Sociedade era representada pelas forças econômicas da colonização – donos de engenho, fazendeiros e boiadeiros, comerciantes –, mas também os escravos, os quilombolas e o povo livre ou servil que se constituía cultural e socialmente. A Igreja, nesse contexto, não é propriamente o poder romano, em enlace com o Estado, via Padroado, mas aquela que se apresenta como uma alternativa política e social às estruturas e propósitos do Estado e da Sociedade. Ora pelo Estado, ora contra o Estado, em ambos os casos tentando influir sobre a Sociedade. São os missionários, especialmente jesuítas, reduzindo os índios em aldeias rigidamente controladas, cristianizando-os, transformando-os em vassalos do Reino, porém tentando arrefecer as condições sociais de escravidão e domínio absoluto da Sociedade e do Estado.

Esse roteiro triangular pode ser seguido ao longo do tempo, verificando seu jogo de poder e suas consequências sobre os índios, para chegar ao presente, ampliando o sentido da Sociedade a fim de incluir agora tanto a opinião pública quanto o mercado – e até a opinião pública internacional. As atuais ONGs se comportam em geral como Sociedade, mas às vezes na forma alternativa da Igreja. No todo, aumenta a espessura dos lados de modo que o único setor que diminui é o centro indígena da questão, cada vez ocupando menos espaço. "Enlargueceu" o lado da Sociedade, compreendendo atualmente as grandes forças econômicas, todo o agronegócio – inclusive o seu produto social oposto (os lavradores sem-terra, as classes médias urbanas de grandes e pequenas cidades, e suas visões ambíguas, ora indianistas, ora anti-indígenas) – e, de certa forma, a opinião pública internacional (que também existia no século XVI; não nos esqueçamos de Montaigne, por exemplo). A indefinição ou ambiguidade de alguns elementos é muito grande. Onde situar os militares, por exemplo, como elemento do Estado ou da Sociedade? E os antropólogos, são da Sociedade ou do setor salvacionista da Igreja? A opinião pública é produto das classes médias, como força autônoma, ou é ressonância das forças econômicas mais modernas, inclusive o capital internacional? Não é surpreendente que as atuais ONGs estejam no lado correspondente à Igreja, com suas visões pararreligiosas e escatológicas do mundo, suas críticas ferrenhas ao Estado e suas autoaclamadas missões de "salvar os índios" ou "resgatar as culturas indígenas", e de guiar a Sociedade pela persuasão midiática.

Que se tenha com clareza desde já: os segmentos sociais que dão sentido à questão indígena operam num contexto histórico bem mais amplo do que a nação brasileira. Portanto, seu posicionamento relativo depende de um equilíbrio instável e temporário, para o qual os índios em si raramente têm condições e peso para influir. Por isso, costuma-se dizer que os índios estão à mercê de forças sociais e econômicas que eles jamais poderão controlar e das quais poucas vezes se percebe com clareza a sua dinâmica e trajetória. Só nos últimos trinta anos, pode-se afirmar que os índios tenham ressurgido de sua posição de inatividade político-cultural para se apresentar como vislumbre de alternativa para si mesmos, dentro do contexto geral da sociedade brasileira.

No breve levantamento histórico que fizemos em capítulos anteriores, vimos que a Igreja, representada pelas ordens missionárias (sobretudo os jesuítas até 1759), teve um papel excepcional em gravar no indigenismo nacional as noções de defesa e proteção aos povos indígenas. Nem por isso podemos deixar de considerar que, em determinados momentos, os missionários foram aliados das outras forças contra os índios, especialmente nos primórdios da colonização. Ademais, em muitas das disputas entre missionários e colonos, quem terminava perdendo eram os índios. Esse foi o caso das Missões dos Sete Povos, estabelecidas por jesuítas espanhóis na região entre os atuais oeste de Santa Catarina e noroeste do Rio Grande do Sul, as quais foram destruídas pelas forças militares portuguesas e espanholas porque os jesuítas haviam se recusado a transferir as missões para o lado da colonização espanhola. No que se poderia caracterizar como um radicalismo jesuítico, a defesa da preservação de suas missões esbarrou contra o radicalismo geopolítico do Marquês de Pombal. Ao final, os índios saíram na pior. (Bem, os jesuítas também perderam e acabaram sendo expulsos dos reinos de Portugal e Espanha.)

Pelo lado da Sociedade, foram os indianistas – incluindo desde já o patriarca José Bonifácio de Andrade e Silva – que, ao buscar criar a identidade da nova nação, levantaram a bandeira do pertencimento do índio à nação e promoveram um sentimento e atitudes de dignidade poética e valor humano às culturas indígenas, o que se tornou a base para o reconhecimento de seu valor político-cultural nos anos seguintes de nossa história. Não foram declamações em vão a poesia de Gonçalves Dias e o romance de José de Alencar. Em contrapartida, o Estado, apoiado por setores da sociedade, promoveu a criação das bases da moderna política indigenista brasileira, à revelia e propositadamente contra a Igreja que, nos idos do início do século xx, teimava em continuar com os mesmos métodos de catequese de quatro séculos atrás. Sem dúvida, naquela ocasião, foram importantes segmentos da corporação militar e da intelectualidade positivista que catalisaram os reclamos da Sociedade e do Estado. Hoje, dos militares já não se pode dizer o mesmo, pois os conceitos ideológicos que motivaram a corporação em 1910 não arregimentam mais do que uma minoria dos seus quadros. O nacionalismo militar se enrijeceu e perdeu seu sentido cultural e identitário mais forte.

Visto assim, as atitudes, ações e políticas de caráter indigenista que acontecem no Brasil podem ser modeladas dentro do parâmetro Sociedade, Estado e Igreja. Porém, ao longo dos anos, as vicissitudes e transformações históricas embaralham essas cartas, de modo que novas categorias econômicas, sociais, políticas e culturais se tornam mais fáceis de discernir. Apresento a seguir um resumo dos principais elementos que determinam atualmente o sentido e a natureza da questão indígena e que posicionam os índios diante de suas possibilidades de ação política.

OS INTERESSES ECONÔMICOS

Não há dúvida de que, muito mais do que preconceito de raça, desprezo religioso ou elitismo cultural, os interesses econômicos e seus agentes, que visam às terras e suas riquezas naturais, são os piores inimigos dos índios. Esses interesses advêm, majoritariamente, da sociedade brasileira, mas também do capital estrangeiro e até do próprio Estado brasileiro, que, no final, os sustenta a todos. Não importa mais a mão de obra indígena, a não ser em casos excepcionais e muito localizados. Importam as terras ocupadas por povos indígenas, suas riquezas minerais, seu potencial hídrico, suas madeiras e sua biodiversidade; e importa aos interesses econômicos ter o aval, a aceitação, a indiferença ou a incapacidade de resistência dos índios para que eles obtenham tais terras.

O caso mais visível e contencioso é o de fazendeiros que, por concessões irregulares dos estados, desde São Paulo, Mato Grosso, Mato Grosso do Sul, Rondônia, Pará, Bahia, entre outros, e por via de manobras jurídicas, só nestes últimos cem anos (e a despeito dos protestos de Rondon, do SPI e das ações jurídicas da Funai), açambarcaram largas extensões de terras que pertenciam a grupos indígenas. Já garimpeiros em levas numerosas e anárquicas invadem terras indígenas e exploram ouro, diamantes ou cassiterita, em alguns casos e em certas épocas, até com o aval de dirigentes corruptos da Funai e, muitas vezes, contando com a aquiescência dos índios. E há os grandes projetos de desenvolvimento econômico – hidrelétricas, mineração, estradas, ferrovias, hidrovias – que se esparramam pelo país, especialmente pela Amazônia, trazendo consigo destruição, capital, gente, vilarejos, cidades, atração e sedução.

Garimpos

São inúmeros os pequenos garimpos espalhados em terras amazônicas, alguns poucos operados quietamente por índios. O perigo está nos médios ou gigantescos e caóticos garimpos que destroem os leitos e margens de rios, poluem as águas, soltam mercúrio e escavam enormes crateras nos pequenos riachos e igarapés, criando um clima de coerção, venalidade, brutalidade e cinismo entre eles e com influência sobre os índios. Entre os casos mais conhecidos estão os garimpos abertos nas terras dos Kayapó, no sul do Pará. Entre 1984 e 1995, dois ou três grandes garimpos escarificaram a T. I. Kayapó. O mais famoso deles, Maria Bonita, atraiu mais de 2 mil garimpeiros, que rasgaram dois ou três pequenos riachos que caíam no rio Fresco, um dos bons afluentes do rio Xingu e onde se localizam algumas das aldeias kayapós. Os índios, ou melhor, alguns líderes indígenas, recebiam em dinheiro uma porcentagem do minério extraído e registrado. O montante desse porcentual ia muito além da ansiedade dos índios por mercadorias, pois dava para comprar muitas coisas na cidade de Redenção (inclusive um avião bimotor) e abusar em consumo conspícuo e extravagâncias. Quando a relação entre índios e garimpeiros beirou a deflagração de conflito, a Funai, o Ministério Público e a Polícia Federal se uniram para intervir, fechar os garimpos e evacuar os garimpeiros. Com tanta publicidade sobre abuso de consumo, uma mácula ficaria sobre a imagem dos Kayapó do Pará, que, ainda hoje, são usados por críticos de índios como exemplo de ostentação de riqueza. Os Kayapó ficaram "pobres" novamente, voltaram a exercer sua cultura com naturalidade e a consumir aquilo que obtêm através da venda de produtos extrativos, inclusive artesanato. Porém, dez anos depois, eis que novos garimpos se abriram na T. I. Kayapó, à revelia da maioria dos índios, para entrar em mais um círculo de destruição de floresta, poluição, venalidade, abuso de consumo, até a fase final de fim de garimpo.

Outro exemplo de exploração mineral se dá na reserva Waimiri-Atroari, localizada entre o Amazonas e Roraima. Naquela terra foi descoberta uma grande jazida de cassiterita, a qual vem sendo explorada desde 1982 pela empresa Paranapanema (e suas derivadas), por concessão federal. Na ocasião, essa empresa estava ligada a militares do último período da ditadura, daí porque a concessão passou por cima da Funai e de direitos indígenas. Em certo momento, o presidente João Figueiredo até revogou a demarcação da terra, gesto inusitado, para facilitar a legitimação da empresa. Depois de muita confusão e conflitos com os índios e com a Funai, sobretudo porque ao lado dessa terra indígena estava sendo construída a UHE Balbina, a empresa Paranapanema foi forçada a entrar em acordo e a partir de 1987 passou a pagar *royalties* sobre porcentagem do minério extraído da parte da terra indígena que havia sido excluída da sua demarcação final. Esse acordo terminou sendo favorável aos Waimiri-Atroari, que hoje se encontram em posição econômica e sociocultural bastante razoável.

Um terceiro exemplo de mineradora em terra indígena vem da ex-empresa estatal Companhia Vale do Rio Doce, que, tendo descoberto a grande jazida de ferro Carajás, no sudeste do Pará, vem explorando com muita eficácia uma vasta área de terras ao lado da Terra Indígena Xikrin. Em razão disso, na concessão final de mais de 411 mil hectares repassados para a Vale, após sua privatização em 1994, a empresa ficou encarregada formalmente, por decretos presidencial e legislativo, da "prestação de assistência às populações indígenas residentes no entorno do empreendimento", incluindo os povos Suruí, Gaviões e especialmente os Xikrin, cujas terras demarcadas deixaram de fora as terras da Vale. Além disso, diversos filões de minérios de ferro, cobre e ouro que vêm sendo explorados penetram aquela terra indígena e certamente serão motivos de grandes controvérsias nos próximos anos. A Vale alega que atende aos mencionados povos indígenas não por obrigação formal, mas por benemerência [sic]. Tal atitude tem provocado tensões com todos os índios, especialmente os Xikrin, as quais provavelmente não serão solucionados a curto prazo. A Vale possui alvarás de pesquisa em várias outras partes dos estados do Pará e Maranhão, incluindo um grande depósito de bauxita na Serra do Tiracambu, no Maranhão, parte da Reserva Florestal do Gurupi e do território tradicional dos Guajá, que de lá fugiram ou se dispersaram na década de 1970, motivados por invasões de madeireiros, posseiros e especuladores de terra.[1]

Um quarto exemplo de garimpo em terra indígena é o dramático caso de diamantes na Terra Indígena Roosevelt, dos índios Cintas-Largas. Essa terra, situada entre o sudeste de Rondônia e oeste de Mato Grosso, é banhada pelo rio Roosevelt. Em seu subsolo foram descobertos cinco a seis grande kimberlitos, ou grandes rochas geradoras de diamantes, um dos quais "aflorou" parcialmente na região do Igarapé das Lajes, que cai no dito rio. Desde que os Cintas-Largas foram contatados pelo sertanista Francisco Meirelles, em fins da década de 1960, garimpeiros já sabiam da presença de ouro e diamantes na região e frequentemente a invadiam sob o risco de perderem suas vidas. Já no início da redemocratização, em fins de 1980, havia garimpos de ouro em várias partes do rio Roosevelt, de onde se extraía ouro suficiente para pagar pedágio a índios e propina a funcionários de alto escalão da Funai. Depois, esgotaram-se os garimpos de ouro e surgiram os indícios de existência de diamantes. A partir de 2000, diamantes estavam circulando pelas cidades de Rondônia e por volta de 2002 havia mais de 5 mil garimpeiros revolvendo as margens do Igarapé das Lajes, de onde retiravam um diamante azulado de grande qualidade e valor, pagando pedágio a diversos grupos Cintas-Largas e a funcionários de pequeno escalão da Funai. Trocavam a concessão para garimpar por caminhonetas, geladeiras, motores de luz, espingardas, *freezers*, entre outros eletrodomésticos, casas nas cidades de Cacoal, Espigão do Oeste e Pimenta Bueno, de modo que, apesar de terem sido expulsos por uma força conjunta da Funai, Ibama e Polícia Federal em março de 2003, novamente os mais ousados garimpeiros voltaram a levar suas bombas-d'água e maquinário de seleção do minério. Conflitos entre índios e garimpeiros avulsos voltaram a ser constantes. Um dia, em abril de 2004, um grupo de 30 jovens índios Cintas-Largas resolveu tomar pé da situação no garimpo. Chegaram espantando os garimpeiros, que, em sua maioria (uns 150 na ocasião), fugiram mata afora em direção à cidade. Alguns, porém, resistiram e trocaram tiros com os Cintas-Largas. Ao final, 29 deles foram mortos e abandonados na mata. Os Cintas-Largas, em seguida, voltaram para suas aldeias, onde passaram pelo ritual de luto pela morte de inimigos. Logo, a Funai local tomou conhecimento da tragédia e comunicou à presidência do órgão, então chefiada pelo presente autor, que a passou para as autoridades máximas da nação.

Para mim, não foi fácil explicar e justificar para a população brasileira por que um bando de Cintas-Largas havia matado de uma só vez 29 garimpeiros, uma tragédia nacional, com todo o sofrimento que isso acarretou para suas famílias. Com efeito, há muitos anos, talvez desde o Massacre do Alto Alegre (ocorrido no município de Barra do Corda, no Maranhão, em 1901, quando cerca de 400 índios Guajajara foram mortos pela polícia e milicianos locais, e talvez 180 brasileiros tenham sido mortos pelos índios), não tinha havido uma matança de brasileiros por parte de índios em condições semelhantes. Certamente, em ocasiões em que expedições do SPI, e mesmo já no tempo da Funai, tentavam fazer contato pacífico com grupos indígenas, muitos sertanistas e seus auxiliares foram mortos. O Tenente Pimentel Barbosa, por exemplo, um auxiliar direto de Rondon, foi morto com oito companheiros pelos Xavante em 1941. O sertanista Gilberto Pinto Figueiredo e dez auxiliares foram trucidados pelos Waimiri-Atroari em 1974. Porém, quantos Waimiri-Atroari,

Cintas-Largas, Kayapó, quantos índios de Rondônia, nas décadas de 1960 e 1970, e no passado recente, quantos Kaingang, Xokleng e Guarani não foram assassinados e envenenados pelos novos imigrantes do Paraná e Santa Catarina? E os Pataxó, Baenan, Maluli e outros não foram destroçados por capangas dos cacaueiros? E quantos mais não estão na história esquecidos por todos nós, só lembrados pela retórica da indignação?

Enfim, comparar matanças não justifica nem melhora nosso entendimento. Os Cintas-Largas mataram os garimpeiros em grupo como se estivessem numa guerra de defesa de suas terras e de controle sobre suas riquezas. Não há tanto mais que dizer, a não ser compreender o acontecimento no contexto geral da vida dos Cintas-Largas: seu processo de contato, suas mortes e assassinatos, o relacionamento explosivo com garimpeiros e outros segmentos nacionais, a efervescência econômica do garimpo de diamantes, as ambições desabridas, o descontrole geral da nação, a incapacidade de o país obter uma política indigenista capaz de encontrar uma solução melhor para a exploração das riquezas encontradas em terras indígenas, cujo usufruto é dos índios. Hoje há um inquérito policial que tenta encontrar os meios para processar os índios que coletivamente praticaram esse ato. Ou talvez esteja entrando no esmaecimento jurídico do país.

Esses quatro exemplos certamente não cobrem o conjunto de possibilidades da garimpagem e mineração em terras indígenas, mas dão uma ideia do seu teor dramático e de suas consequências nefastas para com o destino dos povos indígenas. Ao longo da história do Brasil, o garimpo, pelo seu estilo de vida agressivo e imediatista, resulta sempre em prejuízo fatal para os índios. O exemplo da história da mineração no estado de Minas Gerais é esclarecedor desse processo.[2] Atualmente, além da violência, ocorrem tanto a transmissão de doenças altamente contagiosas e perigosas, como doenças venéreas, tuberculose, gripes e malária – esta última, em cepas extremamente resistentes a remédios. Há também destruição do meio ambiente local e integrado, pela poluição dos igarapés e rios, por meio do uso de mercúrio e outros produtos químicos, e também pelos ocasionais vazamentos de barragens de contenção de subprodutos dos minérios extraídos. Nos primeiros anos de exploração da Mina de Taboca, da Paranapanema, em território Waimiri-Atroari, nove barragens de decantação da argila da cassiterita foram levadas de enxurrada e, consequentemente, poluíram diversos rios que banham aldeias daqueles índios.[3]

A presença de mineradores, sejam empresas, sejam garimpeiros, atrai os índios de outra forma bastante insidiosa e, certamente, tão perigosa quanto as consequências já mencionadas. Atraem pelo poder fascinante do dinheiro e do que se pode adquirir com ele. Antes, diz o mito corrente, os índios se deixavam enganar por qualquer besteira: o fumo, o sal, uma roupa velha, uma panela, um chapéu de palha. Subitamente, a partir dos anos 1980, chegaram os videocassetes, as cartucheiras, revólveres, bicicletas, um sistema de som, o *freezer*, a televisão, as caminhonetas e, no extremo, o avião. Sim, porque entre os Kayapó e os Gaviões (estes pelas indenizações da Companhia Vale do Rio Doce e da Eletronorte), estes produtos são achados em muitas casas. Aliás, a aldeia dos índios Gaviões-Parkatejé, no modo tradicional de casas em círculo – como símbolo do mundo, com seu centro representando a cultura e a vida política –, tem suas casas construídas de alvenaria, com sistema de abastecimento de água e luz, e modeladas por arquitetos que tentam misturar o moderno com o tradicional. Uma nova geração de índios que vem usufruindo de recursos relativamente abundantes não pretende voltar a uma vida despojada, em meio ao consumo que os cerca. Por suas atitudes e argumentos, têm convencido muitos antropólogos e indigenistas a reconsiderar suas convicções e, portanto, a considerar que os índios devem participar do mesmo tipo de progresso que existe nas camadas médias da população brasileira, sem que tenham de abrir mão da sua autoidentidade e de suas visões de autonomia cultural.

Da percentagem do ouro extraído de suas terras, os Kayapó chegaram a possuir, entre 1985 e 1995, dois aviões de pequeno porte próprios para decolarem das pequenas pistas de pouso construídas nas clareiras da floresta amazônica. Com esses aviões, os Kayapó, especialmente os seus líderes, adquiriram alta mobilidade, passando parte do seu tempo se divertindo, fazendo compras nas pequenas cidades e corrutelas de garimpeiros do sul do Pará ou visitando seus primos índios – os Xikrin, os Metuktire –, ou as cidades grandes, como Belém, Brasília e São Paulo. Argumentava-se a esse tempo, em seu favor, que essa mobilidade trazia uma maior consciência entre os diversos subgrupos Kayapó que estão muito distantes uns dos outros, e que até eram inimigos entre si anos atrás. Nesse caso, o dinheiro do garimpo seria um fator novo de caráter positivo para eles. Por exemplo, pelo uso de gravações de vídeo de suas festas e reuniões políticas, uma comunicação eletrônica em linguagem de alta visibilidade, rapidez e sintetização entre grupos ou aldeias seria feita, quando antes isso só era possível pelo contato pessoal em ocasiões mais esparsas, através dos rituais de solidariedade social ou até pelas sortidas guerreiras.[4] Realmente, o dinheiro traz malefícios, mas também benefícios, e a comunicação interna foi uma das suas vantagens. A outra, entretanto, foi simplesmente o conhecimento do mundo por meio de viagens. E os Kayapó, afinal, mantiveram sua cultura em perfeita ordem, no teor e na medida de suas vontades.

Hoje em dia, a possibilidade de se obter expressivas quantidades de recursos financeiros, seja em termos de *royalties*, seja como indenizações ou compensações (em função de projetos econômicos perto ou em terras indígenas), é motivo de grande preocupação por parte de antropólogos, advogados e indigenistas, bem como dos próprios índios. As consequências do consumo descontrolado são em geral desconhecidas no Brasil, pela pouca experiência de alguns povos indígenas. Entretanto, nos Estados Unidos, no Canadá, na Austrália e em outros países, diversos grupos indígenas vêm recebendo indenizações bastante vultosas. Os Inuit, Esquimó e outras comunidades indígenas do Alasca que receberam indenizações e compensações financeiras pela passagem de gasodutos e pela alienação de terras exploráveis, na década de 1970, passaram por uma fase de alto consumo e desorientação cultural. Para os observadores mais pessimistas, parecia que os índios iriam se acabar de vez. Entretanto, o consumo foi controlado em situações mais recentes – ao serem descobertas jazidas de petróleo, minérios estratégicos, diamantes e ouro, e instaladas hidrelétricas –, quando os povos indígenas receberam as indenizações de forma mais espaçada e, portanto, com resultados mais positivos para suas sociedades. Por sua vez, nos Estados Unidos, a partir da lei "Indian Gaming Regulatory Act", de 1988, foi regulamentada a operação de cassinos de jogos de azar em terras indígenas, cujo resultado foi o enriquecimento estrondoso de inúmeras comunidades indígenas por todo o país. Entre os novos ricos indígenas estão os Seminoles, do estado da Flórida (que chegaram a comprar uma das maiores redes de casas de entretenimento americanas, o "Hard Rock Café", por quase um bilhão de dólares) e os Mohegan, do estado de Connecticut (que possuem o segundo maior cassino americano e são donos de um time da liga feminina de basquetebol). Com os cassinos acabou a pobreza, mas não algumas terríveis mazelas que já acometiam os índios americanos, como o alcoolismo e a drogadição, a desorganização da vida tribal, a individualização do consumo, o aumento da desigualdade social, e, no limite, o surgimento da anomia – isto é, a perda de identidade social, com a necessária complementação do enquadramento cultural e social aos segmentos mais carentes da sociedade americana mais ampla. Enfim, as consequências de ter grandes quantidades de dinheiro resultam frequentemente na passagem de uma sociedade com traços fortes de autonomia para uma sociedade que se comporta como minoria dependente.[5] Que não venha a ser esse o destino dos povos indígenas brasileiros que vierem a obter grandes quantidades de renda.

Floresta e madeireiros

Os madeireiros se assemelham a uma revoada de gafanhotos que pousam numa roça. Em pouco tempo devastam tudo, não restando árvore ao lado de árvore. No começo, são seletivos e só derrubam as árvores de lei – mogno, cedro, peroba, cabriúva, imbuia, angelim, jatobá, castanheira –; depois, passam às árvores inferiores para lascar mourões, usar em alvenaria e carvão; por fim, são derrubadas as árvores quase sem valor econômico: os arbustos, bambuzais, palmeiras e lianas que formam as terras arborizadas do Brasil. Só um riacho escarificado por garimpeiros é tão feio quanto uma área devastada por madeireiros. Apesar de haver já algumas boas companhias madeireiras, com responsabilidade social e ambiental, com corte planejado e replantio de áreas desbastadas, a grande maioria dos madeireiros do Brasil, especialmente da Amazônia, tem práticas de devastação generalizada associadas a violência, corrupção e desprezo à vida humana que deixam marcas terríveis nas vilas, lugarejos e cidades de onde saem para derrubar madeira.

Esse quadro se repete com mais intensidade em certas regiões, por temporadas, porém atinge quase toda a gama de meios ambientes onde se encontram os povos indígenas no Brasil. A começar pelos Kaingang do Sul do país, detentores das últimas e esparsas reservas de araucárias, cujas terras foram quase que totalmente devastadas pelas madeireiras, antes e depois da presença do SPI. Com efeito, em tempos pretéritos, pouca gente se importava com a necessidade de preservação de árvores ou bosques em qualquer fazenda, assim como em terras indígenas. Foi o próprio SPI que, no espírito do paternalismo empresarial que caracterizava a sua relação com os índios, convidou e favoreceu a entrada de empresas madeireiras, concedendo-lhes direitos de corte de árvores e serrar madeiras dentro mesmo das terras indígenas, quase sempre à revelia dos seus donos. Na década de 1930, quando o SPI estava reduzido a uma seção do Departamento de Fronteiras do Ministério do Exército, sem recursos e sem orientação indigenista, surgiu a ideia de que, com o produto dessa renda, o posto indígena poderia se autossustentar, ampliar benfeitorias, comprar maquinário e incentivar a produção agrícola indígena. E, eventualmente, os índios viriam a aprender um ofício, ter uma indústria, que, no futuro, lhes iria render dividendos permanentes, inclusive a sua emancipação pela conquista de um patrimônio industrial próprio.[6]

O resultado dessa política foi desastroso e teve consequências funestas que até hoje fazem a miséria de muitas terras indígenas no Rio Grande do Sul, em Santa Catarina e no Paraná. Muitas terras indígenas kaingangs são formadas de capoeiras, e não de bosques de araucárias, o que, no mínimo, têm causado perdas imensas na dieta desses índios pela falta dos nutritivos pinhões que os alimentavam durante boa parte do ano. Em tantos casos, os bosques foram arrendados por muitos e, assim, as serrarias se comportavam tal qual donos. A empresa Slaviero e Irmãos levou anos de litígio e disputa com os índios para ser retirada da Terra Indígena Mangueirinha, com prejuízos quase irrecuperáveis de patrimônio e vidas indígenas, num desgaste que, alguns anos depois, percebe-se inútil e irracional, fato típico da falta de visão histórica e do descaso administrativo.[7]

Pior ainda: o exemplo do SPI, e depois da Funai, influenciou as comunidades indígenas a manter arrendamentos em suas áreas a serrarias e a lavradores sem-terra que lá haviam entrado ou mesmo sido levados por decisão de governo, como no caso da reforma agrária que o Rio Grande do Sul fez sobre as terras dos Kaingang de Nonoai, em 1962. A prática de arrendamento de terras por parte de famílias indígenas continua e prevalece em muitas terras indígenas do Sul e do Mato Grosso do Sul. O dinheiro auferido, mesmo que pouco em comparação com as percentagens de garimpos, induz os índios a aceitar a presença dos brancos e a exploração de suas terras e riquezas. Para reverter esse processo, como já o foi em alguns casos, só por meio da luta obstinada contra os fatos em si, contra as pressões políticas por conciliações e contemporização e contra as leis e injunções da justiça em argumentação de fatos consumados.[8]

A exploração da madeira está agora deslocada para a Amazônia, tendo sido já devastadas as araucárias e as florestas da Mata Atlântica do sul da Bahia e do Espírito Santo. É quase incompreensível que tenha sido desenvolvida tanta capacidade de devastação de florestas como a de que se tem notícia das madeireiras do Espírito Santo e Paraná, que, em massa, se deslocaram para a Amazônia. Calcula-se que mais de 90% daquelas matas tenham sido derrubadas entre 1960 e 1990. Todo esse *know-how* vem sendo aplicado sem restrições na Amazônia e, eventualmente, em terras indígenas.[9]

No Maranhão, cuja banda ocidental comporta as franjas menos densas da Floresta Amazônica, o processo de devastação corre com celeridade, aspereza e aparente irreversibilidade. As terras dos índios Guajajara, Urubu-Kaapor e dos Guajá são cobiçadas pelas madeireiras instaladas nas cidades vizinhas que já devastaram toda a madeira dos colonos, posseiros e fazendeiros. Já não há madeiras nobres, tampouco madeira para carvão, em diversas terras dos Guajajara, e a devastação prossegue a despeito das expedições punitivas da Polícia Federal, da Funai e do

Ibama. Os donos de serrarias, com seus caminhões e peões, atraem os Guajajara e Urubu-Kaapor com promessas e adiantamentos, e procuram fazer arranjos pessoais pelos quais os índios lhes ficam devendo favores e são ressarcidos ou compensados pela madeira retirada. Algumas famílias indígenas terminam ganhando o suficiente para comprar casas em Amarante, Grajaú e Barra do Corda, e usam de sua influência para aquiescer aqueles que não estão na jogada da venda de madeira. Com os Guajá, que não participam de relações econômicas com a sociedade brasileira, os caminhões de madeireiros simplesmente invadem suas áreas, amedrontam os índios e retiram o que querem.[10]

Na serra do Tiracambu, um dos pontos tradicionais dos Guajá, são inúmeras as malhas de ramais de acesso aos pontos de madeira nobre. De avião, é possível ver por toda a parte as clareiras avermelhadas e as esplanadas de toras de madeira (sinais dessa destruição insensata). Como quase toda serra, a do Tiracambu constitui fonte de inúmeros igarapés e serve de divisor de águas dos sistemas dos rios Pindaré, Gurupi e Turiaçu. A devastação de suas encostas colocará em perigo toda essa área e mais a jusante onde há povoados e cidades, pelas inundações, ou pela falta de água, no futuro. Agrava-se a isso a existência de uma jazida de bauxita nessa serra, e os planos da empresa Vale para explorá-la no futuro.

Por todo o oeste do Maranhão não há mais madeira de lei, porém a demanda por madeira para carvão é grande pela presença de sete siderúrgicas de ferro-gusa estabelecidas ao longo da Ferrovia Carajás – algumas a quilômetros das terras indígenas Arariboia e Caru. Nas suas instalações e por longos anos, essas usinas contaram com o uso de carvão vegetal para o seu funcionamento, a despeito das recomendações em contrário.[11] Somente a partir de 1989, foram iniciados os primeiros plantios de eucaliptos para abastecê-las de carvão, algo que ainda está longe de se concretizar. Por tudo que aconteceu de derrubadas nesses últimos 30 anos, o potencial de uma definitiva e irremediável destruição das últimas áreas de floresta amazônica no Maranhão aumentou enormemente, bem como a devastação das terras habitadas pelos índios Guajá. Impressiona que a implantação de usinas de ferro-gusa foi viabilizada com ajuda financeira do governo federal.

Em áreas mais densas da Amazônia, as empresas madeireiras eram a princípio mais seletivas na escolha das árvores. Não mais do que duas dezenas de tipos vêm sendo utilizados para exploração entre mais de uma centena possíveis de industrialização. A riqueza parece a todos tão exuberante e abundante que a escolha não passa pelos critérios de racionalidade ou produtividade. Ademais, a madeira é majoritariamente exportada em tábuas, sem nenhum beneficiamento, deixando pouquíssimo retorno financeiro para as cidades e regiões circunvizinhas. O processo de retirada de madeira em áreas amazônicas é extremamente custoso tanto financeira quanto humanamente. As árvores são esparsas, mesmo as grandes "manchas" ou bosques de mogno do sul do Pará constituíam-se de não mais que um indivíduo por hectare.[12] Abrir estradas e ramais, construir pontes e pinguelas improvisadas sobre inúmeros riachos e igarapés, cruzar brejos e lamaçais, subir ladeiras e atravessar areais não são tarefas fáceis, porém absolutamente custosas. A morte por acidente ronda madeireiros e peões a todo o momento. A violência está inerente nas negociações com os donos ou locatárias das terras e se agrava com a afobação e as disputas por salários e participações. Mesmo assim, os madeireiros persistem, o que significa que o negócio tem de ser lucrativo no nível mais alto do investimento do capital. Daí por que, no começo de uma empreitada, a presença de madeira de lei é essencial para o deslanche do árduo trabalho.

E assim prosseguem as devastações a despeito dos avisos de alarme que cientistas brasileiros e estrangeiros dão sobre a fragilidade ecológica da Amazônia diante dessas práticas de exploração. Poucas são as empresas que fazem reflorestamento, preferindo simplesmente transferir suas áreas de operação de região para região e aproveitar as brechas legais e as firulas ilegais capazes de manter os negócios em pé. Licença de corte seletivo em determinadas áreas torna-se um subterfúgio para derrubada generalizada ou para a "lavagem" de árvores derrubadas ilegalmente, não sendo nunca cumpridas as suas metas.[13]

Nos estados do Pará e de Rondônia, o desflorestamento corre célere há mais de 50 anos. Em Mato Grosso, a expansão agrícola exige a "limpeza" da terra e, portanto, é antecedida pela ação dos madeireiros. Nas décadas de 1980 e 1990, os madeireiros tinham mais liberdade de ação e mais descaramento, devido à falta de vigilância por parte do Ibama e da Polícia Federal, a qual, nos dias de hoje, continua inadequada. Nas terras dos Xikrin, Tembé e Parakanã, no Pará, uma madeireira tentou convencer os índios a arrendar lotes de suas terras para a exploração de madeiras a troco de um preço que não chegava, nos anos 1980, a 3% do valor de mercado dessas madeiras, mas que, mesmo assim, parecia bastante alto para eles. Pela retirada de 8 mil m^3 de mogno, uma empresa pagou aos Xikrin, em fevereiro de 1984, cerca de 2 bilhões de cruzeiros, isto é, cerca de 140 mil dólares da época, quando o valor de exportação, em forma de tábuas, chegava ao redor de 6 milhões de dólares.[14] Com tal dinheiro, os Xikrin poderiam momentaneamente se equiparar aos seus primos Kayapó, a algumas centenas de quilômetros ao sul, que vendiam madeira e auferiam rendimentos do garimpo.

Prover recursos – isto é, dinheiro vivo – para os índios é, sem dúvida, um dos argumentos que na ocasião levou a Funai a promover aquele tipo de operação, adicionando-se o argumento de que aos índios é garantido o direito sobre as riquezas naturais de suas terras, inclusive de vendê-las, para experimentar, pelo dinheiro, os benefícios próprios da civilização. Aproveitando-se de noções antropológicas ainda em debate incipiente sobre os fatores necessários à autodeterminação dos índios, a Funai muitas vezes extrapolava essas argumentações para a esfera de decisões econômicas, retirando-as do seu contexto sociocultural, propondo que a exploração da madeira em terras indígenas poderia tornar-se racional se os próprios índios dela participassem. O antropólogo americano Darrel Posey, conhecido à época por seus estudos sobre o manejo florestal dos Kayapó, favorável à venda de madeira selecionada, propunha a ideia de que a utilização do conhecimento ecológico que os índios possuem das florestas induziria as empresas a só derrubar as árvores que os índios apontassem como exploráveis, pressupondo uma inusitada boa-fé capitalista, por um lado, e uma dedicação indígena permanente, por outro. Evidentemente, nem uma nem outra pressuposição funcionou. Mais tarde, no governo Fernando Henrique Cardoso, quando a Funai era dirigida por membros da ONG Instituto Socioambiental (ISA), com recursos da empresa Vale e do Banco Mundial, e em parceria com madeireiras locais, aplicou um plano de manejo florestal em 10% da T. I. Xikrin com o intuito de que os índios auferissem mais dividendos, as empresas pagassem bem e corretamente aos seus trabalhadores e as áreas exploradas fossem reflorestadas. O experimento durou menos de um ano, deixando dívidas por todos os lados. Ficou comprovada que a boa vontade e as boas intenções não são suficientes para racionalizar o uso e manejo de recursos florestais em terras indígenas.

Rondônia, território quase desabitado até 1960, hoje apresenta uma devastação assustadora, que se deve tanto aos projetos governamentais de abertura de estradas e facilitações para compra ou aquisição por doação de terras pelo governo, quanto pela implantação de extensas fazendas de gado, ao Incra, com seus atribulados projetos de assentamento, e às madeireiras. As terras indígenas, que foram demarcadas entre as décadas de 1990 e 2000, também sofreram e continuam a sofrer o assédio de madeireiros. Nos primeiros anos, eles invadiam terras indígenas fingindo que não sabiam os limites estabelecidos. Os políticos pressionavam pela divisão das terras projetadas para serem demarcadas;

os madeireiros faziam o trabalho de corromper funcionários e índios. Durante muitos anos, os índios Cintas-Largas, Suruí, Zoró, do leste de Rondônia, defenderam os seus direitos às terras pelos ataques aos invasores e pela mediação da Funai. Mas a tática de oferecer pagamento em dinheiro e bens funciona para arrefecer-lhes o espírito de autonomia e intransigência.[15] Apesar da atitude de alguns importantes líderes, como Almir Narayamoga Suruí, que conseguiu apoio e repercussão internacionais para coibir a venda de madeira de sua terra, os sinais de continuadas vendas de madeira ainda são vistos naquela terra e outras terras indígenas de Rondônia.

Mais do que pelos madeireiros, em Rondônia o problema indígena se exacerba pelos projetos de colonização de terras. Nos anos 1970 e 1980, milhares de capixabas, mineiros, goianos, paraenses e gaúchos se deslocaram para esta nova área de fronteira e foram alocados em áreas indefinidas que se estendem cada vez mais próximas das terras indígenas. Os latifundiários vieram em seguida e compram a terra beneficiada – isto é, já derrubada – para fazer pasto e botar gado, formando grandes propriedades e, desta forma, exigindo a aceitação do fato consumado sobre as terras indígenas. Assim, perderam muito do seu território os índios Nambiquara, hoje vivendo em áreas espaçadas umas das outras, com fazendas e estradas pelo meio.[16]

Fazendeiros, posseiros, lavradores sem-terra e a nova devastação da Amazônia

Ser fazendeiro na Amazônia, atualmente, não significa simplesmente ter uma gleba de terra com soja, milho, algodão, café ou cacau plantado, algumas centenas ou milhares de cabeças de gado e duas ou três dezenas de trabalhadores braçais com suas famílias. Significa, em primeiro lugar, fazer parte de um sistema político-econômico que permite ser investido um pequeno capital excedente, o qual se multiplica imediatamente várias vezes pelos incentivos fiscais do governo e pelas facilidades de crédito barato obtidas através de patronagem política. Não precisa morar na fazenda, muito menos ter família residente, aliás, quase sempre existe mais de uma grande casa para a mesma família e está sempre vazia. Basta ter um capataz, um serviço de rádio amador e um meio rápido de locomoção – um avião, de preferência. Sem raízes, sem interesses que não econômicos, ligado a um sistema político de autofavorecimento, acossado por demandas sociais e vilipendiado nacionalmente, o fazendeiro não vai ter simpatias nem responsabilidades para com os índios e seus direitos originários e constitucionais. O seu modo de ser é a ofensiva contra inimigos visíveis e invisíveis, para que não recue à defensiva e perca os espaços garantidos de poder político e econômico. Mesmo nos anos em que esse modo de produção demonstra sinais de fraqueza por sua dificuldades em gerar lucros sem o auxílio do governo, o fazendeiro não desiste. Pelo contrário, vocifera com a fúria dos injustiçados, com a arrogância de uma elite centenária, e assim arrebata de roldão o apoio dos que acham que compartilham do mesmo estado e dos que vivem à sua sombra.

Tradicionalmente, foram os fazendeiros – incluindo os donos de lavouras de produtos de exportação (como soja, milho, arroz e, antigamente, café, cacau e cana-de-açúcar) – e os criadores de gado os mais violentos inimigos dos índios. Eles dizimaram os índios do Nordeste a partir da expulsão dos holandeses, os índios do sul da Bahia e vale do Rio Doce, e reduziram os índios do sul do país e de Mato Grosso do Sul à condição de minorias enquistadas com tão pouca terra que, para obter o mínimo necessário à sobrevivência, têm de trabalhar fora como boias-frias ou peões de fazenda. A maneira e o processo que permitem a sua expansão atual na Amazônia nos autorizam a concluir que, se deixados à sua disposição, farão o mesmo que fizeram com os outros índios em outros tempos.

O fazendeiro, como o senhor ao escravo, diria Hegel, só existe como categoria socioeconômica em função do posseiro. Não do peão, do seu trabalhador braçal, do seu capataz – que, parcialmente, o negam e o afirmam enquanto ser social –, mas é das levas de famílias pobres e despossuídas que vivem como seres destituídos e, ao mesmo tempo, dependentes do governo, que o fazendeiro se constitui categoria socioeconômica total. Pelo menos na Amazônia. O possuidor de terras o é porque há os despossuídos. Os incentivos que recebe do governo aparecem justificados duplamente em função dos despossuídos: primeiro, para alimentá-los como povo e como nação; segundo, porque os despossuídos também são amparados pelo governo e assim se igualam sob o manto do Estado protetor. Essa inversão ideológica é que permite aos fazendeiros manter a sua postura de se considerar ao mesmo tempo elite e vítima, e assim manipular a sua imagem perante a opinião pública ao seu bel-prazer.

A consequência mais nefasta disso, em relação aos índios, é que os posseiros, os despossuídos de terras, surgem no panorama como algozes equivalentes aos fazendeiros, como se quisessem expulsar os índios de suas terras e fizessem parte, no mesmo grau dos fazendeiros, do processo de esbulho histórico. Na mais simples ou complexa análise que se fizer sobre a questão agrária no país, pode-se notar imediatamente que a classe fazendeira perderia a sua razão de ser se os despossuídos obtivessem as terras a que têm direito, e certamente ainda sobrariam as terras indígenas e muito mais para o futuro.

Os posseiros são também uma espécie de ponta de lança dos fazendeiros do capitalismo agrário. Eles vêm na frente, despossuídos e expulsos das terras onde trabalhavam havia muitas gerações, derrubam a mata para plantar e, em seguida, são forçados a marchar mais para frente, deixando a terra ao fazendeiro para plantar capim para boi. Esse modo de ser produz um homem destemido e sem raízes, disposto a lutar por algum sonho concreto – como o ouro nos garimpos, para onde vai muitas vezes –, mas à mercê tanto do desconhecido quanto do poderoso conhecido, o fazendeiro, o político ou o governo. O seu contato com o índio é marcado por essa condição que o leva a atitudes tanto de expectativa quanto de agressividade e desprezo. De qualquer forma, é injusto imputar ao posseiro uma animosidade intrínseca ou uma oposição estrutural ao índio. A sua gênese é, em boa parte, indígena, tanto genética quanto culturalmente, mas hoje em dia não é mais a sua negação, como o era nos três primeiros séculos de colonização. Posseiros e indígenas, cada um no seu canto, convivem muito bem em diversas partes do Brasil e só entram em conflito quando são acionados os mecanismos de superopressão em cima dos posseiros.

Vejamos, como exemplos, alguns casos no Maranhão e Pará. No interior mais isolado desses estados, onde estavam os índios e os antigos posseiros, as disputas por terra, que se deram a partir da década de 1960 foram ocasionadas pela entrada de médios e grandes fazendeiros goianos, mineiros e paulistas, muitos munidos de documentos grilados e outros que passaram a comprar as posses e as velhas fazendas de baixa produtividade da elite local, expulsando, assim, os moradores, posseiros e meeiros tradicionais.[17] Estes, por seu turno, se viam sem terra para trabalhar e assim eram insuflados a invadir as terras indígenas, especialmente as que ainda não estavam oficialmente demarcadas. No Maranhão, isso aconteceu, por exemplo, com as terras indígenas Canabrava e Araribóia, dos índios Guajajara. Em ambos os casos, para retirar os invasores, esses índios tiveram de mobilizar toda a sua força endógena, junto com o auxílio de alguns dedicados funcionários da Funai, antropólogos, jornalistas e a opinião pública em geral. A T. I. Canabrava, cuja demarcação foi iniciada em 1923, ficou até 1990 com uma grande invasão, o povoado São Pedro dos Cacetes, que, nas décadas de 1970 e 1980, recebia ostensivo apoio político e econômico para sua permanência em terra indígena. Embora o povoado se sustentasse majoritariamente pelo trabalho de pequenos lavradores, os comerciantes monopolizavam a produção de arroz e se arvoravam representantes do povo, dando assim a impressão da inaceitabilidade do reconhecimento do direito indígena sobre aquelas terras.[18] Afinal, em 1990, o governo do Maranhão, pressionado e agora com recursos do Banco Mundial, conseguiu extinguir o povoado, que já havia sido declarado município pela constituição estadual, e seus moradores retirados e assentados em terras vizinhas.

Em contraste, onde a frente de expansão foi exclusivamente de lavradores pobres, migrantes nordestinos e futuros posseiros – como nos municípios de Santa Luzia, Bom Jardim, Buriticupu e Arame, também no Maranhão –, as terras indígenas, logo que reconhecidos os limites, foram quase sempre respeitadas.[19] Assim, hoje há seis terras indígenas demarcadas na pré-Amazônia maranhense, porque na década de 1970 os posseiros esbarraram nos limites estabelecidos pela Funai. As invasões ocorridas foram, em grande maioria, entradas esporádicas para caçar e coletar coco babaçu, fontes extrativas de uma economia de baixa produtividade, embora houvesse algumas que chegaram a plantar roças de arroz e retirar madeira para construção de casas. Em todos os casos, uma fiscalização em conjunto com a Polícia Federal era suficiente para reverter o problema. Entretanto, a partir dos anos 1990, madeireiros passaram a pressionar e aliciar lideranças indígenas para vender madeira, o que tem deixado a T. I. Araribóia em condições de periculosidade em sua integridade. Agrava-se ainda mais essa situação por causa da presença de um grupo de índios Guajá que vive autonomamente e, vez por outra, é surpreendido pela presença de derrubadas de árvores e imensos caminhões carregando toras de madeira.

Em outro município do Maranhão, Montes Altos, se localizava um grande e prolongado problema de invasões em terras indígenas. Essa é uma região de cerrado com floresta esparsa que foi colonizada por imigrantes cearenses desde finais do século XIX. A terra dos índios Krikati, reclamada por seus legítimos donos, era vista como parte do patrimônio difuso dos fazendeiros, que, em 1928, já tinham tentado desbaratar os Krikati. Os Krikati resistiram bravamente, lutando ou se escondendo, até que tiveram condições dadas pelo SPI, e depois pela Funai, para refazer suas vidas, reconstituir sua cultura e sua aldeia. Sua população começou a crescer na década de 1970 e, consequentemente, sua demanda por reconhecimento da terra. Após longos anos de disputas com fazendeiros locais, reconhecimento de antropólogos, idas e vindas jurídicas, finalmente sua terra foi demarcada com 144 mil hectares, para o furor dos fazendeiros e consternação da população local. Após ser homologada em 2005, os posseiros e invasores começaram a ser ressarcidos por suas benfeitorias avaliadas pela Funai, num processo de duras negociações e extremos desgastes que envolvem os índios, os quais, de certa forma, haviam se acostumados com a presença desses moradores. Com efeito, em muitos casos de relacionamento longo entre índios e lavradores invasores de suas terras, cria-se um ambiente de compadrio, troca de favores, cordialidades que são subitamente desenlaçados pelo processo de demarcação. Um novo mundo de atitudes vai se constituindo e tudo dependerá das condições socioeconômicas para os índios se elevarem nesse novo panorama social.

No Pará, pelos últimos 50 anos, os casos indígenas entre posseiros e fazendeiros corroboram os exemplos maranhenses. Comparando as demarcações das terras dos índios Apinayé, onde houve interesses concretos de fazendeiros e políticos, com a dos Parakanã, em que havia posseiros, vê-se que a violência, e não resolução definitiva da primeira contrasta com os acertos e presteza da segunda.[20]

Na terra indígena dos Gaviões, problematizada pela passagem das linhas de transmissão da Eletronorte e da Ferrovia Carajás, as dificuldades aumentaram após a alocação de posseiros numa parte dela, fruto de entendimentos entre o Getat – hoje extinto e pertencente ao Incra – e fazendeiros locais onde moravam aqueles posseiros. É claro que os índios protestaram e exigiram a saída dessas pessoas, porém não conseguiram forçar a sua retirada. Assim, sua terra foi demarcada deixando de lado essa área que margeia o rio Tocantins.

As inúmeras e continuadas invasões na T. I. Guamá, dos índios Tembé, localizada no nordeste do Pará, deveram-se quase exclusivamente à expulsão dos posseiros das terras onde viviam e que foram sendo griladas por grandes empresas de capital nacional e multinacional, como a Codepar, a Swift e a Volkswagen. Esse quadro de lutas regionais gerou por alguns meses uma espécie de paladino dos pobres, defensor-bandido dos posseiros, conhecido como Quintino, o "Lampião do Norte", que, com um bando de ex-posseiros, combatia os capangas das empresas e as polícias municipal e estadual, até ser morto em janeiro de 1985.[21]

Os grandes projetos econômicos

Desde a construção da rodovia Transamazônica, iniciada no começo dos anos 1970, e as construções das primeiras usinas hidrelétricas e a implantação do Projeto Carajás, quando a Vale era empresa estatal, fala-se sobre a Amazônia como o lugar de expansão do capitalismo brasileiro. Os projetos se diferenciam da influência de fazendeiros e posseiros, mineradores e madeireiros, pelo caráter oficial que possuem, mesmo que não sejam mais exclusivamente estatais. São quase todos financiados pelo governo federal, com vultosos empréstimos concedidos pelo BNDES, fazendo parte de programas nacionais de desenvolvimento. Os primeiros e mais abrangentes realizados a partir dos anos 1970, que tiveram impacto sobre os índios, foram a Transamazônica, o Projeto Carajás e o Projeto Polonoroeste. Nos últimos anos da ditadura militar, havia dois outros projetos, Calha Norte e Tabatinga, que visavam estabelecer a presença militar nessa vasta região fronteiriça a vários países sul-americanos e "adensar" a região com uma população não indígena. Igualmente iniciados na mesma época, porém só amadurecendo nesses últimos anos, são os projetos de construção de dezenas de barragens hidrelétricas em diversos rios amazônicos. Há ainda inúmeros projetos de assentamentos de posseiros, de abertura de estradas e de exploração localizada de minérios, todos esses misturando capital estatal e privado, e quase sempre financiados por bancos estrangeiros, especialmente o Banco Mundial, mais recentemente pelo BNDES. Por serem programas de governo, os projetos são elaborados com a responsabilidade de cumprir as leis e normas do Estado brasileiro. Assim, oficialmente, eles deveriam estar imbuídos da obrigação de defender os interesses indígenas, isto é, de proteger as suas terras e prestar a assistência devida para que suas populações não sofram os impactos diretos e indiretos que esses projetos tendem a causar.

Transamazônica, BR-163, Projeto Carajás, Polonoroeste, BR-364

A Transamazônica foi a grande obra inconclusa do período mais autoritário do Brasil. Foi apresentada como a integradora da nação, desenhada para juntar os pontos mais remotos do país ao seu centro propulsor, espinha dorsal de um novo desenvolvimento para a Amazônia, espaço para absorver quem quisesse ter um pedaço de terras e fazer a vida. Sem ter cumprido essas metas, ela, no entanto, provocou diversos desastres no que concerne às populações indígenas. Em primeiro lugar, pelo simples fato de ser aberta em áreas onde havia populações indígenas vivendo autonomamente, surgiu a necessidade imediata de contatar esses povos, dentre eles os Parakanã, Araweté e Asurini e, em alguns casos, fazer transferências de grupos e aldeias para outras áreas. Nesse processo, muitos índios morreram em pouco tempo após o contato e posteriormente nas suas novas áreas. O choque que sentiram os Asurini, contatados na beira do rio Xingu, não muito longe da cidade de Altamira, chegou a tal ponto que esse povo indígena passou mais de dez anos sem ter filhos, frequentemente provocando por meio mecânico o aborto de fetos.[22] O mais dramático dos casos de índios autônomos na região é o de dois jovens índios adultos que foram contatados em 1987, únicos e isolados, sem mais parentes, certamente descendentes de um povo que sumiu, extingui-se, durante esse período de expansão na região do sudeste do Pará. Esses dois homens, cuja língua é exclusiva, da família tupi-guarani, foram levados a vários povos vizinhos, sem se adaptar ou inserir-se em nenhum deles. Encontraram alguma paz ao viver hoje sob a assistência da Funai, numa aldeia dos índios Guajá, na beira do rio Pindaré, na T. I. Caru.

A construção da rodovia conhecida como BR-163, ligando Cuiabá a Santarém, provocou a urgência de contatar os índios Krenhakore, conhecidos dos Kayapó. Os irmãos Villas-Boas foram convocados para fazer o contato; porém, logo após foram retirados do relacionamento pós-contato e os índios ficaram abandonados. O resultado foi terrível. Entre fevereiro de 1973 e outubro de 1975, os Krenhakore perderam 70% de sua população e, como último recurso pensado à época, foram transferidos para o interior do Parque Indígena do Xingu, terra onde viviam outros povos indígenas. De cerca de 230 índios inicialmente contatados, apenas 70 chegaram ao novo local. No tempo do contato, esses índios foram chamados "índios gigantes", porque um deles, que havia sido sequestrado enquanto menino pelos Kayapó, media pouco mais de 2 metros de altura. O sensacionalismo desse caso foi alardeado pelos militares que controlavam a Funai, à época, e pelas revistas do país. Até um filme de produção inglesa foi feito para mostrar como se processava o misterioso contato com um povo "primitivo", "que se escondia do homem (branco)". Os resultados subsequentes, o desespero pelas mortes por sarampo e diarreia, a desagregação da aldeia, a humilhação em mendigar aos ônibus que passavam pela lamacenta BR-163 podem ter sido abafados em sua tragédia, mas deixaram marcas indeléveis naqueles que participaram do contato, na história da Funai, pelo descaso dos seus dirigentes e do modo de administrar o órgão indigenista – e tanto mais sobre os índios sobreviventes.[23] Por tudo que sofreram, entretanto, os Krenhakore, autodenominados Panará, após passarem alguns anos no Parque do Xingu ao lado dos Kayapó Metuktire (que falam uma língua quase mutuamente inteligível), ajudados por diversas ONGS ambientalistas e indigenistas e com o aval da Funai, conseguiram reaver parte de seu território original, pois um pedaço dele já estava tomado por garimpeiros, madeireiros e fazendeiros que, eventualmente, estabeleceram as cidades de Peixoto do Azevedo e Matupá. Em 1994 e 1995, mudaram-se de volta para reconstituir sua vida e sua sociedade em terras tradicionais, ou ao menos em terras vizinhas às que moravam anteriormente. Essas terras se limitam com as terras dos Kayapó, de modo que formam no total um território vasto e intacto de pura floresta amazônica, com segmentos de cerrado. Os Panará também ganharam nos tribunais brasileiros uma ação de reparação pelos graves danos sofridos, caso inédito e de grande repercussão positiva na história do indigenismo brasileiro.

As rodovias na Amazônia cortam florestas e cerrados e delas se abrem ramais que penetram o âmago das matas onde se estabelecem os projetos de assentamento de migrantes nordestinos e sulistas, os garimpos e os projetos agropecuários de grande porte. Os conflitos fundiários continuam a fazer parte dessas regiões até hoje, embora em muitas regiões que foram terra de ninguém hoje prevalecem cidades e centros comerciais viabilizados pela exploração de madeira, por dinheiro de antigos garimpos e pelo sucesso mais recente do agronegócio. O modo de ser brasileiro nessas regiões se apresenta como a ponta de lança de uma recorrente forma de colonização. Parece que só assim é possível assentar uma cultura que tem como sua base social a desigualdade de classes, a injustiça, o privilégio para os poderes e a dureza de vida para os pequenos. Para os índios de recente contato, ou até de mais tempo, como os Kayapó, o mundo dos brancos lhes parece um redemoinho de novidades, burburinho e violência em que o preço do progresso é a conivência ou aceitação passiva dos modos agressivos, venalidades, enganações, deboche e falta de sentido. O que dá significado a isso tudo?

O Projeto Carajás é de grande peso econômico nos estados do Maranhão e Pará. Cidades médias, como Marabá e Açailândia, e dezenas de pequenas cidades vivem e prosperam em função de sua produção e exportação de minérios. Porém, para os índios dessa região, o que mais se evidencia, além do volume de dinheiro circulante e da intensificação da pobreza regional, é a grande ferrovia de 890 km que liga a Mina de Carajás – cuja produtividade tem duração estimada em quase 400 anos de exportação contínua de minérios de ferro, cobre, ouro, manganês e outros – ao Porto de Itaqui, em São Luís do Maranhão. Os índios mais diretamente atingidos são os Xikrin, cujas terras, também ricas em minérios, fazem divisa com a Serra de Carajás; os Gaviões-Parkatejê, em cuja terra Mãe Maria também se abrigaram os subgrupos Gaviões Kyikatejê e Akrãtikatejê, e por dentro dela passa a própria ferrovia; e os Guajá, cujos pequenos bandos foram dispersados em função inclusive da passagem da ferrovia na região do alto rio Pindaré, e cujos territórios foram tomados por posseiros, aceitando por isso viver em terras antes demarcadas para outros povos indígenas; e os Guajajara, cujas terras sofrem o assédio de posseiros apertados pela vinda de empresas agropecuárias atraídas pelas vantagens da ferrovia.

De todos os povos indígenas atingidos pelo Projeto Carajás, os Guajá foram os que mais sofreram não especificamente pela construção da ferrovia, mas pelas diversas circunstâncias que compõem o quadro socioeconômico do Maranhão. Vivendo como caçadores e coletores constituídos em pequenos bandos de 8 a 30 pessoas, os Guajá haviam se espalhado pelos vales do Maranhão amazônico desde 1850, e a partir dos anos 1960 foram sendo acossados pelas levas de imigrantes se instalando e abrindo clareiras nos vales do Pindaré, Turiaçu e Gurupi. Muitos foram contatados por famílias desses lavradores, pegavam doenças e morriam à míngua. A Funai passou a contatá-los a partir de 1973 e até 1996 ainda estava fazendo contatos novos com pequenos grupos. Com efeito, ainda permanecem autônomos um ou dois bandos Guajá na T. I. Araribóia. Dois grupos coalesceram na T. I. Alto Turiaçu, seis ou sete se juntaram na T. I. Caru. O pequeno bando de duas famílias contatado na beira do rio Pindaré, em 1985, precisamente onde um trator de esteira rasgava a terra para a construção da Ferrovia Carajás, e cujo motorista levou uma flechada nas costas, vive hoje na T. I. Caru. Os Guajá estão em terras originalmente demarcadas para outros povos indígenas, mas os trechos que habitam se fizeram seus *hakwá*, seus territórios por posse e usufruto. Uma parte de seu território original, que fica nos contrafortes da Serra do Tiracambu, foi demarcada em 2002, depois de 20 anos de ser reconhecida, em tamanho mais extenso, pelo antropólogo que aqui escreve, e homologada em 2005. A T. I. Awá-Guajá se situa entre a margem esquerda do rio Caru, onde está a T. I. Caru, englobando parte da Serra do Tiracambu, em direção norte até fazer divisa com a T. I. Alto Turiaçu. Lá foram contatados dois bandos Guajá que agora vivem sob a assistência de um posto indígena. Essas terras faziam parte da antiga Reserva Florestal do Gurupi, cujo desmembramento em terras indígenas e unidades de conservação ambiental (uc) resultou, ao final, apenas na preservação das terras indígenas, pois o antigo IBDF e o atual Ibama não conseguiram manter a parte que lhes coube, tomada que foi por posseiros e fazendeiros nos anos 1970 e 1980. O tamanho da T. I. Awá-Guajá ficou restrito a 116 mil hectares e seu formato evidencia as negociações com invasores. Originalmente, fora delimitada com 270 mil hectares por uma expedição da Funai da qual participei. Por outro lado, nesse ínterim, ela foi invadida por fazendeiros vindos do sul do país e por acampamentos de sem-terra, novos e pertinentes motivos para delongar a demarcação. Madeireiros e novos posseiros tornaram a vida dos dois grupos Guajá muito difíceis, de modo que a terra indígena, mesmo demarcada e homologada (por mim, enquanto presidente da Funai), em 2006, permanece invadida e os índios sofrem de imensas tensões com a presença de sítios, fazendas, pequenos povoados e caçadores avulsos circundando seu pequeno raio de perambulação e caça. Por motivos e modos semelhantes, muitos grupos Guajá foram dizimados ao longo dos últimos 50 anos, perderam terras e sua população caiu.[24] Entretanto, desde 1985, a população guajá de todos os bandos conhecidos começou a crescer; hoje chegam a 400 indivíduos, dando a crer que sobreviveu, afinal, o último povo indígena que viveu como caçador-coletor no Brasil, um modo de vida simples e extraordinário, com o qual o presente escritor teve oportunidade por muito tempo de partilhar e conviver.

Os Gaviões-Parkatejê experimentaram nos anos 1970 a passagem da linha de transmissão da Eletronorte, vinda de Tucuruí, a grande barragem no rio Tocantins alguns quilômetros a jusante. A partir de 1980, começaram os serviços para a passagem da Ferrovia Carajás. Não somente foram derrubadas centenas de seculares castanheiras, que fazem parte da sua renda de excedente econômico, como se fez permitida a entrada de dezenas de famílias de posseiros para colonizar a parte inferior da terra indígena que margeia o rio Tocantins, sobrando apenas uma nesga de terra aos índios para manter sua relação com o grande rio. Em 1963, com a interveniência jurídica do professor da USP, Dalmo Dallari, foi feita a negociação entre a Vale e os Gaviões, tendo à frente o excepcional cacique Kohokrenhum – que desde o primeiro contato com os brancos, em 1957, vinha conduzindo seu povo diante das mazelas de um relacionamento perverso, em que havia morrido mais da metade de sua população (a qual chegara a apenas 27 indivíduos). Dalmo Dallari, então, se tornara o mais eminente dos advogados brasileiros pró-indígena. Como resultado e compensação pelas perdas e danos permanentes, a Vale indenizou os Gaviões com um montante equivalente a 1 milhão de dólares em 1983. Essa foi a primeira grande negociação decorrente de impactos causados por empreendimentos em terras indígenas no Brasil, e serviu de base e emulação para negociações posteriores. Nos anos de juros altos, os Gaviões auferiram uma renda razoável sem mexer no principal, mas aos poucos foram retirando o que sobrara. Nos anos seguintes, outro linhão da Usina Tucuruí atravessaria a T. I. Mãe Maria, e os Gaviões iriam negociar os termos dessa passagem. Por sua vez, a intensificação de trens passando pela terra indígena foi renegociada uma vez e outra, sob pressão, a contragosto da Vale, que continua a insistir que só o faz por benemerência, e não por obrigação consignada pelo decreto legislativo que legalizou seu controle sobre as terras da Serra do Carajás.

Hoje os Gaviões-Parkatejê e seus parentes conterrâneos, os Kyikatejê e os Akrãtikatejê, vivem uma vida diferente, por ser mais confortável, em relação à maioria dos índios brasileiros, o que causa uma animosidade e inveja enormes por parte da população pobre local. Se nos primeiros anos de bonança os Gaviões se expuseram a uma vida de consumo desregrado, com seus jovens se pavoneando pelas cidades vizinhas, gastando em atividades desagregadoras, o senso voltou-lhes pela condução de seu líder principal, e seus jovens agora querem frequentar escolas, universidades e participar de uma vida mista de índio com civilizado, balanceando o que pode haver de bom e melhor nas duas formas de viver. Os Gaviões representam um experimento social inesperado no panorama político-cultural brasileiro, e certamente estão dando o exemplo para outros povos indígenas.

Os Gaviões sabem que há mais recursos por vir. A Vale está duplicando a Ferrovia Carajás, inclusive na travessia da terra indígena, o que vai requerer uma negociação mais participativa. Eles sabem o quanto a Vale lucra com esse transporte. Por sua vez, está nos planos do governo a construção de mais uma hidrelétrica no rio Tocantins, a UHE Marabá, que impactará a própria terra indígena por inundação de alguns hectares. Os Gaviões podem querer dizer um não a essa hidrelétrica, mas também podem querer negociar sua participação nesse capital não como simples indenização, mas como sócio menor, e na reconstituição das terras que perderam anteriormente.

No cômputo geral, que inclui os índios Guajajara de outras terras indígenas não atingidas diretamente, o impacto do Projeto Carajás se caracteriza pela sua permanência e vigor, o que o diferencia da Transamazônica. A ferrovia atraiu gente e capitais, projetos agropecuários, siderúrgicas, utilização de carvão vegetal, conflitos fundiários, expectativas e insatisfações econômicas, valorização da terra, urbanização descontrolada de distritos rurais – enfim, o que mais não sabemos ainda. Os índios são chacoalhados por um mundo de mudanças contínuas e imprevisíveis, em que o dinheiro compra tudo, de quinquilharias a prostituição.

Parece-lhes injusto que tenham de trabalhar tanto para adquirir tão pouco com a venda de seus produtos agrícolas. Daí partem para demandar recursos da Funai – em forma de dinheiro em espécie ou empregos estáveis com remuneração adequada. Não os obtendo, passam a achar que têm direitos de compensação em relação às mudanças que ocorrem ao seu redor. Assim, são envolvidos num sistema ideológico de modo arrevesado, retirando de suas tradições e mitos os fundamentos dessas novas demandas. Por exemplo, passam a achar que o ofício interno de chefia deveria ser remunerado pela Funai, seja como chefe de posto (quando era possível), seja até como cacique. Justificam os pedidos e demandas pecuniárias pelo argumento de que, se antes viviam sem bens industriais, por que eram autônomos, agora, são forçados a pertencer a esse mundo envolvente. O Estado, a Funai, teria obrigação de lhes prover as novas necessidades. É um argumento de compensação que faz algum sentido antropológico, mas difícil de ser aceito no pensamento administrativo brasileiro. Ademais, a Funai, por sua ineficiência própria, aparentemente programada pelo Estado, torna-se cada vez mais incapaz de preencher as mínimas necessidades reais. Dessa forma, outro resultado dos projetos econômicos, este e outros da atualidade, é a exacerbação dos desentendimentos entre os índios e o órgão indigenista, sinal dos desentendimentos mais generalizados e dos novos processos sociais que parecem estar na próxima curva da história brasileira.

A Ferrovia Carajás foi parcialmente financiada pelo Banco Mundial o qual, por força do contrato de empréstimo à antiga CVRD, exigia que parte do financiamento fosse usado para atender às necessidades dos índios. Para isso foram contratados diversos antropólogos das principais universidades do país para identificar os problemas indígenas e fazer as devidas sugestões. Essas sugestões se concentraram nos problemas de terras e saúde. Porém, não foram acatadas de todo. O fato é que onde era urgente demarcar, como as terras dos Guajá e dos Krikati, o processo se estendeu ao ponto de tornar diminuta a terra dos Guajá, porém boa para os Krikati. Durante muito tempo, a urgência de demarcação era desviada para atender a reivindicações pessoais de índios, problemas de invasões em outras áreas, sugestões espúrias de aumentar terras já demarcadas e programações menores. Após cinco anos de trabalhos, o saldo, embora não negativo, ficou a desejar. Isso vem alertar que o trabalho do antropólogo nesses empreendimentos não deixa de estar vinculado aos interesses globais dos projetos e a uma gama de fatores políticos incontroláveis. Sob a capa de boas intenções, as empresas procuram apressar o trabalho dos antropólogos para realizar o mínimo possível de comprometimento permanente. A luta que o antropólogo trava no bojo do projeto para angariar a simpatia dos técnicos e políticos envolvidos, e contra os inimigos declarados dos índios, serve para pacificar a sua consciência, ganhar experiência de aplicação de seu mister. Porém, a eficácia de seu trabalho fica restringida pelos interesses mais poderosos, pelas circunstâncias políticas, pela inoperância básica da Funai e pelo pouco caso das autoridades nacionais.[25]

Pode-se concluir que as providências, compensações ou retribuições tomadas pela Vale, desde 1980, quando era empresa estatal – até depois de 1997, ao virar empresa privada, dona da Grande Província de Minérios Carajás e da Ferrovia Carajás –, sempre estiveram aquém de suas possibilidades, de suas responsabilidades como empresa que recebeu um alto quinhão de riquezas minerais da nação, inclusive de terras que havia bem pouco tempo eram indígenas por ocupação tradicional. Do ponto de vista dos estados do Maranhão e Pará, as reclamações são amplas. Da parte dos índios novos problemas foram criados, e, não obstante os recursos mensais que repassam aos índios; os problemas seguem por caminhos diferentes. Até a década de 2000, as insatisfações eram imensas.[26] Hoje em dia, com as pressões dos índios e da opinião pública, mas também em função da imensa quantidade de recursos minerais retirados de sua mina e exportados, a Vale tem se posicionado com mais cautela e respeito aos direitos dos povos indígenas. Certamente, as lideranças indígenas Xikrin, Gavião e Suruí, no Pará, encontraram meios de pressão e persuasão mais contundentes para auferir uma mínima parte dos lucros da Vale. Já os índios que vivem no Maranhão, os Guajá e Guajajara, são por ela desconsiderados.

Outro grande projeto econômico que impactou a vasta região do noroeste de Mato Grosso e o estado de Rondônia, financiado pelo Banco Mundial, e que atingiu muitas áreas indígenas, foi o Projeto Polonoroeste, cuja espinha dorsal era a rodovia BR-364, que liga Cuiabá a Porto Velho, em Rondônia, e com prolongamento até Rio Branco, capital do Acre. Uma vez mais, ao financiar a construção e asfaltamento da rodovia e a gama de atividades deste projeto, o Banco Mundial exigiu investimentos visando à proteção e assistência das populações indígenas aí localizadas; de novo, as sugestões dos antropólogos se concentraram na demarcação das áreas indígenas em questão. Teoricamente, como esta é uma vastíssima região de escassa população, não deveria haver maiores problemas nessa tarefa. Entretanto, o projeto chegou com um atraso considerável em relação ao processo de migração desenfreada e irresponsável, e, em muitas ocasiões, já encontrou áreas indígenas invadidas e em conflito.

O vale do Guaporé, território tradicional de diversos grupos Nambiquara, foi rapidamente tomado por fazendeiros na década de 1970, e os Nambiquara, que até então dominavam um vasto território de cerrados e matas, acabaram ficando com sua área retalhada de acordo com a presença de aldeias, forçando dessa forma o velho e insidioso argumento de que terras indígenas são aquelas onde há aldeias e utilização permanente e atual dos índios.

No caso dos índios Uru-eu-wau-wau, povo de língua tupi-guarani, subdivididos entre Jupau e Amondawa, ainda vivendo autonomamente e com agressividade em relação a invasores, conseguiu-se demarcar uma área de 1,7 milhão de hectares, parte da qual havia sido consignada como parque nacional, sob a jurisdição do IBDF, atual Ibama, e que depois foi retirada para ser exclusivamente indígena.

O já estabelecido Parque Indígena do Aripuanã e as terras indígenas dos Zoró e Suruí, vizinhos dos nossos conhecidos Cintas-Largas, foram palco de invasões por parte de lavradores em terra, madeireiros e fazendeiros. No caso mais extremo, foi estabelecida, num curtíssimo espaço de tempo, uma colônia com cerca de 4 mil pessoas, no interior do Aripuanã, com o apoio dos governos federal e estadual, através de diversos órgãos de colonização. Os índios protestaram e vez por outra matavam caçadores mais distraídos que perambulavam um pouco mais longe de seus pontos de estada. Em uma ou duas ocasiões, os índios chegaram a atacar famílias de posseiros, provocando alvoroço generalizado.[27] Desse modo, conseguiram que o governo federal retirasse esse povoado.

Os problemas mais urgentes na avaliação dos antropólogos-consultores derivavam da insegurança da falta de demarcação das terras indígenas, identificadas preliminarmente como sendo 22. Havia à época aproximadamente 22 indicações de existência de povos indígenas autônomos cujas terras não eram sequer reconhecidas. Embora isolado social e economicamente de outros centros econômicos, o antigo Território de Rondônia, tornado estado em 1981, já fora arena de muita destruição de povos indígenas, primeiro pela construção da Estrada de Ferro Madeira-Mamoré, como parte da negociação com a Bolívia para a obtenção do estado do Acre; segundo, perpetrada por seringueiros e castanheiros que lá se instalaram pelo tempo da Segunda Guerra Mundial. Assim, muitos povos indígenas já tinham sentido o poder de fogo e a violência do homem branco, não obstante tenha sido Rondônia conectado ao resto do Brasil pelas linhas telegráficas estendidas pelo Marechal Rondon, entre 1910 e 1927, e sua influência sobre o governo federal tenha permanecido por muitos anos.

Por volta de 1987, diversos grupos indígenas do sul e oeste de Rondônia eram remanescentes de grandes populações de outrora. Uma delas eram os chamados Kawahyb, um disperso conjunto de grupos étnicos falantes da mesma língua da família tupi-guarani, que sofreram ataques de seringueiros e castanheiros. Acometidos por epidemias, os sobreviventes se dispersaram ainda mais, do médio rio Madeira até o centro do atual território de Rondônia. Os Jiahui somavam então apenas 13 pessoas, os Juma 9, os Karipuna 14, mas os Uru-eu-wau-wau passavam dos 100. Havia também índios recém-contatados cujas populações eram diminutas, como os Canoé e Akuntsu, enquanto uma dezena dos povos indígenas de Rondônia possuía populações com menos de 100 pessoas. Sem ter suas terras demarcadas e garantidas e sem haver a afirmação de uma política indigenista que desse condições de sobrevivência, esses índios estavam em perigo de extinção. Com efeito, 25 anos depois, os Juma diminuíram para seis pessoas, e hoje vivem com os Uru-eu-wau-wau, em fim de linha étnica. Os Canoé recentemente se reduziram a 5 pessoas, sem possibilidade de autorreprodução, como os Juma. Na década de 1990 o sertanista Marcelo dos Santos deu-se de cara com o caso mais dramático da realidade indígena brasileira – mais do que o caso dos dois índios que vivem com os Guajá –, o chamado "índio do buraco". Um homem, possivelmente Canoé, vive sozinho em uma cabana feita de palha dentro da qual cavou um buraco provavelmente para se sentir mais protegido. Os indigenistas responsáveis da Funai vêm se desdobrando para protegê-lo e ajudá-lo a encontrar-se com os demais. Até conseguiram do órgão indigenista uma portaria de delimitação de uma área para restringir a presença de estranhos. Já houve tentativas de obter contato com ele – levaram algumas pessoas do pequeno grupo Canoé para lá, a fim de que travassem um diálogo –, mas o "homem do buraco" se recusa a relacionar-se, a atender pedidos, a responder; ao contrário, certa vez desfechou uma flecha que raspou o corpo do cineasta Vincent Carelli, que filmava a situação. São esses índios e outros mais que compartilham idênticas condições de vida os principais motivos que nos dão a certeza de que qualquer política indigenista que não tenha um órgão estatal com legitimidade e competência para agir estará fadada à inutilidade.

O resultado da consultoria de antropólogos no Projeto Noroeste foi positivo, na mesma medida do trabalho dos antropólogos no Projeto Carajás. Sua presença em Brasília junto à Funai, o prestígio do Banco Mundial no governo federal, a dependência do governo estadual de Rondônia e, sobretudo, a cooperação da Funai local, dirigida então pelo sertanista Apoena Meirelles, fizeram que suas propostas fossem levadas a sério e desencadeassem ações efetivas, tais como reconhecimento dos limites de terras indígenas e suas demarcações. Hoje aproximadamente 24 terras indígenas estão demarcadas em Rondônia, compreendendo aproximadamente 6,25 milhões de hectares ou 27% do território estadual.

Hidrelétricas

De longe, as hidrelétricas que estão sendo construídas na Amazônia são os projetos mais visíveis em relação aos povos indígenas na atualidade. São e serão grandes barragens a ser construídas em majestosos rios, destinadas a abastecer o país de energia elétrica. Passada a primeira fase de construir hidrelétricas sem se preocupar com o meio ambiente, hoje em dia os projetos hidrelétricos buscam incorporar nos seus organogramas e nos seus custos os aspectos sociais e ambientais que são de algum modo impactados por essas grandes construções. O governo brasileiro e as grandes firmas construtoras justificam a profusão de hidrelétricas a serem construídas na Amazônia como uma alternativa mais barata e potencialmente menos perigosa em relação à produção de usinas de energia nuclear. Recentemente, o plano estatal de produção de energia elétrica incluiu investimentos em outras formas de energia menos degradantes, como a eólica e a solar. Porém, não se pode negar que as hidrelétricas interferem no meio ambiente dos rios e na vida tradicional das comunidades humanas que deles sobrevivem, prejudicando-as e ameaçando seriamente o extermínio de muitas espécies vegetais e animais, muitas dantes desconhecidas.

Até a década de 1990, as hidrelétricas mais visíveis e conhecidas nacionalmente, que tiveram impactos sobre populações indígenas, eram a de Itaipu, no Paraná, de Tucuruí, no Pará, de Balbina, no Amazonas, de Itaparica e Sobradinho, na Bahia, e de Itajaí do Norte, em Santa Catarina. Itaipu provocou a transferência de uma comunidade de índios Avá-Guarani e sua localização em um lote mínimo ao lado de uma fazenda de soja, onde o vento soprava para a aldeia os borrifos dos agrotóxicos. Levou anos para a empresa Itaipu Binacional se apiedar da situação desses índios e obter melhores terras ao menos para algumas famílias. Tucuruí, cuja construção está associada à construção da Transamazônica, tem um histórico convulsivo de transferência dos índios Parakanã, com perda de território, de vidas e, sobretudo, de mudanças drásticas em suas maneiras de viver. Onde haviam sido contatados, suas terras foram tomadas e loteadas por posseiros, madeireiros, a Capemi e as empreiteiras que construíram a barragem. Os Parakanã foram infectados por várias doenças, inclusive venéreas e transferidos para outra área; depois, para outro local diferente, onde afinal os dois grupos se assentaram e tiveram as terras demarcadas. À margem do lago foram assentados posseiros, quando poderiam tê-las mantido como suas. Por tudo, ao seu tempo, uma vergonha nacional eivada de corrupção; para os índios, uma experiência sofrida e desgastante, com perda de 50% de sua população em uma década e meia de contato, até 1987, quando, assistidos pelo Programa Parakanã, idealizado e gerido pelo indigenista José Porfírio de Carvalho, e patrocinado pelo prazo de 25 anos, passaram a crescer e consolidar sua vida na terra que lhes havia sido concedida.[28]

As barragens do rio Itajaí do Norte, em Santa Catarina, e de Itaparica, no rio São Francisco, afetaram, respectivamente, os Xokleng e os Tuxá, com prejuízos que vão além da inundação parcial ou total das suas terras, causando problemas de reconstrução cultural e de adaptação às novas exigências socioeconômicas.[29] A barragem de Balbina é um dos mais tristes exemplos da incompetência gerada pelo autoritarismo passado. Projetada para abastecer Manaus com energia elétrica, sua capacidade de produção no final nunca alcançou um quarto das necessidades atuais, além de ter sofrido tal nível de assoreamento que hoje está prestes a ser desfeita. Ainda assim, inundou uma imensa área comparável à inundada pela Usina Tucuruí, incluindo uma área de 30 mil hectares da terra indígena Waimiri-Atroari, afetando duas aldeias nos rios Abonari e Taquari, que tiveram de ser transferidas para outros locais. A redenção de tudo isso foi a criação de um programa de compensação feito pela Eletronorte, o Programa Waimiri, dirigido pelo indigenista José Porfírio de Carvalho, que propiciou vertiginoso crescimento populacional (de cerca de 380, em 1987, para 1.600 indivíduos atualmente), estabilidade econômica, cultural e política e ampliação de sua visão de mundo por meio de um programa diferenciado de educação.[30]

Nos anos 1990, a construção de hidrelétricas estagnou, em parte por causa da falta de recursos e da depressão econômica pela qual passava o país. Havia o ambicioso Plano Nacional de Energia Elétrica 1987/2010, elaborado pela Eletrobrás para atender às necessidades energéticas do país por meio do uso de seu potencial hidrelétrico. Nesse plano estavam previstas as construções de quase uma centena de barragens, muitas nos rios da bacia amazônica, onde aproximadamente 17 delas irão atingir cerca de 60 povos indígenas em mais de 80 áreas, muitas sem providências regulamentáveis ainda tomadas.[31] Nos anos seguintes e até o presente, esse plano foi ampliado por novos estudos para incluir novas barragens, refinar as anteriormente avaliadas e estender o uso do potencial hídrico também para centenas de pequenas centrais hidrelétricas (PCH) que atingirão médios e pequenos rios. Essas barragens ou usinas hidrelétricas (UHE) irão inundar enormes extensões de terra, ainda que nos últimos anos tenha havido uma tendência para diminuir as áreas inundáveis em função de uma mudança tecnológica no formato das turbinas, permitindo as chamadas hidrelétricas a fio d'água. Entretanto, já neste ano de 2012, surgiram propostas de se retomar planos de hidrelétricas com grandes lagos para prevenir os anos de seca, assombrando mais uma vez os índios, ribeirinhos e futuros vizinhos das hidrelétricas que estão para ser construídas por toda a Amazônia. É possível que sejam planos tecnicamente bem elaborados, mas, mesmo assim, terão consequências ainda imprevisíveis para o meio ambiente e previsíveis para as populações que habitam as margens dos rios atingidos. A comparar com as UHE Tucuruí e UHE Balbina, pode-se esperar diversos tipos de desmando já conhecidos. Porém, já que o Brasil tornou-se um país mais democrático, responsável e ambicioso – pelo menos o que se alardeia pela nação –, poderíamos ter uma visão menos pessimista e esperar que os mesmos erros não venham a ser cometidos, e que assim essas construções sejam precedidas por estudos exaustivos e ações decisivas para não somente amenizar os impactos, como criar, das novas situações a ser estabelecidas, condições de sobrevivência digna aos índios.

Grandes barragens vêm sendo construídas nos principais rios amazônicos, como o Tocantins, o Madeira, o Tapajós, o Xingu, e logo haverá também no Purus, no rio Negro, no Jari, e em dezenas de outros menores, como o Teles Pires, o rio das Mortes, o Jamaxim e mais.

Belo Monte, no baixo rio Xingu, é o exemplo mais contestado até agora de hidrelétricas na Amazônia que impactam terras indígenas. Originalmente chamada Kararaô, para homenagear um subgrupo indígena Kayapó que lá fora contatado desastradamente na década de 1950, a hidrelétrica produziria 11 mil MW/hora, tornando-se a segunda maior do país, abaixo apenas de Itaipu, com 14 mil MW/hora, e inundaria uma área considerada razoável, para sua faixa de produção de energia, de 120 mil hectares. A Usina Hidrelétrica (UHE) Kararaô era a última das cinco hidrelétricas planejadas para o rio Xingu, sendo que a seguinte a montante, cognominada Babaquara, intencionada para reter água para abastecer Kararaô nos quatro meses de estio, inundaria uma área de 600 mil hectares! Ou o dobro do lago de Tucuruí!

A UHE Kararaô foi levada a discussão por convocação dos índios Kayapó, liderados por Paulo Paiakan e Raoni Metuktire, com o suporte de diversas ONGS nacionais e internacionais, na cidade de Altamira, a um Encontro em fevereiro de 1989. Aí, com a presença de mais mil ambientalistas, índios de 18 etnias diferentes, jornalistas de todo o mundo, bem como de representantes da Eletronorte, Kararaô foi exposta, debatida e execrada pela audiência. Anos depois, a Eletronorte traria uma nova proposta ao público. A nova hidrelétrica chamar-se-ia Belo Monte, teria a mesma capacidade de produção, mas, por utilizar as novas turbinas a fio d'água, potencializadas por uma alavancamento da força da correnteza através de uma barragem de desvio, na entrada da Volta Grande do Xingu, e a construção de dois canais que jogariam a água para o lago e as turbinas, inundaria uma área bem menor, de 50 mil a 60 mil hectares. Realmente, uma mudança e tanto!

E eis que, a partir de 2004, a Eletronorte deu partida aos estudos de avaliação dos impactos socioambientais dessa nova hidrelétrica sem uma estratégia de esclarecimento cabal ao movimento ambientalista brasileiro e, por tabela, internacional, tampouco aos povos indígenas concernentes. O Brasil já tinha assinado e transformado em lei o Convênio 169, da Organização Internacional do Trabalho (OIT), pelo qual toda atividade que diga respeito aos povos indígenas precisa ser previamente esclarecida, discutida para receber algum tipo de consentimento. A própria Funai já praticava alguma forma de esclarecimento, mesmo que informal, quando havia alguma atividade que comprometia as condições dadas de uma determinada terra indígena. A intempestividade da Eletronorte levantou uma celeuma antes mesmo de os interessados transformarem o novo projeto em um programa de governo e passarem a pressionar o Congresso – especificamente, o Senado –, para emitir um decreto legislativo concedendo uma licença e autorizando a empresa a iniciar as consultas aos povos indígenas, na visão de que estaria seguindo o espírito da lei, do parágrafo 5 do art. 231 da Constituição Federal, que determina que o uso de recursos minerais e hídricos provenientes de terras indígenas precisa obter o aval do Congresso Nacional, sendo os índios consultados e com direitos aos resultados. De então até agosto de 2012, a UHE Belo Monte esteve constantemente sob o foco da crítica e de ações judiciais de todas as naturezas e procedências. Até sob o protesto do ator americano Arnold Schwarzenegger, que baixou em Altamira para conversar com os índios, em 2011, dificilmente a pessoa mais creditada como ambientalista ou conhecedora da questão indígena brasileira.

A UHE Belo Monte tem sido tão debatida e tão vilipendiada por ambientalistas, antropólogos, promotores públicos e pelos índios que dificilmente se encontra alguém fora da indústria de barragens que a possa defender. Primeiro, porque sua construção significa desmatamento (não se sabe exatamente quanto); vai desviar um largo trecho do rio Xingu, tirando água que descia para banhar a Volta Grande do Xingu, que ficará com o mínimo de água durante todo o ano, mudando substancialmente a ecologia de um trecho de mais de 50 km do rio e afetando diretamente as aldeias dos índios Juruna e Arara, que perderão enormemente com o recesso das águas do grande rio em suas terras; inundará permanentemente uma área de terra que vai da barragem de desvio até a cidade de Altamira, inclusive o bojo do rio (que não terá mais praias); o trecho com pouca água afetará a foz do rio Bacajá, que, não tendo a volumosa barreira da água do Xingu para conter sua correnteza, desembocará com uma velocidade tal que inviabilizará a navegação de barcos, que era o principal meio de transporte dos índios Xikrin, que vivem nas margens do rio Bacajá, até a cidade de Altamira. Segundo, porque, digam o que disserem, ninguém acredita que uma hidrelétrica com potencial de 11 mil MW – porém, só produzidos nos quatro meses de chuvas, baixando para menos de 2 mil MW nos quatro meses de estio, para uma média de energia firme de 4 mil MW – não venha a receber, em algum tempo futuro, um suporte de água para produzir o seu potencial durante todo o ano. Esse suporte viria da UHE Babaquara, a ser construída a montante de Altamira para servir de depósito de água em um grande lago. Babaquara inundaria uma área próxima de 300 mil hectares e impactaria diretamente as terras dos índios Arara, Kararaô e Asurini. Terceiro, os procedimentos usados pelo consórcio construtor, Norte Energia, para obter o consentimento dos índios concernentes foi tão mal realizados que deixaram uma ferida aberta no relacionamento entre índios e sociedade nacional, ou empreendimentos hidrelétricos, com respingos ideológicos por todos os lados.

Segundo a Norte Energia, a UHE Belo Monte vai custar R$ 19 bilhões, soma que muitos acreditam que chegará a R$ 30 bilhões. Não é assim que os empreendimentos se desenvolvem no Brasil? Se já é fato consumado, independentemente das ações judiciais que se lhe pespegarem os tribunais, será o empreendimento mais caro já realizado no país, porém seu custo ideológico já deixou uma conta enorme para o Brasil e para a visão que os brasileiros têm de seus investimentos. Daqui por diante, não importa tanto o que o mundo pense de Belo Monte, e sim o quanto se poderá reverter a apreensão negativa que desespera a muitos e confunde a todos.

A péssima repercussão de Belo Monte ofuscou de longe as críticas que haviam surgido inicialmente em relação às usinas Jirau, com 3.700 MW, e Santo Antônio, com 3.400 MW, ambas no rio Madeira, a 50 km uma da outra, que estão sendo finalizadas neste ano de 2012. Embora o lago da UHE Santo Antônio venha a impactar diretamente os limites da T.I. Karipuna, os entendimentos feitos entre a empresa construtora e os índios, junto com a Funai, equacionaram um protocolo de consentimento, ou de aceitação da realidade desses impactos. É certo que no caso da UHE Jirau os impactos eram indiretos, difusos, a serem provocados pelo adensamento populacional na região e pela provável chegada de novos empreendimentos, não por efeitos do lago que compõe a usina. Seja como for, as questões discutidas nesses dois casos de hidrelétricas e seus relacionamentos com populações indígenas foram realizados com certa clareza e transparência, de modo que se chegou a um ponto de entendimento de aceitação para ambas as partes, com compensações de médio prazo a serem cumpridas pelas respectivas usinas.

Hidrelétricas serão construídas em dezenas de rios da bacia do Amazonas, no São Francisco, nos rios do Sul do país e até no Pantanal. Calcula-se que, se esses projetos forem realizados, cerca de 80 ou mais povos indígenas serão impactos pelas inundações de suas terras ou por impactos indiretos e consequências sociais e econômicas permanentes. Tantos projetos, tantas decisões que afetarão não somente os povos indígenas, mas os habitantes tradicionais desses rios e o Brasil como um todo. Pagar-se um preço alto em termos de estragos ambientais, mudanças no panorama ecológico, influência global sobre o clima, confirmação de desigualdades sociais e econômicas e queda na autoestima nacional é algo que precisa ao menos ser discutido num plano político e cultural mais amplo. A escolha de um projeto hidrelétrico não pode ficar circunscrita a decisões de engenheiros e economistas, no plano técnico-administrativo, e de políticos executivos, no plano nacional, mas comportar a participação de todos, inclusive dos povos indígenas, que podem contribuir para a solução de muitas questões atuais.

Sem poder analisar cada um dos projetos hidrelétricos e dos povos a serem impactados, podemos mencionar alguns casos que estão na alça de mira das novas hidrelétricas. No rio Tocantins, que já comporta seis hidrelétricas em funcionamento, foram impactados os índios Avá-Canoeiro, Xerente, Krahô, Apinajé e provavelmente os Gaviões do Pará. No rio Tapajós e seus afluentes Juruena e Teles Pires, estão sendo afetados os Rikbatsa, Kayabi, Enawenê-Nawê, Kayapó-Metuktire, Munduruku e Apiaká. No rio das Mortes e no Araguaia, os Xavante das terras indígenas de São Marcos, Sangradouro e Pimentel Barbosa, e os Karajá. Em Roraima há planos de se construir uma hidrelétrica precisamente dentro da T. I. Raposa Serra do Sol, onde os Makuxi, Wapixana e Ingarikó tentam tomar fôlego depois de tantas e terríveis pressões que sofreram para garantir seu direito exclusivo àquelas terras. No rio São Francisco, com a construção da UHE Itaparica, toda uma cidade foi inundada e toda a ilha onde viviam os Tuxá, que perderam seu senso étnico de vivência e tiveram de se adaptar a viver em uma cidade artificial. Novas hidrelétricas estão a caminho e afetarão os Truká e os Tumbalalá. E entre muitos outros estão mais de duas dezenas de povos autônomos, de quem se conhece apenas os nomes ou apelidos que outros povos indígenas lhes dão, e uma vaga ideia de como vivem e como reagirão às mudanças abruptas em suas vidas.

Para concluir o tema de grandes projetos, valeria a pena fazer aqui uma rápida comparação geral dos impactos socioambientais causados por uma usina hidrelétrica, uma rodovia ou estrada de ferro, um avanço da fronteira agrícola e outros projetos econômicos. De todos eles parece que a usina, teoricamente, é a que tem características menos destrutivas a médio e longo prazos. Sua construção envolve de imediato a destruição de uma determinada área para a instalação da obra, o desvio temporário do rio etc. Em seguida viria a maior consequência que seria a formação do lago artificial pela inundação das margens do rio e seus afluentes próximos, e a diminuição na velocidade de vazão de água. A devastação florestal e o lago artificial são consequências de impacto direto e imediato, avassaladoras e irreversíveis, que criam um novo nicho ecológico, desconhecido tanto do ponto de vista ambiental quanto social e econômico. Os seus custos, ainda não de todo determinados, podem ser vistos nos casos já conhecidos. Em Tucuruí, houve ineficiência e corrupção no desmatamento previsto, usando-se desfolhantes químicos, proibidos em outras partes do mundo, e nem chegando a ser concluído. A sulforização das águas semiparadas é um risco que ainda pode vir a afetar as turbinas, oxidando-as. Em Balbina, dada a distância das cidades e a falta de estradas, nem se chegou a desmatar a área inundada, ficando o fato de sulforização muito maior, e a perda total e inútil de árvores.

A UHE Tucuruí, que fechou suas comportas em 1985 e elevou sua barragem em dois metros em 2002, inundou uma área de quase 300 mil hectares, provocou a retirada de ribeirinhos, a destruição de vilarejos tradicionais e o apodrecimento de mais de dois milhões de metros cúbicos de madeira, pelos cálculos da época. A barragem diminuiu a variedade e população de peixes a jusante e a montante, mas o lago compensou pelo aumento da densidade das espécies de peixes nobres – como o tucunaré –, e aquelas adaptadas a águas paradas, igapós e impueiras, em detrimento aos peixes de água veloz. Por sua vez, as margens do lago formado foram desmatadas ilegal e impunemente, provocando a erosão progressiva desse solo, com consequências também de acumular sedimentos no lago, causando o aumento da sua área e diminuindo a pressão da água sobre as turbinas. Além dos índios Parakanã, que perderam suas terras e foram transferidos, muitos habitantes tradicionais do rio Tocantins sofreram perdas irreparáveis das suas terras e dos seus modos de vida. Os programas de realocamento não compensaram essas perdas. Esses foram os principais impactos a curto prazo. A médio e longo prazos, porém, aconteceu uma estabilização socioambiental do complexo hidrelétrico, sem posteriores modificações ou danos. É interessante observar que a presença de um povo indígena a montante da usina, com o domínio e a preservação de uma larga extensão de terras, significou um expressivo ganho, para melhor segurança da própria usina hidrelétrica. As mudanças que ocorreram na sociedade e cultura parakanã se deram no bojo de um programa de compensações e ressarcimentos financiado pela Eletronorte, o Programa Parakanã, que, aos moldes do já mencionado Programa Waimiri-Atroari, favoreceu um expressivo crescimento de sua população, de 247, em 1987, para 960, em agosto de 2012, uma economia interna estável, um nível de educação escolar aceitável e uma progressiva ampliação de sua visão de mundo. As UHES Balbina e Tucuruí, por seus programas de compensação de longo prazo (25 anos), renovados recentemente por mais 15 anos, demonstram que nem tudo está perdido no indigenismo brasileiro, mesmo quando um empreendimento hidrelétrico começa tão mal, e que a autonomia cultural e política de povos indígenas impactados pode ser possível de ser almejada nos moldes de um indigenismo responsável, de cunho rondoniano.

Por sua vez, os exemplos de rodovias ou ferrovias demonstram impactos mais incisivos e progressivos por estarem associados à colonização de terras novas. Os impactos chegam de imediato com a derrubada de árvores e com tratores e caminhões rasgando a terra. Em seguida, surgiram os madeireiros a fazer ramais para dentro da mata, posseiros, fazendeiros com capital e os programas de assentamento, todos na intenção de desenvolver determinada região. A Transamazônica é um exemplo clássico na literatura antropológica de uma rodovia que causou danos dramáticos aos povos indígenas que foram contatados em função da passagem por seus territórios. Os Parakanã, do Tocantins e do Xingu, os Araweté, Asurini e Arara são índios que foram contatados, sofreram graves perdas populacionais, perderam terras, tomadas por posseiros ou por projetos de assentamento do Incra, e poderiam ter perecido, como em épocas anteriores de entrada de migrantes em terras indígenas, não fosse a intervenção da Funai, como órgão indigenista, movida pela opinião pública e por dever legal. Passados os anos de turbulência, hoje em dia, esses povos indígenas estão recuperados, em crescimento, com terras garantidas, prontos para sofrer novos desafios, como, ironicamente, parece ser a implantação da Usina Belo Monte. A BR-163, Cuiabá-Santarém, destroçou a vida tradicional dos índios Panará, reduzindo-os a um terço de sua população à época do contato, em 1974, e atraiu garimpeiros, fazendeiros e madeireiros, transformando a região, que hoje tem um dos maiores índices de desmatamento dos últimos anos. A BR-364, Cuiabá-Porto Velho, abriu Rondônia para a entrada de milhares de imigrantes que rasgaram florestas e cerrados, invadiram terras indígenas. Somente a muito custo a Funai conseguiu estabilizar as situações dos povos indígenas Cintas-Largas, Suruí, Zoró, Uru-eu-wau-wau, Nambiquara, deixando alguns deles em situação de desespero permanente.

Uma frente agrícola tem se portado no Brasil como um exército de saúvas que devora tudo que está no seu caminho. Os projetos de assentamento agrícola e incentivos às empresas agropastoris criam no seu bojo um complexo socioeconômico que ainda está longe de ser considerado estável ou produtivo, parecendo mais um dos tantos ciclos econômicos pelos quais já passou o país. Em todos os casos, os índios são sempre vistos como parceiros indesejáveis e dispensáveis. Suas terras são ameaçadas, tomadas, usurpadas – e, quando não, arrendadas. Assim foi no velho relacionamento entre a elite rural brasileira e os índios, e continuaria a ser, não fossem as exigências dos tempos recentes, com uma consciência crescente sobre os problemas ambientais, a preocupação pelo destino dos povos indígenas e a autoconsciência dos índios em relação ao que está ao seu redor. Antes fazendeiros tradicionais; hoje, o agronegócio se estabeleceu na Amazônia a partir da década de 1990 quando novas tecnologias agrícola e pastoril, concebidas e trabalhadas pela Embrapa, empresas sementeiras e outras agências, compensaram as grandes dificuldades ecológicas de sustentabilidade tanto em ambientes de florestas quanto de cerrados. Atualmente, os fazendeiros reinam na Amazônia, portadores de tecnologias modernas, com uma rede de cidades conectadas por estradas, com capacidade de produção em alta escala e, embora com escoamento sofrível, ganhadores de altíssimos lucros. Essa nova classe rural se arvora direitos políticos próprios, em nome de uma racionalidade econômica e de sua participação no PIB nacional. São os fazendeiros e os seus representantes políticos no Congresso Nacional que ameaçam reverter os direitos indígenas, esmaecer a simpatia nacional pelo destino dos povos indígenas e desestabilizar as instituições de proteção e assistência oriundas da tradição do indigenismo rondoniano.

Em suma, o poder dos fazendeiros constitui o maior desafio atual para a preservação das condições socioculturais e políticas da vida indígena, sua continuidade étnica e ascensão no panorama nacional. Os demais empreendimentos econômicos provocam impactos sociais e ambientais de grande envergadura e consequências perniciosas ao modo tradicional dos povos indígenas, porém não o suficiente para impedir sua recuperação. O caso das hidrelétricas, supondo que os seus planejamentos consideram a presença dos índios em seus territórios indevassados como garantia do bom desempenho do empreendimento (recusando os planos e as motivações que implicam a especulação da terra ao redor da barragem e a aplicação de projetos de natureza poluente e devastadora das condições sociais preexistentes), poderia trazer uma variação nova no quadro estereotipado de que os povos indígenas constituem um entrave ao progresso da Amazônia. A questão é pressupor que um dia o planejamento estratégico brasileiro conceba a positividade do fator indígena!

OS MILITARES

Ao considerarmos Marechal Cândido Rondon o instituidor da política indigenista republicana, a partir de 1910, podemos considerar os militares um dos elementos mais importantes da questão indígena brasileira. O trabalho de Marechal Rondon, em cooperação com muitos militares da época – especialmente os simpatizantes da visão positivista do mundo –, alçou os índios a uma posição de relevo nacional e os inseriu no âmbito da responsabilidade do Estado para fins de sua proteção, bem-estar e integração ao Brasil, visão política esta que continua a prevalecer, ao menos em espírito, nos ditames políticos atuais. Tais militares formam uma das corporações mais consistentes, junto com o corpo diplomático, encarregados de preservar as condições gerais da soberania da nação. Para eles, portanto, a questão indígena é parte de sua esfera de influência e sobre ela pensam e repensam suas responsabilidades e atitudes, com frequência emitindo pronunciamentos e elaborando textos doutrinários. Os militares focalizam a questão indígena sob dois aspectos estratégicos fundamentais. O primeiro diz respeito à presença de muitas terras indígenas existentes nas fronteiras com diversos países sul-americanos – cerca de 30% das fronteiras terrestres são formadas por terras indígenas. O segundo se relaciona com a hipótese de que, motivados por convênios e documentos internacionais, os índios, ou alguns povos indígenas (sobretudo aqueles que têm patrícios em territórios de outros países), possam vir a se declararem nações independentes, sob os auspícios da ONU, ou de ONGS internacionais acobertadas por países interessados na Amazônia, desafiando, desse modo, a integridade e soberania da nação. Esses são dois pontos que merecem a consideração do Estado brasileiro, porém estão a anos-luz de se tornar factíveis. Em função do primeiro ponto, os militares vocalizaram de tal modo suas preocupações que, na oportunidade do julgamento sobre a homologação da T. I. Raposa Serra do Sol, localizada em Roraima, na fronteira com a Venezuela e a Guiana (inglesa), o Supremo Tribunal Federal exarou uma súmula cujos artigos... A entrada de forças militares em terras indígenas é permitida, sem ao menos comunicar ou pedir permissão aos índios e ao órgão indigenista, numa clara afirmação de suas preocupações com a autonomia de povos indígenas em fronteira. O segundo ponto advém de uma visão hiperbólica da forma militar do nacionalismo, algo que não preocuparia Rondon em relação aos índios. Ao contrário, seguindo os preceitos dos positivistas do fim do século XIX, Rondon era favorável a que as terras indígenas fossem consideradas formas de estados, governadas pelos índios, mas como parte da nação brasileira. Os positivistas que apresentaram sugestões para a Constituição de 1891 chamaram essa forma de "estados autóctones americanos", em contraste com os estados já reconhecidos, chamados "estados ocidentais". Por essa e por outras, vê-se claramente que, entre Rondon e os atuais militares, especialmente os que comandaram o Brasil por 20 anos, existe um grande fosso ideológico, não de todo intransponível, mas que afeta a visão e as atitudes da corporação em relação à permanência e ascensão dos povos indígenas na nação.

Os efeitos mais recentes das atitudes militares advêm do período em que eles, os quais controlaram o país entre 1964 e 1985, também controlaram a política indigenista e os seus órgãos de administração, o SPI e depois a Funai. Só a partir de 1984, retiraram-se da Funai, por causa parcialmente do movimento indígena, da pressão da opinião pública e do início esperançoso da transição política. Entretanto, por alguns anos, encastelaram-se nos setores de segurança e informação do Ministério do Interior e no Conselho de Segurança Nacional, de onde continuaram a exercer o comando estratégico da Funai, até o governo Itamar Franco, em 1992. Daí por diante, os militares refluíram e se fizeram presentes em relação aos índios tão somente por meio de sua atuação na Amazônia, especialmente nos postos de fronteira, e no Conselho de Defesa Nacional.

De todo modo, sua passagem provocou algumas farpas na questão indígena brasileira e coincidiu com uma série de fatores negativos e positivos – a reversão da queda demográfica dos povos indígenas e o surgimento da consciência indígena no plano nacional foram exemplos deles.

Pode-se dizer que há quatro fases do controle militar sobre a questão indígena. A primeira, ainda com o SPI, de 1964 a novembro de 1967, foi a fase de expurgo dos quadros mais políticos e antropológicos do órgão, como parte da política militar. Nessa época, foram demitidos Noel Nutels, o último diretor civil do SPI, Carlos Moreira Neto, José da Gama Malcher e vários indigenistas que tinham alguma conexão com o governo Goulart. Ou que eram comunistas, como Francisco Meirelles – que, entretanto, foi chamado de volta mais tarde. Muitos antropólogos e linguistas foram considerados pessoas indesejáveis para fazer pesquisas ou participar do Conselho Nacional de Proteção aos Índios. O SPI entrou em rápida decadência, culminando com o envolvimento de pessoal do seu quadro no chamado Massacre do Paralelo 11, sobre os índios Cintas-Largas, e em diversos atos de corrupção, venda de madeira e arrendamento e venda de terras. Nos meses finais que antecederam a sua extinção, o arquivo do SPI pegou fogo, destruindo documentos administrativos e grande parte dos filmes etnográficos e relatórios antropológicos acumulados em mais de 50 anos de existência. Em função disso, tornou-se mais difícil fazer uma boa reconstrução da história desse período, especialmente em relação a decisões sobre reconhecimento de terras indígenas e conflitos interétnicos. Anos mais tarde, entre 1975 e 1979, o antropólogo e etno-historiador Carlos Moreira foi comissionado pela Funai para recolher todo o material do SPI que se encontrava nas antigas inspetorias regionais, nas condições mais precárias: muitas pastas e rolos de filmagem já rotos, outros jogados fora como papel velho. Mesmo assim, o trabalho resultou na criação do Centro de Documentação Indigenista no Museu do Índio, que permitiu por muitos anos a reconstrução de atos que demonstraram a legitimidade de demandas indígenas por terras que lhes haviam sido usurpadas.

A segunda fase teve início com a criação da Funai, em 5 de dezembro de 1967. Embora seu primeiro presidente tenha sido um civil, que permaneceu por dois anos, a tendência foi o controle imediato dos militares, especificamente de generais. Atravessou os governos Médici e Geisel. Na sua ocasião mais produtiva, conseguiu demarcar diversas terras indígenas, obteve do Congresso o Estatuto do Índio, pela Lei n. 6.001

de 19 de dezembro de 1973, e promoveu a profissionalização de novos agentes indigenistas através de cursos ministrados por professores e antropólogos da Universidade de Brasília, muito embora ainda sob a sombra militar. O Estatuto do Índio previa a demarcação de todas as áreas indígenas num prazo de cinco anos. No final do governo Geisel, assumindo uma orientação de integrar os índios à população brasileira, sem respeitar a integridade de suas terras, criou-se um projeto para "emancipar" os índios da tutela do Estado, cujo principal defensor era o então ministro do Interior, Maurício Rangel Reis. Sua promessa era de que, até o ano 2000, todos os índios estariam emancipados e integrados ao Brasil. Antropólogos, jornalistas, advogados, cientistas e muita gente se opuseram a essa pretensão, por volta de 1978, e o projeto foi arquivado.[32]

A terceira fase coincide com os cinco primeiros anos do governo Figueiredo, de 1979 a 1984, a época dos coronéis. Com pouco tempo de duração para cada um dos quatro coronéis e dois civis que presidiram a Funai, essa foi uma época de grandes conflitos entre índios e fazendeiros, entre os novos indigenistas e as autoridades militares da Funai. Por conta da mobilização nacional contra o projeto de emancipação dos índios, as várias frentes de simpatia aos povos indígenas – antropólogos e estudantes de antropologia, jornalistas, advogados, missionários e indigenistas da Funai, a opinião pública de classe média e seus contatos internacionais – se aglutinaram em prol dos problemas indígenas mais prementes para enfrentar as forças retrógradas que dirigiam a Funai e as forças políticas que comandavam a nação. Nesse tempo, em 1981, jovens indígenas que moravam nas cidades – como Brasília, Manaus, Campo Grande, Cuiabá e outras –, tendo sido escolarizados no nível médio ou superior, se lançaram para criar a primeira associação indígena de cunho nacional e com intenções pan-indígenas, a União das Nações Indígenas (UNI). A Funai foi perdendo sua força moral perante os índios e os indigenistas, perante antropólogos e jornalistas, resultando numa grave crise de desmoralização administrativa, com desvios de recursos, peculato e locupletação pessoal de muitos dirigentes. Nesse tempo, prosseguiram os estudos para reconhecimento de terras, mas poucas terras foram efetivamente demarcadas. Os cursos de indigenismo (o último ocorrido em 1985) e a contratação de pessoal qualificado foram diminuindo. O pior de tudo é que a Funai perdeu sua autonomia no processo de reconhecimento das terras indígenas e de demarcação administrativa. O Decreto-Lei n. 88.118, de 22 de fevereiro de 1983, criou um grupo interministerial – o chamado "Grupão" –, constituído pelos ministérios da Reforma Agrária, Interior, Agricultura e pelo Conselho de

Segurança Nacional, que passou a julgar a validade ou não de demarcar terras indígenas. Daí em diante, a Funai passou a ser um biombo para a ação camuflada dos militares, prevendo já as mudanças que viriam.

A quarta fase começou em junho de 1984, antes até da resolução política sobre como se daria a passagem dos militares para o regime civil. Nesse momento, os índios Kayapó Metuktire, então conhecidos como Txucarramãe, conseguiram evitar o desmembramento do Parque Indígena do Xingu pela tática guerreira de prender e manter confinados vários funcionários da Funai, resultando na aceitação, da parte do ministro do Interior, Mário Andreazza – um dos pré-candidatos à presidência da República –, dos direitos daqueles índios. Na firmação do acordo, o chefe Raoni Metuktire matreiramente puxou as orelhas de Andreazza na frente das câmaras de televisão. Parecia que os índios começavam a tomar as rédeas do seu destino. Depois, em janeiro de 1985, os antropólogos e indigenistas (muitos demitidos desde 1980), que se reintegraram à Funai, após as mudanças causadas por Raoni e pela ação dos Xavante, armaram uma forte resistência ao decreto do Presidente Figueiredo que regulamentava a mineração em terras indígenas. Em consequência, o decreto foi revogado, e os indigenistas tomaram conta da Funai, como se estivessem participando de um acontecimento à la Novembro de 1917! Assim acabou o controle direto dos militares sobre a Funai.

Esses dois gestos de destemor e convicção não lograram efeito permanente na Nova República. Ao contrário, parece ter havido retrocesso na atuação do órgão em tempos variados. Nos primeiros dois anos, a Funai teve seis presidentes, um dos quais não chegou sequer a tomar posse. Apoena Meirelles era um consagrado indigenista que tinha feito contato com vários povos da Amazônia, como os Cintas-Largas, Suruí e Uru-cu-wau-wau, e os Avá-Canoeiro, perto da Ilha do Bananal. Tentando trazer alguma racionalidade administrativa ao órgão, Apoena contrariou muitos interesses políticos regionais e acabou pedindo demissão. Efetivamente, quem funcionou como presidente da Funai por dois anos e meio foi Romero Jucá, um jovem pernambucano que nunca havia visto índio antes, recomendado por políticos regionais. Ele veio para pôr ordem na casa, dividir o movimento indigenista, desviar a luta dos índios por participação política para interesses pecuniários menores, paralisar os projetos de demarcação de terras iniciadas em 1984/1985, facilitar a entrada de garimpeiros em terras indígenas – especialmente as dos Yanomami, em Roraima e Amazonas, e a dos Cintas-Largas, e de madeireiros onde quer que estivessem. Sob a coordenação de um ingênuo ministro do Interior, Jucá fez mudanças internas, demitiu antropólogos e indigenistas, afastou os mais politizados da administração, e, ao final, só não ficou mais evidente que melhor seria acabar a Funai porque não havia como substituí-la por algo mais útil aos interesses dominantes. Por outro lado, movido por ambições políticas maiores, que eventualmente o levariam a ser nomeado governador do novo estado de Roraima, em 1988, Jucá conseguiu a contratação de mais de mil novos funcionários, numa corrida contra o tempo diante da Assembleia Constituinte e das novas regras que eram antecipadas sobre contratação. Parecia que estava aparelhando, a serviço de políticos, o órgão indigenista de pessoas indiferentes à causa indígena, e até anti-indígenas. Entretanto, as concessões que teve de fazer se submeteram às pressões internas. Entre esses novos contratados, estavam duas centenas de índios, muitos já formados no ensino médio, alguns universitários, que iriam consolidar a política de abrir o órgão à participação indígena. Apesar de alguns desses contratados mostrarem suas más intenções, a grande maioria se inseriu no espírito indigenista prevalente, demonstrando que a causa indígena é capaz de seduzir e envolver qualquer brasileiro que tenha o sentimento de nacionalidade. Passados 25 anos, hoje são esses funcionários que formam a geração veterana da Funai e mostram aos novos indigenistas as cicatrizes de suas lutas em prol dos índios. E são os índios funcionários de hoje que representam para seus povos o potencial de participação e administração do órgão que um dia seria dirigido por eles.

À guisa de uma avaliação final, em relação aos índios, as Forças Armadas Brasileiras, sobretudo o Exército e a FAB, prestaram incomparáveis serviços e ajuda. O fato de o SPI ter sido criado e tomado à frente pelo então Coronel Rondon foi o fator fundamental para o estabelecimento de uma política e ação indigenista que puseram em relevo internacional a nação brasileira. O índio passou a ser tratado como uma questão da nossa nacionalidade, sendo a sua sobrevivência vista como essencial para o bem-estar geral do povo. Muitos militares dedicados permaneceram no SPI quando, em 1912, o ministro da Guerra os fez optar por voltar aos quartéis ou permanecer no serviço indigenista. Muitos deles tinham uma visão generosa e integrativa do povo e, nos seus ensinamentos, expuseram a causa indígena não por sentimentos pessoais e bisonhos, mas como possibilidade real da formação pluralista da nacionalidade brasileira. E achavam que o Exército fosse uma instituição nacional e democrática, tanto na sua composição social quanto nos seus propósitos interiores.[33]

Não é difícil que essa visão venha a ganhar novos foros nacionais. Nesse sentido, não se pode descartar o papel que o Exército ainda tem a completar. A sua idoneidade nos trabalhos de demarcação e defesa dos territórios indígenas continua irretocável e aí há um *esprit de corps* inabalável. Afinal, as fileiras do Exército brasileiro estão abertas para a incorporação de índios, como soldados e oficiais, conhecedores da floresta, conforme acontece com tanta frequência em cidades como São Gabriel da Cachoeira, Boa Vista, Tabatinga, Manaus e outras. Em alguns setores em que a imagem de Rondon permanece indelével há uma contínua reflexão sobre a necessidade de readaptar os ensinamentos daquele herói aos tempos atuais. Como recomeçar o diálogo com os índios sem usar mais do paternalismo? De que forma conciliar as necessidades indígenas? Como ajudar na solução definitiva da demarcação das terras indígenas, garantindo-lhes a segurança e inviolabilidade? Como conciliar fronteira com terras indígenas? Como aceitar a autonomia dos índios sobre suas terras? Como entender que o ser indígena pode ser ele mesmo e também ser brasileiro? Essas questões têm razão de ser e se coadunam com a busca de um papel mais profundo e duradouro para as Forças Armadas em relação aos índios, os quais estão inseridos no contexto mais amplo da democratização brasileira.

A IGREJA

A Igreja é uma instituição universal, com variações nacionais tanto no seu conteúdo quanto na sua forma. A sua composição orgânica é bastante heterogênea e os seus estilos se adaptam ao tempo e ao espaço em que atua. A sua gênese é dogmática e inflexível, o que lhe dá uma base sólida de constituição, com uma história de dois mil anos quase ininterruptos, com poucas defecções, e com um propósito hegemônico, com variações mínimas e aceitáveis, digeríveis pelo seu ordenamento centralizado e sua disciplina. Unindo solidez e flexibilidade, torna-se possível e acatável por todos que a compõem.

Em relação aos índios, a realidade atual não discrepa substancialmente da sua história anterior, tanto no seu relacionamento com as outras forças sociais envolventes, quanto no sentido e nos propósitos de sua ação. Pode-se até dizer que a atualidade é relativamente comparável com esse passado. Antes, havia jesuítas, em alguns momentos, radicais defensores dos índios; carmelitas contemporizadores de interesses contrários; beneditinos e franciscanos que buscavam seguir uma linha de não comprometimento; e bispos e padres, que variavam desde o inglório bispo Sardinha – defensor dos interesses agrários dos colonos portugueses – até os padres que participaram da Cabanagem junto com os índios revoltados. Hoje, temos os padres e missionários leigos comprometidos com a teologia da libertação, os ideais da *encarnação*, os defensores irredutíveis da causa indígena, até as missões estabelecidas nos moldes de cem anos atrás (o que quer dizer, praticamente, o mesmo que quatro séculos), ou as teologias conservadoras que veem os povos indígenas como pagãos, cabendo à Igreja como missão convertê-los ao cristianismo. Nesta variação interna reside a força social e institucional da Igreja, e não há razão de subestimar a sua capacidade de adaptação aos tempos modernos.

No início do século XX, a Igreja sofreu a primeira forte rejeição de sua secular missão de catequizar os índios. Os positivistas, os maçons e até mesmo os protestantes contestaram-na nas cidades e povoados mais recônditos do país, considerando seus métodos atrasados e retrógrados. O SPI a rejeitou e a hostilizou durante boa parte do tempo em que sua ação ideológica era consentânea com a ação indigenista. Os militares positivistas achavam que a conversão dos índios ao cristianismo era forçada e hipócrita (se é que fosse necessária para torná-los cidadãos brasileiros). O paradigma novecentista de "catequese e civilização" havia sido quebrado de vez. Até a década de 1950, permanecia certa tensão nas discussões entre o SPI e a Igreja, e foi o antropólogo Darcy Ribeiro, então diretor do Museu do Índio, que, em 1954, tomou a iniciativa de dialogar com Dom Hélder Camara, então bispo auxiliar do Rio de Janeiro, conclamando a Igreja moderna a trabalhar em prol dos índios, usando métodos que os levassem à sobrevivência física e cultural.[34]

A Igreja, até então, não estava muito atuante em relação aos índios – pelo menos não diretamente. A Ordem Salesiana havia se instalado entre os Bororo, no começo do século, e fizera um trabalho de catequese que envolvia o aprendizado da língua e cultura desses índios. O SPI a acusava de haver se apropriado de terras que por direito pertenciam aos próprios Bororo. Ela se instalara também no Alto Rio Negro, criando um complexo institucional de internatos para moças e rapazes Tukano e de outras etnias da região que muitos consideram próximo a um feudalismo religioso. Também lá eram acusados de registrarem terras indígenas como suas. Os dominicanos haviam tentado criar uma missão nos sertões do Araguaia e Tocantins, num experimento social que resultou na fundação da atual cidade de Conceição do Araguaia e no extermínio completo dos Kayapó do Pau d'Arco (talvez a mais desastrada das missões já tentadas no Brasil).[35] Havia ainda os franciscanos, que mantinham uma pequena missão entre os índios Munduruku, e os jesuítas, que, de volta ao Brasil, haviam aberto um colégio em Diamantino, Mato Grosso, onde abrigavam jovens Nambiquara e Pareci, e atraíam os recém-contatados Irantxe.

De outra parte, havia também as missões protestantes, cerca de 20 delas, sobretudo inglesas e norte-americanas, como a Evangelized Fields, a World Evangelical Church e a New Tribes Missions. Ao contrário das missões católicas, estas não recebiam subsídios do governo federal, e frequentemente sofriam vexames constrangedores por parte dos agentes indigenistas, sendo-lhes ocasionalmente imputada a pecha de espiões do governo norte-americano, sobretudo durante a Segunda Guerra Mundial.

O SPI tolerava apenas as missões não estabelecidas propriamente entre os índios, mas que existiam em decorrência da extensão do trabalho pastoral das dioceses e prelazias em cujos distritos havia índios aldeados. As desobrigas de padres e frades são conhecidas nessas regiões e costumavam incluir os índios. Batizavam, casavam, ensinavam-lhes a rezar e, muitas vezes, serviam como médicos e enfermeiros. Para os índios que já participavam efetivamente do sistema sociocultural regional, essas visitas constituíam um consolo e uma afirmação de sua posição no mundo. Nessas regiões, ser cristão era o mesmo que ser humano, e para isso era necessário a presença do padre, ou do frade, na maioria dos casos. Daí, a reação anticlerical dos agentes indigenistas só fazia confundir os índios, dividindo-os, literalmente, entre a cruz e a caldeirinha.

A aproximação do SPI com a Igreja significou o reconhecimento da amplitude do problema indígena diante da capacidade relativa do órgão oficial para enfrentá-lo sozinho. Nesse sentido, a tolerância foi estendida às missões protestantes, sobretudo àquelas que, como o Summer Institute of Linguistics, pudessem ajudar na formação do conhecimento das línguas e culturas indígenas, para melhor orientar a ação do órgão.

Seria difícil analisar essa aproximação como uma aliança política ou mesmo como uma confluência de ideologias a respeito dos índios e de sua posição no conjunto político nacional ou na civilização ocidental cristã. Certamente, nada parecido com o binômio "catequese e civilização", que regera a política indigenista e demonstrava um consenso geral sobre o que se devia fazer sobre o índio, e de que modo. Pelo contrário, o fosso ideológico indigenista existente entre o SPI e a Igreja, desde o início do século, havia se alargado pela influência dos ensinamentos da antropologia, por um lado, e pela imobilidade conceitual da Igreja, por outro – pelo menos até que as primeiras lufadas de liberalização surgissem a partir do Concílio Vaticano II (1962-1965). A rivalidade entre Igreja e Estado, no que diz respeito aos índios, reflete-se até indiretamente no exemplo em que, em 1954, um deputado federal apresenta um projeto de lei propondo a extinção do SPI e passando as suas funções precípuas para a Igreja.

Coincide essa nova liberalização da Igreja com a implantação no Brasil de um regime político de caráter ditatorial e o surgimento de um processo de reflexão e crítica sobre o resultado global da atuação oficial do Estado brasileiro em relação aos índios. Esse processo tem uma dimensão universal, tendo em vista que se dirige a todas as situações de colonialismo interno, em que os índios são considerados um exemplo mais duradouro. A Igreja e suas ordens missionárias também participam desse processo e se posicionam para construir uma nova visão do seu papel em relação aos índios. A partir daí, sua nova fase de defensora da causa indígena teve início.

O novo papel da Igreja começou a ser construído tanto intelectualmente quanto na prática. Os jesuítas em Diamantino apresentam os primeiros resultados da sua missão escrevendo sobre os povos indígenas com quem vinham trabalhando e iniciando um tempo de reflexão crítica sobre o destino desses povos, colocando o peso maior de responsabilidade sobre o Estado, mas não deixando também de reconhecer seus erros históricos. Por outro lado, novos missionários e jovens católicos surgiram dispostos a envolver-se na luta pela defesa dos povos indígenas contra os planos estatais de desenvolvimento a qualquer custo, em que os índios surgem como as maiores vítimas. Os exemplos capitais desse duplo movimento são o chamado "Diretório Indígena" – documento elaborado pelo Padre Adalberto Holanda Pereira, S. J., no qual noções de antropologia são misturadas com recomendações sobre o caráter dos índios e os objetivos da ação missionária – e a criação do Conselho Indigenista Missionário (Cimi), em 1972, por um grupo de missionários que já havia entrado na luta pelos índios e precisava de um órgão para coordenar nacionalmente as suas ações e promover a causa indígena no seio da Igreja. Ao tornar-se um órgão da Conferência Nacional dos Bispos do Brasil (CNBB), três anos depois, o Cimi ganhou caráter e legitimidade oficial para dialogar com a Funai, além de representar a Igreja na causa indígena perante o resto da nação.[36]

Nestes últimos 40 anos, o trabalho do Cimi vem se desenvolvendo na busca de conceituar o cristianismo pós-Vaticano II com a luta pela sobrevivência dos povos indígenas no Brasil. A catequese deixou de ser a doutrinação religiosa e foi substituída pelo que veio a ser chamado de "encarnação" do missionário na vida e no sofrimento dos índios.[37] Desenvolveu-se uma teologia em que a imitação de Cristo deveria ser buscada pela vivência direta e cotidiana com os índios, experimentando, dessa forma, na carne, a vida cultural e espiritual desses povos, e aproximando-os ao cristianismo mais puro e primitivo. A Igreja passou a reconhecer valores intrínsecos nas culturas indígenas, os quais deveriam ser imitados, emulados e adaptados à vida moderna, como o espírito cooperativista, a não acumulação de riquezas, a educação pueril, o democratismo nas decisões políticas, e, enfim, a harmonia e o respeito pela natureza. No seu seminal documento, produzido em fins de 1973, "Y-Juca-Pirama: o índio, aquele que deve morrer", a Igreja apresenta a sua nova concepção do índio, integrando os conhecimentos da antropologia com a sua teologia da libertação e politizando sua ação pastoral pela sua inserção no contexto social e político do Brasil da década de 1970.

Aos poucos, o discurso passou a produzir ações de efeito imediato, como as assembleias de lideranças indígenas que foram promovidas a partir de 1975, e a ação de missionários e agentes pastorais leigos. O Cimi passou a ser um dos mais importantes e efetivos órgãos de combate às políticas retrógradas da Funai, advogando a participação dos índios nesses órgãos e nos assuntos que lhes pudessem dizer respeito, como a demarcação de terras, os projetos de desenvolvimento regional, a exploração mineral etc.[38]

Junto com o movimento pró-indígena, desencadeado no seio da sociedade civil na década de 1970, o Cimi procurou colocar a luta pela sobrevivência dos povos indígenas como parte da ampliação dos direitos democráticos do povo brasileiro e do reconhecimento da diversidade cultural e étnica do Brasil. Os conceitos de *autodeterminação* e de *nação* foram as principais contribuições que surgiram desse movimento. O primeiro veio diretamente da Carta da Organização das Nações Unidas e é a base política para a independência e autonomia de um povo, e sua constituição em nação-Estado.

O aprofundamento desses conceitos diante da realidade política brasileira, levado em conta o fator demográfico da grande maioria dos povos indígenas sobreviventes no Brasil, tornou mais difícil a realização prática dessas bandeiras de luta. O Estado brasileiro, e o seu setor militar em particular, não vê com bons olhos a ideia de se constituir em Estado multinacional, talvez nem tanto por receio dos índios quanto das etnias imigrantes mais demograficamente expressivas. O termo "nação" é mais apropriado aos índios do que a coletivos imigrantes porque nele se inclui a noção de territorialidade, conforme a definição que herdamos do Iluminismo, em que nação é um conjunto integrado de um povo com tradições e culturas próprias e um território. Durante todo o período colonial, os índios foram chamados de "nações". Somente no século XIX, com o advento das teorias evolucionistas, esse termo deixou de ser aplicado e foi substituído por outros menos distintos, como "horda", "grupo", "bando", "clãs", até "sociedade", "comunidade", "etnia" e "povo". Certamente, o termo "nação" distingue melhor um povo indígena e seria de todo apropriado, se não incluíssemos nele a denotação política de "estado" que, modernamente, o termo parece compreender. Quanto à autodeterminação, a sua aceitação ou concessão por parte do Estado brasileiro está condicionada tanto à ampliação da democracia e das franquias populares, quanto à própria capacidade dos povos indígenas em enfrentar as constantes dificuldades e cerceamentos econômicos que os demais setores da sociedade brasileira lhes impõem. Para isso acontecer, é preciso tempo e determinação, não só querer.[39]

A Igreja contribuiu decisivamente na elaboração da Constituição Federal de 1988 através de sua forte ação de *lobby* e pela sua capacidade de arregimentação das demais forças sociais pró-indígenas. O então presidente do Cimi, Dom Erwin Kreutler, bispo de Altamira desde essa época, foi um dos convidados a depor na subcomissão que incluiu as populações indígenas. O documento que o Cimi subscreveu junto com as outras entidades serviu de base para a formulação dos principais artigos constitucionais sobre povos indígenas.

Porém, a Igreja não é exclusivamente o Cimi, mantendo no seu seio não somente as ordens religiosas que perseveram em seus métodos antiquados, mas também o pensamento de que sua missão no mundo é preparar todos os homens para o reino de Deus. O que tem de universalista essa doutrina, tem de homogeneizadora. Esse dilema atinge também outras doutrinas sociais. Porém, no caso da Igreja, a perspectiva fundamental parte da ideia de um ser supremo, de quem o homem é o dependente. Se Deus e o Cristo estão no homem, há de disciplinar as formas mais esdrúxulas dessa manifestação. Quando o Estado brasileiro, através do SPI, criou uma política indigenista em que o índio foi conceituado em termos da humanidade e sua evolução, e não em relação a uma espiritualidade transumana, a Igreja manifestou inquietação e repulsa. Por mais que tenha avançado em direção a uma visão copernicana do mundo nos últimos tempos, não se pode esperar que ela abra mão de sua história e de sua determinação.

Ademais, o caráter político da Igreja a condiciona a procurar formas mais acomodadas de relacionamento com o Estado e com a sociedade. A sua posição doutrinária em relação aos índios depende, fundamentalmente, do equilíbrio que procure ter, em determinados momentos, com essas duas entidades que, dialeticamente, a constituem e a negam. Se o Estado brasileiro chegar a desenvolver formas mais democráticas de funcionamento, e a sociedade civil continuar a sua tendência histórica de dessacralização, é possível que a visão indigenista da Igreja venha a ser diferente da atual. De qualquer forma, o papel que cabe à Igreja na luta pela preservação dos povos indígenas no Brasil está longe de se esgotar. A identificação social e espiritual das primitivas comunidades cristãs com as comunidades indígenas é permanente incentivo para o fortalecimento interno desse papel. Resta ver como manter esse laço de identificação com a visão humanista da sociedade moderna e os anseios de autonomia dos povos indígenas.

A SOCIEDADE CIVIL

Pode-se definir um conjunto social, que chamaremos de sociedade civil, distinto das outras forças políticas e econômicas, que tem ainda um determinado peso na questão indígena nacional. É claro que não se pode atribuir a esse conjunto uma autonomia absoluta em relação aos outros conjuntos sociais, já que há evidentes sobreposições de interesses e interdependência econômica entre os seus membros. Mas há de se reconhecer uma modalidade própria de pensamento e intenções políticas nesse conjunto social, que justifica a ideia de uma identidade própria. Majoritariamente, essa sociedade civil é urbana ou urbano-cêntrica, compartilhando dos conhecimentos gerais da modernidade e das maneiras de identificação social e pessoal próprias. Dependendo da visão sociológica que se tenha, ela se confunde com as noções de opinião pública, classes médias, modernidade, participantes das culturas de massa etc. Normalmente se reconhece como seus membros ostensivos os estudantes, professores, profissionais liberais, funcionários públicos, artistas e intelectuais. Mas, surpreendentemente, podem-se contar também massas anônimas de eleitores que, por seu voto, exprimem anseios e vontades coletivos que estão desvinculados dos interesses econômicos imediatos. Esses eleitores elegeram, por exemplo, o índio Mário Juruna deputado federal pelo estado do Rio de Janeiro para a legislatura de 1983-1987.

A sociedade civil brasileira produz o seu pensamento baseado no seu inter-relacionamento socioeconômico mais ou menos homogêneo, e, às vezes, chega a ser guiada por forças sociais mais coesas, fruto de elites intelectuais ou mesmo de ideias dominantes em partidos políticos, em certas épocas. Uma dessas épocas em que a questão indígena foi realçada a fenômeno nacional deu-se durante a abertura política iniciada no governo Geisel (1975-1979). Não somente os índios, mas também outras minorias sociais foram objeto e motivos de conhecimento e reflexão e provocaram a formação de grupos de defesa e divulgação dos seus problemas mais contundentes. Duas outras épocas, que suscitaram eventos semelhantes, foram os anos 1908-1910 e a década de 1850. No primeiro caso, a participação de cientistas, jornalistas, filósofos e autoridades políticas brasileiras em favor dos índios foi provocada pelos escândalos de genocídios indígenas noticiados a partir do Congresso de Americanistas que ocorreu em Viena, em 1907. Massacres e assassinatos de índios teriam acontecido em Santa Catarina e no Paraná, e até foram justificados pelo cientista teuto-brasileiro Hermann von Ihering. O resultado foi a criação do SPI, em 1910. O segundo caso, mais remoto e ainda restrito, deu-se no seio da elite política e intelectual brasileira, e dizia respeito ao reconhecimento do índio no conjunto da nação. Foram protagonistas poetas e escritores indianistas, como Gonçalves Dias, Gonçalves de Magalhães, José de Alencar, Manoel Antônio de Almeida, e historiadores como o conservador Adolpho de Varnhagen e o liberal João Francisco Lisboa. As suas repercussões concretas são menos tangíveis, porém creio que foram fundamentais para a formação de uma mentalidade pró-indigenista no país, sem o que a sorte das populações sobreviventes teria sido muito pior.

Sem vaidade corporativista, podemos reconhecer os antropólogos brasileiros, desde a década de 1950, pelo menos – talvez desde 1930 –, com Curt Nimuendajú, Herbert Baldus, Arthur Ramos, Roquette-Pinto e outros, como os idealizadores fundamentais do pensamento indigenista nacional atual. Produzidas juntamente com outras pesquisas científicas, as principais defesas do índio no Brasil vêm de noções elaboradas no seio da antropologia, sejam como decorrência ou adaptação de noções antropológicas vindas dos centros intelectuais estrangeiros, sejam como noções exclusivas. Por exemplo, a noção do relativismo cultural contesta os argumentos da inferioridade cultural imputada aos índios. A genética moderna, com a valorização da variabilidade humana como fator de sobrevivência da espécie humana, coloca o índio lado a lado com as outras populações na manutenção do potencial biológico do *Homo sapiens*. Cai por terra o darwinismo social que valoriza o mais forte como sobrevivente e único agente da reprodução humana. A ecologia e os seus conceitos que incluem o homem valorizam o papel dos povos indígenas na manutenção de nichos ecológicos relativamente frágeis, como as florestas tropicais, e estimulam suas práticas culturais para a preservação e a otimização do meio ambiente.

A antropologia brasileira demonstrou que o desaparecimento de tantos povos indígenas não se deu pela assimilação ou aculturação, mas, na grande maioria dos casos, por extermínio direto causado pela violência e esbulho de suas fontes de sobrevivência, sobretudo a terra. O processo de miscigenação, antes visto como a principal razão do desaparecimento dos índios da costa brasileira, hoje conta como causa menor – apesar de fundamental para a constituição física do povo brasileiro (pelo menos até o século XVIII). Os índios têm sido analisados como um dos fulcros da formação histórica do nosso povo – junto ao negro e ao branco – desde Carl von Martius, o eclético cientista alemão da primeira metade do século XIX. Alguns antropólogos hoje em dia acham que o índio é essencial para o sentimento da nacionalidade brasileira, base da nossa diferenciação em relação às outras nações americanas. Esse é o sentido mais profundo das sugestões que apresentei em audiência pública de 29 de abril de 1987, da subcomissão de Negros, Populações Indígenas, Pessoas Deficientes e Minorias, da Assembleia Nacional Constituinte.[40]

Os antropólogos são, junto com os indigenistas, aqueles que mais contato têm com os índios em sua vida cotidiana. Experimentam, vivem, assim, práticas culturais totalmente diversas da vida que levam nas cidades. Aprendem, em muitos casos, a falar na língua própria do povo indígena que os hospeda; sentem as suas alegrias, compreendem os seus projetos e, muitas vezes, disso obtêm uma grande e permanente satisfação pessoal e intelectual. O antropólogo vivencia com os índios suas formas de viver que exprimem uma generosidade social que o deixa para sempre carente e desejoso que sua sociedade tivesse o mesmo. Esse interesse pessoal, na minha opinião, não é exatamente exclusivo ao indivíduo antropólogo ou à sua profissão, mas, sim, representa uma curiosidade coletiva e atávica da nossa sociedade em conhecer uma forma de vida, que chamaria de mais comunitária e mais interpessoal, um modo de ser pressentido como algo positivo, e que alguma vez já foi seu também ou poderá vir a ser. Reconhece-se isso na civilização ocidental nos movimentos milenaristas, nos projetos utópicos e até ocasionalmente em forças políticas, sociais e religiosas.

Os indigenistas são os agentes imediatos da política indigenista. Portanto, a rigor, compreendem desde o mais humilde trabalhador braçal de um posto indígena até os lendários sertanistas, como Orlando e Cláudio Villas Boas, Francisco Meirelles e o médico Noel Nutels; de um auxiliar de enfermagem ao telegrafista de uma antiga delegacia regional da Funai. Entretanto, de direito, indigenistas são as pessoas que trabalham diretamente com os índios e com os problemas indígenas e que procuram conduzir a sua ação em função de um entendimento próximo do que são os interesses dos índios. São pessoas que procuram mediar esses interesses, até os mais corriqueiros, com a política indigenista do país ou com o que se espera que seja essa política. Os indigenistas são os herdeiros dos chamados *sertanistas,* que eram os organizadores de expedições de "pacificação" de índios dos tempos do SPI. Na verdade, são herdeiros de toda a tradição brasileira de relacionamento oficial com as populações indígenas, desde os "pais dos índios", os "protetores dos índios", os "diretores dos índios" e, inclusive, os missionários.

A diferença fundamental entre indigenistas e antropólogos é de formação acadêmica e ação administrativa, mas as concepções não somente tendem a ser semelhantes, como os seus conhecimentos teóricos e práticos são complementares. Se um antropólogo de formação se dedicar ao trabalho direto com os índios e seus interesses cotidianos, ele passa a agir como um indigenista. E se este se decidir a analisar a sua ação em termos de uma concepção mais ampla do que são os índios ou o seu trabalho prático no universo social, ele vira antropólogo.

Portanto, não há como distinguir essas duas categorias como se tivessem interesses antagônicos, embora isso tenha ocorrido nos anos da ditadura militar de duas maneiras: como parte da visão militarista de excluir das ações da Funai o papel do conhecimento dos antropólogos sobre os índios; e como manipulação política por parte dos dirigentes da Funai, para diminuir o impacto das críticas dos antropólogos durante os anos Médici e Geisel, colocando os indigenistas como uma categoria oposta – esta, sim, que verdadeiramente se empenhava pelos interesses dos índios. Muitos jovens indigenistas recém-saídos das universidades, de suas práticas de enfermagem, ou dos cursos de indigenismo, foram influenciados a comportar-se como se detivessem em si toda a vivência e a verdade do ser indígena e do que se deve fazer por ele diante das políticas de desenvolvimento que estavam sendo implantadas em seus territórios. Por sua vez, muitos antropólogos se colocaram como se tivessem toda a história e conhecimento da questão indígena e puseram toda a sua desconfiança nos agentes e nos métodos de trabalho dos indigenistas. Esse mal-entendido tem arrefecido desde os anos 1990, e tende a desaparecer.

Nos momentos mais descontrolados da política indigenista oficial, em que o trabalho digno era impossível de se realizar, houve demissões em massa de indigenistas – como em maio de 1980, quando 43 indigenistas foram demitidos do serviço público, e em setembro de 1985, quando quase toda a diretoria da Funai e vários quadros experimentados foram demitidos de seu processo de retomada pelo poder militar, após o interregno de um ano e alguns meses de administração civil. Em muitas outras ocasiões, diversos indigenistas foram demitidos, quase sempre por discordar e entrar em conflito com determinadas ações anti-indígenas que emanavam da própria Funai. Mas essas pessoas continuaram a trabalhar com índios, seja no encaminhamento dos seus problemas à Fundação (mesmo que por vias indiretas), seja pela atenção aos problemas gerais e a denúncia pública aos meios de comunicação, ou pela ação prática paralela em certas áreas indígenas – às vezes, financiadas por órgãos assistenciais de defesa dos interesses indígenas. Chegou-se a falar, assim, num "indigenismo alternativo", isto é, não oficial, mas também não religioso, como se pudesse ter força política para solucionar os problemas indígenas, ou fosse um preparativo para uma possível mudança de rumo na política oficial. De qualquer modo, reconhecia-se que o Estado não deveria ter o monopólio da ação indigenista, e que a política indigenista em vigor não deveria ser acatada como inexorável. Os programas alternativos, sempre bem-intencionados, algumas vezes alcançaram certo sucesso, mas em geral não tinham continuidade, mesmo porque sofriam da contra-ação e de boicotes oficiais.

O que gerava o indigenismo alternativo era obviamente a desesperança da política oficial, mas o que o motivava pessoalmente era, como continua a ser, o imenso desejo de se viver perto dos índios, partilhar ao menos parcialmente dos prazeres oferecidos pelas suas culturas e seu meio ambiente. Quem já fez um trabalho indigenista sabe o quanto lhe faz falta não poder continuá-lo, mesmo debitando todos os dissabores e frustrações que o acompanham. Nisso também o indigenista e o antropólogo se identificam entre si.

A redemocratização brasileira coincidiu com a concretização, em forma de associações e organizações, dos movimentos sociais, ambientalistas, indigenistas, étnicos e outros de diferentes naturezas que, a seus modos, haviam contribuído para o fim da ditadura militar. De modo aparentemente paralelo, porém, na verdade, interligado por interesses e visões ideológicas, as organizações não governamentais brasileiras se conectaram às suas coirmãs surgidas nos Estados Unidos e nos países europeus, constituindo, assim, uma clara simbiose entre as ONGs brasileiras e as estrangeiras.

As ONGs indigenistas que se firmaram no cenário político-cultural brasileiro a partir da Constituição de 1988 passaram a ter um importante papel na mudança de conceituação, da atitude e da visão que a sociedade brasileira e o Estado têm em relação aos povos indígenas. Em primeiro lugar, se fizeram não tanto porta-vozes, mas articuladoras e propulsoras das reivindicações dos povos indígenas que carecem do mínimo de assistência social e econômica – especialmente de terras, como os Guarani de Mato Grosso do Sul e dos estados sulistas, as muitas comunidades do Nordeste que passaram a se identificar como indígenas, e de povos indígenas de diversas procedências que aceitaram sua ajuda generosa e compromissada. As ONGs indigenistas se articularam e se financiaram por meio de grandes ONGs internacionais tendo em vista o trabalho cooperativo, uma indeclinável visão ambientalista, a crítica contundente ao Estado *de per se*, e o firme propósito de fortalecimento das organizações indígenas que surgiam para representar seus povos. Algumas delas se associaram a povos específicos numa atitude de supervisores de seus destinos e procuraram obter meios para alcançar as reivindicações de seus clientes. Quase sempre procuravam estabelecer laços por meio de associações que elas ajudavam a criar nas aldeias indígenas ou nas cidades onde estudantes indígenas viviam.

Nos anos 1990, e sobretudo a partir da Conferência do Clima, no Rio de Janeiro, em 1992, em que surgiram as condições financeiras e políticas para a demarcação de muitas terras indígenas – especialmente na Amazônia, com financiamento de instituições internacionais, como o Banco Mundial e a Agência de Cooperação Técnica Alemã (GTZ) –, muitos antropólogos participantes e dirigentes de ONGs indigenistas foram convocados pela Funai para fazer estudos de reconhecimento, delimitação e demarcação de terras indígenas, sobre reconhecimento de identidade étnica e eventualmente para a avaliação de impactos socioambientais dessas terras. A partir de tais oportunidades, as ONGs indigenistas, como o Instituto Socioambiental (ISA) e o Centro de Trabalho Indigenista (CTI), foram adquirindo meios financeiros e estratégicos para influenciar diretamente na política indigenista da Funai e, eventualmente, nas atitudes dos governantes sobre os povos indígenas e seus posicionamentos perante os demais segmentos da sociedade brasileira. Nos dois mandatos do presidente Fernando Henrique Cardoso (1995-2002), as ONGs indigenistas se consolidaram por intermédio de convênios que lhes permitiram atuar e interferir diretamente em terras indígenas – como o alto rio Negro, a parte norte do Parque Indígena do Xingu, as terras de diversos povos Timbiras e outras, com maior ou menor determinação. Nessas terras coube-lhes auxiliar os índios a fundar suas associações, a desenvolver projetos econômicos e culturais, criar estratégias de relacionamento com a Funai e com a mídia nacional e internacional e a obter financiamentos externos, ao mesmo tempo que elaboravam avaliações de suas situações políticas, discursos de reivindicações e protesto e, por fim, visões políticas e ideológicas sobre o mundo que os cerca. No lance mais ousado, o CTI firmou convênio com a agência americana para o desenvolvimento internacional (Usaid) e com a Funai para coordenar as ações indigenistas de Estado em relação aos povos autônomos que vivem nos cantos mais remotos da Amazônia e, sobretudo, em regiões de fronteira. Difícil pensar qual o interesse da Usaid em obter informações dos índios autônomos brasileiros, em áreas de fronteira, na floresta amazônica, mas também estão interessados nesse assunto outras ONGs como a Conservation International, o Greenpeace e a Fundação Moore.

Igualmente importante para as ONGs indigenistas foi a conexão ideológica, movida por novos conceitos antropológicos – como a crítica ao indigenismo rondoniano – que as ONGs fizeram junto à Procuradoria Geral da República, cujo papel após a Constituição e seu artigo 232 se ampliou para englobar a defesa dos direitos indígenas, a resolução de conflitos interétnicos e a formulação de acordos com entidades privadas, estatais e a própria Funai. O conceito de indigenismo rondoniano é visto como "integracionista" do índio à nação, ao contrário da nova visão indigenista, que aposta na "inserção social" do índio à nação. O Ministério Público Federal (MPF), a partir de sua 6ª Câmara de Coordenação e Revisão, em Brasília, tem se destacado nos últimos 15 anos como a instância governamental mais abertamente favorável aos pleitos indígenas, sobrepondo-se à Funai e impondo à Funai as posições que considera adequadas ao seu relacionamento e suas atribuições legais para com os índios. Uma dessas imposições é de fazer com que a Funai não exerça mais atividades que possam indicar a continuidade da ação tutelar em relação aos povos indígenas. Para o MPF, os índios se tornaram autônomos a partir da Constituição de 1988, embora todos continuem recorrendo à Funai para resolver problemas, e muitos dependam exclusivamente do órgão indigenista para defender seus territórios, obter meios de desenvolvimento econômico e se posicionar em relação aos segmentos brasileiros que os circundam.

Por que a sociedade civil, ONGs, antropólogos, advogados e tantos outros se dedicam tanto à causa indígena? O certo é que a vida indígena contém alegrias e bem-estar, mas também sofrimentos e dureza. Viver tão perto, tão dentro da natureza é uma aspiração de muitos de nós que vivemos em cidades convulsionadas. Resguardar a natureza parece ser uma das tarefas mais nobres da humanidade, nesse momento de presságios cientificistas de fim de mundo, e as sociedades indígenas parecem ser dos mais certos protagonistas da salvação da humanidade. Assim, ajudá-los a ter condições melhores de vida, a diminuir seu sofrimento (até recentemente, os altos índices de mortalidade infantil eram calculados em torno de 120 por 1000; hoje já baixaram à casa de 50/1000), a manter suas culturas, suas identidades, e a participar da vida política e cultural do Brasil é uma aspiração que atrai muitos de nós. Por sua vez, ao saber das ameaças anti-indígenas que partem de setores da sua própria sociedade, o antropólogo e o advogado vivem conflitos internos terríveis ao se saber tão relativamente incapaz de virar essa situação de injustiça e desengano.

Buscando luz a partir do passado, vemos que na história da antropologia (a qual ganhou foros acadêmicos a partir da criação de museus, na primeira metade do século XIX) já surgiram diversas atitudes e opiniões que tentaram transcender esses dilemas morais. A mais importante foi a teoria da evolução, que justificava, nos seus desdobramentos sociais e éticos, o desaparecimento de milhares de povos e milhões de indivíduos, em nome da "luta pela sobrevivência". Na década de 1930, surgiram teorias de mudança social e aculturação que igualmente tentavam apaziguar a consciência pesada da antropologia e da nossa civilização em relação à diminuição contínua dos povos aborígines das Américas e Oceania. O que surgiu de importante na antropologia brasileira da década de 1950 foi a argumentação clara da natureza política do extermínio dos povos indígenas, sem meias palavras, e, em consequência, o ideal de compromisso dessa ciência e dos seus praticantes com o destino dos povos que nos serviam de objeto de estudo. Esse ideal, até certo ponto, tinha algo de irreal, já que partia da constatação da sua inutilidade, pois o destino dos índios era visto como o mais tenebroso possível. Falava-se na "marcha inexorável da civilização" por todos os rincões da terra, e de sua força destruidora e homogeneizadora sobre todos os demais povos e culturas. Como lutar contra isso, e, no Brasil, contra a expansão do capitalismo agrário, as mineradoras, os seringalistas e castanheiros, as estradas e as hidrelétricas?

O movimento mais recente a favor dos povos indígenas no Brasil começou ainda na década de 1970 com um espírito meio voluntarioso e irreal, ao qual se agregou a oposição aos anos Médici. Com a abertura de Geisel e a contraditória tentativa de apagar do mapa brasileiro os povos indígenas pela sua emancipação da tutela do Estado, deixando-os à mercê da sociedade econômica, a luta pela defesa dos povos indígenas ganhou um espaço bastante amplo, extravasando-se das universidades e dos movimentos sociais, e alcançando um vasto público que acompanha a vida pública brasileira, que lê jornais e assiste à televisão. Até em circo e quermesse de festa de padroeiro de cidadezinha do interior de

São Paulo cheguei a falar pela divulgação dos interesses indígenas. O povo em geral compreendeu, de alguma forma, que a permanência do índio no Brasil era um fator positivo para a nação, não mais um motivo de vergonha ou atraso nacionais. Compreendeu também que a incipiente e frágil democracia brasileira só existirá se for extensiva a todas as minorias, especialmente uma que tem em si atributos irrefutáveis de direitos originários.

A partir de 1978, começaram a ser criadas associações e comissões de apoio à causa indígena em quase todas as capitais brasileiras, de São Paulo a Rio Branco. Aos antropólogos juntaram-se jornalistas, advogados, artistas, ambientalistas em geral e, por fim, políticos. A bandeira da defesa dos direitos indígenas, que surgiu inicialmente pela oposição à tentativa de emancipação do índio, concentrou-se na luta pela demarcação dos territórios indígenas, a qual deveria, por força de lei, ter sido concluída em novembro de 1978. Não o foi, obviamente, e a luta continuou. Embora sem muita convicção, também se falava em autodeterminação, nos moldes regidos pela Carta das Nações Unidas, e no conceito de nação para os povos indígenas. Essas ideias, no entanto, nunca passaram do discurso jornalístico e, assim, não receberam nenhuma elaboração antropológica mais consistente. O que terminou sendo bem desenvolvida foi a análise histórica dos motivos e causas do desaparecimento ou da sobrevivência étnica de diversos povos indígenas, enfatizando-se os fatores econômicos e os alinhamentos políticos acima de quaisquer outros (como o religioso, o psicológico e o próprio fator cultural – anteriormente, mais focalizados nas análises aculturativas).

Dois outros segmentos da sociedade civil também se destacam na luta pelos direitos indígenas: jornalistas e advogados. Muitos dos eventos mais relevantes da história recente, se não aconteceram, pelo menos ganharam significação política por causa da ação pessoal de diversos jornalistas e suas coberturas nos meios de comunicação. Da imagem exótica do índio nu com arco e flecha, pintado de preto e com olhar cruel, o Brasil passou a ouvir falar do índio batalhador pelos seus direitos, respeitador da natureza, dono de um vasto conhecimento do seu meio ambiente, portador de uma intricada e rica cultura espiritual, carinhoso com os filhos etc. Muitas das atuais lideranças indígenas que transcendem a sua cultura são resultados não somente de sua férrea vontade individual, mas também do bom nome que os jornalistas conseguiram para eles em suas reportagens.

A demarcação de terras indígenas, sobretudo aquelas mais conflituosas, deve muito ao apoio da imprensa, sua publicidade e suas exigências. Quando, nos primeiros anos da redemocratização, a direção da Funai montou uma estratégia para tirar o ímpeto das demandas indígenas, a primeira área visada foi a jornalística, dificultando de várias formas a publicidade de eventos desairosos ao órgão, implantando notícias falsas, ou desviando a atenção pública para assuntos curiosos e sem relevância.

Como os jornalistas, que têm uma tradição histórica de interesse na problemática indígena (desde pelo menos João Francisco Lisboa, em 1850), os advogados brasileiros também a têm desde esse tempo, com Agostinho Perdigão Malheiro, por exemplo, e igualmente marcaram a sua presença no movimento indigenista atual. Foram eles argumentadores da inconstitucionalidade do projeto de decreto governamental que pretendia declarar a emancipação dos índios da tutela do Estado, defensores dos direitos originários dos índios às suas terras e, sobretudo, os que acompanharam *pari passu* todos os momentos das dezenas de ações impetradas nos últimos anos contra a Funai, por negligência, má-fé ou incúria na sua obrigação de defender os índios. Muitos advogados ilustres chegaram a comprometer-se publicamente com causas indígenas difíceis e melindrosas, certos de que estavam contribuindo para a ampliação dos direitos das minorias e da cidadania. Dezenas de jovens advogados engajaram-se nas lutas indígenas através do trabalho das associações de apoio de entidades civis e religiosas. Vários permanecem nesse trabalho, e pode-se dizer que constituem hoje um ramo mais formal e juridicamente importantíssimo do indigenismo nacional. Ao lado de antropólogos e indigenistas, os advogados se apresentam com sua voz jurídica e legalista do mundo que dão uma ressonância de busca por justeza e justiça, pela certificação de direitos originários, pretéritos, presentes e futuros.

Hoje em dia, não há dúvidas de que sem a garantia do seu território, não há sobrevivência para o índio. Mas ninguém tem certeza de que só basta essa garantia. Os problemas de saúde, embora tendo diminuído substancialmente nos últimos vinte anos, continuam de certo modo alarmantes, sobretudo para os povos autônomos que subitamente são contatados espontaneamente pelas frentes de expansão econômica ou de modo planejado pela Funai. A forma de relacionamento interétnico oficial, o *modus operandi* da administração da Funai que, ao fugir do paternalismo perverso, varia entre um populismo infiel até um burocratismo impositivo, condiciona os índios a sentimentos de insatisfação e inadaptabilidade. O diagnóstico que a antropologia chegou a fazer com certa clareza da situação dos índios perante as suas possibilidades de sobrevivência começou a perder a nitidez, à medida que novas variáveis ganharam peso maior no confronto interétnico. A mineração em áreas indígenas, caso um dia venha a ser regulamentada, acena com a possibilidade de uma entrada de dinheiro inimaginável há alguns anos. Como será quando essas populações estiverem usufruindo de riquezas acumuláveis e adquirirem o gosto consumista insaciável de outras gentes? Poderão manter suas riquezas territoriais fora do mercado de troca?

Essas perguntas e desafios novos, tanto para a ciência antropológica quanto para os índios e suas lideranças que brotam dessas novas condições socioeconômicas. O movimento indígena propriamente dito, que também surgiu no bojo dos acontecimentos que geraram o movimento indigenista, é o herdeiro legítimo da consciência atual. Já produziu alguns efeitos importantes, dos quais o mais visível foi, sem dúvida, a eleição do deputado federal Mário Juruna. A criação da União das Nações Indígenas (UNI) é também um marco desse movimento. No capítulo final da presente obra, discutiremos a sua relevância política para o mundo atual.

NOTAS

[1] Sobre os Kayapó e a presença de garimpo em suas terras, ver reportagens no *Jornal do Brasil* em 31 maio 1987 e 1º jul. 1987. Sobre a Paranapanema e sua intervenção na T. I. Waimiri-Atroari, ver José Porfírio de Carvalho, Waimiri-Atroari, op. cit., e Revista *Veja*, 5 set. 1984. Sobre os Guajá e a Companhia Vale do Rio Doce, ver Mércio Pereira Gomes, "Programa AWA" e "Sétimo relatório sobre a problemática indígena no Maranhão, sobretudo em relação ao Projeto Ferro Carajás", ambos apresentados à Companhia Vale do Rio Doce e à Funai, em 1985 e 1986, respectivamente.

[2] Ver Oiliam José, *Indígenas de Minas Gerais*, Belo Horizonte, Edições Movimento/Perspectiva, 1965, que documenta a destruição dos índios atingidos pelas frentes de mineração históricas.

[3] Ver reportagens no *Jornal do Brasil*, 12 jun. 1987.

[4] Nos anos 1980, os Kayapó saíam frequentemente na imprensa escrita e televisionada devido à sua alta visibilidade jornalística. Ver, por exemplo, as reportagens no *Jornal do Brasil* dos dias 5 jun. 1985 e 12 mar. 1987. Já os Gaviões ganharam fama nacional pela disposição com que protestaram pela passagem da Ferrovia Carajás por suas terras e pelo montante das indenizações até agora recebidas. Ver Expedito Arnaud, "O comportamento dos índios Gaviões do Oeste face à sociedade nacional", em *Boletim do Museu Paraense Emílio Goeldi*, Série Antropologia, 1(1), pp. 5-66, jul. 1984.

[5] Ver Douglas Esmond Sandess, *Native Peoples in Areas of Internal National Expansion: Indian and Inuit in Canada*, Copenhagen, IWGIA, 1973, que analisa as dificuldades desses povos diante dos projetos hidrelétricos e inundação de suas terras. Sobre os Esquimó do Alaska, as indenizações pela passagem do gasoduto por suas terras e seus problemas posteriores, ver Andrew L. Yarrow, "Alaska's Natives Try A Taste of Capitalism", em *The New York Times Magazine*, 17 mar. 1985.

[6] Sobre a ideologia economicista do SPI, ver Darcy Ribeiro, *A política indigenista brasileira*, op. cit. No processo de extinção do SPI e criação da Funai, surgiram diversas propostas para uma nova política indigenista que exacerbavam ainda mais o espírito economicista anterior. O próprio conceito de "Renda Indígena" presente no Estatuto do Índio, de 1973, implica a ideia de empresa para o posto indígena.

[7] Ver Cecília M. V. Helm, "A terra, a usina e os índios de Mangueirinha", em Sílvio Coelho dos Santos (org.), *O índio perante o direito*, Florianópolis, Editora da UFSC, 1982, pp. 129-42, que discute essa questão, apresenta mapas e traz à tona os primeiros problemas da construção de uma usina hidrelétrica que afetará parte dessa área.

8 Ver Moysés Westphalen, "Reforma agrária nas terras dos índios", em *Correio do Povo*, 3 jul. 1963. A partir de 1975, os índios Kaingang de Nonoai começam sua luta para expulsar os posseiros de suas terras, conseguindo-o, afinal, em agosto de 1978.
9 Esses dados foram veiculados num programa de televisão dedicado especialmente ao poder de destruição dos madeireiros do Espírito Santo, em 1984. Ver, também, os dados apresentados em reportagem do *Jornal do Brasil*, de 5 jun. 1987. Para uma visão global da questão, ver Orlando Valverde, *O problema florestal da Amazônia brasileira*, Petrópolis, Vozes, 1980.
10 Em setembro de 1987, os Guajajara da T. I. Araribóia chegaram a fazer vários funcionários da Funai reféns e só os libertaram depois que fizeram um acordo com a Funai, o qual permitiu a continuação da exploração das madeiras da terra indígena por parte das empresas já instaladas. Ver *Jornal do Brasil*, 23 set. 1987.
11 Ver Lúcio Flávio Pinto, *Carajás, o ataque ao coração da Amazônia*, 2. ed., Rio de Janeiro, Marco Zero, 1982. É interessante notar que até o superintendente do Meio Ambiente da Companhia Vale do Rio Doce, Francisco de Assis Fonseca, chegou a escrever um parecer contrário a esse plano de utilização de carvão vegetal, mas nenhum resultado positivo surgiu desse posicionamento. Ver *Jornal do Brasil*, 19 jul. 1987.
12 Ver James Grogan, Paulo Barreto e Adalberto Veríssimo, *Mogno na Amazônia brasileira: ecologia e perspectivas de manejo*, Imazon, disponível em <pt.scribd.com/doc/23580036/mogno-na-amazonia-brasileira>, acesso em: 1º set. 2012.
13 Ver a reportagem sobre o relatório do funcionário do Banco Mundial, Hans Binswanger, no *Jornal do Brasil*, 6 set. 1987.
14 A venda desses 8 mil m³ de madeira estava sendo feita pela Funai à firma Sevat, sem indenização aos índios, até que estes descobriram. Ver Lux Vidal, "Xikrin do Cateté: 2ª viagem a campo", jul. 1983, p. 17, relatório apresentado à Companhia Vale do Rio Doce e à Funai.
15 Entre 30 out. e 20 nov. de 1987, saíram diversas reportagens no *Jornal do Brasil* analisando esse problema e mostrando que uma das razões que levam os índios a vender madeira é a pressão da própria Funai, a qual alega que só assim poderá atender às necessidades básicas do posto e dos índios. Por outro lado, a natureza dos contratos feitos entre a Funai e as empresas madeireiras é de tal forma ilegal que um ministro do Supremo Tribunal de Contas da União, ao analisar esses contratos, pediu a intervenção do Executivo na Funai. Desde então, continuaram os mesmos problemas e conflitos.
16 Ver Carlos Minc, *A reconquista da terra*, Rio de Janeiro, Jorge Zahar, 1985; Vincent Carelli e Milton Severiano, *Mão branca contra o povo cinza*, São Paulo, Brasil Debates, 1980; Octavio Ianni, *Colonização e contrarreforma agrária na Amazônia*, Petrópolis, Vozes, 1979.
17 Ver Otávio Guilherme Velho, *Capitalismo autoritário e campesinato*, São Paulo, Difel, 1976. Ver também Octavio Ianni, *A luta pela terra*, Petrópolis, Vozes, 1979; Victor Asselin, *Grilagem, corrupção e violência em terras de Carajás*, Petrópolis, Vozes, 1982; Murilo Santos, *Bandeiras verdes*, São Luís, CPT/MA, 1981; e Regina Coelli Miranda Luna, *A terra era liberta*, São Luís, Editora da UFMA, 1985.
18 Ver Mércio Pereira Gomes, "Por que o índio briga com o posseiro", em Comissão Pró-índio, *A questão da terra*, São Paulo, Global, 1981, pp. 51-6. Na década de 1980, o Banco Mundial financiou o Programa de Assistência ao Pequeno Produtor (PAPP) em cuja área estava incluída essa terra indígena e o povoado São Pedro dos Cacetes, o que veio a facilitar a extinção desse povoado e a retirada de seus moradores.
19 A exceção é a T. I. Awá-Guajá, localizada entre as terras Alto Turiaçu e Caru, que foi reconhecida em 1987, porém sofreu uma imensa demora para sua demarcação e homologação final. Nela estão incrustados alguns povoados de lavradores sem terra e assentados do Incra, além de uma fazenda.
20 Ver Maria Elisa Ladeira, "Algumas observações sobre a situação atual dos índios Apinayé", jun. 1983, p. 66, e Antônio Carlos Magalhães, "Aldeamentos indígenas/Parakanã: Apuiterewa, Marudjewara e Paranati", mar. 1985, p. 41, ambos relatórios apresentados à Companhia Vale do Rio Doce e à Funai.
21 Ver sobre a luta pela terra no nordeste do Pará, Lourdes Gonçalves Furtado, "Alguns aspectos do processo de mudança na região do Nordeste Paraense", em *Boletim do Museu Paraense Emílio Goeldi*, Série Antropologia, v. 1(1), pp. 67-123, jun. 1984. Sobre os índios Tembé e suas terras, ver Expedito Arnaud, "O direito indígena e a ocupação territorial: o caso dos índios Tembé", em *Revista do Museu Paulista*, N. S., v. XXVIII, 1980/1982.
22 Existe uma literatura jornalística bastante extensa sobre a Transamazônica nos primeiros anos de sua implantação. Para uma contextualização geopolítica da sua implantação, ver Bertha K. Becker, *Geopolítica da Amazônia*, Rio de Janeiro, Jorge Zahar, 1982. Em relação aos índios, ver Shelton

Davis, *Vítimas do milagre*, Rio de Janeiro, Jorge Zahar, 1978. Sobre os Assurini, sua história de pacificação, sua cultura material e seus problemas demográficos, ver Berta Ribeiro, "A oleira e a tecelã: o papel social da mulher na sociedade Assurini", em *Revista de Antropologia*, v. 25, pp. 25-62, 1982. Ver também reportagem no *Jornal do Brasil*, 27 abr. 1986.

23 Ver Edilson Martins, *Nossos índios, nossos mortos*, Rio de Janeiro, Codecri; 1978, pp. 83-8. Esse estudo, no entanto, não inclui as consequências posteriores da transferência. Um relato mais completo pode ser encontrado em Luiz Beltrão, *O índio, um mito brasileiro*, Petrópolis, Vozes, 1977, pp. 97-126. Informações mais recentes podem ser encontradas em diversos sites eletrônicos, em especial no *site* do ISA.

24 Uma visão das condições de vida dos Guajá até meados da década de 1980 encontra-se em Mércio Pereira Gomes, "Programa Awá", Relatório apresentado à Companhia Vale do Rio Doce e à Fundação Nacional do Índio, 1985. Nele constam uma análise da situação dos diversos grupos Guajá e uma proposta de demarcação de seu território e de defesa da integridade físico-cultural desse povo. Outro texto do autor é "Os índios Awá-Guajá em 2002", encontrado no Blog do Mércio (merciogomes.blogspot.com.br).

25 Os antropólogos contratados e que produziram relatórios a esse respeito foram Lux Vidal, Iara Ferraz, Antônio Carlos Magalhães, José Luís dos Santos, Mara Manzoni Luz, Lúcia M. A. Andrade, Maria Elisa Ladeira e o presente autor. Escreveram relatórios especiais os médicos João Paulo Botelho Vieira Filho e Fernando Alves de Souza. Alguns desses relatórios, apresentados à CVRD e à Funai, estão citados aqui.

26 Ver Raymundo Garcia Cota, *Carajás: a invasão desarmada*, Petrópolis, Vozes, 1974; Lux Vidal, "A questão indígena", em José Maria Gonçalves de Almeida Jr., *Carajás, desafio político, ecologia e desenvolvimento*, São Paulo, Brasiliense/Brasília, CNPq, 1986, pp. 222-64. Lúcio Flávio Pinto, *Carajás: o ataque ao coração da Amazônia*, Rio de Janeiro, Marco Zero, 1982.

27 Os antropólogos que trabalharam no estudo dos povos indígenas dessas áreas e nas suas necessidades foram Carmen Junqueira, Betty Mindlin, Mauro Leonel, Rinaldo Arruda e Ezequias Heringer Filho. Os principais relatórios de levantamento foram produzidos no Instituto de Planejamento Econômico e Social, do Ministério do Planejamento, por meio do "Projeto de Proteção do Meio Ambiente e das Comunidades Indígenas", os PMACI I e PMACI II.

28 Sobre os Avá-Cuarani, ver Edgard de Assis Carvalho, *Avá-Guarani do Oroi-Jacutinga*, Curitiba, CTMT e Comissão de Justiça e Paz/PR, 1981. Sobre o escândalo Capemi e as razões fraudulentas da transferência dos Parakanã, ver J. Carlos de Assis, "O escândalo Capemi", em *Os mandarins da República*, Rio de Janeiro, Paz e Terra, 1984.

29 Ver Sílvio Coelho dos Santos e Paul Aspelin, *Indian Areas Threatened by Hydroelectric Plants in Brazil*, Copenhagen, IWGIA, 1981; Maria do Rosário Carvalho, "Um estudo de caso: os índios Tuxá e a construção da barragem em Itaparica", em Sílvio Coelho dos Santos (ed.), *O índio perante o direito*, op. cit., pp. 117-28.

30 Ver Marewa, *Resistência Waimiri-Atroari*, op. cit. Esses dados são também conhecidos através de reportagens de jornais e de relatórios internos da Funai. Quanto à hidrelétrica Balbina, o escândalo é de tal quilate que até o diretor da Secretaria Especial de Meio Ambiente, Roberto Messias Franco, órgão vinculado à Presidência da República, considerou-a "a maior estupidez do programa energético brasileiro". Ver *Jornal do Brasil*, 5 out. 1987.

31 Ver para o início desse programa, Eletrobrás, *Plano Nacional de Energia Elétrica*, 1987/2010, Brasília, 1986, e *Plano Diretor para Proteção e Melhoria do Meio Ambiente nas Obras e Serviços do Setor Elétrico*, Brasília, 1986.

32 Para um histórico desse movimento, incluindo as principais manifestações públicas e a cobertura jornalística, ver Comissão Pró-Índio, *A questão da emancipação*, São Paulo, Global, 1979.

33 Ver Darcy Ribeiro, *A política indigenista brasileira*, op. cit. É interessante que neste livro, escrito em 1961, o autor já faz uma análise do problema dos índios em relação às fronteiras, a qual, de certa forma, prevê o surgimento de projetos como Calha Norte.

34 Ver Alípio Bandeira, *Antiguidade e atualidade indígenas*, Rio de Janeiro, Tp. do *Jornal do Commercio*, 1919, e outros livros seus já citados; SPI, "Relatório Anual", 1954, que contém a missiva de Darcy Ribeiro a D. Helder Camara e os documentos acusatórios do SPI aos salesianos instalados em Mato Grosso e no alto Rio Negro, e dá informações sobre as missões religiosas, inclusive as protestantes, até então instaladas entre os índios.

35 Ver Fátima Roberto, "Salvemos nossos índios", op. cit.

36 Ver Paulo Suess, *Em defesa dos povos indígenas, documentos e legislação*, São Paulo, Loyola, 1980, que contém estes e outros documentos de grande importância para compreendermos o novo sentido de cristianização.

⁵⁷ O conceito de encarnação foi abandonado nos últimos vinte anos, em parte porque a crítica de que encarnar significa tomar um lugar do índio, em parte porque o exemplo de encarnação de um missionário, que chegou a casar e ter filhos com uma índia da etnia Mynky, assustou a Igreja e recebeu o repúdio dos demais setores do indigenismo brasileiro.

³⁸ As primeiras 7 assembleias indígenas foram promovidas entre 1975 e 1981, e desde então o Cimi já realizou 19 assembleias nacionais e muitas mais em suas comissões regionais. O jornal bimensal, *O Porantim,* dedicado exclusivamente aos assuntos indígenas, é publicado desde 1978. O *site* do Cimi (cimi.org.br) é dos mais ricos em notícias atualizadas sobre assuntos indígenas.

³⁹ Analisando a questão de etnia e nação para os povos indígenas das Américas, tendo como referencial as grandes populações étnicas mexicanas, o antropólogo Miguel Bartolomé considera que uma etnia passa a ser uma nação quando cria um projeto político que possa impor-se em relação ao mundo que o cerca. Ver seu artigo "Afirmación Estatal y Negación Nacional: El caso de las minorias nacionales en América Latina", Instituto Nacional de Antropologia/História, 1983. A literatura sobre a questão de etnia é ampla e se dá ares gongóricos, não cabendo sua problematização neste livro.

⁴⁰ Ver Mércio Pereira Gomes, "Por um Pacto Indigenista Nacional", Discurso apresentado à Assembleia Nacional Constituinte, em 29 abr. 1987.

O FUTURO DOS ÍNDIOS

Se a situação atual dos índios, para muitos, não é digna nem aceitável, o que se dirá do seu futuro? Se atentarmos para a História do Brasil e quisermos projetá-la no futuro, em uma média ponderada pelo pensamento e pelas atitudes do seu povo e das elites políticas, certamente não poderemos nos dar ao luxo de sermos otimistas sobre o destino dos índios. Se quisermos ser otimistas em relação a uma tendência de que a humanidade está progredindo e o povo brasileiro está se tornando mais aberto e tolerante, só poderemos considerar-nos ingênuos de que isso seja uma tendência permanente que venha a trazer novos benefícios para as minorias étnicas. Não é por esses motivos que a história marcha, mas, ainda assim, é por outros reais motivos que podemos ter esperanças pelos índios.

A REVERSÃO DO PROCESSO HISTÓRICO

Com espanto, vimos e tentamos demonstrar que os povos indígenas estão vivendo um novo tempo em que suas populações se recuperaram do declínio "inexorável" e vêm crescendo consistentemente após dezenas e centenas de anos. Em alguns casos, pode-se discernir a mão do homem branco como fator de recuperação demográfica, por intermédio da aplicação da medicina moderna, sobretudo de prevenção, contra as virulentas e escabrosas epidemias que ceifavam tantas vidas, com tanta rapidez, antigamente. Ninguém mais morre de varíola, relativamente poucos de sarampo, a tuberculose e a sífilis são curáveis, e não se aplicam mais sanguessuga e sangrias como forma de estancar febres e dores musculares. É verdade que campeia mais acintosamente a malária, provocando em todo o país – especialmente na Amazônia – um número elevadíssimo de vítimas parciais e fatais, inclusive entre os índios.[1] Também em muitas terras indígenas cercadas de fazendas e devastadas de suas florestas naturais, aumentaram os índices de desnutrição e mortalidade infantil, sobretudo entre as populações que dependem do aluguel de sua força de trabalho para obter dinheiro e comprar alimentos, visto que as terras que lhes sobraram não são suficientes para prover o seu sustento. Nos tempos de contato com índios autônomos, as epidemias de gripe grassavam com grande virulência, enfraquecendo-os e muitas vezes provocando mortes, conforme comprovam os muitos relatos de sertanistas e as teses de antropólogos que tentam reconstruir a etno-história desses povos. Contudo, hoje em dia não há mais mistérios sobre mortes de índios em contato e muito menos nas situações de relacionamento permanente. Quase todos os problemas de saúde são diagnosticáveis e solucionáveis, bastam um mínimo de atenção indigenista e assistência médica. Acabaram o temor e o terror que acometiam antropólogos e indigenistas, quando visitavam índios de contato recente ou mesmo de alguns anos, de que viessem a ser vetores de epidemias devastadoras, como acostumava acontecer. Hoje sabemos que quando isso ocorre, não é por culpa de um indivíduo, e sim de uma política ou do desleixo em atender a essas populações com medicações simples, algum ensinamento profilático e alguma ajuda dietética. Enfim, sabemos o que fazer quando o índio adoece, e se nem sempre atuamos a tempo é por outros motivos.

Esse progresso médico, no entanto, não explica totalmente a reversão do processo histórico de desaparecimento dos povos indígenas. Mesmo porque houve vários casos de sobrevivência étnica que se passaram à margem do atendimento médico atual ou anterior, digamos, dos últimos 100 anos. Os Guató do alto rio Paraguai, os Ofayé-Xavante do planalto Paranapanema, diversos povos indígenas do Acre e de Rondônia sobreviveram após ter caído o número de sua população, sem ajuda de ninguém. E não se pode qualificar de atencioso, quando existente, esse atendimento para a grande maioria dos povos indígenas conhecidos.

O algo mais explicativo pode estar relacionado a três fenômenos distintos mas interligados nesse resultado. O primeiro pode ser a aquisição biológica de antígenos contra doenças trazidas do Velho Mundo, nesse período de cinco séculos de convivência. Mesmo entre povos indígenas que atualmente não têm contato com pessoas integradas à civilização brasileira, esses antígenos poderão estar presentes, já que esses índios não são populações biológicas isoladas, mas têm ou tiveram contato com transmissores em potencial (em geral, outros povos indígenas). O segundo, também de caráter biológico, diz respeito ao fato de que muitas epidemias estão mais ou menos controladas e, portanto, surgem com menos frequência na população brasileira, diminuindo o risco de contaminação. Ou, quando há, é de forma atenuada. Deve-se esse fator tanto à expansão da vacinação em massa quanto à melhoria das condições de higiene e profilaxia. O terceiro fenômeno é menos concreto e um tanto especulativo. Acontece que essa situação de reversão histórica está se dando no âmbito internacional, ocorrendo tanto em populações autóctones e aborígines das Américas e Oceania, quanto na África, Ásia e Europa. O fenômeno é, portanto, transbiológico e diz respeito a um rearranjo de valores culturais da humanidade como um todo. A dominação que tendia à homogeneização de valores culturais de povos ou nações militarmente mais poderosos parece estar sofrendo um refluxo, por razões ainda inexplicadas. Em países como China, Vietnã, União Soviética, Itália, Espanha, Suécia, Canadá, Estados Unidos etc. – que abrangem uma diversidade significativa de regimes políticos e abrigam muitas tradições culturais diferentes (e, ao mesmo tempo, se compõem de uma cultura dominante e minorias dominadas) –, estas minorias vêm se mantendo firmes e determinadas na preservação dos seus valores e na luta por obter mais direitos legais e franquias sociais e políticas perante a totalidade do seu universo. Posto que pequeninos, no Brasil, os povos indígenas também fazem parte desse fenômeno. Esse período de heterogeneização que, a molde de comparação, se parece com o parcelamento do Império Romano em comunidades e feudos (após o seu desmoronamento, ou um dos tantos períodos de anarquia que aconteceram nos ciclos de centralização e descentralização da história da China), pode até estar relacionado com um pressentimento universal das dificuldades pelas quais passa a espécie humana diante dos problemas que ela mesma engendrou. Nesse caso, a diversificação das formas culturais da humanidade é entendida não só como valor ético, mas como fator de sobrevivência. Seja como for, disso poderão usufruir os índios e os povos aborígines pelo mundo afora.

O MOVIMENTO INDÍGENA

Em consequência do seu crescimento demográfico, das novas formas de inserção na nação brasileira e do conjunto de circunstâncias que promoveram o movimento indigenista dos últimos cinquenta anos, surgiu também o movimento indígena. A presença política de índios na História do Brasil não é exatamente uma novidade. Ela já ocorrera em momentos passados, tanto em conjunto com outras forças nacionais – como na expulsão dos holandeses do Nordeste, nas lutas entre franceses e portugueses pela conquista do Rio de Janeiro e do Maranhão, na Guerra do Paraguai etc. –, quanto separadamente, e contra as forças brasileiras que os oprimiam, como na Cabanagem, na Guerra dos Bárbaros, na Guerra dos Cabanos, na rebelião de Antônio Conselheiro e em dezenas de ocasiões mais restritas. Os heróis indígenas vão de Araribóia e Felipe Camarão a Ajuricaba, Janduí e Crespim Leão. No tempo dos holandeses, houve participação de índios no parlamento que Maurício de Nassau instituiu para administrar melhor Pernambuco e as demais províncias conquistadas.

Porém, a partir do Império e durante a República, foi estabelecido um modo de relacionamento entre autoridades e índios que reduziu estes últimos à condição de menoridade, quase de criança. Com essa forma farsante de paternalismo, os índios só eram ouvidos com condescendência e arrogância; seu pensamento passou a ser entendido com pouco caso e a compreensão de sua realidade passou a ser transferida para outrem, as autoridades, os indigenistas e os antropólogos. Assim, o surgimento atual de índios no cenário público nacional significou uma grande vitória para os índios em geral, vitórias pessoais e avanços conceituais e políticos nas relações interétnicas no país. Ficou claro que eles não precisavam de porta-vozes nem intermediários para comunicar-se com as autoridades e o público. Sua presença física passou a servir de garantia nos acordos que a Funai fazia com outros órgãos do governo ou particulares. As figuras folclóricas, em que a dificuldade com a língua portuguesa e a singeleza das atitudes serviam de marcos característicos, passaram a ser ouvidas como legítimos representantes dos direitos dos seus povos, como seres políticos. Essa representatividade era real e os problemas veiculados bastante concretos, como a necessidade de demarcar as suas terras e os programas de saúde. O relacionamento contínuo entre o líder indígena exposto ao público e o seu povo conferia-lhe uma legitimidade total e uma clareza ímpar quanto à urgência dos problemas tratados. O público, o povo brasileiro, sentiu esse drama e esse avanço político e, na primeira oportunidade que teve, depositou formalmente essa confiança através do voto ao Cacique Mário Juruna, na eleição federal do Rio de Janeiro, em 1982.

O movimento indígena tomou forma pelas mesmas bandeiras do movimento indigenista, isto é, a defesa dos territórios indígenas, a atenção assistencial à saúde e à educação e a autodeterminação dos povos indígenas. Sua tentativa mais ambiciosa de avanço foi a criação da União das Nações Indígenas (UNI), a partir de 1979. Um grupo de índios de procedências étnicas diversas, mas majoritariamente Terena, Tukano, Bakairi e os Xinguanos, reuniram-se em Aquidauana, MS, para criar uma organização pan-indígena de defesa de seus interesses. A UNI surgiu e logo teve o apoio de todas as entidades civis de defesa dos direitos indígenas e de entidades congêneres de outros países. Seu programa tentava juntar todos os povos indígenas e criar uma frente comum de autodefesa e afirmação perante o Estado e a nação brasileiros. Nos anos seguintes, esbarrou em muitos problemas internos na busca de manter uma verdadeira união, pois o diálogo entre povos indígenas não expressa ainda as bases de uma atuação conjunta. A diversidade cultural é um fato que provoca dificuldades em somar interesses específicos e que requer resoluções imediatas.[2]

O modo como a Funai reagiu, em relação à UNI, sob o comando dos coronéis, deixou claro o quanto ela era contrária à ideia de que os índios têm direito de se organizar. Em diversas ocasiões, proibiu que os índios promovessem reuniões de líderes e em nenhum momento chegou a dialogar positivamente com a UNI e sua direção. Esperava que, ao não prestigiá-la, a UNI eventualmente não se firmaria como veículo legítimo dos interesses indígenas. O isolamento da UNI só é real na medida em que não tem meios concretos de fazer o seu papel de promotora de uma ideologia pan-indígena no Brasil. Vários dos seus líderes e fundadores terminaram voltando aos seus afazeres pessoais, cuidando de manter as suas lideranças entre seus povos e certamente esperando melhores tempos para colocar-se no cenário mais amplo. Essa opção preserva o sentimento de que uma liderança indígena só faz sentido se se mantiver em contato direto e constante com o seu povo, num elo mais íntimo, certamente, do que tem um deputado com os seus correligionários.

Se a UNI não prosperou, deu frutos. No mesmo ano surgiu a Comissão Pró-Índio no estado do Acre. Importante notar, essa associação indígena é talvez a mais consistente de todas que já existiram, o que demonstra a natureza peculiar do relacionamento entre os povos indígenas daquele estado. Com efeito, os índios do Acre nunca haviam sido assistidos, muito menos patroneados, por um órgão indigenista, nem SPI nem Funai, até 1976. Por longos anos, esses índios foram abafados no processo social que, em primeiro lugar, destruiu muitas de suas aldeias e reduziu os sobreviventes ao trabalho semisservil de seringueiro e, em seguida, criou o relacionamento mais flexível entre índios e não índios, no qual os índios estavam inseridos no mundo exterior sem manifestar suas identidades. Isso lhes deu uma autonomia e iniciativa política que os demais povos indígenas sempre tiveram dificuldades de adquirir. Por sua vez, a aliança que fizeram com os indigenistas da Funai e com antropólogos, ambientalistas e jornalistas locais estabeleceu um modo de relacionamento político invejável para os demais estados brasileiros. Não é à toa que desde cedo estiveram unidos com Chico Mendes e o movimento ambientalista, e portanto são corresponsáveis pela ascensão desse movimento no plano nacional. Desde então, entre altos e baixos, essa associação indígena tem sido essencial para o reconhecimento e demarcação de terras indígenas naquele estado e no sudoeste do Amazonas, para o relacionamento político com os governadores estaduais e a ampliação da atuação indígena no Brasil e no exterior.

No decorrer da década de 1980, associações indígenas foram surgindo para representar os interesses de seus povos – ou, mais propriamente, para representar aldeias ou segmentos e até facções ou pequenos grupos, de povos indígenas –, de modo que foram se ampliando os instrumentos para uma nova forma de autoafirmação indígena. As demandas econômicas e políticas foram se expandindo exponencialmente, e a Funai, incapacitada de dar conta dessas transformações, foi perdendo sua hegemonia no relacionamento e na assistência aos índios. Por sua vez, o tema indígena entrara em ascensão no cenário mundial, com a ONU buscando estabelecer uma Declaração Universal dos Direitos Indígenas, desde 1993, e os países europeus abrindo seus cofres para cooperação internacional. Assim, e com a ajuda das ONGs indigenistas brasileiras, os índios foram aprendendo a criar associações cada vez mais amplas e mais motivadas, especialmente após a Constituição Federal. Parte de suas receitas vinha de auxílio externo, mas outra parte provinha dos convênios que estabeleciam com órgãos do governo federal, especialmente a Funasa, para contratar pessoal médico aos programas de saúde desenvolvidos para os povos indígenas. No ano de 2006, calculava-se que estavam em funcionamento mais de 300 associações indígenas, espalhados por todo o Brasil, representando aldeias e conjuntos de aldeias, muito poucas representando os povos ou etnias a que as aldeias pertencem. Essa imensa quantidade de associações parece ter decaído nos últimos anos, talvez em função das dificuldades de obter recursos para suas administrações.

A Coordenação das Organizações Indígenas da Amazônia Brasileira (Coiab) foi criada em 1989 para agregar as dezenas de associações indígenas que estavam se organizando nas aldeias e nas terras indígenas dos seis estados da Amazônia. Sua atuação tem sido das mais importantes no movimento indígena desde o governo Fernando Henrique Cardoso. Frequentemente ela é convocada para opinar sobre política indigenista, indica nomes para cargos em ministérios que têm programas de fomento aos povos indígenas e tem uma ligação fundamental com as ONGs indigenistas, tanto em razão de objetivos comuns quanto em função da necessidade da obtenção de recursos administrativos. Já indicou um indígena para ser presidente da Funai e tem representação na Comissão Nacional de Política Indigenistas (CNPI) – criada pelo governo federal em 2006. Por seu peso de representação, já que os índios da Amazônia alcançam 60% da totalidade brasileira e 97% da área das terras indígenas, a Coiab tem ressonância política nacional e com suas congêneres em outros países sul-americanos.

A Articulação dos Povos e Organizações Indígenas do Nordeste, Minas Gerais e Espírito Santo (Apoinme) é o equivalente da Coiab para os índios do Nordeste e Sudeste, bem como a Articulação dos Povos Indígenas da Região Sul (Arpinsul) para os índios do Sul do país e a Articulação dos Povos Indígenas do Pantanal (Arpinpan) para os índios da região pantaneira. Todas essas associações se uniram em 2005 para formar a Articulação dos Povos Indígenas do Brasil (Apib), que representa federativamente a maior entidade indígena, uma espécie de UNI da atualidade. Assim, fechou-se o ciclo do movimento indígena iniciado em 1980.

A Apib tem se destacado ultimamente pelas fortes críticas que vem fazendo ao governo federal e sua guinada de desconsideração explícita das demandas indígenas pelo refortalecimento da Funai (algo que até 2005 consideravam desnecessário, seguindo o discurso das ONGs de que a autonomia indígena prescindia da força do papel do órgão indigenista) e pela preservação dos direitos indígenas conquistados na Constituição Federal, por meio da Convenção 169/OIT e pela tradição indigenista rondoniana. O Decreto 303, lavrado pela Advocacia-Geral da União, pelo qual reconhece e afirma a validade das 19 ressalvas exaradas pelo STF em súmula de 19 de março de 2009 – entre elas aquelas que permitem aos governos e aos militares penetrarem terras indígenas sem consultar os índios ou a Funai, e aquelas que limitam as possibilidades e modificam as normas de demarcação de terras indígenas –, pareceu a todas as associações indígenas, aos indigenistas da Funai e aos antropólogos que mantiveram o senso histórico do indigenismo rondoniano como um imenso retrocesso político, algo impossível de ser coadunado com um governo de cunho esquerdista e com clamores favoráveis aos índios. Eis por que, neste livro, entende-se que a história corre por linhas tortas e que o preço da luta pela sobrevivência dos povos indígenas e por sua ascensão para a autonomia político-cultural é a lucidez intelectual, a recusa ao ilusionismo salvacionista e ao voluntarismo antiestatal e a vigilância sobre os interesses econômicos.

O FENÔMENO JURUNA E OUTRAS LIDERANÇAS INDÍGENAS

A autoafirmação de uma nova autoconsciência indígena – da qual o movimento indígena em todas as suas ramificações é a representação coletiva – tem no índio Xavante Mário Juruna (1942-2002) seu símbolo individual mais expressivo e mais altivo, que com o tempo vai se tornando uma verdadeira lenda, como num poema de Gonçalves Dias.

Mário Juruna é um índio Xavante, nascido numa aldeia do cerrado de Mato Grosso, zona ecológica própria da cultura xavante, que hoje faz parte da T. I. Campinápolis. Por ocasião do contato com os brancos, ou *waruzu*, Juruna era um menino de 7 ou 8 anos, mas só aos 13 anos de idade (uns falam até os 20 anos) conheceu o homem branco. O seu povo, destemido e autônomo, autodenominado *A'uwe uptabi*, se mantivera irredutível à aproximação da sociedade brasileira até o final da década de 1940, quando uma frente de atração do SPI fez o primeiro contato pacífico com um dos grupos Xavante. Antes, eles recusavam qualquer tentativa de aproximação e atacavam qualquer expedição que entrasse em seu território. Inclusive haviam massacrado uma frente de atração do SPI, sob o comando do tenente Pimentel Barbosa, na qual, entre todos os participantes, apenas um não fora morto. O espírito do SPI de "morrer se preciso for, matar nunca" funcionava. A "pacificação" dos Xavante se deu num espírito de respeitabilidade, pelo menos nos primeiros anos, visto que seu vasto território na região do Araguaia com os rio das Mortes e até o rio Batovi era um ponto em branco para o governo brasileiro. Só a partir dos primeiros anos do contato, com a consequente concentração de grupos e facções Xavante em aldeias próximas à missão salesiana ou aos postos do SPI, é que iniciou-se a corrida pelas terras antes controladas pelos Xavante. Diferentemente de outras situações de contato, a população xavante não caiu em grande número, tendo baixado de seu patamar original de 2 mil pessoas em 1946 para 1.750 em 1958. A partir daí, começaram a crescer, até aqueles que se mudaram a muito custo, por conflitos internos, do seu território para terras mais afastadas, como o grupo que terminou chegando junto aos índios Bakairi. Fica claro que o propósito global dessa pacificação foi abrir toda uma região para a entrada de novos fazendeiros e especuladores de terra vindos principalmente de Goiás, do Paraná e Rio Grande do Sul. Em poucos anos, formavam-se vilarejos e cidades em lugares que os Xavante tinham como parte de seus territórios.

Entre parênteses, vale a pena relatar o caso mais dramático da perda territorial e da retomada de uma terra indígena xavante. Em 1966, nos últimos meses do SPI, uma empresa paulista se fizera adquirente de uma área de terras de mais de 1 milhão de hectares na região ao norte do rio das Mortes, lá onde o cerrado vira floresta, por isso chamada de "*marãiwatsede*", ou "mata densa", e onde havia uma aldeia xavante. Esse grupo, composto de 130 pessoas, foi forçado a abandonar sua aldeia e ser evacuado de avião para outra terra xavante, numa prova muito explícita, com a conivência do órgão indigenista, da usurpação de terras indígenas. Os Xavante de Marãiwatsede, como ficaram conhecidos, sofreram de imediato uma epidemia de sarampo que ceifou em poucas semanas 60 de seus membros. Depois, passaram a viver mudando de tempos em tempos pelas diversas terras xavantes que iam se consolidando e sendo demarcadas, sempre no desejo de voltarem um dia à terra natal. Como de fato o fizeram, em 2005, com a ajuda da Funai (na época, por mim dirigida). A T. I. Marãiwatsede, demarcada em 2001 com cerca de 165 mil hectares, foi tomada por invasores logo após ter sido reintegrada à Funai pela empresa italiana Agip, que a havia comprado do especulador inicial. Os Xavante entraram em sua terra demarcada e homologada sob uma decisão do STF e ficaram confinados a uma pequena área de uns 25 mil hectares, esperando pela saída dos invasores. Afinal, depois de muito vaivém e gincana judicial, ficou efetivamente garantida a sua posse em 2010. Porém, ainda hoje continua a gincana de quem vai efetivamente fazer a retirada dos invasores! Fecha parênteses.

À medida que os Xavante foram se recuperando do choque cultural e biológico que se dá num confronto de culturas dessa natureza, começaram a sentir-se cercados pelas fazendas incipientes, as estradas e a formação de povoados e cidades. Sem se sentir derrotados, pelo contrário, já que os termos subentendidos do acordo de pacificação estipulavam ajuda material em forma de doações de bens manufaturados, os Xavante avançaram nas demandas pela garantia de suas terras, exigindo sua demarcação oficial.

Mário Juruna surge, então, com sua bagagem cultural e essa experiência étnica de confrontação de seu povo, além de sua experiência pessoal de ter saído da aldeia para trabalhar em fazendas como peão, a perambular pelo país para conhecê-lo, com uma garra e disposição próprias que logo o distinguiram no meio indígena. Descobriu o gravador e com ele desafiou as autoridades, para a satisfação de todos que simpatizavam com a causa indígena.³ Virou uma celebridade nacional, "o índio do gravador", o homem que diz as coisas na lata e não teme as autoridades constituídas! O seu passo maior se deu quando o PDT, sob o aconselhamento do antropólogo Darcy Ribeiro, acolheu seu desejo de candidatar-se a deputado federal. Ele, então, foi eleito com 31 mil votos pelo eleitorado fluminense, sobretudo da Baixada e da Zona Oeste do Rio de Janeiro – não só da Zona Sul, como se supõe às vezes. Sua presença no Congresso Nacional teve uma repercussão enorme no país e no mundo. Ele foi responsável pela criação da Comissão Permanente do Índio, uma das poucas comissões da Câmara Federal, o que significou a elevação do problema indígena ao reconhecimento formal pelo Poder Legislativo brasileiro. Porém, começou a perder prestígio quando se comprometeu desastrosamente num imbróglio de dinheiro durante a campanha do candidato do PDS à presidência da República. Seu retorno ao Congresso não teve o mesmo acolhimento, pois, nas eleições de 1986, conseguiu pouco mais de 10 mil votos.

Durante o período em que esteve em alta, Mário Juruna foi visto como um legítimo representante do seu povo e, por extensão, de todos os índios do Brasil. Era querido e respeitado por muita gente, como provam as recepções que teve durante a campanha pelas eleições Diretas-Já para presidência da República, e onde quer que fosse falar. Parecia a muitos uma voz que vinha do íntimo sincero e generoso de si mesmos, uma voz necessária ao país. Para outros, no entanto, Juruna configurava uma ousadia ao poderes conservadores da nação e à sua elite anti-indígena, um indesejado, um *outsider*, até um perigo, e eles não o perdoavam por ter alcançado tal posição.

De qualquer forma, não foi exclusivamente por erro pessoal que Juruna perdeu a posição que adquirira por conta própria. Ao passar de líder de um povo, ou de causas concretas, para líder genérico de um conjunto heterogêneo de povos (como pretendia), e de causas menos tangíveis, a individualidade de Juruna se sobressaiu além do que se permite a um líder indígena, como a um líder de uma causa, ou um líder de um partido de esquerda, por exemplo. Concomitantemente, a causa indígena começou a sofrer um certo desgaste no conceito da opinião pública, tanto pela frustração por sua não resolução (como ocorre no caso da reforma agrária) e, portanto, pelo cansaço, quanto pela própria campanha de desmoralização de outras lideranças indígenas efetuadas pelas últimas administrações da Funai, visando diminuir o impacto político das reivindicações legítimas dos índios, transformando-as em demandas e pedidos de favorecimento pessoal. Nesse contexto ardiloso, Juruna perde.

Em diversas capitais do país têm surgido novas lideranças indígenas públicas no bojo dos acontecimentos dos fins da década de 1970 até agora. Muitas são localizadas e se restringem às causas concretas dos seus povos. Diversas apareceram com tanta força pessoal que, nas lutas que travaram contra as forças contrárias, os latifundiários, interesses madeireiros e garimpeiros, acabaram sacrificando suas próprias vidas. Ângelo Cretã, cacique Kaingang de Mangueirinha, PR, Marçal Tupã-i, líder Kaiowá de Mato Grosso do Sul, Simão Bororo, do Meruri, MT, Mateus e Alcides Lopes, ambos Guajajara, do Maranhão, e outros mais, especialmente em Mato Grosso do Sul e no Nordeste, foram assassinados por motivos políticos e agora fazem parte do rol de heróis da causa indígena. Nenhum desses crimes foi apurado até as últimas consequências, mas isso não causa surpresa hoje em dia. Um caso extremamente dramático de violência a índios, que teve larga e continuada repercussão nacional e internacional, foi a do índio Pataxó Galdino Jesus dos Santos, queimado maldosamente em praça pública por jovens brasilienses de classe média.

Vários líderes indígenas participam ativamente da vida urbana que escolheram para exercer suas atividades pessoais. Desde as eleições de 1986, surgiram diversos candidaturas indígenas oriundas das cidades de Manaus, Boa Vista, Rio Branco, Campo Grande, Cuiabá, Goiânia e até Brasília, mas nenhum conseguiu repetir o feito de Juruna. Os índios Terena, de Mato Grosso do Sul, que têm grande experiência de vida urbana, pois várias das suas aldeias se encontram nas periferias das cidades de Dourados, Aquidauana e outras menores, já elegeram vereadores em diversas de suas cidades, bem como os Potiguara, da Paraíba, os Sateré-Mawé, Tikuna, Munduruku e Tukano, no Amazonas, os Xakriabá, de Minas Gerais, e muitos outros. Em 2008, seis prefeitos e quase cem vereadores indígenas haviam sido eleitos.

Muitos índios que vivem em cidades fazem-no temporariamente como parte do seu tempo de estudo escolar superior que se inicia nos programas de educação ministrados nas aldeias. Manifestam-se como porta-vozes dos seus respectivos povos, mas a sua legitimidade só pode ser auferida por cada um dos seus povos, não pelo nível de repercussão que conquiste temporariamente nos meios de comunicação. Ao contrário, índios sem nenhuma educação formal ganham notoriedade pela sua posição firme em defesa de interesses concretos, mas lastreados no apoio que o seu povo lhes confere. Essa combinação ocorre na pessoa do chefe Kayapó Raoni Metuktire, cujo poder de influência há muitos anos transcende os limites do seu povo e ganha comando tanto sobre os povos indígenas vizinhos, como os Juruna e Panará, quanto aqueles que acorrem a Brasília para participar de manifestações e outros eventos políticos. Sabedor da autonomia que cada povo indígena tem – inclusive no seio de seu povo, os Mebêngôkre, os Kayapó –, Raoni tenta aproximar-se dos seus parentes Kayapó mais ao leste e ao norte, como os Mekrãnhotire e os Xikrin, na perspectiva futura de criar uma nação Kayapó, unindo todas as suas áreas em um único território. Este também seria o sonho de outros povos, como os Xavante, os Nambiquara, os Munduruku, os Timbira, os Tikuna etc., conquanto as dificuldades sejam imensas e outros passos se interpõem como prioritários.

Raoni Metuktire é o líder indígena mais respeitado na atualidade e o tem sido há muitos anos. Embora já passando dos 80 anos, sua força pessoal é imponente, esteja onde estiver. Ele é convidado por personalidades europeias, incluindo presidentes e príncipes, para se apresentar em fóruns de direitos humanos e defesa da Amazônia, falando sempre em sua própria língua, a qual é traduzida por um auxiliar bilíngue. Seu maior sucesso político foi a demarcação das terras dominadas pelos diversos subgrupos Kayapó, na década de 1990, que constituem hoje o maior bloco contínuo de terras indígenas do país, ultrapassando os 130 mil km² de extensão, no coração do Brasil, banhadas pelo curso do rio Xingu. Nessa empreitada, que teve a colaboração real de seus patrícios e da Funai, Raoni contou com a ajuda do cantor inglês Sting, que o levou para um périplo europeu e norte-americano com a finalidade de angariar simpatia e obter recursos para ativar a demarcação dessas terras. Em tempos de construção de hidrelétricas pelos rios amazônicos, Raoni tem se destacado, por excelência e virtudes de líder indígena, como a voz contrária à UHE Belo Monte, que lhe parece o espectro em concreto do Armagedon.

As sagas pessoais de diversos líderes indígenas que têm se apresentado no cenário nacional, para mencionar apenas alguns (e correr o sério risco de omissão, vá lá!), como Megaron Txucarramãe, Daniel Cabixi, Marcos Terena, Álvaro Tukano, Ailton Krenak, Azelene Kring, Almir Narayamoga, Jeremias Tsibodowapre, Jurandir Siridiwê, Vilmar Guarani, Sônia Bone, Escrawen Sompré, merecem uma atenção especial. Mas temos de inseri-las no movimento indígena e procurar compreendê-las no que elas podem acrescentar para a consolidação de uma visão pan-indígena que crie uma verdadeira integração de interesses e união de políticas étnicas. É necessário não se perder de vista a concretude dos interesses, como a demarcação das terras, a assistência médica, a educação e os seus fundamentos biculturais, a fim de que não ocorram as dispersões individuais e os reclamos por favorecimentos pessoais. É certo que a experiência política dos índios nos últimos anos já gerou frutos positivos, apesar do pouco tempo. Mas não se pode supor que esses ganhos venham a ser permanentes. A diversidade das situações indígenas e das suas necessidades podem ser usadas pelo Estado, caso assim o queira, para estilhaçar o movimento indígena, diluindo os reclamos em desejos pessoais, favorecendo grupos específicos e mesmo jogando-os uns contra os outros. Isso de fato já vem acontecendo.

Seria ingênuo achar que o movimento indígena, no contexto político que é o Brasil, poderia deslanchar e existir por conta própria. Ele está inserido no movimento mais amplo da sociedade brasileira, na luta pela ampliação da democracia política e social, até como um parceiro menor. Os outros setores da nossa sociedade que se identificam com esses propósitos têm o dever de ladeá-lo, compreendendo-o melhor, dialogando com ele de todas as maneiras possíveis, nos níveis individual e coletivo, para aproximá-lo da complexidade em que se dá a vida política brasileira. O movimento indígena crescerá à medida que for aumentando a sua autoconsciência da realidade exterior e aí encontrar seus aliados.

DESAFIO OU ACOMODAÇÃO À EXPANSÃO CAPITALISTA

Os índios, seus modos de ser, suas economias e principalmente seu controle sobre 13% do território nacional, e especificamente 23% da Amazônia, são um desafio à expansão do capital, em forma de agronegócio, hidrelétricas, estradas, cidades modernas e, em geral, ao desenvolvimento aparentemente insustentável na Amazônia. Até a década de 1990, a Amazônia e suas intricadas zonas ecológicas, suas terras com pouca profundidade de nutrientes e suas chuvas torrenciais que lavam as camadas férteis e expõem o solo de baixa fertilidade ao sol, eram um desafio à agricultura moderna, pela incapacidade de fixação e reprodução do seu capital. Abrir terras para plantar soja ou criar gado não parecia sustentável a médio prazo; em poucos anos, o solo perdia a fertilidade e endurecia. Entretanto, com os estudos produzidos pelos engenheiros agrônomos da Embrapa, com o uso desabrido de agrotóxicos e fertilizantes, com a concentração de sementes transgênicas, o agronegócio floresceu, formando uma classe de proprietários abastados, dando ares até de pós-modernidade a lugares que havia poucos anos pareciam irrecuperáveis pela devastação sofrida por madeireiros e garimpeiros. Ainda não há estudos aprofundados e conclusivos a respeito dos limites de produtividade das terras amazônicas, mas existem fortes indícios nas análises sociológicas e econômicas, parciais que sejam, de que aquilo que vem sendo aplicado na Amazônia em matéria de desenvolvimento social, com base no agronegócio não obtém uma sustentabilidade a longo prazo que reproduza o capital aplicado e as condições sociais de uma vida minimamente civilizada.[4]

O modelo econômico brasileiro aumentou seu nível de concentração de capital em todos os setores, especialmente na produção agrícola, nos últimos cinquenta anos. As fazendas são ainda mais extensas na Amazônia, quiçá como uma forma de compensação pela pouca qualidade do solo, quiçá como reserva para especulação. Nos anos 1980, o chamado império Ludwig, que detinha mais de três milhões de hectares, era o exemplo paradigmático do esforço de concentração do capital na Amazônia e, ao mesmo tempo, do seu fracasso.[5] Dos tantos projetos que incluíam o plantio de arroz, fábrica de celulose, exportação de madeira, apenas a mineração de caulim produziu lucro. Isto é, a extração pura e simples de minerais, aqui, como em toda a Amazônia, parece produzir lucro. Enquanto isso, as fazendas de gado, as usinas de açúcar, os plantios gigantescos de arroz, de café, de cacau, de mandioca e milho, na maioria dos casos não empatavam o capital investido após dois ou três anos. Portanto, só a custo de investimentos públicos a fundo perdido, através dos incentivos fiscais, o capitalismo conseguia instalar-se na Amazônia. O que afinal prevalece, no entanto, parece ser uma forma híbrida e perversa de capitalismo "satrapeador", se me é permitida a expressão, onde os seus agentes se sustentam pela contínua ingestão de recursos públicos, para dominar, com sua força política, a massa dos destituídos que constituem o povo, como se fossem os servos da gleba.

O capitalismo e a aplicação da ciência e da tecnologia modernas conquistaram e dominam quase todo o meio ambiente do planeta Terra: das planícies férteis da Europa aos desertos americanos, a tundra canadense, as montanhas e os mares, e está chegando aos polos gelados. Na Amazônia, nas florestas tropicais, seu modo de produção tem se esbarrado na fragilidade e imbricação do sistema ecológico, que rejeita as técnicas de produção costumeiras. Só a um custo social e ecológico muito alto, cuja fatura ainda está por vir, é que ele se sustenta pela agricultura e pela pecuária. Na mineração, abundante e dispersa, o modo de produção que lá se implantou, com técnicas variadas entre modernas e antiquadas, e com a força de produção diversificada entre empresas e trabalhadores autônomos, consegue amplos retornos – sobretudo, porque está calçado num baixíssimo custo de reprodução da mão de obra, em lugares ermos e insalubres, em condições irregulares e instáveis, e toda ela sujeitada como se fosse num pacto de vida ou morte, que vem da sorte ou do azar.

Se lá existissem cidades, vida urbana organizada, poderia haver garimpo da forma que funciona atualmente? Por certo que não, pois aí os custos aumentariam, a taxa de lucros diminuiria substancialmente, e só com muita pressão é que se manteria o sistema. Exceção a empresas como a Vale, que já nasceu com um patrimônio dado por Deus e pela bonança privatista nacional. Portanto, mesmo a mineração, que tantos lucros traz aos seus investidores, se fosse para desenvolver a região, teria os seus problemas para sustentar uma formação social capitalista na Amazônia.

Postas essas constatações e a veiculação de uma hipótese ainda não comprovada, não devemos esperar que a mineração e mesmo a agricultura e a pecuária deixem a Amazônia, e que os capitais que as movimentam refluam. O fato é que, ao contrário, nos últimos 15 anos o desenvolvimento da Amazônia passa por um surto semelhante ao que ocorreu no final da década de 1960, quando os militares investiram na construção da Transamazônica (e da Perimetral Norte, quem se lembra?), rasgaram-na para a entrada de lavradores sem-terra, garimpeiros e fazendeiros de gado, e deixaram-na exposta como uma ferida nacional. Hoje, entretanto, temos fazendas de gado imensas, campos de soja e algodão a perder de vista, estradas de terra ligando as fazendas às péssimas rodovias federais, e as cidades se replicando ao serviço dos novos senhores, que se arvoram próceres de uma nova classe de mandatários. O custo de tudo fica evidente ao visitante na sua aproximação a qualquer cidade amazônica, de Mato Grosso ao Pará e Rondônia: extensas áreas devastadas sustentando uma ínfima densidade de gado, com umas tristes e isoladas castanheiras secando por despolinização, e os vazios e a solidão que as substituem.

O ganho dos fazendeiros, os altos preços de produtos do campo que viram *commodities* no mercado internacional, o poder consolidado dos fazendeiros, as cidades pequenas influenciando as cidades grandes, tudo faz crer que a Amazônia foi conquistada, dominada pelo capitalismo. Da urbanidade confortável é que vêm as críticas, em forma de acusações por devastação e pelo perigo de alta contribuição ao aquecimento global. O governo, a cada ano, no seu setor ambientalista, luta pela diminuição do índice de desmatamento e queimada. Mas elas continuam e se intensificam de acordo com o preço das *commodities*, do afã dos chineses por proteína vegetal e animal. Do outro lado estão os índios, cujo modo de produção, caracterizado pelo uso coletivo da terra e suas riquezas, aplicado tecnicamente por um sistema de rodízio e espaçamento de lavouras, e motivado por princípios de autossustentação, e não pelo lucro, servem de um contraponto conceitual. Não mais do que isso.

Suas terras são cobiçadas. Para isso, os fazendeiros vão montando novas estratégias de aproximação, pela cooptação dos seus líderes à vida na cidade, pela intervenção nas políticas públicas e pela atividade política no Congresso Nacional. Quanto menor a força do órgão indigenista melhor para os fazendeiros, tal como ocorreu no século XIX e na política indigenista disposta pelo governo central aos senhores das províncias.

O PENSAMENTO AMBIENTALISTA

O que há de mais ambicioso nesse pensamento é a hipótese de que a evolução biológica e, por extensão, a humana se dá pela riqueza e variabilidade das formas existentes e seu potencial de adaptação aos nichos ecológicos em vigor e aos que estiverem em mudança. O que interessaria aqui não seria o índice de especialização, mas o potencial de generalização. Em relação às populações humanas e suas culturas, o que valeria seria a sua capacidade de diversificação. O paradigma da evolução deixaria de ser o tradicional mamífero, como o cavalo, tão usado nas escolas, ou a barata – esta unanimidade de sucesso evolutivo –, para serem as plantas, suas miríades de espécies preenchendo nichos específicos ou mesmo indiferenciados, num aparente excesso de formas, um barroquismo da natureza, sempre no alerta quanto às modificações nos seus ecossistemas.[6]

É sobre esse pensamento que se assentam as bases científicas do movimento ecologista ou ambientalista. É claro que onde ele tem mais força política, na Alemanha, Holanda e países vizinhos, é precisamente onde há uma concentração da especialização humana – e ele surge e cresce pela dialética do processo social. A sua simpatia pelos interesses de minorias em países em desenvolvimento, os índios por exemplo, é motivada tanto por esse desejo de diversificação humana da qual sentem falta em seus países, quanto por razões éticas ou de políticas de foro interno.

No Brasil, o movimento ambientalista tem suas razões de política interna, isto é, seu interesse em criar uma ideologia para a classe média. Sua existência política surge, parcialmente, como reflexo da insegurança do potencial intelectual nativo. Para estabelecer raízes orgânicas no país, ele terá de enfrentar os problemas sociais e culturais que configuram os tempos atuais. O seu teste principal será o equacionamento do desenvolvimento integrado da Amazônia e das regiões brasileiras de pobreza endêmica, onde diversos modelos aplicados não têm dado certo. Não é tarefa para um só partido, mas para uma geração, assim é que deve ser entendido esse movimento.

Os índios não participam conscientemente do movimento ambientalista, mas não são apenas um dos seus alvos ou objetivos. Na verdade, constituem um dos seus alicerces fundamentais, exemplos vivos de comparação do potencial generalista humano, experiências comprovadas de culturas que se formam em equilíbrio com o meio ambiente. Sua parceria com o desenvolvimento integrado da Amazônia se baseia em dois motivos: o primeiro é como estabilizador humano do complexo ecológico tropical, seja na função de renovador de flora e fauna, seja como guardião patrimonial, como guarda florestal, por assim dizer. Nesse sentido, sabemos que muitas áreas da Amazônia não foram destruídas nesses últimos anos porque lá esbarraram com os índios. O segundo é como potencializador do surgimento de novas formas sociais de vivência na Amazônia. Há pelo menos 500 anos, a adaptação da civilização europeia nos trópicos se pautou por formas sociais indígenas, através das técnicas de produção, de socialização da produção, da capacidade de equilibrar a produção com a satisfação social etc. As centenas de pequenas comunidades amazônicas autossuficientes por tanto tempo, compostas em sua maioria por descendentes de índios, Tapuios e negros libertos, são resultado desse potencial indígena, e o seu nível de satisfação social seria mais completo se essas comunidades fossem compreendidas como um modelo viável e não resquícios de eras passadas.

   No movimento ambientalista existe um pensamento em construção e também uma mentalidade, isto é, um sentimento de que são certos e corretos os princípios ecologistas, restando saber como desenvolvê-los e aplicá-los na realidade concreta. A mentalidade pode ter formas de modismo, mas ela não é nem pode ser temporária. Os índios também estão inseridos nessa mentalidade, mas é necessário identificar melhor qual é ou seria a sua posição mais adequada. Essa é uma tarefa para os próximos anos. De qualquer modo, interessa-nos saber que eles são permanentes também nesse movimento.

O PENSAMENTO NACIONALISTA

   Na defesa dos índios, somam-se brasileiros e estrangeiros, indiscriminadamente, recrutados por interesses e ideais em comum. Não é, portanto, em oposição a estrangeiros que se deve identificar um pensamento nacionalista pró-indígena. Esse pensamento se refere à constituição do sentimento da nacionalidade, isto é, ao conjunto de ideias, ideais, preconceitos subentendidos e anseios que são compartilhados por uma grande maioria da população, que se identifica entre si por esse sentimento. Esse conjunto não é necessariamente homogêneo, tampouco coerente, mas congrega atitudes e ideais opostos entre si. Por isso mesmo, o sentimento da nacionalidade não é uma realidade estática, mas um campo de lutas, não uma consensualidade. O que se entendia de uma maneira no passado, hoje se entende de outra. Não há propriamente uma evolução progressiva dos fatores positivos desse sentimento, e sim uma construção e adaptação por fases e momentos históricos.

A integração sentimental e conceitual do índio na nacionalidade brasileira, como vimos nos capítulos anteriores, é um caso exemplar. Primeiro, apareceu como parte da nação através dos trabalhos intelectuais e políticos de José Bonifácio e da época da Regência. Foi contestado e defendido romanticamente em meados do século XIX e incorporado modernamente pelos positivistas. Continua uma questão de disputa a sua perenidade ou extinção, possibilidades que são traduzidas em termos de viabilidade ou inviabilidade, autodeterminação ou assimilação, avanço ou atraso sociais etc. Mas, no cômputo geral, podemos dizer que a ideia de o índio ser brasileiro, fazer parte e ter direitos sobre as franquias democráticas que devem formar a nação-Estado é um aspecto indiscutível do sentimento atual de brasilidade. Há exceções, mas podemos afirmar que o Brasil como um todo não mais se envergonha de ter índios na sua autoconceituação, de ser parte índio, enfim. Esse é um avanço real e o verdadeiro sentido da integração do índio na nação maior. No entanto, a sobrevivência do índio não é ainda uma questão totalmente definida. Há o preconceito e a atitude contrários, motivados fundamentalmente por interesses econômicos imediato, mas também por sentimentos equivocados e elitistas sobre o que é o povo brasileiro. Esses são os inimigos dos índios, contra quem se peleja em todas essas frentes de luta.

OS PERCALÇOS DA SOBREVIVÊNCIA

A nova Constituição brasileira definiu o índio como parte essencial da nação brasileira, cidadão com direitos plenos, povos específicos com direitos legitimados pela sua historicidade, coletividades com formas próprias de conduta social e cultural. O Estado lhes garante sua proteção contra os seus inimigos, os usurpadores de terras, os esbulhadores de suas riquezas, as doenças e o preconceito ainda existente. Garantir-lhes-á, então, formalmente, as suas condições básicas de sobrevivência, abrindo o horizonte para a sua permanência perene na nação e na humanidade.

Assim é, se assim se fizer realidade. Mas, mesmo com expectativas positivas, nem os índios nem o próprio povo devem fiar-se inteiramente nesses atos para a certeza dos seus objetivos. Não somente porque há, sem dúvidas, um fosso entre o formal e o real no nosso país, em especial, mas também porque aqueles fatores que identificamos ao longo deste livro como as causas do extermínio dos índios não são nem exaustivos nem estáticos. São os fatores discerníveis pelo grau de conhecimento e maturidade que a antropologia brasileira alcançou até agora, sujeitos sempre a novas avaliações. Em segundo lugar, a configuração da questão indígena atualmente, se, por um lado, mostra-se positiva para os índios em muitos aspectos, por outro, contém as sementes de uns tantos desdobramentos potencialmente muito perigosos.

O maior deles continua a ser o domínio da classe fazendária nas regiões onde vivem os índios. Em seguida, vem a mineração em terras indígenas já demarcadas ou a serem demarcadas. Na perspectiva de o Congresso passar uma lei de mineração em terras indígenas, há de se acautelar com o modo que ela penderá: rápida devastação e exaustão dessas riquezas, destruição do meio ambiente, tentativas de mudar os tamanhos das terras indígenas, transferências forçadas de aldeias, aumento nos índices de doenças ou surgimento de novas doenças, postergação na demarcação de terras reconhecidas, práticas de violência física e, enfim, a tentativa de cooptação e suborno de índios.

A cooptação de índios e de lideranças indígenas é uma maneira corrente de se apontar um fenômeno social mais amplo: a influência forçada de uma sociedade dominante para mudar uma sociedade em dependência através dos seus indivíduos. O dinheiro, reconhecidamente, tem a capacidade de mudar o comportamento imediato de qualquer individualidade que não esteja sob um disciplinamento explícito ao contrário. O índio é um ser que segue as diretrizes gerais de sua cultura ao mesmo tempo que busca afirmar-se como uma singularidade. Ele só passa a desejar bens obtidos pelo dinheiro quando a sua cultura se acha envolvida pela influência desses bens e, em última análise, pelo controle político, maior ou menor, da sociedade dominante. Não é, pois, o indivíduo que se corrompe, como normalmente se fala, mas a sua sociedade que é cooptada, momentaneamente, pelo menos.

Os exemplos que temos hoje desse fenômeno, sobretudo nas áreas de garimpo ou de venda de madeira, indicam que essa cooptação é de grande intensidade e abarca amplos segmentos dessas sociedades indígenas, e não só os seus líderes. A ansiedade coletiva de afirmação dessas sociedades no mundo regional brasileiro em efervescência é preenchida mais facilmente pela imitação e absorção desses valores de consumo do que por critérios próprios. Às vezes se acha ridículo o índio que se veste de jeans, usa relógio no pulso e óculos escuros, mas isso, culturalmente, não é muito diferente do brasileiro que toca *rock*, come hambúrguer e usa tênis no verão carioca. Pode-se interpretar os dois acontecimentos como exemplos simples do fenômeno de difusão cultural, do diálogo entre culturas ou como forma de compartilhar do acervo cultural universal da humanidade. Ou ainda como alienação cultural. A diferença está apenas em como esses empréstimos são absorvidos pela outra cultura, com que intensidade, em que momento histórico e psicossocial ela vive, e, enfim, com que finalidade política. Mas a presente e maior diferença entre um caso e outro é que um é uma sociedade com 190 milhões de habitantes, o outro são sociedades com no máximo alguns milhares de indivíduos, em muitos casos apenas centenas, o que lhes confere uma desvantagem e uma fragilidade imensas.

Em nenhum momento da História do Brasil, uma sociedade indígena viu a chance de obter tantos recursos quanto atualmente onde há minério. É tentador demais gozar dos benefícios da civilização sem fazer maiores esforços, simplesmente pelos *royalties* de suas riquezas minerais. Como legislar sobre isso para que os índios não se entreguem totalmente a esse desvario é algo muito difícil. O que seria mais oportuno para eles e para a nação, nesse momento, seria o entendimento de que os minérios encontrados em áreas indígenas fossem considerados reservas estratégicas, guardadas em forma de legislação constitucional para utilização nacional após a prescrição de um determinado prazo, entre 50 a 100 anos, por exemplo. A abundância dispersa de minérios na Amazônia permite-nos supor que, através de um planejamento racional e não devastador, o país estaria bem servido de minérios para os próximos 100 anos, sem ter que esgotar todas as suas fontes de exploração. Combinando esse princípio com o propósito de reconhecimento da especificidade cultural dos povos indígenas como um valor nacional, poderemos enfatizar a proposta de reservas estratégicas como tendo um significado transcendental para a nação brasileira.

Dito isso, o que está a acontecer neste momento é a descoberta de novos garimpos nas terras dos Panará, dos Munduruku, dos Cintas-Largas, dos Yanomami... e Deus nos acuda! Há que se buscar uma racionalidade antropológica com urgência, seja de que lado vier.

Outro fator de dificuldades possíveis é o equacionamento da participação política dos índios no Brasil. Em primeiro lugar, existe uma possível dualidade de participação, qual seja, através de organismos próprios para indígenas, ou dentro do aparelho estatal, através do órgão indigenista responsável. O que não se pode deixar de lado é a continuidade da responsabilidade do Estado para com os povos indígenas, especialmente por causa dos povos indígenas autônomos. Em segundo lugar, seria de grande proveito para os índios a sua presença no Congresso Nacional, como ocorreu no caso do deputado Mário Juruna. Como não vivemos um Estado corporativista, essa possibilidade é bastante pequena e parece episódica. É necessário, portanto, que haja mecanismos oficiais de se ouvir o índio, não só por suas reivindicações, mas pelo que ele tem a contribuir para a nação. Em terceiro lugar, mesmo que esses canais sejam abertos, existe uma grande dificuldade em se compreender o que é uma representação indígena. É necessário criar critérios novos para aferir o que significa uma média de interesses diante da variedade cultural e econômica em que coexistem os 230 povos indígenas atuais. Esse problema dificulta a formação de uma mentalidade política pan-indígena e a criação de formas próprias de organização. Torna-se, assim, mais fácil para as forças anti-indígenas manipular interesses contrários, acirrar ânimos de inimizades e usar de determinados grupos indígenas ou lideranças individuais a seu favor e em prejuízo de outros interesses indígenas. Esse problema, aliás, é o mais difícil de ser resolvido, e foi por ele que os povos indígenas historicamente perderam a guerra contra a invasão portuguesa. É uma verdadeira tragédia que, além dos seus inimigos tradicionais, o índio conte consigo mesmo como inimigo, ao ser incapaz de se unir. Mas nisso eles não são singulares.

CONCLUSÃO: A TENSÃO DO POSSÍVEL

Se é verdade que cada época se faz as perguntas que pode responder, a nossa, a respeito dos índios, não está muito segura sobre qual é a verdadeira pergunta que se deve fazer. Até os anos 1980, ela pode ter lastimado mas deu como certo que os índios não sobreviveriam à expansão da civilização ocidental, à hegemonia do capitalismo e ao desenvolvimento do país, como se fossem três pedras no seu caminho. Seus pensadores procuraram explicar esse fenômeno, que já vinha se desenrolando há quase 500 anos, comparando-o a outros exemplos na história universal e buscando uma lógica que o posicionasse na escala da evolução do homem. Produziram um conjunto variado de interpretações e explicações, que remontam ao Iluminismo, o qual chamamos de paradigma da aculturação. A lógica subjacente a ele é a da mutabilidade das culturas e sociedades humanas, agregada à razão histórica da força de compulsão econômica e militar que caracterizariam o relacionamento entre povos diferentes ou desiguais. Por essa lógica não há escapatória para os mais fracos, e é por isso que tantos historiadores e antropólogos já chegaram a decretar, por antecipação, o fim de tantos povos indígenas, quando, agora, eles sobrevivem.

Sobrevivem, é claro, em termos não definitivos. Ninguém pode entusiasmar-se tanto ao ponto de achar que a duplicação ou triplicação das populações da maioria dos povos indígenas, nos últimos quarenta anos, seja garantia de uma conquista permanente. Houve ocasiões na história do Brasil em que isso já ocorreu, para depois reverter-se a uma situação anterior ou até pior (como o caso das comunidades de Tapuios do baixo Amazonas, que cresceram em número entre 1760 e 1836, para serem destruídos pela Cabanagem), ou o caso daqueles índios cujos aldeamentos foram extintos em meados do século passado, quando muitos apresentavam um razoável padrão de estabilidade demográfica e social. Há também tantos povos indígenas que cresceram e se expandiram no vazio deixado pela extinção de outros povos, e depois caíram de população e autonomia, a exemplo dos Guajajara, entre 1820 e 1900, e muitos povos Karib do vale do Jauaperi, descritos por Barbosa Rodrigues em 1882.

O crescimento populacional cria novas necessidades, provoca novas demandas, às vezes de natureza estrutural diferente. Necessitar de mais terras, como está acontecendo com a totalidade dos índios do Nordeste, do Sul do país e de Mato Grosso do Sul, se enquadra na estrutura social desses povos em expansão. É uma consequência natural de um modo de produção extensivo. Mas precisar de dinheiro e de bens industrializados é sinal de mudança estrutural, *ou*, na melhor das hipóteses, de dificuldades de adaptação econômica às exigências do relacionamento interétnico (como possuir tênis de marca e utilizar a internet, por exemplo, já que isso é requisitado pela etiqueta do relacionamento).

Quando essa necessidade ocorre na Amazônia, em meio a outras alternativas de sobrevivência e de adaptação às pressões exógenas, pode-se acender uma luz amarela no horizonte desses povos indígenas. Chamemo-la de fator de aculturação, processo de caboclização, exigência de relacionamento interétnico, integração ao sistema econômico nacional, inserção social, diálogo de povos e culturas, necessidade humana de conhecer e participar dos bens da humanidade global, participação político-cultural, ou de qualquer outra conceituação, o que prevalecerá de fundamental será o grau de influência político-cultural que se exercerá sobre esses povos daí por diante, e as possibilidades consequentes de manutenção, perda ou avanço de sua autonomia.

O que é mais fatal no desejo por dinheiro e mercadorias é que é facilmente atendido. Isso certamente intensifica o processo de emulação das sociedades indígenas em relação aos elementos mais caracteristicamente predominantes na sociedade moderna, como o consumismo e a ansiedade por riquezas. Dessa forma, a sua integridade se vê ameaçada por armas mais sutis e perigosas, e, contraditoriamente, mais generosas em aparência!

Essa é, sem exageros, a grande armadilha para os povos indígenas em ascensão demográfica e político-cultural. Por uma perversa dialética, o seu próprio e tão almejado crescimento poderá tornar-se um perigo para si próprios, para a sua integridade cultural. Dá-lhes uma efusiva autoconfiança que, se não for bem dosada com a sua estrutura e potência de autonomia, poderá levar à diluição de suas culturas, à relativização dos seus modos de pensamento e formas de vida social, enfim, à aceitação passiva, progressiva ou súbita, de sua passagem cultural para o mundo ocidental. O exemplo dos povos indígenas norte-americanos, com seus problemas de inadaptação, após uma primeira fase de identificação com o mundo moderno, deve ser analisado e comparado com cuidado aos possíveis casos brasileiros.

Sobreviver, para depois ver os seus filhos sem perspectivas sociais e sem rumo cultural, alguns desesperados ao ponto de desistirem de viver, ao ponto de atentarem contra as suas próprias vidas, é uma tragédia que não tem de ser repetida entre nós. E parece que ainda há tempo para isso.

Portanto, a nossa questão é apenas uma expectativa, uma possibilidade. Situa-se entre a indignação, o sofrimento, o desespero e a esperança. Não sabemos se o mundo vai mudar, no sentido de enriquecer-se de culturas em diálogo mútuo, como sabíamos, no século XIX, que o progresso econômico e tecnológico ia continuar, e que se podia pensar seriamente em utopias sociais. Não podemos ter certeza de que o Brasil será um país assumidamente mestiço, mesclado por sua diversidade cultural e histórica. Por isso é que não podemos ter ainda um novo paradigma, uma espécie de paradigma da *multiplicidade cultural*. Temos tão somente os primeiros sinais, se bem que ofuscados pela descrença, e os primeiros estudos que poderão vir a constituir um novo padrão de pensamento, de explicações e de sentimentos a respeito do índio e da questão indígena no Brasil. Conceitos, tais como transfiguração étnica, autodeterminação, autonomia, estudos sobre identidade étnica, sobre resistência e sobrevivência étnicas e o aprofundamento analítico sobre a história indígena são tentativas iniciais que representam o limiar de uma nova conceituação. Nasceram da recusa ao paradigma da aculturação, que deu mostras de esvaziamento empírico e teórico. São reflexões que monitoram os novos eventos, mas às quais falta uma intuição da verdade que se traduziria num significado científico e político permanente.

Não se deve subestimar o primado da influência econômica sobre o mundo e os seus problemas, sobre a questão indígena. Talvez a sorte dos índios esteja mais nas mãos dos capitães do capitalismo e suas instituições, da mineração, da indústria da madeira e dos empreendimentos agropastoris, do que sob as rédeas da política, da religião, dos militares ou da sociedade civil. Porém, é a luta, o confronto de forças e o diálogo de ideias que se desencadeiam no conjunto desses segmentos da sociedade humana que dão significado, sentido e rumo ao primado econômico. Apostemos, assim, nesse diálogo-luta e no conhecimento que dele podemos captar para favorecer a sobrevivência e a permanência dos povos indígenas no Brasil.

Se me permito fazer uma profissão de fé, é a de que a continuidade e ascensão dos índios brasileiros é uma questão perfeitamente possível de ser realizada, tanto política como culturalmente, tanto para o Brasil como para a humanidade. Essa tarefa pertence ao mundo e é função de um tempo, de uma geração. Ao projetarmos o nosso futuro, teremos que fazê-lo com os índios ao nosso lado, não como órfãos, nem como crianças, nem como ingênuos exploráveis, mas como parceiros de um destino comum. Dados todos os perigos que ameaçam a humanidade, não será surpreendente se a nossa sobrevivência estiver ligada à sobrevivência dos índios.

Mas a permanência dos índios num mundo culturalmente ainda em expansão, embora com sinais de desaceleração do seu dinamismo, não implicará tal sorte de mudanças internas que poderá resultar na sua virtual extinção como culturas e sociedades específicas? Nesse caso, então, para que se preocupar?

No mínimo, porque uma parte da humanidade está em jogo. O propósito deste livro foi mostrar que o processo de destruição dos índios não é necessário nem inexorável, historicamente, apesar do duro quadro que traçamos com a maior objetividade possível. O destino da humanidade, por mais que o busquemos na História, se tem uma teleologia, ainda não nos é dado conhecê-la. Mas temos conhecimento suficiente para avaliar a dinâmica cultural em prazos determinados e, a partir disso, projetá-la num tempo e num espaço, com riscos e com ousadia.

No caso do Brasil, devemos pensar também que há de se completar brevemente a sua entrada no sentimento da modernidade e da contemporaneidade em relação a outras culturas e nações. O preconceito, a intolerância e o imediatismo de grande parte de suas elites políticas e econômicas deverão dar lugar à urgência de se pensar o futuro com mais responsabilidade e serenidade – e nele os índios deverão estar incluídos. Não mais como símbolos do retrógrado, mas da força do resistente, do equilíbrio cultural e ecológico, imprescindível a um país estável e de bases morais superiores.

Podemos pensar na possibilidade de daqui a 100 anos termos entre nós, mantermos entre nós, uma verdadeira Torre de Babel, com mais de 180 línguas específicas sendo faladas, um conjunto variável de 200 e tantas etnias vivendo formas culturais diferentes, não necessariamente iguais às de hoje, mas nelas baseadas. Podemos imaginar que ainda haverá florestas e rios indevassados pela ação humana, onde ainda se possa andar nu como se quiser, onde "se possa caçar pela manhã, pescar ao meio-dia, cuidar do gado ao entardecer e filosofar depois do jantar", e compartilhar de uma vida solidária e generosa. Todos nós.

NOTAS

[1] Como exemplo da década de 1980, basta ver que entre os 170 Xikrin do Bacajá, no sul do Pará, houve mais de 310 casos de malária no espaço de oito meses, em 1984, com uma dezena de mortos em decorrência. Ver relatório de João Paulo Botelho Vieira Filho, "A saúde dos índios Xikrin do Bacajá", apresentado à Companhia Vale do Rio Doce e à Funai, em janeiro de 1985. Sobre o aumento da incidência da malária e o surgimento de novas cepas, ver reportagem no *Jornal do Brasil*, 5 jul. 1987. A malária continua a ceifar muitas vidas indígenas na Amazônia, em zonas de garimpos e até nas cidades amazônicas. Já no vale do Javari, onde há diversos povos indígenas de contato relativamente recente, as doenças principais são a hepatite crônica, do tipo B e Delta, além de malária e tuberculose. Os Xavante ainda sofrem de um altíssimo nível de mortalidade infantil e os Guarani têm um dos mais altos índices de assassinatos, cerca de 100 por 100 mil.

[2] No documento "A UNI e sua organização", de 1985, a coordenação geral da entidade traça os fundamentos da sua ação política e relata um histórico da sua formação.

[3] Sobre a vida pública de Juruna até 1982, ver Assis Hoffmann, *O gravador do Juruna*, Porto Alegre, Global, 1982.

[4] Sob o aspecto global do desenvolvimento da Amazônia e os custos ambientais, ver os diversos estudos contidos em Eneas Salati et al., *Amazônia, desenvolvimento, integração e ecologia*, op. cit.; Emilio Moran (ed.), *The Dilemma of Amazon Development*, Boulder, Co., Westview Press, 1983; e V. H. Sutlive et alli (eds.), *Where have all the flowers gone? Deforestation in the Third World*, Williamsburg, VA, College of William and Mary Press, 1981.

[5] Lúcio Flávio Pinto, *Jari: toda a verdade sobre o Projeto de Ludwig*, Rio de Janeiro, Marco Zero, 1986.

[6] A ideia de pensar o modelo das plantas para comparar com a diversificação das culturas humanas foi motivada pela leitura do livro de A. Cronquist, *The Evolution and Classification of Flowering Plants*, London, Thomas Nelson and Sons, 1968.

ANEXO

Povos Indígenas, suas localizações, língua/família linguística e população

	Povo Indígena	Estado	Família linguística	População
1	Aikanã	RO	Aikaná	320
2	Aikewara (Suruí)	PA	Tupi-guarani	350
3	Akuntsu	RO	Tupari	5
4	Amanayé	PA	Tupi-guarani	142
5	Amondawa (Uru-eu-wau-wau)	RO	Tupi-guarani	115
6	Anacé	CE	Português	1.230
7	Anambé	PA	Tupi-guarani	139
8	Apalaí	AP, PA	Karib	420
9	Apiaká	MT, PA	Tupi-guarani	1.200
10	Apinayé	TO	Jê	1.940
11	Apurinã	AM, RO, MT	Aruak	8.050
12	Aranã	MG	Português	370
13	Arapaso	AM	Tukano	576
14	Arapiuns	PA	Português	2.200
15	Arara	PA	Karib	470
16	Arara da Volta Grande	PA	Português	115
17	Arara do Rio Amônia	AC	Português	284
18	Arara do Rio Branco	MT	Português	220
19	Arara Shawãdawa	AC	Pano	342
20	Araweté	PA	Tupi-guarani	412
21	Arikapu	RO	Jabuti	35
22	Aruá	RO	Tupi-mondé	111
23	Ashaninka	AC	Aruak	1.027
24	Asurini do Tocantins	PA	Tupi-guarani	482
25	Asurini do Xingu	PA	Tupi-guarani	160
26	Atikum	BA, PE	Português	5.210
27	Avá-Canoeiro	GO, TO	Tupi-guarani	19
28	Aweti	MT	Tupi-aweti	198
29	Bakairi	MT	Karib	927
30	Banawá	AM	Arawá	163
31	Baniwa	AM	Aruak	6.000
32	Bará	AM	Tukano	22
33	Barasana	AM	Tukano	42
34	Baré	AM	Tupi-guarani	11.380
35	Borari	PA	Português	350
36	Bororo	MT	Jê-bororo	1.600
37	Canela-Apanyekra	MA	Jê-timbira	686
38	Canela-Ramkokamekra	MA	Jê-timbira	2.132
39	Chamacoco	MS	Samuko	50
40	Charrua	RS	Português	41
41	Chiquitano	MT	Chiquito	753

42	Cintas-Largas	MT, RO	Tupi-mondé	1.620
43	Coripaco	AM	Aruak	1.378
44	Deni (Jamamadi)	AM	Arawá	1.280
45	Desana	AM	Tukano	2.306
46	Djeoromitxi	RO	Jabuti	200
47	Dow	AM	Maku	120
48	Enawenê-Nawê	MT	Aruka	582
49	Fulniô	PE	Ya-tê	4.587
50	Galibi do Oiapoque	AP	Karib	70
51	Galibi-Marworno	AP	Creoulo	2.380
52	Gavião-Parkatejê-Kyikateje, Akrãtikatejê	PA	Jê-timbira	810
53	Gavião-Pykobjê	MA	Jê-timbira	660
54	Guajá	MA	Tupi-guarani	380
55	Guajajara (Tenetehara)	MA	Tupi-guarani	24.600
56	Guarani (Kaiowá, Mbyá, Ñandeva)	MS, PA, TO, ES, RJ, SP, PA, SC, RS	Tupi-guarani	53.000
57	Guató	MT	Guató	382
58	Hixkaryana	PA, AM	Karik	980
59	Hupdá	AM	Maku	250
60	Ikolen (Gavião de Rondônia)	RO	Tupi-mondé	550
61	Ikpeng	MT	Karib	489
62	Ingarikó	RR	Karib	1.310
63	Irantxe (Manoki)	MT	Irantxe	420
64	Jamamadi	AM	Arawá	934
65	Jarawara	AM	Arawá	238
66	Javaé	TO, GO	Jê-karajá	1.480
67	Jenipapo-Kanindé	CE	Português	310
68	Jeripancó	AL	Português	2.010
69	Jiahui	RO	Tupi-guarani	110
70	Juma	RO	Tupi-guarani	5
71	(Urubu-)Kaapor	MA, PA	Tupi-guarani	990
72	Kadiwéu	MT	Guaicuru	1.520
73	Kaimbé	BA	Português	824
74	Kaingang	SP, RS, PR, SC	Jê-kaingang	37.900
75	Kaixana	AM	Karib	600
76	Kalabaça	CE	Português	200
77	Kalankó	AL	Português	370
78	Kalapalo	MT	Karib	395
79	Kamayurá	MT	Tupi-guarani	490
80	Kambeba	AM	Tupi-guarani	800
81	Kambiwá	PE	Português	3.000
82	Kanamari	AM	Katukina	3.300
83	Kanindé	CE	Português	720
84	Kanoê	RO	Kanoé	168
85	Kantaruré	BA	Português	350
86	Kapinawá	PE	Português	3.800
87	Karajá	GO, MT, PA, TO	Jê-karajá	3.250
88	Karapanã	AM	Tukano	66
89	Karapotó	AL	Português	2.100
90	Karipuna (Rondônia)	RO	Tupi-guarani	36

91	Karipuna (Amapá)	AP	Creoulo	2.500
92	Kariri	CE	Português	110
93	Kariri-Xokó	AL	Português	2.400
94	Karitiana	RO	Arikén	370
95	Karo (Arara, Ramarama)	RO	Tupi-ramarama	230
96	Karuazu	AL	Português	1.010
97	Katuenayana	AM, PA, RR	Karib	14
98	Katukina (rio Biá)	AM	Katukina	480
99	Katukina (Pano)	AC	Pano	610
100	Kaxarari	RO, AM	Pano	480
101	Kaxinawá	AC	Pano	7.900
102	Kaxixó	MG	Português	300
103	Kaxuyana	PA	Karib	380
104	Kayabi	MT, PA	Tupi-guarani	1.920
105	Kayapó (Mebêngôkre)	PA, MT	Jê-kayapó	8.800
106	Kinikinao	MS	Aruak	260
107	Kiriri	BA	Português	2.300
108	Kisêdjê (Suyá)	MT	Jê-kayapó	350
109	Koiupanká	AL	Português	1.300
110	Kokama	AM	Tupi-guarani	10.000
111	Korubo	AM	Pano	32
112	Kotiria (Wanana)	AM	Tukano	780
113	Krahô	TO	Jê-timbira	2.600
114	Krahô-Kanela	TO	Português	110
115	Krenak	MG, MT, SP	Português	380
116	Krenjê	MA	Jê-timbira	120
117	Krepumkateyê	MA	Jê-timbira	40
118	Krikati	MA	Jê-timbira	980
119	Kubeo	AM	Tukano	420
120	Kuikuro	MT	Karib	580
121	Kujubim	RO	Txapakura	64
122	Kulina	AM	Arawá	5.800
123	Kulina (Pano)	AM	Pano	140
124	Kuntanawa	AC	Pano	412
125	Kuruaya	PA	Tupi-munduruku	180
126	Kwazá	RO	Kwazá	40
127	Makuna	AM	Tukano	40
128	Makurap	RO	Tupari	500
129	Makuxi	RR	Karib	30.000
130	Manchineri	AC	Aruak	1.000
131	Marubo	AM	Pano	1.840
132	Matipu	MT	Karib	154
133	Matis	AM	Pano	410
134	Matsés (Mayoruna)	AM	Pano	1.700
135	Maxakali	MG	Jê-maxakali	1.700
136	Mehinaku	MT	Aruak	280
137	Migueleño	RO	Migueleño	250
138	Miranha	AM	Bora	910
139	Miriti-Tapuya	AM	Tukano	80
140	Munduruku	AM, MT, PA	Tupi-munduruku, português	13.100
141	Mura	AM	Tupi-mura, português	16.000

142	Mynky (Manoki)	MT	Irantxe	110
143	Nadeb	AM	Maku	150
144	Nahukwá	MT	Karib	130
145	Nambikwara	MT, RO	Nambikwara	2.000
146	Naruvotu	MT	Karib	85
147	Nawa	AC	Português	430
148	Nukini	AC	Pano	640
149	Ofaié-Xavante	MS	Português	64
150	Oro Win	RO	Txapakura	86
151	Palikur	AP	Aruak	1.320
152	Panará	MT	Jê-kayapó	460
153	Pankaiuká	PE	Português	300
154	Pankará	PE	Português	2.600
155	Pankararé	BA	Português	1.700
156	Pankararu	MG, PE, SP	Português	9.000
157	Parakanã	PA	Tupi-guarani	1.310
158	Paresi	MT	Aruak	2.120
159	Parintintin	AM	Tupi-guarani	430
160	Patamona	RR	Karib	132
161	Pataxó	BA, MG	Português	12.100
162	Pataxó-Hãhãhãe	BA	Português	2.410
163	Paumari	AM	Arawá	1.720
164	Pipipã	PE	Português	1.700
165	Pirahã	AM	Tupi-mura	450
166	Pira-Tapuya	AM	Tukano	1.520
167	Pitaguary	CE	Português	3.780
168	Potiguara	PB	Português	20.100
169	Puruborá	RO	Português	210
170	Puyanawa	AC	Pano	550
171	Rikbatsa	MT	Jê-kayapó	1.420
172	Sakurabiat	RO	Tupari	170
173	Sateré-Mawé	AM	Tupi-mawé, português	13.100
174	Shanenawa	AC	Pano	419
175	Siriano	AM	Tukano	72
176	Suruí-Paiter	RO	Tupi-mondé	1.200
177	Tabajara	CE	Português	250
178	Tabajara	PB	Português	250
179	Tapayuna	MT	Jê-kayapó	160
180	Tapeba	CE	Português	6.610
181	Tapirapé	MT	Tupi-guarani	680
182	Tapuio	GO	Português	312
183	Tariana	AM	Aruak	2.130
184	Taurepang	RR	Karib	689
185	Tembé (Tenetehara)	PA	Tupi-guarani, português	1.638
186	Tenharim	AM	Tupi-guarani	778
187	Terena	MS, MT	Aruak	28.845
188	Tikuna	AM	Tikuna	46.045
189	Tingui-Botó	AL	Português	330
190	Tiriyó	AP, PA	Karib	1.615
191	Torá	AM	Txapakura	328
192	Tremembé	CE	Português	2.980

193	Truká	PE	Português	3.100
194	Trumái	MT	Trumái	103
195	Tsohom-Dyapá	AM	Katukina	245
196	Tukano	AM	Tukano	6.650
197	Tumbalalá	BA	Português	1.160
198	Tunayana	PA	Karib	120
199	Tupari	RO	Tupari	538
200	Tupinambá	BA	Português	4.800
201	Tupiniquim	ES	Português	2.700
202	Turiwara	PA	Português	102
203	Tuxá	BA, PE	Português	2.200
204	Tuyuka	AM	Tukano	910
205	Umutina	MT	Jê-bororo	465
206	Uru-eu-wau-wau	RO	Tupi-guarani	132
207	Waimiri-Atroari	AM, RR	Karib	1.600
208	Waiwai	AP, PA, RR	Karib	3.010
209	Wajuru	RO	Tupari	230
210	Wapixana	RR	Aruak	8.240
211	Warekena	AM	Aruak	938
212	Wari	RO	Txapakura	2.890
213	Wassu	AL	Português	1.910
214	Waurá (Waujá)	MT	Aruak	440
215	Wayana	AP, PA	Karib	330
216	Wayãpi	AP, PA	Tupi-guarani	986
217	Witoto	AM	Witoto	40
218	Xakriabá	MG	Português	9.300
219	Xambioá	TO	Jê-karajá	280
220	Xavante	MT	Jê-central	16.200
221	Xerente	TO	Jê-central	3.102
222	Xetá	PR	Português, tupi-guarani	60
223	Xokleng	SC	Jê-kaingang	1.920
224	Xokó	SE	Português	412
225	Xukuru	PE	Português	12.471
226	Xukuru-Kariri	AL	Português	3.010
227	Yaminawá	AC, AM	Pano	1.329
228	Yanomami	RR, AM	Yanomami	21.982
229	Yawanawá	AC	Pano	555
230	Yekuana	RR	Karib	493
231	Yudja (Juruna)	MT	Tupi-juruna	361
232	Yuhupde	AM	Maku	150
233	Zoé	PA	Tupi-guarani	276
234	Zoró	RO	Tupi-mondé	649
235	Zuruahã	AM	Arawá	140

SUGESTÕES BIBLIOGRÁFICAS

A literatura a respeito de povos indígenas é bastante vasta, tendo em vista os relatos de curiosos, viajantes e missionários, bem como os relatórios oficiais. Ao longo deste livro, parte dessa literatura foi apresentada e seu conteúdo, discutido em notas de fim de capítulo.

Nesta seção, deixo à disposição tão somente algumas sugestões de leitura que enfatizam as grandes questões aqui abordadas.

CLASTRES, Hélène. *Terra sem males*. São Paulo: Brasiliense, 1979.
CLASTRES, Pierre. *A sociedade contra o Estado*. Rio de Janeiro: Francisco Alves, 1978.
CUNHA, Manuela Carneiro da (org.). *História dos índios no Brasil*. São Paulo: Companhia das Letras/Fapesp/Secretaria Municipal de Cultura, 1992.
FERNANDES, Florestan. *A organização social dos índios Tupinambá*. São Paulo: Instituto Editorial Progresso, 1949 (2. ed. Difusão Europeia do Livro, 1963).
GALVÃO, Eduardo. *Encontro de sociedades*: índios e brancos no Brasil. Rio de Janeiro: Paz e Terra, 1979.
GOMES, Mércio Pereira. *O índio na História*: a saga do povo Tenetehara em busca da liberdade. Petrópolis: Vozes, 2002.
_____. Por que sou rondoniano, em *Revista Estudos Avançados*, 23 (65), São Paulo, USP, 2009, pp. 173-91.
GORDON, Cesar. *Economia selvagem*: ritual e mercadoria entre os índios Xikrin-Mebêngôkre. São Paulo: Editora Unesp/ISA; Rio de Janeiro: Nuti, 2006.
LÉVI-STRAUSS, Claude. *Tristes trópicos*. São Paulo: Anhembi, 1955.
MALHEIRO, Agostinho Perdigão. *A escravidão no Brasil*. Petrópolis: Vozes, 1976, t. II.
MATTA, Roberto da. *Um mundo dividido*. Petrópolis: Vozes, 1976.
MAYBURY-LEWIS, David. *A sociedade Xavante*. Rio de Janeiro: Livraria Francisco Alves, 1984.
MELATTI, Júlio Cesar. *Ritos de uma tribo Timbira*. São Paulo: Ática, 1978.
MINDLIN, Betty. *Nós Paiter*: os Surui de Rondônia. Petrópolis: Vozes, 1985.
MOREIRA NETO, Carlos de Araújo. *Índios da Amazônia*: de maioria a minoria. Petrópolis: Vozes, 1988.
_____. *Os índios e a ordem imperial*. Brasília: Editora Funai, 2005.
NIMUENDAJU, Curt. *Mapa etno-histórico*. Rio de Janeiro: IBGE, 1981.
RIBEIRO, Darcy. *Kadiwéu*. Petrópolis: Vozes, 1980.
_____. *Diários índios*. São Paulo: Companhia das Letras, 1995.
RODRIGUES, Aryon Dall'Igna. *Línguas brasileiras*. São Paulo: Loyola, 1986.

O AUTOR

Mércio Pereira Gomes é antropólogo, professor do programa de pós-graduação em História das Ciências e das Técnicas e Epistemologia (HCTE) da UFRJ, ex-presidente da Funai e autor, pela Contexto, dos livros *Antropologia hiperdialética* e *Antropologia*. Escreve nos blogs Cultura, Antropologia, Índios (merciogomes.com) e Blog do Mércio: Índios, Antropologia, Cultura (www.merciogomes.blogspot.com).